Business

商业冒险

Adventures

博弈、际遇与人性

〔美〕约翰·布鲁克斯

杨静娴

译 著

中信出版集团 | 北京

图书在版编目（CIP）数据

商业冒险：博弈、际遇与人性 /（美）约翰·布鲁
克斯著；杨静娴译 . -- 北京：中信出版社，2023.4（2025.3重印）
　书名原文：Business Adventures：Twelve Classic
Tales from the World of Wall Street
　ISBN 978-7-5217-5392-9

　Ⅰ.①商… Ⅱ.①约… ②杨… Ⅲ.①金融－史料－
美国 Ⅳ.① F837.129

中国国家版本馆 CIP 数据核字（2023）第 046575 号

商业冒险——博弈、际遇与人性
著者： 　［美］约翰·布鲁克斯
译者： 　杨静娴
出版发行：中信出版集团股份有限公司
　　　　　（北京市朝阳区东三环北路 27 号嘉铭中心　邮编　100020）
承印者： 　北京通州皇家印刷厂

开本：880mm×1230mm 1/32　　印张：14　　　字数：380 千字
版次：2023 年 4 月第 1 版　　　　印次：2025 年 3 月第 6 次印刷
京权图字：01-2023-0058　　　　　书号：ISBN 978-7-5217-5392-9
　　　　　　　　　　定价：69.00 元

目　录

序

《商业冒险》是一本出版已久的作品，如今已经难得一见，但它却是有史以来最好的商业著作。

比尔·盖茨

1991年，我与沃伦·巴菲特初次见面后不久，请他推荐自己最喜欢的商业书。他毫不犹豫地说："约翰·布鲁克斯所著的《商业冒险》，我会把我手头那本寄给你。"我当时非常好奇，我从未听说过约翰·布鲁克斯。

今天，在沃伦把这本书借给我20多年之后，也是在它首次出版40多年之后，《商业冒险》仍然是我所读过的最好商业书，约翰·布鲁克斯也仍然是我最喜欢的商业作家。（沃伦，如果你碰巧在读这篇博文，我想告诉你，我还留着你给我的那本书。）

这本书收录了20世纪60年代发表于《纽约客》（*New Yorker*）、现已绝版的一系列文章，那些心存疑虑的人可能想知道，它对今天的商业又能有何借鉴意义。毕竟，在布鲁克斯1966年对施乐公司进行分析时，该公司的顶级复印机重达650磅[①]，成本高达27 500美元，需

---

① 1磅约为0.45千克。——编者注

要一名全职操作员，并因其容易过热产生故障而配备了灭火器。然而，长久以来，情况已经发生了巨大变化。

无疑，商业领域的许多具体情况已经发生改变，但其基本面并未变化，因而布鲁克斯对商业的深刻洞见，无论是在当年还是在当下，都同样具有意义。就其持久的生命力而言，《商业冒险》与本杰明·格雷厄姆的著作《聪明的投资者》不相上下，后者出版于1949年，被沃伦誉为他读过的最好的投资书。

布鲁克斯在大萧条时期的新泽西州长大，就读于普林斯顿大学，在那里他曾与后来的美国国务卿乔治·舒尔茨是舍友。二战服役归来后，他怀着成为作家的梦想投身于新闻业。除了为杂志撰稿，他还出版了几本书，其中只有少数仍然在印行。他于1993年辞世。

在为布鲁克斯的著作《沸腾的岁月》（*The Go-Go Years*）撰写的前言中，记者迈克尔·刘易斯（Michael Lewis）曾写道，即使布鲁克斯把事情弄错了，"他也是以一种有趣的方式犯的错"。与今天的许多商业作家不同，布鲁克斯没有在自己的书中指手画脚，告诉人们应该怎么做，或是提供如何成功的简单秘诀。（你曾多少次在书中读到过，有些公司之所以成功，是因为它们为员工提供了免费午餐？）你在布鲁克斯的书中找不到任何清单列表。他会撰写长篇文章去阐述某个事件，对其进行深入探讨，刻画一些引人入胜的人物形象，并展示他们的境遇。

在《公司里的哲人们》一章中，他以通用电气的价格操纵为例，探讨了公司内部的沟通不畅问题（有时是故意为之的沟通"失误"）。他写道，这是"内部沟通的巨大断裂，其严重程度甚至让半途而废的巴别塔^①建造工程都可称为组织内部建立和谐关系的丰功伟绩"。

在《埃德塞尔的悲歌》一章中，他反驳了对于福特公司旗舰车型历史性失败广泛流传的解释。这一失败并不是因为这辆车过度依赖民意调查结果，而是因为福特高层只是假装按照民意调查结果行事。"尽管埃德塞尔的营销本该严格依照民意调查中表达的偏好进行，但是其中，凭着本能而非科学，悄悄掺杂了一些老套万金油推销术。"此外，首批埃德塞尔在交车时"漏油、发动机罩打不开、后备箱打不开、按钮……连锤子都无法撼动"，这显然无助于其销售。

在布鲁克斯笔下的故事中，最具启发性的一个无疑是《施乐崛起记》。施乐的例子是科技行业每个人都应该学习的。从 20 世纪 70 年代初开始，该公司便资助了大量与复印机没有直接关系的研发，包括催生了以太网和首个图形用户界面（即您今天所知的 Windows 或 OS X 界面）的研究。

但是，由于施乐高管认为这些想法与他们的核心业务并不契合，他们选择不将其转化为适销对路的产品，而其他人则加入进来，以施乐公司的研究成果为基础推出了产品。例如，苹果和微软都借鉴了施乐在图形用户界面方面的研究成果。

我相信，不止我一个人认为施乐公司的这项决策是错误的。我由此下定决心，避免微软犯下同样的错误。我努力确保我们能够一直保

---

① 巴别塔（Tower of Babel）建造的故事出自《圣经·旧约全书·创世记》第 11 章。根据记载，当时人类联合起来，希望兴建能通往天堂的高塔巴别塔。为了阻止人类的计划，上帝让人类讲起不同的语言，使人类相互之间不能沟通，计划因此失败，人类自此四散东西。——译者注

持高瞻远瞩，不会错失我们在计算机视觉和语音识别等领域的研究所创造的机会。许多其他记者也写过关于施乐的文章，但布鲁克斯的文章向我们讲述了该公司发展早期的重要历程，他展示了施乐如何借助跳出固有模式的原创思维起家。而与此相对的是，随着施乐迈向成熟，它却错失了自身研究人员开发出的非常规构想，这的确让人更加惊讶。

布鲁克斯也是一位讲故事的高手，能够信手拈来像《最后的大逼仓》这样引人入胜的作品。这篇文章讲述了小猪摇摆杂货连锁店创始人如何试图挫败有意做空其公司股票的投资者的故事。我简直迫不及待地想看到他的结局。（此处剧透一下：他的下场并不太好。）还有一些时候，你几乎可以听到布鲁克斯一边讲述那些荒诞的故事，一边在轻声低笑。在《埃德塞尔的悲歌》一章中有这样一段：福特的公关人员为报刊记者的夫人们组织了一场时装秀，而这场时装秀的主角居然是一位男扮女装的反串演员。这在今天看来可能只是比较前卫，但在1957年，这对于一家美国大公司来说却可能意味着丑闻。布鲁克斯指出，记者的夫人们至少"能够为她们丈夫的故事再添上一两段了"。

布鲁克斯的著作很好地提醒了我们，经营强大企业和创造价值的规则并没有改变。首先，在每一项商业努力中都有一个至关重要的因素，那就是人的因素。你是否有完美的产品、生产计划和营销策略并不重要，因为你终归需要合适的人来指导和完成这些工作。

你在经营企业时很快就会学到这个教训，在我职业生涯的每一步，从微软到现在的基金会，我一直提醒自己注意这一点。你打算支持哪些人？他们的角色与他们的能力是否匹配？他们是否具备成功所需的智商和情商？沃伦在掌管伯克希尔·哈撒韦时以这种方式而闻名，他会收购由优秀管理者经营的伟大企业，然后让他们放手施为。

《商业冒险》不仅讲述了某一家企业的具体经营之道，也分析了领导者在充满挑战的环境中所展现出的优势和劣势。从这个意义上讲，与其说它虽然出版已久但仍值得借鉴，不如说因为它历经岁月的积淀，所以更显价值。约翰·布鲁克斯的作品讲述的是人性，这就是为什么它经受住了时间的考验。

1

市场波动

- 人性反应实验室 -

股市中上演的一幕幕堪称有钱人的日间冒险连续剧，如果没有起伏涨跌，股市也就不能称为股市了。每位对华尔街传说感兴趣的公司董事会成员应该都听过下面的故事：老摩根（J. P. Morgan）的一位对股市一窍不通的朋友曾冒失地问他，市场下一步将会怎么走，这位伟大的投资家直白地回怼道："它会波动。"除了随时波动，股市还有诸多鲜明的特点。证券交易拥有经济上的优势和劣势，例如，其优势之一是可以帮助资本自由流动，从而为工业扩张提供资金，不过，它同时也为倒霉、鲁莽和易受骗的人提供了异常便捷的方式，让他们迅速亏掉自己的钱，这无疑是其劣势。除此之外，证券交易的发展还创造出一整套社会行为模式，包括习俗、语言和对特定事件的可预测反应。而真正让人感到非同寻常的，是自 1611 年世界首个重要的证券交易所在阿姆斯特丹一个露天庭院里建立以来，这种社会行为模式由兴而盛的速度，以及直至 20 世纪 60 年代这种行为模式（当然其间出现了一些与时俱进的变化）仍然主导着纽约证券交易所的事实。当今美国的股票交易已成为一个令人眼花缭乱的庞大产业，涉及数百万英里[①]的专属电报线、可在 3 分钟内读取和复制整个曼哈顿电话簿的计算机，以及超过 2 000 万的股票投资者。表面看来，这与 17 世纪区区十几个荷兰人在简陋的市场中冒雨讨价还价的场景相去甚远。但是，它们的主要标志大致相同。第一家证券交易所在不经意间成为揭示新的人性反应的实验室。同样，纽约证券交易所也是一个社会学试管，为人类这个物种的自我认知做出了永恒的贡献。

有关最早从事股票交易的荷兰交易者的生动记录，可以参见一本名为《乱中之乱》（*Confusion of Confusions*）的书。这本书是由约瑟夫·德拉维加所著，他是阿姆斯特丹市场中一位大胆冒进的投机者，原书最初于 1688 年出版，哈佛商学院几年前再版了该书的英译本。至于今天美国投资者和经纪商的行为特征，只要考察他们在 1962 年 5 月最后一个星期的活动（当时股市经历了剧烈的波动），就可以清楚地了解，因为就像所有股票交易者一样，他们的行为特征在危机时期会急剧放大。5 月 28 日是星期一，包含 30 只行业龙头股的道琼斯工业平均指数在当日下跌了 34.95 点，创下自 1897 年道琼斯指数开始编制以来的第二大跌幅，仅次于 1929 年 10 月 28 日 38.33 点的下跌幅度。5 月 28 日一天的交易量达到了 935 万股，创下证券交易所有史

---

① 1 英里 = 1.609 344 千米。——编者注

以来第七大单日交易量。5月29日，星期二，在经历了令人心惊胆战的早盘后（大多数股票在星期二早盘的交易价格远低于它们星期一的收盘价），市场突然转向，以惊人的活力向上猛攻，最终以道琼斯指数大幅上涨27.03点的业绩结束了当日交易，尽管这个涨幅并没有打破纪录。不过，星期二的股票交易量创下了纪录，或是接近创纪录，当日共有1 475万股股票易手，创下历史第二大单日交易量，仅次于1929年10月29日略超1 600万股的单日交易量。（20世纪60年代后期，超过1 000万、1 200万，甚至1 400万股的单日交易量变得司空见惯，1929年的交易量纪录最终在1968年4月1日被打破，并且在接下来的几个月里，交易量纪录一次又一次被刷新。）随后，在星期三股市因阵亡将士纪念日休市之后，到了5月31日星期四，股市完成了涨跌循环，道琼斯工业平均指数当日上涨9.40点，成交量高达1 071万股，为历史上第五大成交量，略高于本轮暴涨暴跌开始前的水平。

这场危机在三天之内即宣告结束，但毋庸置疑，对其进行全面剖析花费了更长的时间。德拉维加对于阿姆斯特丹交易者的一个观察是，他们"能非常聪明地制造各种理由"来解释股票价格的突然上涨或下跌，显然，华尔街的专家们需要调动他们的全部聪明才智，来解释为什么在一个极好的商业年景行至中游之际，市场突然出现有史以来的第二大暴跌。专家们提出了诸多解释，其中一种解释是肯尼迪总统当年4月对钢铁行业计划涨价的弹压；除此之外，这些分析不可避免地经常会将1962年5月与1929年10月进行比较。且不提这两次暴跌中最令人恐慌的日子都恰逢当月的第28天和第29天（这对某些人来说，无疑是一种神秘而不祥的巧合），单纯从股价变动和交易量数据来看，也能让人看到这两次暴跌的相似性。不过人们普遍承认，两次暴跌鲜明的差异性远比相似性更具说服力。在 1929—1962 年间，对交易行为的监管和对客户赊购股票额度的限制使得一个人很难（实际不可能）在交易所亏掉所有的钱。换言之，在 20 世纪这两次崩盘之间的 33 年里，德拉维加在 17 世纪 80 年代给阿姆斯特丹证券交易所起的绰号（他称之为"这个地狱赌场"，尽管他爱极了这个地方）显然并不太适用于纽约证券交易所。

- 情绪 -

1962 年的这次崩盘并非毫无预兆，尽管几乎没有观察家正确解读出这些警示信号。从年初开始，股票便以相当稳定的速度持续下跌，下跌势头不断加剧，崩盘的前一个星期，即 5 月 21 日—5 月 25 日，是 1950 年 6 月以来证券交易所表现最糟糕的一个星期。到了星期一即 5 月 28 日早上，经纪商和交易商无疑有理由心存疑虑，不知股市到底是已经触底，还是要继续下跌。事后回想，人们的意见似乎存在分歧。通过电传打印机向用户发送即时财经新闻的道琼斯新闻服务在当天上午 9 点开始传输新闻到 10 点证券交易所开市期间，流露出一丝紧张情绪。在这一个小时内，宽幅纸带（通常指纵向打印在 6.25 英寸[①]宽纸上的道琼斯服务资讯，区别于横向打印证券交易所价格、高度仅有 0.75 英寸的纸带）评论道，许多证券交易商在刚刚过去的周末

[①] 1 英寸 = 2.54 厘米。——编者注

一直忙着向股票资产价值缩水的信用客户发出追加抵押品的要求，评论称，上一个星期出现的这种突如其来的清盘"已经多年未曾在华尔街发生过"。然后，它给出了几条利好商业消息，例如西屋电气公司收到一份新的海军订单。然而，正如德拉维加所指出的那样，在股票市场上，"（这样的）消息通常没什么价值"，在短期内，投资者的情绪才是最重要的。

这种情绪在证券交易所开市后几分钟内就显现了出来。10 点 11 分，宽幅纸带报告称："开盘时股票涨跌互见，交投适度活跃。"这是一个令人安心的信息，因为"涨跌互见"是指某些股票上涨，某些股票下跌，而且人们普遍认为，市场交易量适中而非放量时，下跌的威胁要小得多。但这种踏实的感觉转瞬即逝，因为到了 10 点半，记录每笔交易价格和成交量的证券交易所纸带，不仅不断吐出更低的价格，而且虽然已经以每分钟 500 个字符的最高速度运行，仍然延迟了 6 分钟。纸带延迟意味着场内交易速度实在太快，以至于机器即使全速运行也无法跟上。一般情况下，当交易在华尔街 11 号的证券交易所场内完成时，交易所员工会将详细信息写在一张纸条上，然后通过气动管道将纸条传送到大楼五层的一个房间，在那里由一名女打字员将内容输入股票报价机并传输出去。因此，从场内交易完成到其出现在纸带上，之间存在两三分钟的滞后是正常现象，证券交易所不会认为这是"延迟"，在交易所术语中，所谓"延迟"描述的是从某个交易纸条到达大楼五层到它被录入全速运转的报价机之间任何额外的等待时间。（"交易所使用的术语没有经过认真选择。"德拉维加曾如此抱怨。）在繁忙的交易日，纸带出现几分钟的延迟是相当常见的现象，但 1962

年使用的那种股票报价机自从 1930 年投入使用以来，严重的延迟极为罕见。需要补充的是，1929 年 10 月 24 日，纸带曾延迟过 246 分钟，因为当时报价机的打印速度只有每分钟 285 个字符；1962 年 5 月之前，新型机器曾出现过的最大延迟为 34 分钟。

毫无疑问，股价正在下跌，交投量则在上升，但情况仍然不算危急。到了 11 点，所有证据都表明，上一个星期的下跌仍以温和加速的态势持续着。但随着交易速度的加快，纸带延迟也随之加剧。10 点 55 分，延迟时间达到 13 分钟；11 点 14 分，延迟 20 分钟；11 点 35 分，延迟 28 分钟；11 点 58 分，延迟 38 分钟；12 点 14 分，延迟达到了 43 分钟。（在纸带延迟 5 分钟或更长时间时，为了向纸带中注入至少一点最新的信息，交易所定期中断正常进程，插入几只领先股票当前价格的"快报"。当然，这样做所花费的时间会增加延迟。）道琼斯工业平均指数的午间计算显示，截止到那时，道琼斯指数在当日已经下跌了 9.86 点。

午间休盘时间，公众极度恐慌的迹象开始出现。其中一个迹象是，在中午 12 点到下午 2 点之间，市场通常会呈现交投清淡的状态，但在那天，不仅价格继续下跌，成交量也继续攀升，并对纸带产生了相应的影响——下午 2 点前，纸带的延迟已经达到了 52 分钟。这表明，人们在应该吃午饭的时候却在出售股票，而这通常被视为事态严重的证据。同样，在美林-皮尔斯-芬纳-史密斯公司（Merrill Lynch, Pierce, Fenner & Smith）位于时代广场的办公室（百老汇街 1451 号），也许可以找到另一个令人信服的迹象，表明市场将迎来腥风血雨。这家公司是券商业无可争议的巨头，其办公室饱受一个特殊问题的困扰：由于它恰好处于中心位置，每天午餐时间都会有许多人前来参观，这些在券商界被称为"无预约散客"的人即便持有证券，数量也很少，但他们觉得券商办公室的氛围及其报价板上不断变化的价格很有趣，尤其是在股市危机时期。（那些小赌怡情而非出于贪念入场的人很容易被认出来。——德拉维加）因此，公司的办公室经理，一位叫塞缪尔·莫思纳、性格沉稳的格鲁吉亚人通过长期经验已经认识到，公众对市场的关注程度与他办公室不请自来的参观者数量之间存在明显的相关性。而在 5 月 28 日中午，参观的人如此密集，训练有素的他如信天翁般清晰地预感到，一场灾难即将到来。

莫思纳的麻烦，像从圣地亚哥到班戈所有股票经纪人的麻烦一样，绝不仅仅限于令人不安的迹象和预兆。毫无节制的股票平仓已经大规模出现。在莫思纳的办公室里，来自客户的买卖指令比平均水平高出五六倍，而且几乎全部是卖盘。总体来说，经纪人会敦促他们的客户保持冷静并继续持有股票，至少目前先暂时持有，但许多客户根本听不进去。美林位于西 48 街 61 号的另一个城中心办公室收到了一封来自里约热内卢一位重要客户的电报，其中简单地写道："请把我账户中的所有东西都卖掉。"由于没有时间跨越漫长距离劝说客户暂缓操作，美林别无选择，只能执行命令。到下午早些时候，广播电台和电视台已经嗅到了新闻的味道，开始中断常规节目，现场直播这一情况。对此，一家证券交易所的出版物发表了略显尖锐的评论："这些新闻播报对股市的关注程度可能正是导致一些投资者不安的原因之一。"此时，经纪人在执行潮水般涌来的卖盘时所面临的问题因技术因素而变得更为复杂。到 2 点 26 分，纸带延迟已经达到了 55 分钟，这意味着在大部分情况下，股票报价机所报告的，是一小时前的价格，在许多情况下，这个价格比当前价格每股高出 1~10 美元。对于接受销售订单的经纪人来说，几乎不可能告诉他的客户他期望的价格。一些经纪公司试图通过使用自己的临时报告系统来避免纸带延迟，美林就是其中之一。美林的场内经纪人在完成交易后，（如果他们记得并有时间的话）只要对着场边与公司位于松树街 70 号总部的"对讲机"相连的电话喊出结果即可。显然，这么随意的方法很容易出错。

证券交易所场内则看不到任何反弹的迹象，所有股票都齐刷刷地快速而持续地下跌，交易量巨大。德拉维加可能会这样描述当时的场景（事实上，他确实极尽夸张之能事地描述过一个类似的场景）："空头们（即卖家）完全被恐惧、惊慌和紧张所支配。兔子变成了大象，酒馆里的小争吵变成了叛乱，淡淡的阴影在他们眼中成为大混乱的迹象。"其中最让人担心的一个事实是，代表美国最大公司股票的龙头蓝筹股成为下跌的主力。事实上，美国电话电报公司这个规模最大、股东人数最多的公司，正带领着整个市场下跌。作为在交易所交易的 1 500 多只股票中成交量最大的个股（并且大多数股票的价格也只有其股价的一小部分），美国电话电报公司在全天都遭受着一波又一波的紧急抛售。到了下午 2 点，它的股价已经跌至 104.75 美元，当日下跌 6.875 美元，并且仍然在全面回撤之中。美国电话电报公司一直被视作市场风向标，现在则比以往任何时候都受到更密切的关注，它的每一次下跌，哪怕连一个点都不到，都意味着整个市场进一步全面下跌。还不到下午 3 点，国际商业机器公司（IBM）已经下跌了 17.50 美元；新泽西标准石油公司的股价也下跌了 3.25 美元，尽管这家公司在市场总体下跌时通常具有超乎寻常的抗跌性；美国电话电报公司则继续下跌至 101.125 美元，且底部似乎仍深不可见。

然而，正如当时在场的人所描述的那样，场内气氛并未达到歇斯底里状态，或者说，至少任何歇斯底里的情绪都得到了很好的控制。尽管许多经纪人要竭尽全力才能克制住自己不破坏交易所禁止场内奔跑的规定，而且按照某位保守的交易所官员的话，一些人脸上带着"刻意平静的"表情，但场内依然像往常一样充斥着玩笑、恶作剧和无伤大雅的相互攻击。（玩笑……是这个行业主要的吸引力。——德拉维加）当然，那里并非一切如常。"我记忆最深刻的是感到身心俱疲，"一位场内经纪人说，"在危机发生的日子里，你可能要在场内走 10 或 11 英里，这个距离有计步器测量为证，但让你筋疲力尽的不仅仅是距离，还有身体接触。你必须和其他人推推搡搡。人们甚至会从你身上爬过去。此外还有声音，在股市下跌时你总是会听到那种让人紧张的轻声低语。随着跌势加剧，这种低语声会越来越大。在上涨的市场中，你会听到截然不同的声音。一旦习惯了这种差异，你闭着眼睛都能知道市场现在的表现如何。当然，人们仍然像往常一样不停地开着玩笑，只不过略带有一丝强颜欢笑的意味。每个人都提到，当闭市钟声在 3 点半准时响起时，场内一片欢呼之声。好吧，人们不是因为市场下跌而欢呼。他们之所以欢呼，是因为一天终于结束了。"

- 一切真的结束了吗？ -

但是，一切真的结束了吗？从下午到晚上，华尔街和全美国投资界都在讨论这个问题。下午，落后的交易所报价机缓慢运行，庄严地记录着早已过时的价格。（在收盘时，报价机已经延迟了 1 小时 9 分钟，直到 5 点 58 分才完成当天交易的打印。）许多经纪人在交易所一直待到 5 点多，整理交易细节，然后去办公室处理账户事宜。当价格纸带总算有时间报告收盘价时，它报告的全都是悲伤的故事。美国电话电报公司收于 100.625 美元，当日下跌 11 美元；菲利普·莫里斯公司以 71.5 美元的价格收盘，下跌了 8.25 美元；金宝汤公司以 81 美元收盘，下跌了 10.75 美元；IBM 则报收于 361 美元，下跌了 37.5 美元。

暴跌的消息接踵而至。各经纪公司的员工们都忙得不可开交，许多人整夜加班，忙于处理各项特殊事务，其中最紧急的是发出追加保证金通知。追加保证金是指在客户向其经纪人借钱购买股票，而其股票的当前价值几乎不足以支付贷款的情况下，经纪人要求客户提供额外的抵押品。如果客户不愿意或无法提供更多抵押品以满足追加保证金的要求，其经纪人将尽快出售其借钱购买的股票。此类销售可能会进一步压低其他股票的价格，导致更多要求追加保证金的通知发出，从而导致更多股票抛售，最终将所有人拖入深渊。1929 年，联邦政府对股票市场信贷未做任何限制，当时发生的一切证明这个深渊是一个无底洞。在那之后，政府对此设定了下限，但当时的实际情况是，根据 1962 年 5 月的信贷要求，如果客户以保证金买入的股票跌至其买入时价格的 50%~60% 时，客户将接到要求追加保证金的电话。而在 5 月 28 日收盘时，大约每 4 只股票中就有一只从其 1961 年的高点下跌到了这个水平。交易所事后估计，在 5 月 25 日—5 月 31 日期间，共发出了 91 700 份保证金催缴通知（主要通过电报发送）。我们可以稳妥地假设，这些催缴通知的大部分都是在 28 日下午、晚上或是半夜发出的（而且不仅仅是在前半夜）。不止一位客户在星期二黎明收到追加保证金的通知后，才第一次意识到了危机，或是第一次意识到危机的恐怖程度。

如果说 1962 年融资融券交易的后果对市场造成的危害远小于 1929 年，那么另一个领域，即共同基金抛售所带来的危害则要大得多。事实上，许多华尔街专业人士都表示，在 5 月的股市大起大落中，只要想到共同基金的状况就足以让他们不寒而栗。过去 20 年购买共同基金份额的数百万美国人都知道，共同基金为小投资者提供了一种途径，可以将资源集中起来交由专业人士管理。小投资者购买一只基金的份额，这只基金使用这笔资金购买股票，并随时为投资者按照基金的当前资产价值赎回自己的份额做好准备。

按照常理推测，在股市严重下跌的情况下，小投资者会希望从股市中套现，因此会要求赎回他们的基金份额，为了筹集资金满足赎回要求，共同基金必须出售部分股票。这些出售动作将导致股市进一步下跌，相应引发更多基金持有人提出赎回要求。如此，便形成了一个当代更新版本的无底深渊。另一个因素更是加剧了投资界对这种可能性的普遍恐慌，那便是共同基金放大市场下跌势头的能力还从未受到过认真的考验，1929 年时还几乎不存在的共同基金到了 1962 年春天已经累积了高达 230 亿美元的惊人资产，而在此期间，市场从未经历过像现在这样的下跌。显然，如果这 230 亿美元的资产，或是其中较大部分被抛入市场，将可能会引发一场大崩盘，甚至可能会让 1929 年的股灾显得小巫见大巫。一位富于远见的经纪人，查尔斯·罗洛

（Charles J. Rolo），在 1960 年加入华尔街舞文弄墨的小圈子之前，曾担任《大西洋月刊》的书评人。他回忆道，基金可能引发螺旋式下跌的巨大威胁，加之人们普遍不能确定这种下跌现在是否已在进行之中，"实在太可怕了，以至于甚至没有人敢提起这个话题"。在那个时候，罗洛的文学情怀尚未被经济界尽人皆知的冷酷无情消磨殆尽，因此他或许是 5 月 28 日黄昏时分城市中心复杂情绪的一个很好的见证人。

"空气中弥漫着一种不真实的气氛，"他后来回忆道，"据我所知，没有人知道底部会在哪里。当天收盘时，道琼斯指数下跌了将近 35 点，跌至大约 577 点。尽管现在华尔街出于面子考虑否认这一点，但许多业内精英当时都谈论过底部可能在 400 点的事，那显然会是一场灾难。人们听到'400 点'这个词一遍遍地被提及，尽管如果你现在再问，他们往往会告诉你，他们说的是'500 点'。除了恐惧，经纪人中还弥漫着一股带有切肤之痛的绝望。我们很清楚，我们的客户并非都是富人，而他们因为我们的行为而遭受了巨大损失。无论如何，亏掉别人的钱也是非常令人不快的事。请记住，这次暴跌发生前，我们已经享受了大约 12 年股票价格普涨的好时光。十几年来，你和你的客户或多或少都获得了稳定的利润，你会觉得自己相当不错。你战无不胜。你能够赚钱，就这么简单。这次下跌则暴露出你有弱点。这使人丧失了一定的自信，并且无法迅速恢复。"显然，发生的一切足以让一位经纪人希望自己能够严格遵守德拉维加的基本原则："永远不要建议任何人买入或是卖出股票，因为在洞察力削弱之时，最善意的建议都可能会带来糟糕的结果。"

到了星期二早上，星期一崩盘的规模才清楚显现。根据截至当时的计算，在交易所上市的全部股票的账面价值损失总计208亿美元，创下了当时的最高纪录。即使在1929年10月28日，股票总市值损失也仅有96亿美元，之所以存在如此明显的差异，关键在于1929年交易所上市股票的总市值远低于1962年。这一新纪录也代表着相当一部分美国国民收入，具体而言，占比达到了将近4%。事实上，美国损失了大约两个星期的产品产量和一天的总工资。

当然，这同样影响了海外市场。在欧洲，华尔街造成的冲击因时差而推迟了一天，使星期二成为危机之日。纽约时间星期二上午9点，欧洲的交易日即将结束，几乎所有主要欧洲交易所都在经历疯狂抛售，除了华尔街的崩盘，没有其他明显的诱因。米兰遭受了18个月来最严重的损失。布鲁塞尔交易所创下了其在1946年战后重新开放以来最大幅的下跌。伦敦则遭受了至少27年来最严重的损失。在苏黎世，当天早些时候出现了令人震惊的30%跌幅，但随着逢低买入的投资者入市，跌幅有所减小。世界上一些较贫穷的国家同样感受到了冲击，也许没那么直接，但从人的角度来说无疑更为严重。例如，纽约大宗商品市场7月交割铜价下跌了0.44美分/磅。尽管这样的损失听起来微不足道，但对于一个严重依赖铜出口的国家来说，这是一个生死攸关的问题。根据罗伯特·海尔布罗纳（Robert L. Heilbroner）在其著作《伟大的攀登》（*The Great Ascent*）中引用的一项数据，纽约市场铜价每下跌1美分，智利财政部就会损失400万美元，按照这一标准，在此次崩盘中，智利仅铜的潜在损失就高达176万美元。

与已知的损失相比，更糟糕的也许是对接下来将发生什么的恐惧。《泰晤士报》在头版发表了一篇令人不安的社论，开篇便是："股市昨日遭受了地震般的冲击。"然后，文章花费近半个专栏的篇幅，使尽浑身解数，振振有词、掷地有声地断言："无论股市涨跌，我们现在是，未来仍然是我们经济命运的主人。"上午9点，道琼斯新闻行情以其惯常欢快的"早上好"开始了一天的播报，但随即陷入国外各种令人不安的市场消息报道中。到了9点45分，距离交易所开市还有一刻钟时间，它开始不安地自问："股票抛售何时会停止？"然后总结道，现在还不会，所有迹象似乎都表明，抛售压力"远未释放"。在整个金融世界，有关某家证券公司即将倒闭的恐怖传言四处流传，更平添了悲观的气氛。（对某事件的期待会给人留下远比事件本身更深刻的印象。——德拉维加）事实上，绝大部分谣言后来被证明是子虚乌有，但在当时却搞得人心惶惶。

危机的消息一夜之间传遍了美国的每个城镇，股票市场已成为全国关注的焦点。经纪公司的总机被呼入电话淹没，客户区挤满了涌入的人群，在许多情况下，人群中还有电视台的记者。至于证券交易所本身，场内每个工作人员都提前到位，以应对预计中的风暴。交易所还从其华尔街11号高层办公室的文员中征招人手，帮助处理成堆的卖盘。到了开放时间，访客回廊拥挤不堪，导致常规有导游带领的参观活动不得不暂停一天。那天早上，在挤进访客回廊的人中，有一群西121街基督圣体学校的八年级学生，班上的老师阿奎因修女向记者解释说，为了这次参观，孩子们从两个星期前开始进行模拟股票市场投资，每笔投资额为1万美元。"他们亏掉了所有的钱。"阿奎因修女说道。

交易所开盘后的前90分钟是许多资深交易员记忆中最黑暗的90

分钟，这些交易员也包括 1929 年大崩盘中的部分幸存者。在最初的几分钟里，交易的股票数量相对较少，但这种清淡的交投并不是冷静思考的反映。相反，它反映的是抛售压力过大以至于行动暂时瘫痪。为了最大限度地减少股票价格的突然上涨，交易所要求，任何价格低于 20 美元的股票，如果换手价格相对于上一次卖价的变动幅度达到或超过一个点（对于价格高于 20 美元的股票则为相差两个点或以上），那么必须首先得到一位市场交易管理人员的亲自批准才能换手。

在那一天，卖盘数量巨大、买盘稀少，以至于数百只股票开盘价格的变动幅度都达到甚至超过了规定的限度，因此，必须首先在大喊大叫的人群中找到一位市场交易管理人员并获得其批准，否则这些股票不可能开始交易。还有一些龙头股票，比如 IBM 的股票，由于买盘和卖盘报价差距过大，即使获得了交易管理人员的批准，也不可能进行交易，除了等候便宜的价格引来足够多买盘入场别无选择。道琼斯宽幅纸带时断时续地报道着随机价格和零散的信息，仿佛它也处于震惊状态。到了 11 点半，它报告称，"至少有 7 只"大盘股尚未开盘，事实上，当尘埃散去时，真实的数字似乎比这还要大得多。与此同时，道琼斯工业平均指数在开盘一小时内又下跌了 11.09 点，使股票市值损失在星期一的基础上又增加了数十亿美元，这使得市场恐慌情绪达到了顶点。

- 混乱局面 -

伴随恐慌而来的是近乎混乱的局面。无论对于 5 月 29 日星期二还能作何评论，人们在很长一段时间内都会记得，在这一天，股票交易系统这一网络状、自动化、规模惊人的综合性技术设施几乎彻底崩溃，而正是有赖于它的支撑，在一个近 1/6 的成年人都持有股票的庞大国家进行全国性的股票交易才成为可能。许多订单的执行价格与客户下单时同意的价格相去甚远；许多其他订单根本没有得到执行，或丢失在传输过程中，或丢失在堆满交易所场内地板的雪花般的废纸堆中。在有些情况下，经纪公司根本无法与他们的场内人员取得联系，因而无法执行订单。随着时间的推移，星期一巨大的交易纪录不仅被打破，在新纪录面前也显得不值一提。对此，从星期二的交易所收盘时间延迟了 2 小时 23 分钟，而星期一的延迟时间为 1 小时 9 分钟便可见一斑。凭借天赐的先见之明，美林证券（其业务量占交易所全部公开交易的 13% 以上）不久前刚刚安装了一台新的 7074 计算机——这台设备可以在三分钟内复制整个电话簿——并在新设备的帮助下勉力维持了业务的正常运转。美林证券的另一个新装置，一套占地几乎达半个街区，旨在加快公司各个办公室之间的通信的自动电传交换系统，也在这次事件中大放异彩，尽管系统最后已经烫得无法触摸。其他公司就没那么幸运了，其中许多公司彻底陷入混乱，以至于有传言称，一些经纪人不断地联系他们场内的同事，获取最新股票报价，结果却一无所获，还甚是疲倦，于是干脆举手投降，出去借酒浇愁。显然，这种不专业的行为可能帮他们的客户少亏了很多钱。

但当天最具有讽刺意味的，无疑是午休时间报价纸带的风云突变。就在中午前，股市跌至最低水平——道琼斯指数下跌了 23 点。（该指数最低下探到了 553.75 点，距离 500 点这一专家们后来声称他们估计的绝对底部仍有一段安全距离。）然后，市场突然开始了异常强劲的反弹。到 12 点 45 分，反弹已经演变成疯狂的抢购。由于纸带又已延迟了 56 分钟，所以除了一些"快报"价格提供的转瞬即逝的信号，价格纸带仍在源源不断地向股市通报恐慌性抛售的消息，而实际上，场内正在发生的已经是恐慌性购买。

早盘后期发生的大转折突然且颇具戏剧性，应该会符合生性浪漫的德拉维加的胃口。其中的关键股票又是美国电话电报公司，像前一天一样，该公司仍然受到普遍关注，并无疑左右着整个市场的走势。而小乔治·拉布兰奇（George M. L. La Branche, Jr.）因其工作性质而成为事件的关键人物。他是拉布兰奇和伍德公司（La Branche and Wood & Co.）的高级合伙人，这家公司当时担任电话电报公司的交易所场内专家。（所谓场内专家，是指一些经纪交易商，他们需要维持他们所负责的特定股票有序交易。在履行职责的过程中，他们经常负有一种奇怪的责任，即逆自己的理性判断行事，用自己的钱去冒险。当时，为了减少市场的人为失误因素，各个监管机构都在努力地试图找到一种方式，以机器来取代专家，但迄今为止尚未成功。其中最大的阻碍似乎是下面的问题：如果机器"专家"们赔了一大笔钱，那么这些损失该由谁来承担？）拉布兰奇已经 64 岁，他个头不高、轮廓分明、衣冠楚楚、脾气暴躁，喜欢把玩在交易所内不多见的美国大学优等生荣誉协会钥匙扣，他从 1924 年开始一直担任专家的角色，他的公司则自 1929 年底之后一直是电话电报公司的"专家"。他的专属领地（绝对名副其实，因为他一辈子几乎每个工作日都要在那里待上五个半小时）就在 15 号交易亭前，这个区域从访客回廊上看不到，被俗称为"车库"。在那里，他双脚分开稳稳站立，以应对可能突然冒出来的买家或卖家，并习惯性地手持铅笔，若有所思地端详着一本不起眼的活页账簿。这本账簿中记录着以各种价格买卖电话电报公司股票的所有未完成订单。毫不奇怪，这本账簿被称为"电话簿"。当然，星期一全天，当电话电报公司引领市场下跌时，拉布兰奇一直处于风暴的中心。作为一名专家，他一直像战士那样应对着冲击，或者用他自己更生动的比喻，像一块软木塞一样在海上载沉载浮。"电话电报公司就像大海一样，"拉布兰奇后来说道，"一般来说，它平静而安详。然后突然狂风大作，巨浪滔天。大浪席卷并吞没了所有人，然后它再次消退。你无法与之抗争，只能随波逐流，就像克努特国王无法命令潮水退去一样[①]。"

- 神秘的逆转 -

星期二早盘，在星期一 11 点暴跌之后，巨浪仍在翻滚。由于需要花费大量时间对夜间收到的订单进行分类和匹配，还要找到一名市场交易管理人员批准交易，所以直到交易所开盘后近一个小时，电话电报公司才进行了第一笔交易。当电话电报公司在 10 点 59 分终于进入开盘名单时，它的价格降到了 98.5 美元，比星期一的收盘价又跌去了 2.125 美元。在接下来的大约 45 分钟里，金融界就像一位船长在飓风中观察气压计那样密切地关注着它的表现，其间该股股价小幅波动，

[①] 出自英国童话《克努特国王与潮水》。传说古时英格兰的统治者克努特国王曾坐在海滨，命令潮水退去，但潮水却越涨越高。——译者注

曾一度反弹到 99 美元，最低跌至 98.125 美元（后被证明是它的底部）。它曾三次触及了这个低点，随后触底反弹——按照拉布兰奇的说法，这个事实似乎具有神奇或神秘的重要意义。也许这是真的。无论如何，在第三次下跌之后，电话电报公司的买家开始出现在 15 号交易亭前，起初人数寥寥、紧张不安，随后越来越多并且更加急切。到了 11 点 45 分，这只股票的卖出价达到了 98.75 美元；几分钟后，价格涨至 99 美元；11 点 50 分，再涨至 99.375 美元；最后，在 11 点 55 分，它的卖出价已经达到 100 美元整数大关。

许多评论人士表示，电话电报公司的股票售价首次回到 100 美元标志着整个市场的风向发生了逆转。由于在纸带延迟期电话电报公司的实时股价是"快报"内容之一，所以金融界几乎立刻就知道了这笔交易，而当时人们听到的其他消息都是极坏的消息。有一种理论认为，电话电报公司股价几乎反弹了两个点这一硬事实与一个纯粹的偶发因素共同发挥了作用，从而使天平发生了倾斜，这个偶发因素就是整数 100 带来的积极心理影响。尽管拉布兰奇也认同电话电报公司股价的反弹对市场总体走势好转起到了巨大作用，但他对到底哪笔交易是关键性交易有着不同的看法。对他来说，首次以 100 美元卖出股票并不足以证明这是持久的反弹，因为这只涉及少量股票（他记忆所及，那笔交易只有 100 股）。他知道，他账簿中所记录的报价 100 美元的卖盘有将近两万股。如果电报电话公司的买盘在消化完这 200 万美元的供给之前耗尽，那么电话电报公司的股价将再次下跌，可能会第四次跌至 98.125 美元的低点。对于拉布兰奇这样惯于从航海角度思考的人来说，很可能会把第四次下跌的意义与某种不可逆转的结局联系起来。

但这并没有发生。几小笔以 100 美元价格成交的交易接踵而至，随后又是交易量更大的几笔。总体而言，当德莱弗斯公司（Dreyfus & Co.）的场内合伙人约翰·克兰利（John J. Cranley）悄悄地走进 15 号交易亭的人群，出价 100 美元买入 10 000 股电话电报公司股票时，以这一价格挂牌出售的股票已经售出大约一半，而他刚好清空剩余的卖盘，为电话电报公司股票进一步上涨铺平了道路。克兰利没有说明他是代表公司、某位客户还是代表德莱弗斯基金（德莱弗斯公司通过其某家子公司管理的共同基金）所做的竞购，这笔订单的规模表明，购买方应该是德莱弗斯基金。无论如何，拉布兰奇只要说"卖出"即可，随着两人完成记录，这笔交易即宣告完成。从那以后，再没人能以 100 美元的价格买到电报电话公司的股票了。

历史上曾有过先例（尽管不是在德拉维加的时代），即证券交易所某个大型交易能够逆转（或是力图逆转）市场走势。1929 年 10 月 24 日下午 1 点半，在那个金融史上被称作黑色星期四的恐怖日子，纽约证券交易所代理总裁，也可说是交易大厅里最著名的人物，理查德·惠特尼（Richard Whitney），大摇大摆（也被人形容为"昂首挺胸"）地来到美国钢铁公司的交易亭前，并出价 205 美元（此前的卖出报价）买入一万股股票。但 1929 年的那次交易和 1962 年的交易存在两个关键的区别。首先，惠特尼高调出价是为了达到特定效果而精心策划的，而克兰利毫不引人注目的竞买显然只是为了替德莱弗斯基金以合适的价格购入股票。其次，1929 年的那次交易后，市场只出现了短暂的反弹。随后一个星期的股市损失使得黑色星期四看起来并不比灰色更糟糕，而 1962 年的那次交易后，市场出现了坚实的反弹。这可能向我们揭示，交易所的心理暗示最能发挥效力的时候是既非刻意为之，也非真正需要之时。无论如何，股市几乎立刻开始了全面反弹。在突破 100 美元大关后，电话电报公司的股价猛涨：12 点 18 分，交易价格上冲到 101.25 美元；12 点 41 分，价格达到 103.5 美元；下午 1 点 05 分，106.25 美元。通用汽车公司的股价在 11 点 46 分时为 45.5 美元，到了下午 1 点 38 分已经涨到了 50 美元。从 11 点 46 分到下午 1 点 28 分，新泽西标准石油公司的股价从 46.75 美元涨到了 51 美元。美国钢铁公司股价从 11 点 40 分的 49.5 美元涨至下午 1 点 28 分的 52.375 美元，而 IBM 以其独有的方式成为其中最具戏剧性的案例。整个早盘，由于汹涌的卖盘，该公司的股票根本无法开盘，对其最终开盘价的猜测从下跌 10 美元到损失 20 或 30 美元不等。而现在则出现了如此大量的买单，以至于这只股票在下午 2 点前从技术角度终于可以开盘交易时，它以一笔 3 万股的巨大成交量高开 4 个点。12 点 28 分，在那笔电话电报公司股票大额交易后不到半小时，道琼斯新闻服务认为市场走势已经足够明确，因此直截了当地宣布："市场已经转强。"

市场确实转强了，只不过其转换的速度颇具讽刺性。一般情况下，宽幅纸带在报道一条长新闻，如某位著名人物的讲话时，通常会将这条新闻拆分成一系列较短的片段，然后分段间隔传输，以便留出时间在其间隙报道诸如交易所最新价格等实时新闻。5 月 29 日的午后它正是这么做的。当时，宽幅纸带报道了美国商会主席莱德·普拉姆利（H. Ladd Plumley）在美国国家新闻记者俱乐部发表的演说，这场演说于 12 点 25 分在道琼斯新闻纸带上开始报道，几乎与该新闻宣布市场已经转强在同一时间。演说在宽幅纸带上的分段报道确实产生了一种奇怪的效果。一开始，纸带报道表示，普拉姆利呼吁"对当前缺乏商业信心的情况进行深思熟虑的评估"。随后，它中断了几分钟，以插播重要的股价消息（所有股票都大幅上涨）。然后，纸带继续报道普拉姆利的演说，当时他正准备进入正题，并将股市暴跌归咎于"两个打击信心的因素（即利润预期降低和肯尼迪总统压制钢铁价格上涨）恰巧叠加的影响"。接下来，演说报道中断了更长时间，其间插播了大量让人安心的事实和数据。最后，普拉姆利重回纸带报道，以反复强调自己的论点结束演说，这个论点现在已经带有"我早就说过"的色彩。"令人敬畏的证据表明，'适当的商业环境'不应被视为麦迪逊大道①的陈词滥调，而是一个非常值得期待的现实。"宽幅纸带引用他的话这样说道。当天午后的时间就这样惬意地过去了。对于道琼斯新闻用户来说，这一定是一段颇为惬意的时光，因为他们可以一边享用股价上涨的鱼子酱，一边啜饮普拉姆利抨击肯尼迪政府的香槟。

在星期二午盘最后一个半小时里，交易速度达到了疯狂的顶点。下午3点以后（即当日最后半个小时的交易时间）记录在案的官方交易量略超700万股，以1962年的交易水平来看，这是正常情况下全天交易量都没有出现过的数字。当收盘钟声响起时，场内再次响起了欢呼声，远比星期一收盘时的欢呼要响亮得多，因为当天道琼斯指数上涨了27.03点，意味着星期一的损失几乎收复了3/4，星期一突然消失不见的208亿美元中，现在有135亿美元已经回来了。（虽然这些

---

① 麦迪逊大道是纽约曼哈顿区的一条著名大街，由于1920年以来这条大街上云集了美国许多广告公司的总部，所以它逐渐成为美国广告业的代名词。——译者注

令人兴奋不已的数据直到收盘后几个小时才被公布，但经验丰富的证券从业人员单凭直觉就能惊人准确地感知到统计结果。他们中的一些人声称，在星期二收盘时，他们能感到道琼斯指数上涨了超过 25 点，而我们没有理由质疑他们的说法。）当时到处洋溢着欢快的气氛，但还有大量工作要完成。由于交易量比星期一更大，自动收报机嘀嗒作响，办公室的灯光亮到比星期一更晚的时候。交易所的纸带直到晚上 8 点 15 分才打印完当天最后一笔交易记录，比交易实际发生的时间晚了足足 4 小时 45 分钟。同时，第二天的阵亡将士纪念日对于证券从业人员来说也不再是休息日。睿智的华尔街老手曾声称，这个在危机期间幸运降临的假日提供了一个天赐良机，让过热的情绪降温，这可能是这场危机最终没有演变为灾难的最重要因素。不过，假日毫无疑问为证券交易所及其会员单位提供了一个机会，所有会员都被要求在假日期间留守各自的战斗岗位，以便收拾残局。

经纪公司必须向数以千计不明所以的客户解释交易价格纸带延迟的潜在恶果。例如，这些客户本以为他们以 50 美元的价格购买了美国钢铁公司的股票，但后来发现他们支付了 54 或 55 美元。此外，还有几千名客户的投诉无法如此轻易地得到答复。一家经纪公司发现，它在同一时间发出了两份订单，一份是按现价购买电话电报公司股票，另一份是以现价出售相同数量的电话电报公司股票，结果卖方每股卖了 102 美元，而买方则为每股股票支付了 108 美元。这种明显有违供求规律的结果使经纪公司极度震惊，于是它们进行了调查，结果发现买单在极度拥挤中短暂地丢失了，直到价格上涨了 6 美元后才抵达 15号交易亭。由于不是客户的错，经纪公司支付了这笔差价。

证券交易所本身在星期三也有各种各样的问题要处理，其中包括接待加拿大广播公司的一个摄制组，他们忘了美国5月30日是纪念日假期，专程从蒙特利尔飞来拍摄星期三纽约证券交易所的活动。与此同时，交易所的官员们显然必须思考星期一和星期二的股票行情信息令人震惊的滞后问题，人们一致认为，即便这不是导致此次有史以来最严重的技术混乱的根源，也至少是其核心原因。交易所后来对此进行了详尽的解释，其自辩实际上相当于抱怨这场危机来得早了两年。"认为现有设备以正常速度和效率为所有投资者提供了服务是不准确的"，交易所以特有的严谨态度承认，然后接着说，预计1964年将安装一台速度几乎是现有速度两倍的自动报价机。（事实上，新的自动报价机和其他各种自动化设备后来或早或晚都及时地安装了，并非常有效，从而使得1968年4月惊人的巨大交易量只导致了可以忽略不计的报价延迟。）1962年股市风暴来袭时避难所尚在建设中，这一事实被交易所形容为"也许具有讽刺意味"。

星期四上午仍有许多令人担心的地方。市场惯于在经历了一段时间恐慌性抛售后出现大幅反弹，然后重新下滑。不止一位经纪人记起了1929年10月30日，那一天，在经历了两天创纪录的大跌之后，道琼斯指数曾暴涨28.40点，但紧随而来的才是开启了持续数年并引发大萧条的真正灾难性下跌。现在的股市走势与那次反弹非常相似，实乃不祥之兆。换言之，市场仍不时出现德拉维加借用医学术语命名的"逆蠕动"（antiperistasis）走势——即先是发生反转，然后再逆转这一反转，如是等等。

"逆蠕动"证券分析理论的追随者可能会得出下面的结论：市场

现在正准备再次跳水。当然，最终的事实证明这完全是无稽之谈。星期四全天股票价格都在稳定地上涨。10 点钟开盘几分钟后，宽幅纸带报道了这样一个消息：各地的经纪人都被大量买单所淹没，其中许多买单来自南美、亚洲和西欧国家，来自这些国家的投资者一直活跃于纽约股市。将近 11 点时，宽幅纸带兴奋地宣布："订单仍从四面八方涌入。"消失的资金神奇地重新出现，还有更多的钱从四面八方不断地涌入。将近下午 2 点时，道琼斯新闻纸带已经从最初的欣喜若狂转为漫不经心，暂时中断了市场消息报道，插播了一条弗洛伊德·帕特森对桑尼·利斯顿的拳击比赛的日程。随着纽约股市转强，欧洲市场也同步大幅上扬，恰如其对市场下跌的反应。纽约铜期货在星期一和星期二上午的损失已经收复了 80% 以上，使智利财政部基本摆脱了困境。到了收盘时，道琼斯工业平均指数收于 613.36 点，这意味着不但全部收复了这个星期的损失，还略有上涨，危机已经过去。用摩根的话来说，市场曾经波动了一下；而用德拉维加的话来说，它出现了"逆蠕动"。

- 危机可能再次发生 -

当年的整个夏天，甚至到了第二年，证券分析师和其他专家都在不断抛出种种理论，试图解释到底发生了什么，这些分析诊断逻辑之严密，论断之权威，细节之丰富，均无可挑剔，以至于只有下面的事实才令它们稍显逊色，那就是，在危机发生前，几乎没有任何一个人知道将要发生什么。关于是谁做出了导致危机的抛售，最具学术性和最详尽的报告可能来自纽约证券交易所本身。

纽约交易所在混乱结束后立即开始向其个人和公司会员发送详细的调查问卷，通过计算发现，在股市危机发生的三天内，美国农村地区在市场上的活跃程度超出平时水平，女性投资者卖出的股票是男性投资者的 2.5 倍，外国投资者比以往活跃得多，占总交易量的 5.5%，而且总体而言，他们是大卖家。最令人震惊的是，与机构投资者相对应、被交易所称为"公共个体"的个人投资者，换言之，在除华尔街以外的任何地方都会被称为"私人个体"的个人在整个事件中扮演了惊人的重要角色，他们的交易量占总交易量的比例达到了前所未有的 56.8%。然后交易所又将这些"公共个体"按收入进行分类，并通过计算得出，那些家庭年收入超过 25 000 美元的个人是卖出数量最大、最坚定的人，而那些年收入低于 10 000 美元的个人，在星期一和星期二早些时候卖出股票后，又在星期四大量买入，以至于他们在三天内的总成绩为净买进。此外，根据该交易所的计算，三天内约有 100 万股股票（占总成交量的 3.5%）因追加保证金而售出。总而言之，如果一定要找到一个始作俑者，那就是与证券业务无关并且相对富裕的投资者，而且出乎意料地，这些投资者中大部分是女性、农村居民或外国投资者，在许多情况下，他们部分依靠借来的钱在市场上兴风作浪。

出人意料的是，扮演救市英雄角色的，反而是市场上最可怕的未经考验的力量——共同基金。纽约证券交易所的统计数据显示，星期一股价暴跌时，基金买入的股票数量超过卖出数量 53 万股，而星期四，当普通投资者蜂拥而上买进股票时，基金总共净卖出了 37.5 万股。换句话说，基金非但没有增加市场的波动，反而起到了稳定的作用。对于这种出人意料的良性效应究竟是如何产生的仍然存在争议。没有人认为这些基金在危机期间的操作纯粹是出于公益精神，因此可以大胆假设，它们在星期一买入是因为基金经理发现了便宜的股票，而它们在星期四卖出是因为看到了变现利润的机会。至于赎回问题，正如人们所担心的那样，大量共同基金持有人在市场崩盘时要求提取数百万美元的现金，但显然共同基金手头持有大量现金，因而在大多数情况下，他们可以在不大量沽出股票的情况下清偿基金持有人。从整体上看，这些基金被证明资金如此充裕，并且采取了如此保守的管理策略，以至于它们不仅能够经受住风暴，而且可以无心插柳地降低风暴的威力。不过如果未来再发生类似的风暴，情况是否仍然会这样则又另当别论了。

归根结底，1962 年危机的根源仍然难以琢磨，已知的是它是实实在在发生的事，并且类似的危机可能会再次发生。正如华尔街一位不愿具名的长者先知所说："我当时很担心，但我从来不觉得这会是另一个 1929 年。我从没说过道琼斯指数会跌到 400 点——我说过 500 点。重点在于，与 1929 年相比，现在的政府，无论是共和党还是民主党，都意识到必须关注企业的需要。华尔街上再也不会出现卖苹果的小贩了①。至于类似的事情是否会再次发生，答案是当然可能。我认为人们可能会在一两年内更加谨慎，然后我们可能会看到另一轮投

---

① 指 1929 年股灾之后纽约街头出现的售卖苹果的小商贩，这些商贩很多都是穿着西装戴着领带、衣冠楚楚的中产失业男性。时至今日，男人们站在街头卖苹果的照片，仍然是大萧条时期最著名的象征之一。——译者注

机兴起，接着又是一次崩盘，以此类推，直到上帝让人们不再那么贪婪。"

或者，正如德拉维加所说的那样："认为自己可以尝到甜头后就从交易所全身而退是愚蠢的。"

2

埃德塞尔的悲歌

在美国的经济历史中，1955 年是汽车之年。那一年，美国汽车制造商售出了 700 多万辆乘用车，超此前任何一年销量不止百万辆。那一年，通用汽车公司轻松地向公众售出价值 3.25 亿美元的新发普通股，而以汽车股为首的整个股市疯狂上涨，以至于引发了国会的调查。也是在那一年，福特汽车公司决定推出一款被雅称为"中等价位"的新车，即售价大致在 2 400 美元到 4 000 美元之间的汽车，其设计多多少少遵从了彼时的时尚：既长且宽、车身十分低矮，带有大量镀铬装饰和花哨的小部件，并配备了功率强大的发动机，几乎足以让它腾空飞起。两年后，在 1957 年 9 月，福特公司将这款被命名为埃德塞尔（Edsel）的新车推向市场，并辅以大张旗鼓的宣传，其声势超过 30 年前福特公司推出 A 型车以来的任何一款新车。据称，在首辆新车上市销售之前，埃德塞尔就已经花费了 2.5 亿美元，正如《商业周刊》所宣称的，没有人敢否认，推出这款车的费用超过了历史上任何一件消费品。作为收回投资的第一步，福特寄望于在第一年卖出至少 20 万辆埃德塞尔。

然而事情的发展并不如福特所愿。确切地说，在推出 2 年 2 个月零 15 天之后，福特只卖出了 10.946 6 万辆埃德塞尔，而且其中无疑有数百辆，甚至可能数千辆车的买家，是福特的高管、经销商、销售人员、广告人员、装配线工人以及其他与这款车的成功有切身利害关系的人。10.946 6 万辆车的销售数字相当于同期美国乘用车销售量的 1%。到了 1959 年 11 月 19 日，据外界估计，埃德塞尔已经亏损了大约 3.5 亿美元，最终福特公司永久性地停止了这款车的生产。

这一切是怎么发生的呢？一家资金如此雄厚、经验如此丰富，并且应该人才济济的公司，怎么会犯下如此大错？甚至在埃德塞尔被放弃之前，一些了解汽车行业并直言不讳的公众就已经回答了这个问题。他们给出的答案非常简单，并且看来非常合理，因此尽管它不是唯一被提出的理论，但它得到了广泛的认可。这些人认为，这要归咎于埃德塞尔从设计、命名、宣传到推广都盲目地坚持遵从民意调查结果（以及稍晚出现、与其一脉相承的动机研究），对此他们得出结论，以过分功利的方式去讨好大众，反而会将他们推向那些不那么精致，但更率真的追求者。几年前，面对福特汽车公司可以理解的三缄其口（这家公司显然跟其他公司一样，不喜欢对自己的失误大书特书），我开始尽我所能地调查埃德塞尔大溃败的原因。而我的调查令我自己确信，我们现在所掌握的情况远非全部真相。

事实上，尽管埃德塞尔的营销本该严格依照民意调查中表达的偏好进行，但是其中，凭着本能而非科学，悄悄掺杂了一些老套万金油推销术。同样地，尽管其命名也应该遵循同样的原则，但在最后一刻，科学性被草草抛弃，这款车最终以公司总裁之父的名字命名，与19世纪止咳药水或皮革清洁皂品牌的得名方式别无二致。至于其设计，则是在没有参考民意调查的情况下完成的，并且采用了多年来汽车设计的标准方法，即简单地汇集了公司各个委员会的意见。因此，仔细研究就会发现，上述对埃德塞尔失败的通用解释，在很大程度上只是一个神话，也可以说是荒诞不经之谈。但这个案例确有可能成为一个象征性的神话——一个现代版的美国"反成功"故事。

- 打造一款独特的汽车 -

埃德塞尔的起源可以追溯到1948年秋天，也就是真正做出开发决策7年前。那一年，亨利·福特二世（他在祖父老福特去世一年后成为公司总裁和无可争议的老板）向公司执行委员会建议，应该开展研究，以确定向市场推出一款完全不同的全新中等价位汽车是否明智。当时担任福特执行副总裁的欧内斯特·布里奇也是执行委员会成员。在进行研究后，委员会发现这么做似乎理由充分。在那个年代，福特、普利茅斯和雪佛兰的车主一旦年收入超过5 000美元，通常会立即抛弃这些代表着低端的品牌，并"置换"一辆中等价位的汽车。从福特的角度来看，这可说是一件好事，只不过出于某种原因，福特车主在置换时通常不会选择水星（Mercury）①这款福特公司唯一的中等价位车，

---

① 也被译为"墨丘利"，是福特汽车的子品牌之一。——译者注

而是会换成其他主要竞品的中等价位车，比如通用汽车旗下的奥兹莫比尔、别克和庞蒂亚克，也有少数人会选择克莱斯勒公司的道奇和德索托。时任福特汽车公司副总裁的刘易斯·D.克鲁索曾经一点儿不夸张地表示："我们一直在为通用汽车培育客户。"

1950年，朝鲜战争爆发。这意味着福特别无选择，只能继续为竞争对手培育客户，因为在这种时候根本不可能推出新车。福特公司的执行委员会搁置了福特总裁提出的研究计划，这一放就是两年。然后，到了1952年底，眼见战争即将结束，福特公司重启之前的工作，成立了一个名为"前瞻性产品规划委员会"的机构，由其主导重新启动的研究。委员会将大部分具体工作交给了林肯-水星分部，由该部门的助理总经理理查德·克拉夫维（Richard Krafve）负责。克拉夫维当时年届四旬，是一个身体强壮、沉默寡言的人，脸上总是习惯性地挂着一丝茫然的表情。他是明尼苏达州一个小型农场杂志印刷商的儿子，在1947年加入福特之前，曾做过销售工程师和管理顾问。虽然在1952年时他尚无法预知这一点，但他确实有理由感到茫然，作为直接对埃德塞尔及其命运负责的人，他享受了前者短暂的荣耀，并陪伴它痛苦地走向终结，因而他在那一刻的确遭遇了命运的关键时刻①。

1954年12月，经过两年的工作，前瞻性产品规划委员会向执行委员会提交了一份长达6卷的长篇报告，总结了其研究结果。在大量统计数据的支持下，这份报告预测，美国将在1965年步入大繁荣期。

---

① "rendezvous with destiny"最早是美国前总统富兰克林·德拉诺·罗斯福1936年在接受民主党提名再次竞选总统发表演说时使用的一个短语。后被广泛引用，指决定命运的关键时刻或特殊时刻。——译者注

据前瞻性产品规划委员会估计，到那时，美国的国民生产总值将达到每年 5 350 亿美元，10 年内增长超过 1 350 亿美元。（事实上，单从国民生产总值的数字来看，盛世的到来大大早于前瞻性产品规划委员会的估计。国民生产总值在 1962 年即超过了 5 350 亿美元，到 1965 年则达到 6 810 亿美元。）行驶的汽车数量将达到 7 000 万辆，增加 2 000 万辆。全国一半以上家庭的年收入将超过 5 000 美元，40% 以上的汽车售价在中等或更高价位。该报告用大量细节描绘出 1965 年的美国，呈现了一个让汽车之城底特律心动不已的国家：银行大量释放资金，街道和高速公路上挤满了宽大豪华的中等价位汽车，而新富阶层，那些"向上流动"的公民则渴望拥有更多这样的汽车。报告的用意显而易见：如果到那时，福特还没有推出第二款中等价位汽车（不仅仅是一个新款，而是一个全新的品牌），并成为中等价位汽车领域的新宠，那么公司将错失这一全国性的大商机。

另外，福特的老板们非常清楚向市场推出新车所面临的巨大风险。例如，他们知道，自汽车时代开始以来推出的 2 900 个美国汽车品牌中，包括黑鸦（Black Crow, 1905）、普通人的车（Averageman's Car, 1906）、昆虫汽车（Bug-mobile, 1907）、丹帕奇（DanPatch, 1911）、孤星（LoneStar, 1920）等，只有大约 20 个品牌幸存。他们知道，第二次世界大战后汽车品牌大批消亡，其中包括彻底出局的克罗斯利（Crosley），以及 1954 年虽仍存在，但已经奄奄一息的凯撒汽车公司（Kaiser Motors）。（一年后，亨利·J. 凯撒在正式挥别其汽车业务时写道："我们早就预想向汽车业这个池塘投入 5 000 万美元，但我们没想到的是，这笔钱居然连一点水花都没有溅起。"这段话肯定让前瞻性产品规划委员会的成员们颇为不安。）福特人还知道，行业内三大巨头中的另两家也都按兵未动。具体来说，通用汽车在 1927 年推出拉萨尔（La Salle），克莱斯勒公司在 1928 年推出普利茅斯之后，均未再冒险推出新的标准型汽车品牌，而且就福特自身而言，自 1938 年推出水星以来，并未曾试水过这一领域。

尽管如此，福特人还是信心满满，由于看好前景，他们决定向这个汽车项目投入 5 倍于凯撒汽车的金额。1955 年 4 月，亨利·福特二世、布里奇和执行委员会的其他成员正式批准了前瞻性产品规划委员会的调查结果，并成立了另一个机构负责项目实施，这个机构被称为特殊产品部，由"天选之子"克拉夫维担任负责人。于是，福特公司正式批准设计师团队开始设计，但实际上，由于猜到项目肯定会获得批准，设计师们早在几个月前就已经开始勾画新车的设计草图了。无论设计师，还是新组建的克拉夫维团队，在接手项目时都不知道他们设计图上的新车可能会被称作什么，于是福特上下（甚至在公司的新闻稿中）都称其为"E"，并解释说它代表"试验性"（Experimental）。

直接负责 E 车设计——即汽车业行话所说的"造型"①——工作的，是一位叫罗伊·布朗的加拿大人。他当时还不满 40 岁，曾在底特律艺术学院学习工业设计，在负责 E 车之前曾参与过收音机、摩托艇、彩

---

① "造型"（styling）一词是深深植于汽车花园中的一株杂草。其首选词义中，动词"造型"（to style）意指"命名"，因此，特殊产品部为 E 车选择名字的史诗般的努力（本文会详细加以叙述），实际上是一项造型计划，而布朗和他的同事们所做的其实是另一回事。按照韦伯斯特词典给出的该词第二种含义，动词"造型"指"把……设计成某种被广泛接受的式样"，而这正是希望实现独创性的布朗试图避免的事情，因此布朗所做的一定是反造型计划。

色玻璃制品、凯迪拉克、奥兹莫比尔和林肯汽车的设计。布朗后来曾回忆起他在接手新项目时的远大抱负："我们的目标是打造出一款独特的汽车，让它的外形与当时在路上行驶的 19 种其他品牌的汽车有明显不同。"人在英国的他这样写道。那时，布朗远在英国，担任福特汽车有限公司的首席造型师，这家公司是卡车、拖拉机和小型汽车的制造商。"我们甚至对所有 19 款车从远处拍摄到的照片加以研究，很明显，它们在几百英尺 ① 远处看上去是如此相似，几乎无法将任何一个品牌和其他品牌进行区分……它们都是'一荚之豆'。我们决定选择这样一种风格，既要有独到的'新'意，又会令人感到亲切熟悉。"

E 车的设计是在福特的造型工作室进行的，工作室像所有行政部门一样，位于福特公司在底特律郊外迪尔伯恩的总部。整个设计工作期间都伴随着极为夸张的保密措施（尽管可能没什么效果），这已经成为汽车行业的普遍做法：如果钥匙落入竞争对手的手中，工作室的门锁可以在 15 分钟内更换，整个设施得到一个安保小队 24 小时不间断的守卫，还有一台望远镜每隔一段时间就会扫视附近的高地，以防那里藏着偷窥者。（这些预防措施，无论多么富有启发性，都注定会失败，因为它们都无法抵御底特律版的"特洛伊木马"——跳槽的造型设计师，他们兴高采烈的背叛使彼此能够很容易地了解对方的动向。当然，没有人比竞争对手自己更清楚地意识到这一点，但这种故作神秘的谍战片剧情显然在公关宣传上大有价值。）大约每个星期两

---

① 1 英尺 = 30.48 厘米。——编者注

次，克拉夫维会低着头，低调地前往造型工作室，在那里与布朗进行
讨论，检查工作进展，并提供建议和鼓励。克拉夫维不是那种能在电
光石火之间一眼看到自己目标的人，相反，他将 E 车的造型工作分解
为一系列极为细致的决定：如何设计挡泥板的造型，用什么样的镀铬
图案，安装什么样的门把手，等等。假如米开朗琪罗也曾计算过自己
在雕塑某件作品（比如说《大卫》）时，一共做过多少决策，那么他
并没有将此公之于世，但克拉夫维则不同。作为一位有条不紊，并且
生活在计算机有序运行时代的人，他事后统计过，在 E 车的设计过程
中，他和同事们至少做了 4 000 次决策。他当时认为，他们如果在做
所有决策时都做出了正确的选择，最终应该会设计出一款造型完美的
汽车，或者至少是一辆充满新意又令人感到亲切熟悉的汽车。但现在
克拉夫维承认，他发现让创作过程屈服于制度的束缚非常困难，主要
是因为他做出的 4 000 个决定中有很多都难以持久。"一旦有了一个
总体主题，你就开始缩小范围，"他说，"你会不断修改，然后再进一
步修改你的修改。最后，你必须接受某种方案，因为已经没有时间了。
如果没有截止日期，你可能会无限期地修改。"

　　E 车在 1955 年仲夏时基本完成了定型，后来只是在改动再改动
之后又做了一些小的改动。正如两年后全世界都了解到的，它最引人
注目的一点是一个新颖的马轭形散热器格栅，垂直地置于传统的又低
又宽的车前脸的中心。这是一个兼具独特性和一般性的混合体，能迅
速抓住所有人的眼球，虽然肯定不是所有人都欣赏它。然而，布朗或
克拉夫维（或是他们两人）在两个突出的方面完全忽略了"亲切熟悉
感"，其一是敲定了独特的车后身，以宽大的水平尾翼为标志，与当

时市场风行的巨大纵向尾翼形成鲜明对比，其二是方向盘中心有一组独特的自动变速器按钮。

在这款车面向大众公开展示前不久，克拉夫维向公众发表了一次演讲，并透露了一点关于新车造型的线索，他表示，这款车是如此"与众不同"，乃至从外观上看，它"无论从前面、侧面，还是后面都能够立即被辨识出来"，而其内部则是"不带巴克·罗杰斯式太空探索概念的按钮时代的缩影"。最后，终于到了福特高层首次一睹这辆车真颜的日子。它带来了近乎颠覆性的启示效果。1955 年 8 月 15 日，空气中弥漫着造型中心独有的神秘感，克拉夫维、布朗和他们的助手站在帷幕两旁，面带紧张的笑容，不停搓着双手，帷幕徐徐拉开，前瞻性产品规划委员会的成员（包括亨利·福特二世和布里奇在内）严肃地审视着首次呈现在人们眼前的全尺寸 E 车模型——一具以锡箔模拟铝和铬的黏土模型。据目击者称，观众们沉默了足足一分钟的时间，然后，同时鼓起掌来。自 1896 年老亨利成功组装出首辆"无马的马车"以来，这种情况在福特公司内部车型首次展示中还从未发生过。

- 要命的时间差 -

对于埃德塞尔的失败，最有说服力也最为广泛采纳的一个解释是，决定生产和将它正式投放市场之间的时间差拖累了这款车。几年后，更小型、动力更弱的汽车（被委婉地冠以"紧凑型车"）大受欢迎，以至于彻底颠覆了原有的汽车产业格局。因此一望可知的是，埃德塞尔是朝着错误的方向迈出的一大步，但回到以大为美、尾翼流行的 1955 年，要看出这一点并不那么容易。美国人当然不乏聪明才智，他们制造出了电灯、飞机、小汽车（tin Lizzie）、原子弹，甚至还设计出天才的税收制度，允许个人在某些情况下通过慈善捐赠来套取利润①，但是他们就是没法在完成某款汽车的设计后迅速将其投放到市场，钢铁模具需要制造，零售经销商需要通知，广告和促销活动需要准备，行动的每一步都需要管理层审批，还有其他各种充满仪式感的例行活动（这些活动在底特律及其周边地区被视为像呼吸那样至关重要），这一切通常需要大约两年的时间。对那些负责规划现有品牌型号年度顾客喜好变化的人来说，猜测下一年顾客的口味已经颇为困难，要推出一个全新的产品，比如 E 车，显然难度更大，因为例行的仪式中还需要加入几个复杂的新步骤，比如赋予产品个性、为其选择合适的名称，更不用说还要求问各类先知大神，以确定在其正式上市时国家的经济状况是否足够强劲，在那时推出一款新车看起来是不是个好主意。

　　特殊产品部忠实地执行了既定程序，委托其市场研究规划主管戴维·华莱士（David Wallace）做些什么来赋予 E 车以个性并为其命名。华莱士身材瘦削，有一张棱角分明的脸，叼着烟斗，说话轻柔、缓慢、深思熟虑，看上去学究气十足，完全符合人们心目中大学教授的形象，尽管事实上他并不具备很强的学术背景。在 1955 年加入福特公司之前，他毕业于宾夕法尼亚州威斯敏斯特学院，大萧条期间在纽约市当建筑工人，然后在《时代》（*Time*）做了 10 年的市场研究。尽管如此，外表印象才是最重要的。华莱士承认，在福特任职期间，他有意识地

---

① 有关这个充分体现美国创造力的产物的详情，请参阅第 3 章。

强调自己的教授风度，以便在与迪尔伯恩福特总部那些盛气凌人、追求实效的人打交道时占据上风。"我们的部门慢慢地开始被视为一个半智囊团。"他带着一定的满足感说道。他通常坚持住在安娜堡，而不是住在迪尔伯恩或底特律，前者是密歇根大学所在地，在那里他能沐浴在浓厚的学术氛围中，而后两个地方，他宣称，在下班后根本无法忍受。华莱士在塑造 E 车形象方面取得了多大的成功姑且不提，但借助这些独出心裁的小手段，他似乎已经出色地打造了自己的人设。"我认为戴维基本上不是为了钱加入福特的，"他的前上司克拉夫维表示，"戴维是个有学者范儿的人，我认为他将这份工作视作一个有趣的挑战。"这几乎是形象塑造大获成功的最佳证据了。

华莱士清楚地回忆起指引他和助手们为 E 车确定合适个性的思路。他十分坦诚地说："我们对自己说，'让我们面对现实吧，在基本结构上，2 000 美元的雪佛兰和 6 000 美元的凯迪拉克并没有太大差别。抛开那些自吹自擂，'我们说，'你会发现它们实际上几乎一样。不过，一定有某种东西打动了一定数量的人，让他们对凯迪拉克产生兴趣，尽管它的价格很高，或者真正的原因可能正是它的价格很高。'我们得出结论，汽车是一种实现梦想的手段。正是人们心中的某些非理性因素，让他们想要某一种汽车而不是另一种，这与汽车的机械性能完全无关，而是与客户想象中的汽车的个性有关。很自然地，我们希望做的便是通过赋予 E 车某种个性而让人更想要它。我们认为，与其他中等价位汽车制造商相比，我们有一个很大的优势，那就是我们不必担心改变一个已经存在的，也许有点令人讨厌的个性。我们所要做的就是从头开始创建我们想要的个性。"

　　华莱士决定将评估已上市的中等价位汽车以及所谓低价位车的个性作为确定 E 车确切个性的第一步，因为部分低价位车 1955 年的车型已经上升到中等价位的范围。为此，他聘请哥伦比亚大学应用社会研究局，对伊利诺伊州皮奥里亚的 800 名近期购车者以及加利福尼亚州圣贝纳迪诺的另外 800 名近期购车者进行了访谈，了解他们对各种相关汽车品牌的心理印象。（在开展这项商业活动时，哥伦比亚大学保留了发表研究结果的权利，从而保持了其学术独立性。）"我们的想法是了解城市特定人群的反应，"华莱士表示，"我们不想跨越多个人群。我们希望得到的是能够显示人际因素的东西。我们选择皮奥里亚是因为它地处中西部，非常典型，并且没有外部因素（例如拥有通用汽车的配套玻璃厂）的干扰，而之所以选择圣贝纳迪诺，是因为它位于西海岸，对汽车行业非常重要，而且那里的市场完全不同——人们更倾向于购买光鲜豪华的汽车。"

　　哥伦比亚大学的研究人员在皮奥里亚和圣贝纳迪诺提出的问题基本涵盖了所有与汽车有关的事宜，但不包括汽车的成本、安全性以及是否可以行驶等问题。特别是，华莱士想知道受访者对各个现有汽车品牌的印象。在他们看来，谁会自然而然地拥有雪佛兰、别克或其他某个品牌？这些人都是什么年龄？什么性别？有着什么样的社会地位？从答案中，华莱士发现很容易描绘出每个品牌的个性肖像。福特的形象清晰地显示出，在用户心里它是一辆速度极快、极具男子气概的汽车，那些不是特别具有社会名望的人更有意向，其典型的车主可能是农场主或汽车修理工。相比之下，雪佛兰则年纪更大、更聪明、更慢、更不那么男性化，更像是牧师的座驾。别克则像是一位中年女士，或者至少比福特更具女性特征（事实证明，车辆的性别属性也是相关因素），她的身上仍残存有一丝冲动，而她最合适的伴侣可能是律师、医生或是领舞演员。至于水星，它给人的印象实际上是一辆改装车，最适合毛手毛脚、喜欢飙车的年轻人。因此，尽管它的价格较高，但它所吸引的，是收入并不比普通福特车主高的人群，这就难怪福特车主在更换自己的座驾时并不会考虑它。形象和事实之间这种奇怪的差异，加上事实上这4个品牌看起来都非常相似，而且发动机功率也几乎完全相同，无疑可被用来证明华莱士的假设，即汽车爱好者就像恋爱中的年轻人一样，无法以任何类似理性的方式来评估其所钟爱的对象。

当研究人员完成皮奥里亚和圣贝纳迪诺的访谈项目时，他们不仅得到了上述问题的答案，也收集了针对其他一些问题的回答。其中有几个问题似乎只有最深奥的社会学思想家才能将其与中等价位汽车联系起来。"坦率地说，我们涉猎甚广，"华莱士表示，"这是一次广撒网式的行动。"研究人员将"网出来"的一些零散信息整合在一起，做出如下报告：

> 通过观察年收入在4 000美元到11 000美元之间的受访者，我们可以得出……观点。这些受访者中有相当一部分人（在回答那个关于他们调制鸡尾酒能力的问题时）选择了"某种程度上"能够调制鸡尾酒的选项……显然，他们对自己调制鸡尾酒的能力没有太大信心。由此可以推断，这些受访者意识到他们正在学习过程中。他们可能会调马丁尼酒或曼哈顿酒，但除了这些流行的

鸡尾酒种类外，他们不太熟悉其他种类。

华莱士梦想着为 E 车打造出一个人见人爱的理想个性，他在自己迪尔伯恩的办公室中收到这些报告时非常高兴。不过，当最后决策的时间临近时，他清楚地意识到，必须首先把鸡尾酒调制能力等外围问题放在一边，并集中精力解决产品形象这个老问题。在他看来，在这一点中最大的陷阱是，遵从他心目中的时代潮流而去追求极致的男子气概、青春活力和速度。事实上，按照他的理解，哥伦比亚大学报告中的以下段落包含了对此类愚蠢行为的明确警告。

> 顺便说一下，我们可能推测，开车的女性更可能有工作，比没有车的女性行动能力更强，并因掌握传统的男性角色而获得满足感。但是，毫无疑问，无论女性从汽车中得到了什么样的满足感，无论她们在汽车之上附加了什么样的社会形象，她们仍然希望以女性的身份示人。她们也许是世事更加练达的女性，但仍然是女性。

1956 年初，华莱士开始着手就其部门的所有发现做总结报告，并将其提交给特殊产品部的上级负责人。该报告题为《E 车的市场和个性目标》，罗列了大量事实和统计数据，但在其间以斜体或大写字母穿插了大量总结概述，以供工作繁忙的高管迅速了解报告的要旨。这份报告开篇先阐述了一些可以略过的空洞说理，然后得出结论：

　　如果车主将自己车的品牌视为一个女性可能购买的品牌，而他本身是一位男性，会发生什么？汽车形象与买家自身特征的明显不一致是否会影响其购买计划？答案无疑是肯定的。当车主特征和品牌形象之间存在冲突时，车主更换其他品牌的可能性更大。换言之，如果购买者认为自己与某个品牌的车主是不同类型的人时，他会希望换一个品牌，从而让自己心里更舒服。

　　需要指出，这里所用的"冲突"可能有两种含义。如果一个品牌拥有强有力而鲜明的形象，那么很显然，一个拥有强烈对立特征的所有者将会感受到冲突。不过，在品牌形象并不鲜明或是定义不清时，也可能发生冲突。在这种情况下，所有者同样会陷入令人沮丧的境地，那就是无法从其品牌获得令人满意的身份认同。

　　因此，问题是如何顺利突破车辆品牌个性过于鲜明的"斯库拉"（Scylla）和品牌形象过弱的"卡律布狄斯"（Charybdis）①的夹击。对此这份报告给出的答案是："充分利用竞争对手品牌形象的弱点"，并继续强调，就目标客户的年龄而言，E 车的品牌形象定位既不应该过于年轻，也不应该过老，而是应定位于中年车主。在社会阶层方

---

①　斯库拉和卡律布狄斯均出自希腊神话，其中斯库拉是有 6 个头 12 只脚，吞吃水手的女海妖。她守护在墨西拿海峡的一侧，这个海峡的另一侧有名为卡律布狄斯的漩涡。船只经过该海峡时只能选择经过卡律布狄斯漩涡或者是斯库拉的领地。当船只经过斯库拉领地时，她便要吃掉船上的 6 名船员。而卡律布狄斯，则每日要三次吞吐海水，形成一个巨大漩涡，将经过的船只吞噬。——译者注

面，直言不讳地说，"E 车应该立足于仅次于别克和奥兹莫比尔的地位"。在性别这个微妙的问题上，报告再次像针对年龄定位一样，建议其尝试跨越性别。总而言之（以典型的华莱士话术来表达）：

> 对于 E 车而言，最佳个性可能应表述为：适合处于上升期的年轻高管或专业人士家庭的时尚汽车。
>
> 处于上升期："E 车对你有信心，孩子，我们将助你成功！"
>
> 年轻：吸引充满活力但具有责任感的冒险家。
>
> 高管或专业人士：无论他们是否真的达到，数百万人假装拥有这样的地位。
>
> 家庭：不单纯面向男性，健全的"好"角色。
>
> 时尚汽车：其他人普遍认可车主的良好品味。

然而，在充满活力但具有责任感的冒险家对 E 车建立信心之前，它必须先有一个名字。在开发早期，克拉夫维曾建议福特家族成员以埃德塞尔·福特的名字命名新车。他是老亨利的独子，从 1918 年开始担任福特汽车公司的总裁，直至 1943 年去世。他也是新一代福特家族继承人亨利二世、本森和威廉·克莱的父亲。不过，三兄弟告诉克拉夫维，他们的父亲可能并不想让自己的名字在 100 万个轮毂上旋转，因此他们建议特殊产品部寻找其他名字。对此特殊产品部照办了，而且那股子热情劲儿丝毫不亚于进行个性研究时所表现出的劲头。

1955 年夏末秋初，华莱士聘请了几家研究机构提供新车命名服务，这些机构派出了调研大军，列出了 2 000 个可供选择的名字，在纽约、芝加哥、威楼峦和安娜堡的大街上对行人进行了调查。访谈人员并没有简单地询问受访者对诸如"火星""木星""罗孚""阿里尔""阿波罗""道奇""致敬"等名字的看法，而是让他们自由联想，看看每个名字让他们想到了什么。在得到答案后，访谈人员还会问他们，与每个名字相对立的是哪一个或哪几个词，因为理论上讲，在潜意识层面，对立面也是名字的一部分，就像硬币的正反面一样。不过特殊产品部最终决定，这些结果都不等于定论。

与此同时，克拉夫维和他的手下在一间昏暗的房间里一次次地举行会议，盯着一系列聚光灯照亮的纸板标牌，每个上面都有一个名字，然后由人一个接一个地翻转过来供他们考虑。他们中的一个人觉得"凤凰"（Phoenix）这个名字不错，因为它带有高贵的含义，另一个人则喜欢"牛郎星"（Altair），理由是它的首字母是 A，因此在几乎所有按字母顺序排列的汽车品牌列表中将位居榜首，从而享有类似于土豚（aardvark）在动物王国享有的优势。在某次会议中的一个令人昏昏欲睡的时刻，有人突然叫停了翻牌，用充满怀疑的语气问道："两三张标牌之前是不是出现了'别克'这个名字？"每个人都看着这一系列会议的总指挥华莱士，而他叼起烟斗，脸上挂着学者范儿十足的微笑点了点头。

事实证明，翻牌选名的会议和大街上的访谈一样徒劳无功，也正是在事情进展到这个阶段时，华莱士决心转向天才，试图从他们身上求得普通人无法产出的成果。他与诗人玛丽安·摩尔（Marianne Moore）进行了著名的有关汽车命名的通信，这些书信后来发表在《纽约客》上，再后来又被编辑成书，由摩根图书馆（Morgan

Library）出版。华莱士在给摩尔小姐的信中写道："我们希望这个名字……通过联想或其他延伸，传达出某种发自内心的优雅、迅捷、先进的功能感和设计感。"显然他的这些遣词造句本身营造出了某种优雅感。在被问到迪尔伯恩的大佬中，是谁提出了让摩尔小姐参与这项事业时，华莱士给出的答案是，这并非某位大佬的神来之笔，而应归功于他的一位初级助手的妻子——一位刚从曼荷莲学院毕业的年轻女士，她曾在学院听过摩尔小姐的演讲。假如她丈夫的上司们能更进一步，从摩尔小姐提出的诸多建议中选用一个，比如智能子弹、乌托邦龟甲、子弹景泰蓝、柔彩画、猫鼬公民，或是流畅的行板（"这是对一辆好车的描述吧？"摩尔小姐曾对最后这个名字提出了疑问），也许 E 车真的会前途无量呢，但事实是，他们一个都没有采纳。由于对诗人的想法和自己的想法都不满意，特殊产品部的高管们接下来引入了博达大桥广告公司（Foote, Cone & Belding），这家广告公司刚刚签下 E 车项目。博达大桥广告公司充分发挥了麦迪逊大道特有的活力，在其纽约、伦敦和芝加哥办公室的员工中组织了一场竞赛，为最终被采纳的车名的提出者提供一辆全新汽车作为奖品。很快，博达大桥广告公司就征集了 18 000 个名字，包括 Zoom、Zip、Benson、Henry 和 Drof［将 Ford（福特）这个单词倒着拼写］。由于怀疑特殊产品部的老板们可能会认为这份名单过于冗长，这家广告公司着手将名单削减到 6 000 个，并在高管参加的会议上提交给他们。"名单在此，"博达大桥广告公司的一位代表得意扬扬地边说边把厚厚的一沓纸扔在桌子上，"一共 6 000 个名字，全部按字母顺序排列，并附有对照索引。"

克拉夫维倒吸了一口凉气。"但是我们不想要 6 000 个名字，"他说道，"我们只想要一个。"

　　事情不能再拖下去了，因为新车的模具制造工作即将开始，其中一些模具上必须带着车的名称。周四，博达大桥广告公司取消所有休假，实施了一项所谓的紧急计划，指示其纽约和芝加哥办事处分别将这份 6 000 个名字的名单削减至 10 个，并在周末前完成工作。周末结束前，这两个办公室向特殊产品部提交了各自精选的 10 个名字，令人难以置信的是，这两份名单上有 4 个名字是相同的，尽管所有人都坚称这纯属巧合，海盗船（Corsair）、嘉奖（Citation）、漫步者（Pacer）和游侠（Ranger）奇迹般地在独立进行的双重筛选中胜出。华莱士说："海盗船似乎比其他任何名字都更胜一筹。除了其他有利于它的因素外，它在街头访谈中的表现也很出色。与海盗船相关的自由联想相当浪漫，都是诸如'海盗''游侠'之类的东西。对于和这个词对立的词，我们得到了'公主'等其他颇有吸引力的词，而这正是我们想要的。"

　　不管"海盗船"是不是更合适的名字，总之在 1956 年初春，E 车被命名为埃德塞尔，尽管这个名字直到第二年秋天才公布于世。这一划时代的决定是在福特执行委员会的一次会议上做出的，当时，福特三兄弟都不在场。在福特总裁缺席的情况下，会议由布里奇主持（他在 1955 年成为福特公司的董事会主席），那一天他的情绪颇为暴躁，没有耐心花工夫听游侠和公主的故事。听了最终选出的名单后，他说道："任何一个我都不喜欢。让我们来看看其他名字吧。"于是，他们又查看了未中选名单中最受欢迎的几个，其中就包括埃德塞尔（尽管福特三兄弟明确表达了他们父亲可能的愿望，但这个名字作为一种未雨绸缪的保险仍然被保留了下来）。布里奇带领下属仔细地审视了名单，直到看到了"埃德塞尔"。"就叫这个吧。"布里奇平静但不容置疑地说。E车将有4种主要型号，每种型号都有所不同。让一些人略感安慰的是，布里奇补充说，如果有人意愿强烈的话，他们可以把4个神奇的车名之选（海盗船、嘉奖、漫步者和游侠）作为这些型号的子名称。于是，他们给正在拿骚度假的亨利二世打了一通电话，后者回复说，如果埃德塞尔是执行委员会的选择，他将尊重执行委员会的决定，前提是他能得到家人的批准。几天后，他得到了批准。

正如华莱士在不久之后写给摩尔小姐的信中所说的："我们选择了一个名字……它从某种程度上没有体现出我们所寻求的共鸣、欢乐和热情。但它对我们这里的许多人来说，具有与个人息息相关的尊严和意义。亲爱的摩尔小姐，我们选择的名字是'埃德塞尔'。我希望你能理解。"

可以想象得到，E车命名的消息在博达大桥广告公司那些支持更具隐喻性的名字的人中了引发了一定程度的绝望情绪，因为谁都没有赢得免费汽车大奖，让这种绝望情绪更加强烈的是，"埃德塞尔"这个名字从一开始就被排除在可选名单之外。但与笼罩在特殊产品部许多员工身上的沮丧相比，他们的这种失望情绪简直微不足道。一些人认为，选择公司前任总裁和现任总裁之父的名字，带有浓厚的王朝意味，与美国人的性格格格不入，其他人则与华莱士一样，对大众潜意识的怪癖深信不疑，因而相信"埃德塞尔"是一个灾难性的音节组合。它的自由联想是什么？椒盐卷饼、柴油，很难卖。它的对立面是什么？似乎根本想不出对立的词语。尽管如此，这件事已成定局，除了尽可能微笑接受它之外别无选择。此外，特殊产品部成员的痛点并不完全一样，而克拉夫维本人，当然属于对这个车名不持异议的那拨人。他迄今仍然未对这个名字表达任何微词，并拒绝加入某些批评者的行列，这些人认为埃德塞尔的失败可以追溯到其命名的那一刻。

事实上，克拉夫维显然对事情的推进相当满意。1956 年 11 月 19 日上午 11 点，沉寂了一个漫长的夏天后，福特公司终于向全世界宣布了 E 车被命名为"埃德塞尔"的喜讯，克拉夫维兴致勃勃地在消息宣布时又自行添加了一些戏剧性的小噱头。那天，在命名钟声敲响的那一刻，克拉夫维负责的部门的电话接线员在接听来电时开始用"埃德塞尔部"问候来电者，而不是原来的"特殊产品部"。所有印有该部门原名信头的文具都消失了，取而代之的是一捆捆"埃德塞尔部"办公用纸，大楼外，一个巨大的不锈钢标牌庄严地升到屋顶，上面写着大大的"埃德塞尔部"。克拉夫维本人设法保持了踏实镇定的态度，尽管他有充分的理由感到飘飘然。为了表彰他当时在 E 车项目上的出色领导，福特汽车公司授予他副总裁兼埃德塞尔部门总经理的光鲜头衔。

从管理的角度来看，这种"汰旧换新"的做法至多能被称作无害的粉饰。在严格保密的迪尔伯恩试车场，动力充沛、几乎完全成型的埃德赛尔车队已经开始进行道路测试，它们的名字刻在车身上层。布朗和他的造型师们已经基本完成了下一年将推出的埃德塞尔的设计。全新的零售经销商组织已经完成人员招募，以便向公众销售埃德塞尔，而博达大桥广告公司终于不再疲于应对一个又一个紧急计划（先是为了征集车名，随后又是进行筛选），而是全力以赴地开始准备埃德塞尔的广告宣传，项目由广告行业巨擘，博达大桥公司的负责人费尔法克斯·科恩（Fairfax M.Cone）亲自主抓。

在制订广告计划时，科恩极度依赖后来被称为"华莱士处方"的表述，也就是华莱士早在确定埃德塞尔的个性形象时提出的公式（那时如火如荼的"命名大战"尚未展开）。这个处方就是"适合处于上升期的年轻高管或专业人士家庭的时尚汽车"。科恩非常满意，几乎全盘接受了这个处方，只做了一处修改：用"中等收入家庭"取代了"年轻高管"。他的直觉是，社会上的"中等收入家庭"远远多于年轻高管，甚至比自认为是年轻高管的人都多。或许因为拿下一个预计每年能带来超过 1 000 万美元收入的客户让科恩的心情豁然开朗，他在多个场合向记者描述了他为埃德塞尔策划的宣传活动。宣传活动注重安静、自信，并尽可能避免使用"新"这个形容词，因为在他看来，这个形容词尽管适用于这款产品，但给人缺乏声望的感觉。最重要的是，宣传活动将因其平静而成为经典。"我们认为汽车的广告和汽车本身形成竞争将非常可怕，"科恩告诉媒体，"我们希望没有人问，'嘿，你看到有关埃德塞尔的广告了吗？'在某份报纸、某本杂志或是在电视上。相反，我们希望成千上万的人一遍又一遍地说，'老兄，你读过有关那辆车的文章了吗？'或是'你见过那部车了吗？'。这就是广告和营销的区别。"显然，科恩对宣传活动和埃德塞尔本身都充满信心。就像一个笃信会赢得比赛的象棋大师一样，甚至可以一边移动棋子，一边好整以暇地解释自己妙着的精彩之处。

- 不同寻常的营销 -

直至今日，汽车业内人士仍然在谈论埃德塞尔部门网罗零售经销商的行动，一方面钦佩于其表现出的精湛手段，一方面又因其最终结果感到不寒而栗。通常，一家老牌汽车制造商会借助既有经销商推出新车，这些经销商已经在销售这家制造商的其他品牌，而新车刚上市的时候并不会成为主推产品。埃德塞尔的情况并非如此。克拉夫维获得高层的授权，强势出击，接洽了与其他汽车制造商，甚至与福特公司其他部门（福特品牌和林肯-水星品牌）签订了合同的经销商，全力以赴地组建新车零售经销商网络。（虽然被接洽的福特经销商不必取消他们的旧合同，但重中之重是签约专门销售埃德塞尔的零售网点。）

再三斟酌权衡之后，埃德塞尔正式上市的日期最终被确定在1957年9月4日。针对这一盛大的上市日，埃德塞尔制定了横跨东西海岸1 200家经销商的目标。并不是任何经销商都可以随随便便入选，克拉夫维明确表示，埃德塞尔签约的经销商必须拥有良好的过往业绩，表明他们有能力在汽车销售时不诉诸那些年令汽车行业蒙羞，介于合法与非法边缘的高压手段。"我们只想要那些拥有优质服务设施的优质经销商，"克拉夫维表示，"如果一个客户的服务体验欠佳，对于一个既有品牌，他会归咎于经销商，而对于埃德塞尔，他会归咎于汽车。"1 200家是一个雄心勃勃的目标，因为没有一家经销商（无论其质量高低）会轻易更换品牌。一家普通的经销商至少需要为其门店投入10万美元的资金，在大城市，这种投资更是高得多。同时经销商还必须雇用销售人员、机械师和办公室助手，购买自己的工具、技术文献和标志（后者的价格高达 5 000 美元一套），同时他还要向厂商支付提取车辆的现款。

负责按照上述严苛政策组织调动埃德塞尔销售团队的人叫 J.C.（拉里）·多伊尔，时任埃德塞尔部门销售和营销总经理，是部门内仅次于克拉夫维的二号人物。多伊尔已经在福特公司工作了 40 年，最早是堪萨斯城的一名办公室勤杂工，后面的时间主要从事销售工作。他在销售圈里是一位特立独行的人。一方面，他的态度温和体贴，与美国大陆数以千计油嘴滑舌、盛气凌人的汽车推销员迥然不同；另一方面，他丝毫不掩饰一位老派销售员对分析汽车的性别和身份定位等新鲜花样的怀疑，他将这一追求概括为一句话："我在打台球时，喜欢让一只脚触地。"① 尽管如此，他确实是一位汽车销售高手，而这正是埃德塞尔部门所需要的。

多伊尔在此前曾回忆起他和他的销售人员是如何成功地说服那些已经在最困难的行业之一取得成功，兼具实力和信誉的人，放弃利润丰厚的既有品牌专营权转而选择风险较大的新品牌专营权的。他说："早在 1957 年，第一批新的埃德塞尔问世后，我们就在 5 个区域的销售办公室各摆放了几辆。我们把这些办公室都锁上，并拉上了百叶窗。周围几英里内每一个品牌的经销商哪怕纯粹是出于好奇，也都想看看这辆车，这就正中了我们下怀。我们广而告之，只会向真正有意与我们合作的经销商展示这辆车。然后，我们把区域现场经理派往周围的

---

① 根据台球规则，击球球员击球时，必须至少有一只脚接触地面，否则算犯规。此处意像专业人士那样做事。——译者注

城镇，尝试着接洽每个城市最大的经销商。如果没能说服最大的经销商，我们就会尝试接洽排名第二的那一家。无论如何，根据我们的安排，任何人如果想一睹埃德塞尔的真容，都必须首先听取我们销售团队成员整整一小时的介绍。这种策略非常有效。"

这个策略的确大获成功，到 1957 年仲夏，很明显埃德塞尔在上市日将拥有大量优质经销商。（实际数量比 1 200 家的目标少了几十家。）事实上，一些其他品牌经销商显然对埃德塞尔的成功充满信心，或是被多伊尔团队的宣传所打动，以至于他们只草草看了埃德塞尔一眼就心甘情愿地签了约。多伊尔的团队成员敦促他们仔细研究这辆车，并不断向他们宣扬其优点，但未来的埃德塞尔经销商根本无心理睬这些声明，而是要求立即签订合同。回想起来，多伊尔似乎可以当花衣魔笛手[①]的师傅了。当时，埃德塞尔已不再是迪尔伯恩的唯一关注对象，福特公司不可避免地有了新的关注目标。克拉夫维解释说："在多伊尔采取行动之前，整个计划随时都可能被福特高层静悄悄地取消，但一旦有了经销商签约，福特就必须要履行汽车生产合同。"于是，项目继续高速推进。

1957 年 6 月初，福特公司宣布，已经拨款 2.5 亿美元作为埃德塞尔的先期成本，其中 1.5 亿美元用于基础设施，包括改建福特和水星品牌的多家工厂，用于生产新车，5 000 万美元用于埃德塞尔专用模具，5 000 万美元用于初始广告和促销。同样在 6 月，一台被选中作

---

① 花衣魔笛手（Pied Piper）源自古老的德国传说，传说称德国哈默尔恩村鼠满为患，外乡来的花衣魔笛手吹奏乐曲诱走老鼠，但村民背信弃义，不付报酬，于是几天后魔笛手再次吹笛，诱走全村的孩子。——译者注

为未来发布的电视广告片中主角的埃德塞尔被秘密地用一辆封闭的面包车运到好莱坞，在那里，在一个严密封锁，并有保安巡逻的摄影棚里，它出现在摄像机前，接受几位精心挑选的演员的赞赏，这些演员均郑重承诺，从那时起直到上市日，他们都会守口如瓶。埃德塞尔部门精心选择了卡斯凯达影业公司来执行这次精细的拍摄任务，这家公司也为美国原子能委员会提供服务。据了解，没有发生任何意外泄露。一位不苟言笑的卡斯凯达高管表示："我们采取了与我们为原子能委员会拍片完全一样的预防措施。"

在几周内，埃德塞尔部门的受薪员工数量就达到了 1 800 人，同时新改建工厂也招聘了大约 15 000 名工人。7 月 15 日，埃德塞尔新车开始驶下位于马萨诸塞州萨默维尔、新泽西州莫瓦、肯塔基州路易斯维尔和加州圣何塞的生产线。同一天，多伊尔也取得了一个重大突破，与查尔斯·克莱斯勒签署了合同。克莱斯勒是曼哈顿的一名经销商，被视为经销商领域最杰出的人物之一，在折服于迪尔伯恩的魅惑吟唱之前，原本是埃德塞尔认定的主要竞争对手奥兹莫比尔的经销商。7 月 22 日，首个埃德塞尔广告面向大众推出。这是一张黑白折页，散发着无可挑剔的经典与平静的气息，展示了一辆汽车在乡村公路上疾驰，因为速度过快，车身只有一个模糊不清的掠影。图片配文的开头是："近日，路上可以看到一些神秘的汽车。"接下来，它解释说，这些掠影是一辆正在进行道路测试的埃德塞尔，最后以一句"埃德塞尔已经在路上"的保证结束。两个星期后，第二个广告出现在《生活》杂志上，这个广告展示了一辆幽灵般的汽车，被白布覆盖着，停在福特造型中心的入口处。这一次的广告词是："你家乡的一个男人最近做出了一个决定，这将改变他的生活。"然后，广告解释了这个决定是"他"准备成为埃德塞尔的经销商。无论是谁想出了这句广告词，他当时一定不会知道，他会一语成谶。

在 1957 年的那个繁忙的夏天，埃德塞尔部门的风云人物当属公共关系总监盖尔·沃诺克（C. Gayle Warnock），他的职责并不是激发公众对即将推出的产品的兴趣，因为公众的胃口已经被高高吊起，他的更重要的职责是保证公众对产品的兴趣一直处于白热化状态，并随之将这种兴趣转化为切实的购买欲望，从而在产品上市日（福特公司称之为"埃德塞尔日"）或之后购买一辆新车。沃诺克是印第安纳州康弗斯人，短小精悍、和蔼可亲，留着一撮小胡子。他是克拉夫维从福特芝加哥办公室挖来的，早年曾为农村集市做过一点儿宣传工作。这一背景使得他在现代公关人士特有的八面玲珑中略带有一丝老式狂欢节推销员的豪放不羁。沃诺克在回想起迪尔伯恩的召唤时说："迪克·克拉夫维在 1955 年秋天雇用我时曾对我说，'我希望你制订从现在起到 E 车上市日之间的宣传计划'。我回答道，'老实说，迪克，你说的'计划'是什么意思？'他说，他是想做出一个日程，以终为始，从后向前做出计划安排。这对我来说是一件新鲜事，因为我习惯于见招拆招，但我很快就发现迪克确实无比正确。埃德塞尔得到曝光度简直太容易了。早在 1956 年，当它仍被称为 E 车时，克拉夫维曾在俄勒冈州的波特兰做过一次有关它的小型演讲。我们本来只是想尝试在当地媒体上做些曝光，但通讯社报道了这则新闻，消息传遍全国各地。新闻剪报成批量地涌了进来。就在那时，我意识到我们可能会遇到麻烦。公众歇斯底里地想看到我们的新车，期待着这是一辆他们从未见过的梦幻之车。我对克拉夫维说，'一旦他们发现这辆车同样只有四个轮子和一个发动机，和其他车没什么两样，他们很可能会大失所望'。"

大家一致认为，对于埃德塞尔而言，在过度曝光和曝光不足之间走钢丝最安全的方法是不过多谈论埃德塞尔的整体情况，而是一点一点地展示它的魅力——类似一种汽车"脱衣舞"（沃诺克出于得体的考虑，自己是不会用这个词的，但他乐见《纽约时报》替他用了这个词）。这一政策后来不时被有意或无意地违反。首先，随着埃德塞尔日的临近，夏日一天天过去，记者们说服克拉夫维授权沃诺克向他们展示埃德塞尔，一次一个人，采用的是沃诺克称为"躲猫猫"的方式，或者说是"看一眼就忘掉它吧"的策略。其次，装载在拖车上准备交付给经销商的埃德塞尔越来越多地出现在高速公路上，虽然前后都严严实实地覆盖着帆布，但似乎是为了刺激公众一睹这款车芳容的欲望，这些盖布总是会松开一些。那个夏天也是埃德塞尔四人组的演讲季，他们是克拉夫维、多伊尔、埃德塞尔的商品和产品规划总监埃米特·贾奇（J. Emmet Judge），以及埃德塞尔部门负责广告、促销和培训的副总销售经理罗伯特·科普兰（Robert F. G. Copeland）。他们分头游走于全国各地，日夜兼程、不知疲倦，以至于沃诺克为了能跟上他们的步伐，开始在办公室的地图上用彩色大头针标出他们的位置。在迪尔伯恩一个典型的早晨，沃诺克会边啜饮着第二杯咖啡边思索："让我们看看，克拉夫维从亚特兰大到新奥尔良，多伊尔从康瑟尔布拉夫斯到盐湖城。"然后，他站起来拔出大头针，又把它们戳进新的地点。

　　尽管克拉夫维的听众大多是有望借钱给埃德塞尔经销商的银行家和金融公司的代表，他那年夏天的演讲丝毫不像一般商业演讲那样大吹大擂，而是以政治家般谨慎甚至是肃穆的语气谈论新车的前景。幸亏他没把话说满，因为甚至比克拉夫维还要乐观的人也对当时美国总体经济前景感到大惑不解。1957 年 7 月，股市暴跌，标志着 1958 年经济衰退的开始。随后，1957 年 8 月初，各品牌中等价位汽车的销量开始下降，市场总体形势迅速恶化，在 8 月结束之前，《汽车新闻》发出报道，称所有品牌的经销商在本销售季都交出了历史上第二大未售出新车数量的惨淡业绩。假如说在他孤独的巡回演讲途中，克拉夫维曾经考虑过撤回大本营迪尔伯恩寻求安慰，那么他也只能很快将这个想法抛在脑后，因为同样是在 8 月，埃德塞尔的同宗兄弟水星发出通告，将专门针对"对价格敏感的买家"进行为期 30 天的广告促销活动，从而清楚地表示，1957 年款水星（当时被大多数经销商打折出售）的售价将低于全新埃德塞尔的预计价格，这使得埃德塞尔这个新来者的处境变得更加艰难。与此同时，当时在产的唯一美国制造小型车兰布拉（Rambler）的销量开始出现不祥的增长。面对这些恶兆，克拉夫维养成了一个习惯，那就是以一则相当悲观的逸事结束自己的演讲，在这个故事里，一家没能获得成功的狗粮公司的董事会主席对董事们说："先生们，让我们面对事实，狗不喜欢我们的产品。"克拉夫维至少在一次演讲中还加了一句话，从而极其清晰地向听众传达了这则故事的寓意："就我们而言，这在很大程度上取决于人们是否喜欢我们的汽车。"

　　不过，埃德塞尔部门其他大多数人对克拉夫维的悲观不以为意。

其中最不介意的也许是贾奇，他在巡回演讲中专攻社区和公民团体。贾奇并不囿于"脱衣舞"政策的限制，在自己的演讲中展示了一系列令人眼花缭乱的动画图形、卡通、图表和汽车各部分的图片——这些图像在大屏幕上迅速闪过，以至于他的听众往往在离开演讲回家的半路上才意识到，他并没有向他们展示埃德塞尔。贾奇总是一边演讲，一边不停地在会场四周走动，借助自动翻片器自如摆弄屏幕上万花筒般的图像（他之所以能做到这一点，得益于一组电工提前在会场地面布满电线，并通过遍布会场地板的几十个开关与设备连接，从而在他踢动开关时做出反应）。这些后来被称为"贾奇奇幻秀"的表演每一场都要花费埃德塞尔部门 5 000 美元，其中包括技术人员的工资和费用，这些人需要提前一天左右到达现场安装电动装置。在最后一刻，贾奇会搭乘飞机戏剧性地降落城中，迅速赶往演讲大厅并开始表演。

"纵观整个埃德塞尔项目，最重要的一个方面是其背后的产品和商业理念，"贾奇可能用上面的话开场，然后随意地踢一下这里或那里的开关，"我们参与其中的人都为这一背景深感自豪，并焦急地期待着这款车在今年秋天成功上市……我们再也不会与任何像这个特别的项目一样巨大和充满意义的东西联系在一起了……让我们一睹这辆车的风采吧，它将于 1957 年 9 月 4 日呈现在美国公众面前（这个时候，贾奇将展示一张颇具诱惑力的轮毂盖或挡泥板幻灯片）……它是一辆在各个方面都与众不同的汽车，但它也包含保守主义的元素，这将使它的吸引力无可抵挡……极具辨识性的正面造型与纹路修饰的侧面处理相结合……"贾奇滔滔不绝、舌灿莲花，不断吐出诸如"带有纹路修饰的金属板"、"个性凸显"和"优美流畅的线条"等令人惊叹的短语。最后则是响亮的结尾。"我们为埃德塞尔骄傲！"他大声呼喊，并左右踢动开关，"它在今年秋天上市后，将在美国的街道和高速公路上占据一席之地，为福特汽车公司带来新的荣耀。这就是埃德塞尔的故事。"

这场汽车"脱衣舞"在为期三天的埃德塞尔新闻发布会上达到高潮，埃德塞尔终于揭开身上的盖布，展示出从狭长前脸到飞翼型车尾的全貌。新闻发布会于 8 月 26 日、27 日和 28 日分别在底特律和迪尔伯恩举行，来自全国各地的 250 名记者出席了活动。不同于以往的同类汽车媒体活动，记者们受邀带妻子一同前往，他们中的许多人也确实这样做了。活动尚未完全结束，福特公司就已经花了 9 万美元。尽管场面宏大，但其中规中矩的布置仍然让沃诺克备感失望，他曾提出三个举办活动的地点，但都被高层否决。他认为这三个地点能提供一种更不寻常的氛围，它们是底特律河上的一艘汽船（"错误的象征意义"）、肯塔基州埃塞尔（"不通公路"）以及海地（"没有理由地遭到否决"）。因此，8 月 25 日星期日晚上，当记者们带着妻子抵达底特律时，受到打击的沃诺克只能勉力将他们安置到喜来登凯迪拉克酒店（这个名字的彩头可是不太好），并安排他们在星期一下午聆听和阅读期待已久的全系列埃德塞尔详细介绍——共有 18 个型号可供选择，分为四大系列（海盗船、嘉奖、漫步者和游侠），主要在规格、功率和装饰方面有所不同。星期二上午，这些型号的样车在造型中心的圆形大厅里展示在了记者们面前，亨利二世到场向他的父亲做了简短致敬。"妻子们没有被邀请参加揭幕仪式，"一位帮助策划活动的博达大桥广告公司员工回忆说，"这个活动过于严肃和商业化，不适合妻子们参加。活动进行得很顺利。甚至那些见多识广的新闻记者也不乏兴奋感。"（大多数兴奋的新闻记者的报道重点是埃德塞尔看起来是一辆好车，虽然不像它的广告上说的那么不同凡响。）

到了下午，记者们又被一窝蜂地带到试车场，观看一队特技车手测试埃德塞尔的性能。这个活动设计的初衷是惊险刺激，但实际效果更多的是令人毛骨悚然，甚至让某些人大感崩溃。沃诺克曾收到指令，不要过多谈论速度和功率的问题，因为就在几个月前，整个汽车行业刚刚做出一项高尚的决定，要专注于制造汽车而不是定时炸弹。于是沃诺克决定，要用行动而不是用语言来彰显埃德塞尔的活力。为了实现这一点，他雇用了一队特技车手。这些车手驾驶着埃德塞尔，两个轮子冲过两英尺高的减速带，四个轮子一起在更高的减速带上弹跳起落，交叉行驶，以每小时 60 或 70 英里的速度相互擦身而过，并以每小时 50 英里的速度快速过弯。为了活跃气氛，还有一个扮成小丑的车手模仿种种"胆大妄为"的动作。在表演的全过程中，埃德塞尔的工程主管尼尔·布鲁姆（Neil L. Blume）的解说通过扬声器传遍全场，轻声低语着诸如"这些新车的能力、安全性、坚固性、操控性和性能"，并巧妙地避开"速度"和"功率"这两个词，就像鹬鸟避开波浪一样。在某个时刻，一辆埃德塞尔在飞越一个高坡时未能及时翻过身来，吓得克拉夫维一脸惨白，他事后报告说，自己并不知道这些胆大妄为的特技会如此极端，因此他既担心这会毁了埃德塞尔的良好声誉，也担心车手会丢了性命。沃诺克注意到老板的不安，于是走过去问克拉夫维是否喜欢这场表演。克拉夫维简短地答道，这个问题他会留到一切结束，所有人都安全的时候再回答。但其他人似乎都很开心。

博达大桥广告公司的一位工作人员说："你能看到在远处密歇根绿色群山的映衬下，那些精良的埃德塞尔整齐划一地进行着精彩表演。这一切太美了。就像火箭女郎（Rockettes）的演出一样。太令人兴奋了。场内热情高涨。"

沃诺克的勃勃兴致让他翻出了更出格的花样。像揭幕式一样，特技驾驶表演也被认为并不符合妻子们的胃口，但足智多谋的沃诺克已经为她们准备好了一场时装秀，并希望她们至少会觉得一样有趣。他根本不必担心。这场秀的明星，那位由埃德塞尔的造型师布朗隆重介绍出场，来自巴黎，集才华与美貌于一身的女时装设计师，到了最后一幕才露出真容，原来是一位男扮女装的反串演员，而为了提升演出的逼真度，沃诺克居然没有事先和布朗通气。从那以后，布朗和沃诺克之间的关系就不再像以前那样好了，不过至少妻子们能够为她们丈夫的故事再添上一两段了。

当天晚上，在造型中心举办了一场盛大的晚会。造型中心被设计成一家夜总会，配有一个音乐喷泉，会随着雷·麦金莱乐队（Ray McKinley）的音乐节奏翩然起舞。像往常一样，这家乐队的标志被印在每个音乐家的乐谱架上，但这差点儿毁了沃诺克的夜晚，因为乐队的标志源自其已故创始人格伦·米勒（Glenn Miller）姓名的缩写，是两个字母"GM"①。

第二天早上，在福特管理层举行的总结新闻发布会上，布里奇自豪地谈起埃德塞尔，表示："这是一股威猛的新生力量，而像大多数

---

① GM 同样是福特汽车的主要竞争对手通用汽车公司的缩写。——译者注

新晋父母一样，自豪感满满充溢着我们的胸膛。"然后，71 名记者各开着一辆埃德塞尔启程回家——不是将车开进自家的车库，而是将它们送到当地埃德塞尔经销商的陈列室。沃诺克是这样描述整个活动最后一个亮点的："发生了几起不幸事件。一位记者操作失误，撞上了别的东西并撞坏了他的车。埃德塞尔本身没有任何问题。一辆车丢失了油底壳，很自然，这辆车的发动机彻底熄火。这种情况在任何最棒的汽车上都有可能发生。幸运的是，在这次故障发生时，司机所在的位置是一个名字听起来非常美的小镇（我记的是堪萨斯州的天堂镇），这给有关它的新闻报道带来了一点点积极的感觉。离那里最近的经销商向记者提供了一辆新的埃德塞尔，他开着那辆车回了家，途中还翻越了派克峰。此外，还有一辆车的刹车失灵，因此撞上了收费站。那简直糟透了。不过很奇怪，我们最担心的事情，即路上的其他司机由于太想看一看埃德塞尔而把我们的车挤下道的情况只发生过一次。那次事故发生在宾夕法尼亚的收费公路上。我们的一位记者正驾着车兜风（这么做没有任何问题），一位普利茅斯车主追上来伸长脖子观看，结果靠得太近，从侧面擦到了埃德塞尔，造成了轻微损伤。"

1959 年末，就在埃德塞尔刚刚停产后不久，《商业周刊》宣称，在那次大型媒体预展上，某位福特高管曾对一位记者说："如果公司不是投入这么大，我们绝不会现在推出它来。"不过，鉴于《商业周刊》在两年多的时间里并没有发布这一显然会引起轰动的爆料，而且所有前埃德塞尔部门的高管（包括对那家倒霉的狗粮公司情有独钟的克拉夫维在内）一直坚称，直到埃德塞尔上市日那天，甚至在那之后的一小段时间里，他们都预计埃德塞尔能够获得成功，因此，这段引言似乎可以被视作高度存疑的考古发现。事实上，在媒体预展和埃德塞尔上市日之间的日子里，项目相关的每个人似乎都陷入了一种狂野的乐观情绪。"奥兹莫比尔，再见！"《底特律自由报》上曾刊出这样一则广告。这个广告是一家经销商刊登的，此前它从奥兹莫比尔转投了埃德塞尔。俄勒冈州波特兰的一位经销商报告说，在事先没有看到实物的情况下，他已经卖出了两辆埃德塞尔。沃诺克在日本找到了一家烟花公司，愿意以每枚9美元的价格为他制造5 000枚烟花，这些烟花在半空中爆炸后将放出一个米纸制成的9英尺大小的埃德塞尔模型，并像降落伞一样充气下降。沃诺克沉迷于埃德塞尔上市日这一天美国的天空和高速公路上全都挤满埃德塞尔的美妙景象，正准备匆忙下订单，克拉夫维脸上的表情却比一贯的茫然更为严峻，叫停了这一举动。

- 华丽的上市与落败 -

在9月3日，即埃德塞尔日的前一天，各种型号的埃德塞尔的价格公布。对于纽约交货的车辆，埃德塞尔的价格从略低于2 800美元到略高于4 100美元不等。埃德塞尔日终于到来，埃德塞尔隆重上市。在剑桥，一队锃光瓦亮的新车在乐队带领下，沿着马萨诸塞大道缓缓行进。一家被多伊尔的话术套牢，极度乐观的埃德塞尔经销商租用了一架直升机，从加利福尼亚里士满起飞，在旧金山湾上方展开了一幅巨大的埃德塞尔标志。在全国范围内，从路易斯安那河口到雷尼尔山峰，再到缅因州的森林，人们只需要一台收音机或一台电视机就可以知道，尽管沃诺克的烟花计划遭遇挫折，但空气仍因埃德塞尔的横空出世而颤动。埃德塞尔上市日暴风雪般的宣传基调是由一则刊登在全国各地的报纸上的广告定下的。广告中，埃德塞尔与福特公司的总裁福特先生以及董事长布里奇比肩而立，福特看起来像一位威严的年轻父亲，布里奇像一位威严的绅士，手拿满堂红①，准备与对家可能持有的顺子牌一决雌雄，而埃德塞尔，看起来只是像一辆埃德塞尔。广告随附的文字宣称，生产这款汽车的决定是"基于我们对您的了解、猜测、感觉、相信和怀疑"，并补充说，"您正是埃德塞尔背后的原因"。文字的语气平和自信，对于手握满堂红的事实，似乎没留多少怀疑的余地。

据估计，在当天日落前，有 285 万人在经销商的展厅里看到了这辆新车。三天后，一辆埃德塞尔在北费城遭到盗窃。可以合理地认为，这一罪行标志着公众对埃德塞尔认可度的最高点，仅仅几个月后，除了最不挑剔的汽车窃贼，其他人可能都已经懒得再对这辆车下手了。

埃德塞尔最引人注目的物理特征显然是它的散热器格栅。它细长垂直，与当时其他 19 个美国品牌又宽又平的格栅形成鲜明对比。格栅由镀铬钢制成，形状像一枚鸡蛋，位于汽车前脸正中，铝制字母"EDSEL"（埃德塞尔）沿其长度延伸。它旨在让人想起几乎所有 20 或 30 年前的汽车以及大多数当代欧洲汽车的前脸，以便使其看起来典雅精致。问题在于，古董车和欧洲汽车的前脸本身也是又高又窄（实际上基本只有散热器格栅），但埃德塞尔却像所有美国竞争品牌一样，拥有一个又宽又平的前脸。因此，格栅两侧的宽阔区域必须补上

---

① 满堂红（full house）是扑克牌游戏中的一种牌型，指三张点数相同，另两张点数相同的一手牌。——译者注

点什么（也确实补了两块一模一样的完全传统的水平镀铬格栅）。于是，其效果就仿佛一辆奥兹莫比尔的前脸被强行插入了一个皮尔斯阿罗（Pierce-Arrow）的车头，按照更具隐喻意义的说法，就像是一个胖女佣正在试戴公爵夫人的项链。这种对典雅的追求如此直白，以至于让人没法不爱。

但是，如果说埃德塞尔的格栅凭借朴实吸引人，那么车尾部又是另一回事了。这款车的尾部设计也明显不同于当时的传统设计。它没有采用臭名昭著的尾翼设计，其外观在喜欢这种设计的人看来像是一对翅膀，但在其他没那么诗意的人眼里，更像是两撇眉毛。行李箱盖和后挡泥板的线条突然向上向外扬起，确实有点像飞行中的海鸥的翅膀，但这种效果被两个又长又窄的尾灯给毁了，其尾灯一部分装在行李箱盖上，一部分装在挡泥板上，这些线条制造出了一种令人吃惊的错觉（尤其是在晚上）——仿佛是在斜着眼怪笑。从正面看，埃德塞尔似乎急于取悦世人，甚至不惜以扮丑为代价。从后面看，它又自带狡黠，自鸣得意，充满优越感，也许还略带点愤世嫉俗和轻蔑。就好像在它的格栅和后挡泥板之间的某个地方发生了险恶的性格突变。

除此之外，埃德塞尔的外观造型并没有什么特别之处。其侧面装饰的镀铬量略低于平均水平，最突出的是从后挡泥板向前延伸约一半汽车长度的一个凿出的子弹形凹槽。在这条凹槽的中段以镀铬字母拼出了"EDSEL"字样，而在后窗下方是一个小格栅状的装饰，拼出了——你一定能猜到的——"EDSEL"。（毕竟，造型师布朗不是曾经宣告要打造一款"辨识度极高"的车辆嘛。）在车子内部，埃德塞尔竭尽全力，努力不辜负总经理克拉夫维的预言，即成为"按钮时代的缩影"。虽然以此奢谈中等价位汽车的按钮时代，让克拉夫维的预言难免失之草率，但埃德塞尔的确凭借一系列以前很少见（或是根本前所未见）的小玩意儿的可怕组合实现了按钮化。在埃德塞尔仪表板上或它旁边装有：一个按钮，用来打开行李箱盖；一个操纵杆，用来打开发动机盖；另一个操纵杆，用来松开手刹；一个里程表，在车辆超过设定的最大车速时会发出红光；一个单拨盘操控装置，用于控制暖风和冷风；一个纯赛车风格的转速表；一系列按钮，分别用来操控或调节灯光、收音机天线高度、暖风机、雨刮器和点烟器；一排 8 个红灯，在发动机过热或温度过低、电机故障、手刹开启、车门打开、油压过低、机油量过低、油箱油量过低时会闪烁报警（如果司机对最后一项有所怀疑，可以通过查看安装在几英寸外的油量表来进行确认）。作为这一按钮时代缩影的集大成者，自动变速箱化身为一簇亮闪闪的按钮，醒目地分布在方向盘的正中位置，就在转向杆的顶部。按钮的触感如此之轻，以至于埃德塞尔人按捺不住地做展示，这些按钮只需一根牙签便可轻松按下。

在埃德塞尔的 4 个系列中，两个较大和较贵的系列（"海盗船"和"嘉奖"）都长 219 英寸，比最大的奥兹莫比尔长 2 英寸。这两款车都宽 80 英寸，大约是乘用车的最大宽度，高度都只有 57 英寸，与任何其他中等价位的汽车一样低。尺寸较小的埃德塞尔系列（"游侠"和"漫步者"）比"海盗船"和"嘉奖"短 6 英寸，窄 1 英寸，低 1英寸。"海盗船"和"嘉奖"配备了 345 马力[1]的发动机，其功率在首

---

① 1 马力约为 735 瓦特。——编者注

次亮相时比任何其他美国汽车都更强，而"游侠"和"漫步者"的发动机为 303 马力，接近同类车型的最高水平。在用牙签按下"点火"按钮启动车辆后，一辆空转的"海盗船"或"嘉奖"（两款车的自重都超过了 2 吨）均可在适当的驾驶下迅速起步，在 10.3 秒的时间里达到每分钟 1 英里的速度，仅需 17.5 秒即可行驶 0.25 英里。但如果牙签碰到按钮时有什么东西或什么人挡住了去路，那就麻烦了。

埃德塞尔的面纱揭开之后，它所获得的媒体评价，可谓褒贬不一。各家日报的汽车编辑大多坚持对这款车进行直截了当的描述，中间夹杂着一两句评价，其中一些评价模棱两可，例如，《纽约时报》的约瑟夫·英格拉汉姆评论其"风格上的差异颇为惊人"，另一些评价公开表达了赞赏，如，《底特律自由报》的弗雷德·奥姆斯特德称其为"一辆俊逸硬朗的新车"。杂志的评论通常更详尽，有时也更严厉。《汽车趋势》（*Motor Trend*）作为专门研究普通汽车的最大月刊（有别于专门研究热门车型的同行），在 1957 年 10 月的一期中用了 8 页篇幅分析和评价了埃德塞尔，由其底特律编辑乔·惠里撰写。惠里表扬了这辆车的外观、内部舒适度和各种新奇的小玩意儿，尽管他并不总是很清楚这些装置目的何在。在谈及转向杆上的变速器按钮时，他写道，"你完全不必把眼睛从路上移开"。他承认，"有无数的机会……采用更独特的做法"，但他用一句话总结了自己的观点，其中点缀着对埃德塞尔的赞誉之辞："埃德塞尔性能出色、驾乘舒适、操控良好。"《机械画报》（*Mechanix Illustrated*）的汤姆·麦卡希尔泛泛而谈地夸赞了这个"螺栓宝袋"（他亲切地以此来称呼埃德塞尔），但他有一些保留意见。顺便说一句，这些评论让我们对汽车评论家眼中的"走道座位"[①]有了一些有趣的发现。"在钢筋混凝土路面上,"他说道,"每次我快速地将油门踩到底,车轮都会像发了疯的沃林搅拌机一样旋转……在高速行驶时,尤其是在崎岖的弯道上,我发现悬架有些过硬……我不禁想到,如果这款风味十足的车抓地性也够强的话,不知它还会有怎样的表现。"

迄今为止,埃德塞尔在上市最初的几个月里得到的最直接,有可能也是最具破坏性的严厉批评出现在 1958 年 1 月的《消费者报告》(*Consumer Reports*)上。这是一份由消费者联盟主办的月刊,其 80 万用户中可能包括更多埃德塞尔的潜在买家,数量远远大于曾经翻阅过《汽车趋势》或《机械画报》的人。在对"海盗船"系列进行了一系列道路测试后,《消费者报告》宣称:

> 与其他品牌相比,埃德塞尔并没有什么显著的根本性优势。这款车在结构上几乎完全是传统的设计……在崎岖不平的路面上,这辆车的车身的震动明显,很快就能听到车身吱嘎作响,远远超出了可接受的限度……该车的操控迟缓,转向过慢,转弯时出现摇摆和侧倾,总体呈现无法抓牢道路的感觉,即便是客气地评价,也只能说毫不出彩。显而易见的事实是,再考虑到其车身总是像果冻一样摇摆,埃德塞尔的操控性代表的显然是倒退而不是进步……如果在车流中踩下油门超车,或是单纯为了感受令人愉悦的马力激增,会让那些大气缸的油耗急剧增加……在消费者联盟

---

① 飞机上的走道座位通常比较方便飞行途中的行动,是许多追求便利的旅客的首选。此处指汽车评论家更关注车型的实用性能,而非花哨的小玩意儿。——译者注

看来，方向盘中心并不是一个装按钮的好位置……低头看埃德塞尔的按钮会让司机的视线从路面移开。（惠里先生要焦躁不安了。）被某本杂志封面描述为"豪华舒适"的埃德塞尔显然只会取悦那些将花哨小玩意儿与真正的奢华混为一谈的人。

3个月后，在对 1958 年所有车型的综合分析中，《消费者报告》再次谈到埃德塞尔，称其"与任何同级别的车相比，都更加无用地用力过猛……有更多华而不实的小装置、更多昂贵的配件"，并给了海盗船和嘉奖在同级竞品中垫底的排名。与克拉夫维一样，《消费者报告》也将埃德塞尔视为一种缩影。但与克拉夫维不同的是，该杂志得出结论是，这款车似乎成为底特律汽车制造商"劝退越来越多潜在汽车买家"的"大量过度行为的缩影"。

其实在某种程度上埃德塞尔并不是那么糟糕。它基本体现了时代的精神——或者至少是设计它的时代（1955 年初）的精神。它笨重、有力、粗野、俗气、急于取悦，好似德库宁笔下的女人。几乎没有人充分赞美过它的能力。当然，博达大桥广告公司的员工除外，他们是收费来做此事，以便尽可能哄骗烦躁的车主，让他们心情愉快，感到幸福。此外，包括雪佛兰、别克在内的多家竞争品牌以及与埃德塞尔系出同门的福特的设计师后来也纷纷致敬了布朗的造型，模仿了该车备受诟病的线条中的至少一个特点，即飞翼型的车尾。埃德塞尔显然是走了霉运，但如果说它单纯是因它的设计而走霉运，显然过于简单化了，声称它是因过多的动机研究而走霉运也是一样。

事实是，在埃德塞尔短暂而不幸的一生中，还有许多其他因素导致了它的商业失败。其中一个令人难以置信的情况是，在首批推向市场的埃德塞尔——那些注定最引人注目的新车中，许多车辆故障百出。借助早期推广和广告计划，福特公司已经成功地使大众对埃德塞尔产生了浓厚的兴趣，以至于其上市成为令人期待的事件，车子本身也比此前上市的任何新车都更受瞩目。但如此大费周章之后，这辆车的性能似乎并不那么好。埃德塞尔上市仅仅几周的时间，它的各种丑闻就成了全国性的话题。

埃德塞尔在交车时就出现了各种问题，包括漏油、发动机罩打不开、后备箱打不开、按钮锁死（连锤子都无法撼动，更别提用牙签轻戳了）。一名显然心烦意乱的男子跟跟跄跄地走进哈得孙河上游的一家酒吧，要求立刻给他上一杯双份烈酒，并大呼小叫地宣布，他的新埃德塞尔的仪表板刚刚自燃了。《汽车新闻》报道称，总体而言，最早一批埃德塞尔车存在油漆质量差、金属板质量差、配件有缺陷等问题，并引述了一位经销商的哀叹，这位经销商称他收到的第一批埃德塞尔敞篷车中有一辆"车顶安装不到位，车门歪斜，横梁角度不对，前弹簧下垂"。福特公司在向消费者联盟销售新车时尤其倒霉（消费者联盟会在公开市场上购买测试车，以防厂商向其提供特别修改的样品），那辆埃德塞尔的桥速比出现错误，冷却系统的膨胀塞爆裂，动力转向泵泄漏，后轴齿轮发出噪声，暖风关闭时喷出一股热气。埃德塞尔部门的一位前高管估计，在首批交付的埃德塞尔中，只有大约一半车辆能够正常工作。

一个门外汉不禁会好奇，福特公司这家威名赫赫的汽车巨头怎么会落入麦克·塞纳特①的俗套，大力铺陈造势之后却以一个反高潮结尾。勤奋敬业、一脸憔悴的克拉夫维大胆辩称，一家公司推出任何品牌的新车型，甚至是经过测试的旧车型时，第一批出厂的车辆通常都会有瑕疵。还有一个更令人吃惊的理论（尽管只是个理论），那就是组装埃德塞尔的 4 家工厂中的某些工厂可能存在有意破坏行为。这 4 家工厂中除了一家之外，一直是组装福特或水星的。福特公司在埃德塞尔的营销中借鉴了通用汽车的做法。通用汽车多年来一直成功地允许甚至鼓励其奥兹莫比尔、别克、庞蒂亚克以及高配版雪佛兰的制造部门和销售部门不遗余力争取客户，无须顾及通用汽车旗下的其他品牌。面对同样的内部竞争，福特公司的福特和林肯-水星部门的一些成员从一开始就公开希望埃德塞尔失败。（克拉夫维意识到可能会出现问题，曾要求埃德塞尔拥有自己的组装工厂，但他的上级拒绝了他。）然而，多伊尔凭借其汽车行业资深人士的权威以及克拉夫维副手的身份驳斥了埃德塞尔是组装工厂阴暗破坏行为受害者的说法。"当然，福特和林肯-水星部门并不希望看到福特公司的另一款汽车进入同一领域竞争，"他表示，"但据我所知，他们在管理和工厂层面的所有行为都遵从了良性竞争的原则。另外，在分销和经销商层面确实存在一些激烈的内讧，主要集中在私下抱怨和宣传方面。如果我是其他部门的一员，我也会做同样的事情。"这套高贵的说辞足以媲美任何一个老派骄傲的落败将军了。

---

① 麦克·塞纳特（Mack Sennett）是美国喜剧电影的代表人物，被称为美国喜剧电影的"喜剧之父"。他于 1912 年创办启斯东电影制片公司，发掘并培养了喜剧演员卓别林。——译者注

在一定程度上值得向埃德塞尔的前期造势者致敬的一点是，尽管源源不断地驶下装配线的，经常是车身吱嘎作响、动辄熄火并散落成一堆闪亮垃圾的新车，但埃德塞尔上市之初的表现还不错。多伊尔表示，在上市日当天，就有超过 6 500 辆埃德塞尔被客户订购或实际交付。这是一个非常好的表现，但也零星出现了一些不买账的情况。例如，一家在一个展厅销售埃德塞尔，在另一个展厅销售别克的新英格兰经销商报告说，两位潜在客户走进埃德塞尔展厅，看了看埃德塞尔，然后当场订购了别克。

在接下来的几天里，埃德塞尔的销量急剧下降——在最初大卖后，这种情况是意料之中的。向经销商实际交付车辆是汽车行业的重要指标之一，通常以 10 天为期进行衡量。在 9 月的前 10 天，只有 6 天有埃德塞尔交付销售数据，总数为 4 095 辆，这个数字低于多伊尔的首日数字，因为许多最初订购的车辆型号和颜色组合并没有库存，需要随后在工厂组装。第二个 10 天的交付量略有下降，第三个 10 天的交付量下降到 3 600 辆。10 月的前 10 天中有 9 天是工作日，只有 2 751 辆交付，平均每天略高于 300 辆。而为了实现每年销售 20 万辆汽车的目标，以使埃德塞尔的运营实现盈利，福特公司需要在每个工作日平均交付 600~700 辆车，远远超过平均每天交付 300 余辆的水平。10 月 13 日星期日的晚上，福特为埃德塞尔安排了一场大型电视节目，抢占了通常分配给埃德·沙利文秀的时间。然而，尽管该节目耗资 40 万美元，并请来了宾·克罗斯比（Bing Crosby）和弗兰克·西纳特拉（Frank Sinatra），但其未能引发销售量显著增长。现在很明显，事情进展得并不顺利。

　　对于厄运变得确定无疑的具体时间，埃德塞尔部门的前高管们意见不一。克拉夫维认为，这一时刻直到 10 月下旬的某个时候才来临。华莱士以其抽烟斗的埃德塞尔半智囊的身份更进一步，将厄运降临的时间明确到特定的日期——10 月 4 日，即苏联第一颗人造卫星斯普特尼克进入轨道的那一天。这个事件打破了人们对美国技术优势的迷思，并激起了公众对底特律那些花哨小玩意儿的反感。公共关系总监沃诺克坚持认为，鉴于他对公众情绪的灵敏感知能力，他认为那一天在 9 月中旬就已经到来。与此相反的是，多伊尔说他一直到 11 月中旬尚能保持乐观，到那时，他已经是埃德塞尔部门唯一不认为只有奇迹才能拯救埃德塞尔的人。"在 11 月，"华莱士从社会学角度分析，"出现了恐慌，以及随之而来的暴民行动。"所谓暴民行动，是指人们众口一词地将埃德塞尔的大溃败归咎于其设计。以前对散热器格栅和车尾设计赞不绝口的埃德塞尔人现在四处咕哝说，傻瓜都可以看出它们非常可笑。布朗成了牺牲品，尽管在 1955 年 8 月，他的设计如帝王加冕般首次亮相时，他的人气爆棚。现在，虽然他在新车上市后什么都没做，无论是好事还是坏事，他都成了公司的替罪羊。华莱士表示："从 11 月开始，没人再理罗伊（布朗）了。"到了 11 月 27 日，事情似乎还不够糟糕，德高望重而成为曼哈顿唯一埃德塞尔经销商的查尔斯·克莱斯勒宣布，由于销售不佳，他将转交他的特许经营权，据传，他还补充说，"福特汽车公司已经彻底搞砸了。"他随后与美国汽车公司签订合同，为其销售兰布拉，作为当时市场上唯一的美国产小型车，这款车已经拥有不断攀升的销售曲线。多伊尔冷淡地评论说，埃德塞尔部门"不关心"克莱斯勒的背叛。

到 12 月，埃德塞尔部门的恐慌情绪略见消退，它的支持者振作起来，开始想方设法重振销售。亨利·福特二世通过闭路电视向埃德塞尔的经销商们发表讲话，敦促他们保持冷静，并承诺公司会不遗余力地支持他们。他直白地说："埃德塞尔会继续存在。"150 万封附有克拉夫维签名的信函发送到中档车车主手中，邀请他们到当地经销商那里试驾埃德塞尔。克拉夫维在信中承诺，每位试驾参与者，无论最后是不是购车，都会得到一个 8 英寸的塑料车模。埃德塞尔部门支付了这些车模的费用，这是孤注一掷的表现，因为在正常情况下，任何一家汽车制造商都不会越俎代庖地替经销商支付类似的费用。（在那之前，埃德塞尔的经销商一直按照惯例支付所有费用。）此外，埃德塞尔部门还开始向经销商提供所谓的"销售奖金"，这意味着经销商可以在不降低利润率的情况下，每辆车降价 100~300 美元。克拉夫维告诉一位记者，到那时为止，销售额基本与他的预期一致，尽管没有达到他希望的水平。由于过于急切地表现出不希望人们感受到他的失望和震惊，这番话反而像是在说，他已经预料到了埃德塞尔的失败。如果说埃德塞尔的广告宣传在开始时带有一丝装腔作势的尊贵，那么现在听上去已经开始刺耳。一则杂志广告宣称："每个见过它的人都知道，埃德塞尔是成功的。"这句话后来又重复出现了两次，就像一句咒语："埃德塞尔是成功的。它是一个驰骋在美国道路上的全新想法——你的想法……埃德塞尔是成功的。"很快，不那么高调但更靠谱的以价格和社会地位为主题的广告开始接手，比如，"当你开着一辆埃德塞尔到达某个城市时，人们会知道你来了"，还有，"最新款，也是最便宜的！"在麦迪逊大道更曲高和寡的地段，这种靠顺口溜取胜的口号通常被视为屈服于商业需要而在艺术上堕落的迹象。

借助 12 月份这些疯狂而昂贵的手段，埃德塞尔部门的业绩略见起色：据其报告，在 1958 年的前 10 天，销售额比 1957 年的最后 10 天增长了 18.6%。但问题是，正如《华尔街日报》警觉地指出的那样，后一个 10 天比前一个 10 天多了一个销售日，因此，从实际来看，几乎没有任何增长。无论如何，1 月初华而不实的欢呼声最终成为埃德塞尔部门最后的欢呼。1958 年 1 月 14 日，福特汽车公司宣布将埃德塞尔与林肯-水星部门合并，组建水星-埃德塞尔-林肯部门，由一直管理着林肯-水星的詹姆斯·南斯（James J. Nance）负责。这是自大萧条时期通用汽车公司合并别克、奥兹莫比尔和庞蒂亚克以来，第一家大型汽车公司将三个部门合并为一个部门。对于埃德塞尔部门被淘汰的人来说，这一行政举措的含义再明确不过了。"在部门内部竞争如此激烈的情况下，埃德塞尔没有任何前途，"多伊尔表示，"它成了继子。"

在其存在的最后 1 年零 10 个月内，埃德塞尔确实活得像一个继子，它基本被忽视，很少获得广告宣传，之所以苟延残喘，完全是为了避免过分彰显一个愚蠢的错误，并留有一丝渺茫的希望，希望它也许会获得某种成功。它获得的宣传只是在徒劳地努力向汽车行业证明一切都很好。在 2 月中旬《汽车新闻》上的一则广告中，南斯声称：

自福特汽车公司新的水星-埃德塞尔-林肯部门成立以来，我们饶有兴趣地分析了埃德塞尔的销售记录。我们认为有一点非常重要，那就是埃德塞尔上市前 5 个月的销量超过了现在美国道路上行驶的任何其他新品牌汽车前 5 个月的销量……埃德塞尔的稳步推进能够为我们所有人带来巨大的满足感和激励。

不过，南斯的比较几乎毫无意义，因为此前从未有过规模如此宏大的新品牌宣传推广活动，而这种貌似自信的腔调也难掩心虚。

很有可能的情况是，南斯从未注意过语义学家早川一会①的一篇文章，这篇文章于 1958 年春发表在《ETC：一般语义学评论》(*ETC: A Review of General Semantics*) 季刊上，文章名为《为什么埃德塞尔彻底搞砸了》。早川是《ETC：一般语义学评论》的创始人和编辑，他在一份介绍性说明中解释说，他认为这个主题属于一般语义学的范畴，因为汽车和文字一样，是"美国文化中重要的……符号"，他接着提出一个观点，即埃德塞尔的失败要归咎于福特公司的高管们，他们"听了太多动机研究人员的意见"，然后希望努力造出一辆能够满足客户性幻想之类的东西的汽车，而未能提供一辆合理实用的交通工具，从而忽视了"现实原则"。"动机研究人员没有告诉他们的客户的是……只有精神病患者和严重的神经官能症患者才会将他们的非理性和补偿性幻想付诸实践，"早川尖刻地这样告诫底特律，并补充道，"借助昂贵的物品……比如男女通吃的埃德塞尔来推销象征性满足……有一个麻烦……那就是它要面对许多更便宜的象征性满足形式的竞争，比如《花花公子》（50 美分一本）、骇人听闻的科幻小说（35

---

① 早川一会（S. I. Hayakawa，1906 年 7 月 18 日—1992 年 2 月 27 日），是加拿大出生的日裔美国语言学家，曾任旧金山州立大学校长、加利福尼亚州联邦参议员。——译者注

美分一本）以及电视节目（一分钱都不用花）。"

不过，尽管有来自《花花公子》的竞争，也许是因为在愿意为象征性满足买单的人里面，有些人能够二者得兼，埃德塞尔尚可勉力支撑，尽管也只是勉力支撑而已。正如销售人员所说，埃德塞尔仍在不断上路，虽然不是用牙签轻轻一触那般轻松。事实上，作为"继子"，它的销量与其作为受宠的儿子时基本持平，这表明所有的大吹大擂，无论是象征性满足还是单纯的大功率，都没有什么效果。1958 年在美国各州机动车管理局登记的新埃德塞尔汽车数量为 34 481 辆——比任何竞争品牌的新车都要少得多，而且不到埃德塞尔要实现盈利需要达到的每年 20 万辆销售目标的 1/5，尽管如此，这个数字仍然意味着车主们为此投入了超过 1 亿美元。1958 年 11 月，随着埃德塞尔第二代车型的问世，实际情况有所好转。新车型缩短了 8 英寸，轻了 500 磅，发动机的功率降低了 158 马力，售价也比上一年的车型低了 500~800 美元。垂直格栅和斜眼车尾仍然存在，但由于适度的功率和比例，它得到了《消费者报告》更平和的评价："虽然埃德塞尔的首发车型在去年丢了大脸，但福特汽车公司现在已经将它变成了一辆受人尊敬甚至讨人喜欢的汽车。"相当多的驾驶者似乎也认同了这个说法。1959 年上半年，埃德塞尔的销量比 1958 年上半年高出约 2 000 辆，到 1959 年初夏，这款车的销量达到每月约 4 000 辆。销售终于有了进展，销量几乎达到实现最低利润率所需销量的 1/4，而不是仅仅 1/5。

截至 1959 年 7 月 1 日，共有 83 849 辆埃德塞尔在美国的道路上行驶。数量最多的是加利福尼亚州（8 344 辆），不过几乎所有品牌的汽车在这个州的数量都是最多的，而数量最少的是阿拉斯加、佛蒙特和夏威夷（分别为 122 辆、119 辆和 110 辆）。总而言之，埃德塞尔似乎为自己找到了一个合适的细分市场，即这是一辆有趣、古怪而令人好奇的车。不过，眼见到股东的钱仍然周而复始地被埃德塞尔所吞噬，并且当下小型汽车显然已成主流，福特公司根本没办法对这种情况采取感性的态度。尽管如此，它还是抓住了一个外部机会，在 1959 年 10 月中旬推出了第三代年度车型。1960 年款埃德塞尔的推出时间仅比福特推出"猎鹰"（Falcon）晚一个多月，后者是福特首次试水小型汽车领域，一经推出立即大获成功。新款的埃德塞尔几乎完全不再是埃德塞尔，垂直的格栅和水平车尾全都消失不见，剩下的元素使其看起来像是福特费尔兰（Fairlane）和庞蒂亚克的结合。它最初的业绩惨淡，到 11 月中旬，只有位于肯塔基州路易斯维尔的一家工厂仍在生产埃德塞尔，每天的产量仅有 20 辆左右。11 月 19 日，福特基金会计划出售其持有的福特汽车公司的大量股票，并根据法律要求发布了在这种情况下需要发布的招股说明书。招股说明书在描述福特公司产品章节的一个脚注中表示，埃德塞尔"于 1957 年 9 月推出，并于 1959 年 11 月停产"。同一天，这一含糊不清的承认得到福特公司发言人的证实和进一步解释，尽管他的解释仍含糊其词。他说道："如果我们早知道人们不会购买埃德塞尔的原因，我们可能早已采取行动。"

　　最终的销量统计数字显示，从推出到 1959 年 11 月 19 日，共有 110 810 辆埃德塞尔被生产出来，其中 109 466 辆售出。（未售出的 1 344 辆几乎都是 1960 年车型，通过大幅降价，这些车很快就被处理掉了。）1960 年款埃德塞尔一共只生产了 2 846 辆，这使得那一年的车型成为潜在收藏品。可以肯定的是，至少要过几十年，1960 年款埃德塞尔才会像布加迪 41 型那样罕见，后者只在 20 世纪 20 年代末总共生产了不超过 11 辆，并且只售卖给真正的皇室。与之相比，埃德塞尔数量稀少的原因，无论从社会角度还是从商业角度而言，均无法与布加迪 41 型相提并论。尽管如此，1960 年款埃德塞尔车主俱乐部仍有可能出现。

我们可能永远不会知道埃德塞尔最终的财务损失数字，因为福特汽车公司的公开报告不包括各个部门的损益明细。然而，据财务专家估计，福特公司在埃德塞尔上市后损失了大约 2 亿美元。再加上官方公布的 2.5 亿美元上市前支出，减去可作为其他用途的厂房和设备的大约 1 亿美元投资，净亏损额可达 3.5 亿美元。如果这些估算是准确的，那么福特公司生产的每一辆埃德塞尔平均亏损 3 200 美元，相当于一辆新车的价格。换句话说，假如时间倒流回 1955 年，福特公司决定不生产埃德塞尔，而是直接免费送出 110 810 辆同等价位的水星汽车，甚至都能为公司省下一笔钱。

-"后见之明"的狂欢 -

埃德塞尔的终结在媒体上引发了一场"后见之明"的狂欢。《时代》宣称："埃德塞尔是在错误的时间、错误的市场推出错误的汽车的经典案例。这也是市场研究，及其'深度访谈'和'动机性'胡言乱语的局限性的一个典型例子。"在埃德塞尔谢幕前不久曾以明显严肃和赞同的口吻谈论过它的《商业周刊》现在宣布它为"一场噩梦"，并附上了一些对于华莱士研究的尖锐批评，而华莱士的研究就像当年布朗的设计一样，迅速成为替罪羊。（围绕动机研究指手画脚过去曾经是，现在也一样是，一种精彩的消遣，但无疑，暗示是它影响甚至决定了埃德塞尔的设计是完全错误的，因为这项研究纯粹是为了确定广告和促销的主题，直到布朗完成汽车设计之后才启动。）《华尔街日报》则对埃德塞尔的覆灭提出了一种可能更合理，当然也更具原创性的观点。

> 大公司经常被指责操纵市场、实施价格管理，或以其他方式对消费者发号施令。昨天，福特汽车公司宣布，对其中等价位汽车埃德塞尔，为期两年的试验已告终结……原因是缺少买家。这一切都与汽车制造商能够操纵市场或迫使消费者购买他们希望卖出的东西迥然不同……原因很简单，就是没有考虑口味……说起发号施令，消费者才是无人能出其右的独裁者。

这篇文章的基调是友善和富有同情心的，福特公司似乎因为扮演了美国情景喜剧中经典的"笨手笨脚的老爸"一角而受到了《华尔街日报》的喜爱。

至于--贯以勤于思考而著称的前埃德塞尔高管，他们对惨败的事后解释恰似一个被击倒的拳击冠军睁开眼睛，发现主持人的麦克风已经捅到了自己的面前。事实上，和许多被击垮的拳击手一样，克拉夫维将自己的错误归咎于时机不对。他争辩说，如果他能够挫败底特律显然不可改变的运作方式和经济形势，从而能够以某种方式在1955年，甚至是1956年推出埃德塞尔（那时股市高涨，中等价位汽车市场蓬勃兴旺），这款车本会表现出色，而且到现在仍然会表现得很好。尽管这么说，如果他能看到对方的拳已经挥来，他本应该躲开。克拉夫维拒绝应和为数众多的圈外人士的说法，这些人倾向于将这款车的溃败归咎于公司没能赋予它一个更轻快、更朗朗上口的名字，而是决定将其命名为埃德塞尔，只能简称为埃德或"埃迪"，并且带着满满的王朝味道。就他所见，克拉夫维坚持说，埃德塞尔这个名字并没有以某种方式影响到它的命运。

布朗与克拉夫维的观点一致，即罪魁祸首是错误的时机。"坦率地说，我觉得汽车的造型与其失败几乎没有关系，"他在后来表示，而他的这种坦率表达很有可能不会受到挑战，"埃德塞尔计划与针对未来市场的任何其他项目一样，是以做出决策时可获得的最佳信息为基础的。通往地狱的道路是用善意铺就的！"多伊尔天生自带推销员对客户的强烈个人感情，他在反思时就像是一个遭到朋友背叛的人——此处的朋友是美国公众。"这是一次买家罢工，"他说道，"人们不喜欢埃德塞尔。原因何在对我来说是个谜。他们几年来一直购买的东西好像是在鼓励行业制造出这款汽车。我们给他们造出来了，但他们不要了。好吧，他们本不应该那样做。你不能在某一天突然叫醒某个人，告诉他，'够了，你一直跑错方向了'。不管怎样，他们为什么要这么做？天哪，这个行业这么多年来一直在不懈地努力——摆脱手动换挡、提升内部舒适性、提供可在紧急情况下使用的附加性能！现在，公众想要这些小甲虫。我真搞不懂这一切！"

华莱士的斯普特尼克理论或许可以回答多伊尔有关人们为什么不再想要此类汽车的问题，而且，它足够宏大，符合其半智囊的定位。

这也使得华莱士可以自由地为其动机研究的有效性进行辩护。"我认为，我们到目前还不能知道第一次绕轨道飞行对我们所有人的心理影响有多深，"他说道，"有人击败我们，在一个科技领域取得了重大的进步，然后人们立即开始撰写文章，讲述底特律的产品有多么糟糕，尤其是那些装饰华丽、象征地位的中等价位汽车。在 1958 年，除了兰布拉之外没有其他小型车上市，雪佛兰几乎将要退出市场，因为它只生产最简单的汽车。美国人民自主实施了一项紧缩计划。不买埃德塞尔就是他们的刚毛衬衫①。"

19 世纪的美国工业界盛行的是"要么赢，要么死"，对于任何仍依稀记得那个时代的人来说，华莱士能够如此风轻云淡地叼着烟斗分析这场大屠杀一定显得很奇怪。埃德塞尔的故事中最震撼的一点是一家大型汽车公司惨遭失败，但同样令人惊讶的是，这家公司并没有解体，甚至没有在这场溃败中受到严重伤害，一起倒下的大多数人也没有受到严重伤害。由于其另外几款汽车（福特、雷鸟，以及后来的小型车猎鹰和彗星，然后是野马）的成功，福特公司成功地存活下来。诚然，它在 1958 年经历了一段困难时期，部分由于埃德塞尔的拖累，其股票的每股净收入从 5.40 美元降至 2.12 美元，每股股息从 2.40 美元跌至 2.00 美元，股票的市场价格从 1957 年 60 美元左右的高点跌至 1958 年不足 40 美元的低位。但这些损失在 1959 年得到了弥补，当年的每股净收入为 8.24 美元，每股股息为 2.80 美元，股票价格达到了 90 美元左右的高位。1960 年和 1961 年，情况变得更好了。

① 刚毛衬衫（hair shirt）指旧时苦修者所穿的一种粗布衫，他们把穿着它作为一种自我惩罚手段。——译者注

因此，1957 年入场的 28 万名福特股东几乎没有什么可抱怨的，除非他们在恐慌最严重的时候卖掉了股票。另外，6 000 名白领因水星-埃德塞尔-林肯的合并而丢掉了工作，福特员工的平均数量从 1957 年的 191 759 人下降到次年的 142 076 人，到 1959 年也仅恢复到 159 541 人。当然，一些经销商放弃了可带来盈利的其他品牌特许经营权，然后在试图销售埃德塞尔时破产，他们不太可能对这次经历感到高兴。根据水星-埃德塞尔-林肯部门合并条款，这三个品牌的大多数代理商也被合并。在合并的过程中，一些埃德塞尔经销商出局，还有一些经销商随后破产。对这些人来说，后来知道福特公司在最终停产该车时同意向那些熬过合并危机的前同行支付埃德塞尔品牌经销相关原始成本的一半，并对于停产时仍在库存中的埃德塞尔车给予丰厚的退款，显然不会让他们感到欣慰。话虽如此，汽车经销商中有一些利润率像迈阿密的酒店运营商一样微薄，即便它们销售的是最受欢迎品牌的汽车，有些也会破产。对于那些在汽车销售市场乱世中谋生的人来说，尽管他们并不总是说底特律的好话，但仍有许多人承认，福特公司在发现自己陷入困境后，立刻尽其合理的努力来支持那些不幸选择了埃德塞尔的经销商。美国汽车经销商协会的一位发言人表示："据我们所知，埃德塞尔的经销商普遍对其得到的待遇感到满意。"

由于广告佣金收入不足以完全弥补它在底特律开设豪华办公室并招聘 60 名新员工所花的巨额费用，博达大桥广告公司最终也在埃德塞尔项目上亏了钱。但其亏损很难说是无法挽回的。几乎在埃德塞尔终止广告业务的同时，它被聘请为林肯做广告，虽然这一安排持续的时间不长，但公司最终得以幸存，并继续为通用食品公司（General

Foods）、英国利华兄弟公司和环球航空公司等客户大唱赞歌。这家代理机构的员工对其前客户忠诚度的一个相当感人的佐证是，在1959年之后的好几年里，公司芝加哥办公室的专用停车场每个工作日仍然会零星停着埃德塞尔。顺便说一句，这样忠实的车主为数并不算少。就算埃德塞尔车主没有找到实现梦想的方法，就算他们中的一些人需要不时忍受令人痛苦的机械故障，许多人甚至在十多年后仍然珍惜自己的爱车，就好像它们是同盟国的钞票一样，而在二手车行，埃德塞尔是一款高档商品，提供的现车很少。

　　总体来说，埃德塞尔的前高管们不仅全身而退，甚至过得相当不错。当然，没有人能指责福特公司以老式的方式泄愤，毫不留情地挥舞屠刀向原来的职位。克拉夫维被指派协助罗伯特·麦克纳马拉（Robert S. McNamara）工作了几个月，后者当时担任福特部门的副总裁（当然后来成了国防部长）。然后，他被调往福特公司总部担任内勤工作，在那里待了大约一年后离开，成为位于马萨诸塞州沃尔瑟姆的大型电子公司雷神公司（Raytheon Company）的副总裁。1960年4月，他升任该公司总裁。20世纪60年代中期，他离开该公司，成为西海岸的一名收费高昂的管理顾问。多伊尔也获得了福特公司的一个内勤职位，但在出国旅行并再三考虑后，他决定退休。"这是出于我和经销商关系的考虑，"他解释说，"我曾向他们保证，公司会全力支持埃德塞尔，因此我不觉得我现在可以告诉他们，事实并非如此。"退休后，多伊尔仍然像以前一样忙碌，关注着与他建立了各种关系的业务，并在底特律开设了自己的咨询业务。在埃德塞尔与水星-林肯合并前大约一个月，负责公关宣传的沃诺克离开了埃德塞尔部门，成为纽约国际电话电报公司的新闻服务主管。他于 1960 年 6 月离职，并成为麦肯广告公司旗下传播顾问公司（Communications Counselors）的副总裁。随后，他重回福特，担任林肯-水星部门的东部宣传主管。这显然不是一曲屠刀挥舞、人头应声落地的悲歌，而是一个圣膏施额、喜获祝福的故事。四面楚歌的造型师布朗继续在底特律待了一段时间，担任福特商用车的首席造型师，然后去往英国的福特汽车有限公司，再次担任首席造型师，负责指导领事（Consuls）、安格利亚（Anglias）以及卡车和拖拉机的设计。他坚称这个职位并不代表他被福特公司流放到了西伯利亚。"我发现这是一个极其令人满意的经历，也是我在……职业生涯中迈出的最漂亮的一步，"他在发自英格兰的信中坚定地表示，"我们正在建立一个在欧洲首屈一指的造型办公室和造型团队。"而半智囊华莱士则被要求继续服务福特，并且由于他不喜欢住在底特律及其附近，公司还允许他搬到纽约，每周只需要在总部工作两天。（对此他谦虚地表示："他们似乎不再关心我具体在哪里工作。"）1958 年底，他离开了福特，并终于实现了自己的毕生夙愿——成为一名全职学者和老师。他着手在哥伦比亚大学攻读社会学博士学位，并在康涅狄格州的韦斯特波特撰写了关于社会变革的论文，在此过程中，他花了大量时间对当地居民进行问询调研。与此同时，他还在格林威治村的纽约社会研究新学院① 教授"社会行为动力学"课程。"我受够了工业界。"有人听到他在某天带着明显的满足

---

① 纽约社会研究新学院（The New School for Social Research）是一所位于纽约市的美国高等教育机构，其校舍大部分位于格林威治村一带，主要科系包括社会科学、人文学科、公共政策、美工设计和艺术音乐相关科目。——译者注

感这样说，当时他正登上前往韦斯特波特的火车，腋下夹着一捆问卷。1962 年初，他如愿以偿，成为华莱士博士。

这些前埃德塞尔人在尘埃落定后的喜悦之情并不完全是由于他们保住了自己的饭碗，他们似乎在精神上也得到了升华。他们喜欢谈论自己在埃德塞尔的经历，就像老战士谈论他们最激动人心的战役那样充满热忱，滔滔不绝——当然，那些仍在福特工作的人除外，这些人总是尽量避免谈论这段经历。在这群人中，多伊尔也许是最充满激情的追忆者。"这段经历比我此前或此后的任何经历都更有趣，"他在 1960 年对一位来访者说，"我想是因为那是我工作最努力的时期。我们都非常努力。那是一个很棒的团队。所有埃德塞尔人都知道他们在冒险，我喜欢敢于冒险的人。千真万确，尽管出了各种不幸的状况，那仍然是一段美妙的经历。而且我们的方向是正确的！我在退休之前去欧洲的时候，看到了那里的情况——尽管那里全都是紧凑型汽车，但是交通仍然堵塞，仍然有停车难的问题，仍然有事故。只要试试上下那些低矮的出租车而不被撞到头，或是在凯旋门周围走动时尽量不被碰撞，你就明白了。这股小型汽车的热潮不会永远持续下去。我无法想象美国司机会一直满足于手动换挡和有限的性能。总有一天风水会转回来的。"

像他之前的许多公关人员一样，沃诺克声称他因为工作而——第二次——患上了溃疡。"但我克服了它，"他表示，"伟大的埃德塞尔团队——我真想看看如果它在正确的时间拥有正确的产品，能做出怎样的成就，它本可以赚几百万美元，就是这样！这是我生命中永远难以忘怀的两年。这是亲眼见证历史。这一切难道不正向你揭示了 20

世纪 50 年代的美国吗？那就是：抱有崇高的希望，但未能完全实现它们。"

克拉夫维，这个壮志未酬的伟大团队的带头人，完全可以证明其前下属的言论不仅仅是老兵的浪漫空谈。"这是一个很棒的团队，"他后来说道，"他们真是全心全意地投入到这项工作中。我想要一个积极进取的团队，而那个团队完全符合我的理想。当形势恶化后，埃德塞尔的小伙子们本可能会因为放弃了其他大好机会加入我们而哭泣，但我从来没有听说有人这样做。对于他们多数人成功走出这段失败我并不感到惊讶。在行业中你总是会不时遇到挫折，但只要你的内心没有被击败，你就会重新站起来。我喜欢偶尔和他们中的某个人聚一聚，可能是盖尔·沃诺克或是其他人，并一起回顾那些高兴的和悲伤的往事……"

埃德塞尔的小伙子们对埃德塞尔的怀念，无论是喜是悲，都是一个发人深省的现象。也许这仅仅意味着他们怀念当年的风光岁月，怀念那些他们最初沉浸其中，后来则羞于面对的万众瞩目，也许这只是意味着一个新的时代已经到来，在这个时代，就像伊丽莎白时代的戏剧中经常出现，而在以往美国商业界极其罕见的那样：失败者可以体会到某种成功的人永远无法体会到的辉煌。

3
联邦所得税

- 奇怪的行为 -

毫无疑问，近年来，许多生活优渥、看似精明的美国人的某些所作所为，在不明真相的路人看来，即便不是疯疯癫癫，也实属荒诞不经。那些继承了财产的人表现出对州和市政府融资的极大热情，并为此贡献了巨额资金，尽管他们中的一些人谴责一切形式和表现的政府。如果一对新人中一方收入非常高，而另一方的收入不那么高，那么他们的婚礼往往在每年12月底举办，在1月举办婚礼的人最少。一些非常成功的个人，特别是艺术圈的成功人士，经常会收到他们财务顾问的紧急指示，告诉他们在本日历年的剩余时间内在任何情况下都不要从事任何有收益的工作，并且他们会遵循这一建议，尽管有时候这一指示早在5月或6月就已发出。演员和其他从个人服务中获得高收入的人士，一次又一次投资砂石买卖、保龄球馆和电话应答服务，这无疑为这些乏味的行业平添了一份活力。电影圈的大佬们则似乎热衷于遵循某个放弃又回归的循环规则，一再抛弃祖国加入外国国籍，并在持有外籍 18 个月后，在第 19 个月回到祖国的怀抱。石油投资者在得克萨斯州的土地上到处打井钻探，他们所冒的风险远远超出了正常商业判断的范畴。商务人士在乘坐飞机、乘坐出租车或在餐馆用餐时一次又一次被迫在小笔记本上记下收费细目，这些以备在他们遭到询问时使用的记录被称为"日记"，尽管其内容与塞缪尔·佩皮斯（Samuel Pepys）或菲利普·霍恩（Philip Hone）的日记相去甚远，只是忠实地记下了每一笔花费。拥有（或部分拥有）企业的人做出安排，与其未成年的孩子分享所有权，无论他们的年纪多么小，事实上，已经至少有一次，合伙协议因为等待一位合伙人降生而被迫推迟。

　　无须多言，人人都知道这些奇怪的行为都可以直接追溯到联邦所得税法的各项规定。这些规定包罗万象，涉及出生、婚姻、工作、生活方式和生活地点，可以看出该法律广泛的社会影响范围，但由于其影响仅限于富裕阶层，完全看不出它们的经济影响广度。以典型的一年（1964 年）为例，在那一年中，总计近 6 300 万人提交了个人所得税申报表，所以人们经常说，所得税法是这片土地上对最多数个人具有最直接影响的法律，实在是不足为奇，同时，由于所得税收入占美国政府总收入的近 3/4，将其看作美国最重要的单一财政措施，也就可以理解了。（在截至 1964 年 6 月 30 日的财年中，美国所有来源的总财政收入为 1 120 亿美元，其中大约有 545 亿美元来自个人所得税，大约 233 亿美元来自公司所得税。）经济学教授威廉·J. 舒尔茨（William J. Shultz）和洛厄尔·哈里斯（C. Lowell Harriss）在《美国公共财政》（*American Public Finance*）一书中宣称，"在大众心目中，它就是'税'"，而作家戴维·T. 巴塞隆（David T. Bazelon）也指出，所得税的经济效应如此广泛，以至于产生了两种截然不同的美国通货：税前货币和税后货币。无论如何，任何一家公司在成立之时或者说在经营中的每一天，都不得不认真考虑所得税问题，任何收入群体中的任何个人，也会时不时地考虑到它，更有一些坐拥财富或声誉（或两者兼而有之）的人由于未能遵守所得税法而惨遭毁灭。几年前，一位远在威尼斯的美国游客震惊地发现，在一个向圣马可大教堂维修基金捐款的硬币盒上贴着一块铜牌，上面写着"可抵扣美国所得税"。

对所得税给予的大量关注基于这样一个命题，即所得税既不合理，也不公平。也许最广为人知也是最严重的指控是，所得税法从骨子里就基本是一个谎言，该法律规定以急剧累进的税率对收入征税，但又提供了一系列便利的避税渠道，使得几乎任何人，哪怕富可敌国，都不需要以最高税率或类似税率纳税。1960 年，申报收入为 20 万~50 万美元的纳税人纳税的平均税率约为 44%，即使申报收入超过 100 万美元的少数纳税人缴纳所得税的税率也远低于 50%，这也是一个收入为 4.2 万美元的纳税人应该（常常也是实际）纳税的税率。另一个经常听到的指控是，所得税是美国伊甸园中的一条毒蛇，提供了难以抵挡的小规模逃税的诱惑，从而使每年 4 月都会出现全国性的大堕落[1]。还有一派批评人士认为，由于其错综复杂的性质（《1954 年国内税收法》的基本法规长达 1 000 多页，而法院裁决和美国国税局对其进行

---

① 美国个人所得税申报通常在每年 4 月截止。——译者注

详细阐述的法规条例更是达到了 17 000 页），所得税法不仅导致了演员去挖沙子和合伙人还没出生等荒诞的现象，而且实际上是不正常的，是一个公民仅凭自己的力量可能无法遵守的法律。批评者宣称，这种情况导致了一种不民主的状态，因为只有富人才能负担得起昂贵的专业建议，从而得以合法地避税。

实际上，没有人为所得税法辩护，尽管大多数学法律的人如果不藏私心的话都会同意，这部法律实施半个世纪以来，确实为健康的财富再分配发挥了巨大的作用。谈到所得税，几乎人人都希望改革。然而，作为改革者，我们在很大程度上是无能为力的，主要原因是这个议题复杂得惊人，因而，一方面，许多人只要一提到它就头脑一片空白，另一方面，可从某项特定条款获益的小利益群体会对该条款旁征博引，不遗余力，有针对性地力挺。像任何税法一样，我们的税法似乎天生对改革免疫。人们通过避税手段积累的财富可以被用来防止这些手段遭到废除，事实上它们也确实正在不断地被用于这个目的。这些影响，再加上国防开支和其他政府成本持续上升（即使不考虑像越南战争那样的热战）给财政部门带来的巨大压力，导致了两种趋势，其特征如此明显，以至于形成了一种自然的政治法则：在美国，提高税率和引入避税手段相对容易，降低税率和消除避税手段相对困难。这项自然法则至少直到 1964 年似乎还适用，不过在那一年，法则的一半受到立法的重大挑战。这项立法最初由肯尼迪总统提出，并由约翰逊总统推动，分两个阶段将个人所得税的基本税率从最低 20% 降至最低 14%，将个人所得税最高税率从 91% 降至 70%，并将公司所得税最高税率从 52% 降至 48%。但与此同时，这项法则的另一半完好无损。可以肯定的是，肯尼迪总统提出的拟议税收改革措施还包括一项旨在消除避税手段的重大改革计划，但反对改革的呼声如此之高，以至于肯尼迪本人很快就放弃了大部分改革措施，最终几乎没有任何改革措施真正得到实施，相反，新的立法实际上还延伸或是扩展了一两项避税手段。

- 税收时代 -

"让我们面对现实吧，克莱特斯，我们生活在一个税收时代。一切皆可税收。"在路易斯·奥金克洛斯（Louis Auchincloss）的短篇小说集《律师之权》（*Powers of Attorney*）中，一位律师对另一位律师这样说。而另一位律师，一位传统主义者，只能象征性地反驳一下。不过奇怪的是，尽管所得税在美国生活中无处不在，在美国的小说中却很少有人提及它。这种忽略可能反映了这个话题不够文雅，但也可能反映了大众对所得税的不安——这是我们不慎创造出，却无法摆脱的事物，它既不是完美无瑕，也不是一无是处，而是如此巨大、骇人，难以做出道德上的评判，因此无法再对其加以想象。人们可能会问，这一切究竟是怎么来的？

所得税只有在工薪阶层人数众多的工业化国家才能真正发挥效用，因此截至 20 世纪的所得税记录比较简短。古代通行的税种，例如玛利亚和约瑟夫在耶稣即将降生之际也要去伯利恒缴纳的那种税，全都是人头税，即按人头支付的固定的税金，而不是所得税。差不多在 1800 年之前，只有两次设立所得税的重要尝试，一次是在 15 世

纪的佛罗伦萨，另一次是在 18 世纪的法国。总体而言，这两次尝试
都代表着统治者试图进一步压榨他们的臣民。根据著名所得税历史学
家，已故的埃德温·塞利格曼（Edwin R. A. Seligman）的说法，由于
腐败和低效的行政管理，佛罗伦萨的征税方式难以为继，最终退出历
史舞台。这位权威人士还表示，18 世纪法国开征的所得税"很快就遭
到广泛滥用"，并退化为"对较不富裕阶层完全不平等和完全武断的
强征暴敛"，因此，它无疑在激发法国大革命的杀戮热情方面发挥了
作用。路易十四于 1710 年所颁布的旧制度税税率为 10%，后来被削
减了一半，可惜为时已晚，革命政权将这一税制连同其邪恶的颁布者
一道推翻。面对这一警示性的先例，英国于 1798 年颁布了所得税法，
为其参与法国革命战争提供资金，从几个方面来看，它都堪称第一部
现代所得税法：一方面，它采取累进税率，年收入 60 英镑以下的税
率为零，最高税率为 10%（针对 200 英镑或以上年收入），另一方面，
它相当复杂，包含 124 个部分，长达 152 页。这一税法立即遭到了普
遍的批评，谴责它的小册子很快就大量出现。其中一本小册子的作者
称其是在回顾古代的野蛮行径，将旧时的所得税收税员称作"无情的
雇佣兵"，"野蛮人……傲慢无知且自以为是，因而极度粗鲁"。在实
施的前三年，很大程度上由于普遍的逃税行为，它每年仅带来了大约
600 万英镑的税收，因此在 1802 年《亚眠条约》①签署后被废除。不
过，第二年，随着英国财政部再次陷入困境，议会颁布了一项新的所

---

① 《亚眠条约》是 1802 年 3 月法国及其盟国西班牙、巴达维亚共和国（荷兰）同英国
  在法国北部的亚眠签订的条约，旨在暂时结束法国在大革命时期与英国等国的冲突
  状态。它的签署标志着第二次反法联盟的最终破产。——译者注

得税法。这项税法远远超前于其所在的时代，因为它包括了一项预扣收入税的条款，也许正因为这样，它比之前的税收更招人烦，尽管它的最高税率只有原来的一半。1803 年 7 月，在伦敦市举行的一次抗议会议上，几位发言者做出了对英国人而言可谓与所得税为敌的最高承诺。他们说，如果这样的手段是拯救国家所必需的，那么他们尽管极不情愿，也将不得不选择让这个国家灭亡。

然而，尽管屡遭挫折，甚至长期被完全遗忘，英国的所得税逐渐开始蓬勃发展。和其他任何事情一样，这可能也只是简单的习惯成自然，而纵观各国的所得税历史，可以发现一个共性，即反对的声音总是在开始时最激烈和最尖锐。随着时间的推移，税法日益强大，反对者的声音也越来越小。英国的所得税在英国取得滑铁卢之战胜利后的第二年遭到废除，又在 1832 年半推半就地重启。又过了 10 年，它得到罗伯特·皮尔爵士 ① 的鼎力支持，并从此留存了下来。19 世纪下半叶的基本所得税税率在 5% 和略低于 1% 之间波动，直到 1913 年，税率还低至 2.5%，外加对高收入征收的适度附加税。不过，美国对高收入以极高税率征税的做法最终在英国流行起来，到了 20 世纪 60 年代中期，英国收入最高的阶层的所得税税率超过 90%。

世界其他地方，至少是经济发达国家，受到英国的启发，在 19 世纪的某个时候开征所得税。大革命后的法国很快颁布了一项所得税法，但随后又废除了它，并在整个 19 世纪下半叶维持了无所得税的

---

① 罗伯特·皮尔爵士（Sir Robert Peel，1788 年 2 月 5 日—1850 年 7 月 2 日），英国政治家，被视为英国保守党的创建人，曾于 1834—1835 年和 1841—1846 年两度出任英国首相。——译者注

做法。不过事实证明，这种做法导致政府收入锐减，无法承受，因此所得税重回舞台，并成为法国经济的一部分。在意大利统一带来的成果中，所得税即便不是最甜蜜的一个成果，也是最早的成果之一，而几个后来并入德意志帝国的独立州甚至在其合并之前就已经开始征收所得税。到1911年，奥地利、西班牙、比利时、瑞典、挪威、丹麦、瑞士、荷兰、希腊、卢森堡、芬兰、澳大利亚、新西兰、日本和印度都已经开征所得税。

至于美国，尽管目前因其庞大的所得税征收规模和纳税人显而易见的逆来顺受而令世界各国政府羡慕不已，但它在征收所得税方面起步甚晚，并且多年来在这个方面一直在顽固地开倒车。毋庸讳言，美国在殖民时期存在多种与所得税相近的税收制度，例如，在罗得岛州，曾经每位公民都需要猜测其10个邻居的财务状况（包括收入和财产），作为评估其纳税水平的依据。不过，鉴于这种安排效率低下并且易遭滥用，它只施行了很短一段时间。第一个提出联邦所得税想法的人是麦迪逊总统的财政部长亚历山大·达拉斯（Alexander J. Dallas），他早在1814年就提出了征收所得税的想法，但几个月后，1812年战争宣告结束，政府不再急需开源，而这位财长也被直截了当地赶下了台，以至于直到内战时期，这个话题才重新浮出水面（当时，北方的联邦政府和南方的邦联政府均颁布了所得税法案）。1900年之前，几乎没有任何地方在没有战争刺激的情况下颁布新的所得税法。全国性的所得税曾经是一种战时应急措施。1862年6月，由于公众对以每天200万美元的速度增长的公共债务感到担忧，国会不情愿地通过了一项法律，规定所得税的累进税率最高可达10%。7月1日，林肯总统签署了该法案，使其成为法律，同时签署的还有一项惩罚一夫多妻制的法案。（第二天，纽约证券交易所的股票暴跌，这应该不是废除一夫多妻制的法案导致的。）"我为我的所得缴了税！这真是太漂亮了！我这辈子还从来没有觉得自己如此重要过。"马克·吐温在内华达州弗吉尼亚城的《企业报》上如此写道。他在 1864 年支付了自己的第一笔所得税账单——36.82 美元，其中包括 3.12 美元的滞纳金。虽然少有其他纳税人像他这样热情地大唱赞歌，这部法律还是一直施行到 1872 年。不过，后来的税率不断降低，同时法律条款也历经多次修订，其中之一是在 1865 年取消了累进税率，理由是对高收入者以 10% 税率征税，而对低收入者以较低税率征税的做法构成了对财富的歧视。从 1863 年到 1866 年，所得税的征收额从每年 200 万美元增加至每年 7 300 万美元，然后急剧下降。从 19 世纪 70 年代初开始，随后的 20 年间美国人把所得税完全丢到脑后，只在极少数情况下，一些鼓吹民粹主义的人曾提议专门设立这种税来"薅取城市富人的羊毛"。到了 1893 年，鉴于美国的税收制度已经明显过时，商人和专业人士的赋税负担过轻，克利夫兰总统提议征收所得税。这引发了尖锐的反对之声。在众议院，一位来自宾夕法尼亚州的国会议员公开表达了自己的观点，他是这么说的：

> 所得税！这种税收如此令人憎恶，以至于除非在战争时期，任何政府都不敢征收……无论在道德方面还是在物质方面，它都令人难以言喻地心生厌恶。它不属于自由国家。它是一种阶级立法……你想要奖励不诚实的人并鼓励伪证吗？征收这种税会腐化

人民。它将引来间谍和告密者，还将使我们必须养活一大群具有审问权的官僚……主席先生，通过这项法案，民主党就是签署了自己的死刑令。

引发这些指责的是一项提案，即对超过 4 000 美元的收入统一以 2% 的税率征税，该提案于 1894 年正式颁布成为法律。民主党最终活了下来，但新法律没有。它在正式实施之前惨遭最高法院否决，理由是它违反了宪法的一项规定，即除非课税收入按照人口在各州之间进行分配，否则禁止征收"直接税"（奇怪的是，对于内战时的所得税，没有人提出这一点）。因此，所得税问题再次胎死腹中，这次一停又是 15 年。1909 年发生的一件事，成为一位叫杰罗姆·海勒斯坦（Jerome Hellerstein）的税务官口中的"美国历史上最具讽刺意味的政治反转事件之一"，那就是一直顽固反对所得税的共和党提出了宪法修正案（第十六条），最终赋予国会在无须将课税收入分配给各州的情况下征税的权力，共和党人之所以这样做，只是将其作为一项政治行动，并自信地认为这一修正案永远不会得到各州的批准。令他们失望的是，该法案于 1913 年获得批准，同年晚些时候，国会颁布了个人累进税，税率从 1% 到 7% 不等，并对公司净利润征收 1% 的统一税。从那时起，所得税就一直伴随着我们。

总体来说，自 1913 年以来，所得税税率基本上保持着上升的趋势，但不时附加一些特殊条款，以帮助高收入人群规避这些税率。所得税税率的第一次大幅增长发生在第一次世界大战期间，到 1918 年，最低税率为 6%，最高税率（适用于超过 100 万美元的应税收入）为 77%，远高于任何政府之前对任何金额的收入征税的税率。但战争的结束和"回归正常"逆转了这一趋势，随之而来的是一个富人和穷人都享受低税收的时代。直到1925年，标准税率降到了最低1.5%、最高25%的水平。此外，美国绝大多数工薪阶层还享有所得税豁免额，其中单身人士豁免额为1 500美元，已婚夫妇共同享有3 500美元，同时每位被抚养人还可免税400美元。这并不是全部，因为正是在20世纪20年代，在复杂的政治角力的刺激下，特殊利益条款开始出现，并且从那时起，此类条款不时增加。1922年通过的第一个重要原则确立了资本利得优惠待遇原则。这意味着，通过投资增值而获得的钱，第一次以低于工资或服务收入的税率纳税。然后，1926年出现的一个漏洞无疑令那些无法从中获利的人更加咬牙切齿，那就是"石油折耗津贴"，该津贴允许在产油井的所有者扣减其应纳税收入，最高不超过油井年收入的27.5%，并年复一年地按照这一比例持续扣除，尽管它已经多次扣除了油井的原始成本。不管20世纪20年代对美国人民来说是不是一个黄金时代，对美国纳税人来说，这无疑是一个黄金时代。

大萧条和新政使所得税走上了税率增加和免税额降低的道路，最终导致联邦所得税进入一个真正的革命时代——第二次世界大战时期。到1936年，主要是由于公共支出大幅增加，较高收入档的所得税税率大约增加至20年代末的两倍，最高税率达到79%，而在最低档，个人的免税额也大幅降低，即使收入只有1 200美元，也需要缴纳少量所得税。（事实上，当时大多数工业工人的收入没有超过1 200美元。）1944年和1945年，个人所得税达到了历史最高水平，最低税率为23%，最高达到94%，而公司所得税税率也从1913年的1%一路上升，最高达到了 80%。但战时税收的革命性并不在于针对高收入征收高税率。事实上，在 1942 年，当税率上升趋势达到最高峰时，一种高收入纳税人可获益的全新避税手段开始出现，或者说原有的避税手段得到拓展，即所得税的资本利得条款进一步放松，将原来规定的获得资本利得优惠待遇须持有股票或其他资产 18 个月的期限缩减至 6 个月。这一变化的革命性在于，由于工业工资上涨和工薪阶层所得税税率大幅提高，工薪阶层首次成为政府收入的重要贡献者。一夜之间，所得税变成了一种大众税。

这种格局从此延续了下来。在 1945 年至 1964 年期间，尽管大中型企业所得税最终确定为 52% 的统一税率，个人所得税税率方面却没有显著变化（也就是说，个人所得税的基准税率没有显著变化，不过 1946 年至 1950 年，应税总金额可以在基准税率基础上享受 5%~17% 的临时减免）。1950 年，个人所得税税率为 20%~91%，朝鲜战争期间曾有过小幅度的增长，但 1954 年重新降至原来的水平。1950 年，又出现了另一个重要的避税手段，即所谓的"限制性股票期权"，这使得一些公司高管的部分薪酬能够按照较低的资本利得税率课税。所得税税率表中未反映出的一个重大变化延续了二战时开始的趋势，即中等收入和低收入群体的相应税收负担不断增加。尽管看起来是矛盾的，但美国所得税确实逐渐发生了转变，从按低税率向高收入群体征税，转为按高税率向中低收入群体征税。美国内战期间的征税措施只影响到 1% 的人口，显然是一种富人税，1913 年的税收也是如此。即使在 1918 年第一次世界大战导致预算最紧张的时候，1 亿多美国人中也只有不到 450 万人必须提交所得税申报表。1933 年，在大萧条最严重的时候，仅有 75 万份所得税申报表被提交。1939 年，在 1.3 亿人口中，70 万精英纳税人群体的纳税额占到所得税总收入的 9 成，而到了 1960 年，所得税收入的 9 成已经来自大约 3 200 万纳税人，超过总人口的 1/6，相应金额也达到了约 35 亿美元，远远高于 1939 年不足10 亿美元的水平。

历史学家塞利格曼曾在 1911 年写道，全世界的所得税历史基本上是"以支付能力为基础的演变"。人们不禁好奇，假如他还活着，看到后来发生在美国的一切，他会作何补充。当然，中等收入者比过去缴纳更多税款的一个原因是，这个群体的人数大大多于以往。美国社会和经济结构的变化与所得税结构的变化都是这一转变的重要因素。另一个很可能的原因是，在实践中，与后来的所得税制度相比，1913年的所得税制度更严格地依据公民的支付能力来收取税金。

- 效率、热情与批判 -

无论我们的所得税法存在什么缺陷，它无疑是世界上被遵守程度最高的税法，而且所得税现在无处不在，从东方到西方，从南极到北极。[即便是较晚成立的那几十个国家，也都实施了所得税法。正如《外国税收与贸易简报》（*Foreign Tax & Trade Briefs*）编辑沃尔特·H.戴蒙德（Walter H. Diamond）所指出的，直到 1955 年，他还可以一口气数出 20 多个不向个人征税的国家，这些国家有大有小，但到 1965年，他能列举的名单只剩下百慕大和巴哈马这两个英国殖民地，圣马力诺和安道尔等几个小共和国，三个石油丰富的中东国家——马斯喀特和阿曼苏丹国①、科威特、卡塔尔，还有两个相当不友好的国家，摩纳哥和沙特阿拉伯，它们对常驻那里的外国人征收所得税，但不对本国居民的收入征税。即使是共产党执政国家也有所得税，尽管它们只占总收入的一小部分：当时的苏联针对不同职业实行不同的税率，店主和教士处于高税收等级，艺术家和作家处于中间等级，劳动者和工匠处于最低等级。]

有大量证据表明，美国的所得税征收效率较高。例如，美国每收取 100 美元税收的行政和执法成本仅为 44 美分，而加拿大的这一成本是美国的两倍多，英国、法国和比利时的这一成本是美国的三倍多，其他一些地方更是高出许多倍。美国这种效率令外国税务人员感到绝望。1961 年 1 月至 1964 年 7 月担任美国国税局局长的莫蒂默·卡普林（Mortimer M. Caplin）在其任期即将结束时曾与 6 个西欧国家的主要税收管理人员进行过磋商，他反复被问到一个问题："你是怎么做到的？在你们那里人们喜欢纳税吗？"当然，美国人也不喜欢纳税，但正如卡普林当时所说的那样，"我们有很多东西是欧洲人没有的"。其中之一便是传统。美国所得税并不是君主以牺牲臣民为代价来填补国库的产物，而是民选政府出于为公众利益服务的考虑而设置的。一位广为人知的税务律师指出："在大多数国家，人们不可能认真讨论所得税，因为所得税并没有被认真对待。"而在美国，它们受到了认真对待，部分原因是作为美国所得税执法机构的国税局拥有强大的权力和技能。

---

① 马斯喀特和阿曼苏丹国于 1970 年 8 月改名为阿曼苏丹国（简称阿曼）。——译者注

毫无疑问，这位宾夕法尼亚州国会议员在1894年所担心的"一大群官僚"已经出现，有些人会补充说，这些官员也拥有这位议员同样担心的"审问权"。截至1965年初，国税局大约有60 000名雇员，其中包括6 000多名税务官和12 000多名税务探员，这18 000人有权调查每个人收入中的每一分钱，也有权调查在一次费用可报销的餐会上具体讨论的是什么，并可以实行严厉的惩罚，因而他们显然拥有可以合理称之为审问权的权力。但国税局除了征税之外，还开展了许多活动，其中一些活动表明，即便国税局不能说是以仁慈的方式行使其专制权力，至少也是以公平的方式。在这些活动中，值得注意的是一项庞大的纳税人教育计划，其规模之大，偶尔会使得国税局的官员不禁自傲地表示，美国国税局管理着世界上最大的大学。作为这项计划的一部分，国税局出版了几十本出版物，从各方面阐述相关法律。尤其国税局感到自豪的是，其每年发行的一本蓝色封面、名为《你的联邦所得税》的小册子（1965年可以在任何一个地区主任办公室以40美分的价格购买到）非常受欢迎，以至于它经常被私人出版商重印，以一美元或更高的价格卖给不在意价钱的人，并得意扬扬地声明这是一份官方出版物。（由于政府出版物不受版权保护，这种做法完全合法。）与此同时，国税局每年12月还面向广大"税务从业人员"（会计师和律师）举办"研讨会"，向其阐释技术问题，因为这些人不久将为个人和公司填写纳税申报表。它还推出了专门设计的基本税务手册，免费分发给任何需要这些手册的中学。根据一位国税局官员的了解，推出手册后的一年间，大约85%的美国中学确实需要这些手册。（至于学生们是否应该花时间钻研税法，国税局认为不是其应该考虑的问题。）此外，就在每年的纳税申报截止前，国税局通常会在电视上播放税务提示和提醒广告。可以自豪地说，这些内容各异的电视广告中的大多数显然都是为了帮助纳税人避免超额纳税。

1963 年秋，美国国税局在进一步提高收税效率方面又迈出了一大步。国税局的把戏堪比"小红帽"故事里的那匹狼，装出一副老祖母模样，想方设法地向公众推销一项新举措，即建立所谓的国民身份档案，包括为每个纳税人分配一个账号（通常是个人的社会保障号码），其意图是切实消除个人未能申报公司股息、银行账户或债券利息收入的问题——据信这种逃税形式每年使财政部损失数亿美元。但这并不是全部。个人需要在报税表的适当位置填入这个账号，对此卡普林局长在 1964 年报税表封面上轻快地给出了如下解释："这将确保您立即获得申报和支付税金的抵免，并且任何退税款都将立即记录为您的收益"。随后，国税局又迈出了另外一大步，它启用了一个系统，将大部分税务核查过程自动化，由 7 台地区计算机收集和整理数据，并将数据输入西弗吉尼亚州马丁斯堡的主数据处理中心。这个旨在每秒进行 25 万次数字比较的设施甚至在全面运行之前就开始被称为马丁斯堡怪兽。1965 年，有 400 万 ~500 万份报税申报表得到全面审计，并且所有申报表的数学错误都得到了检查。有些数字核实工作由计算机完成，有些由人工完成，但到了 1967 年，随着计算机系统的全面发展，所有数学相关的工作全部交由机器完成，从而使众多国税局工作人员有更多时间对申报表进行详细的审计。当然，根据 1963 年国际税务局授权的一份出版物，"（计算机）系统的容量和存储能力将有助于那些忘记了上一年退税或没有充分利用法律规定权利的纳税人"。简而言之，这会是一个好心眼儿的怪物。

如果说国税局一直在人前展现出令人细思极恐的善人形象，那么究其原因，恐怕并非有什么不可告人的阴谋，而纯粹是由于当时领导国税局的卡普林是一位开朗外向的天生的政治家，并且他的继任者也深受其影响。这位继任者是年轻的华盛顿律师谢尔顿·科恩（Sheldon S. Cohen），他在 1964 年 12 月被任命为国税局的新局长，取代了在卡普林离任后 6 个月过渡期内担任代理局长一职的国税局专业人士伯特兰·哈丁（Bertrand M. Harding）。（卡普林辞去局长一职后，至少是暂时性地退出政治舞台，回归了华盛顿的法律事务所，成为一名帮企业家打理纳税等诸多问题的专家。）卡普林被普遍视为美国历史上最优秀的国税局局长之一，至少肯定比两位前任强很多，其中一位在离开局长职位一段时间后，因逃避个人所得税而被判入狱两年，另一位随后以反对任何联邦所得税的立场竞选公职，就好像是一位前裁判在全国范围内大肆宣传反对棒球运动。

广受赞誉的莫蒂默·卡普林是一位身材矮小、快言快语、活力四射的人，在纽约市长大，曾在弗吉尼亚大学任法学教授。他在担任国税局局长期间所取得的一项成就是废除了之前被指存在的向国税局探员分摊征收配额的做法。他给国税局高层带来了一股无可挑剔的正直清风，并且也许最令人震惊的是，他还在全国上下激发了一种对纳税抽象意义上的热情，真可谓奇功一件。由此，他能够以自己的风格来收税，像是某种特定领域的"新边疆"① 政策，他称之为"新方向"。

---

① "新边疆"（New Frontier）是美国总统肯尼迪 1960 年提出的施政纲领。——译者注

"新方向"的主旨是更加重视教育，以提高自愿遵守税法的程度，而不是集中精力寻找和起诉有意逃避的罪犯。

1961 年春天，卡普林在向他的那"一大群官员"发表的一份宣言中写道："我们都应该明白，这个部门不仅仅是在行使一项直接的执法任务，通过评估增加 20 亿美元的税收，从拖欠的账户中追回 10 亿美元，并起诉数百名逃税者。它的更重要的责任是管理一个庞大的基于自我评估的税收系统，并收缴人们自愿申报和缴纳的超过 900 亿美元税款，外加 20 亿~30 亿美元直接执法活动收缴的税款。简而言之，我们不能忘记，我们总收入的 97% 来自纳税人的自我评估或自愿遵守，只有 3% 来自直接执法行动。我们的主要任务是鼓励和实现更有效的自愿遵守……所谓'新方向'，实际上是重心的转移。而这是一个非常重要的转变。"不过，"新方向"的真正精神可能更好地体现在一本名为《美国税收之道》（*The American Way in Taxation*）的书的封皮上，这本书由莉莲·多丽丝（Lillian Doris）编辑，并于 1963 年在卡普林的背书下出版（他为此书撰写了前言）。"这是有关世界上最大、最高效的税收机构——美国国税局的激动人心的故事！"这本书的护封上这样写道。"这里有惊人的事件，激烈的立法斗争，有尽忠职守的公务人员，他们在过去一个世纪给我们的国家留下了不可磨灭的印记。那场旨在取消所得税的史诗般的法律斗争会令你激动不已……国税局的未来构想会令你惊讶万分。你将看到，现在尚在计划之中的巨型计算机将如何影响税收系统，并以不同寻常的全新方式影响众多美国男女的生活！"这听上去有点像马戏团揽客人员奋力吆喝请大家来看公开处决的戏法。

新方向"自愿遵守"的口号是否可以恰如其分地描述现行税收征管制度是值得商榷的，因为在现行制度下，大约 3/4 的个人所得税通过源头扣缴的方式获得，同时国税局和它的马丁斯堡怪兽跃跃欲试，随时准备抓捕粗心大意的逃税者，而不幸被抓到的人除了面临极其严厉的经济处罚，还会面临刑罚处罚，可能会遭受最高 5 年的监禁。然而，卡普林似乎对这一点并不担心。他带着坚定不移的乐观精神走访了全国的企业家、会计师和律师组织，举办午餐会并发表演讲，赞扬这些人一直以来自愿遵守税法，叮嘱他们今后要更加努力，并向他们保证：这一切都是有道理的。卡普林在 1964 年纳税申报表封面上的署名文章中宣称，"我们仍然在努力为税务管理增添一些人性化的色彩"，据他所说，这篇文章是他与妻子合作撰写的。"我在这份工作中看到了很多幽默之处，"他在华盛顿基瓦尼斯俱乐部在五月花酒店举行的一次午餐会上发表讲话的几个小时后对来电者表示，"去年是宪法所得税修正案通过 50 周年，但不知何故，国税局却没有得到生日蛋糕。"这可以被视作一种绞刑架前的幽默，只不过论理说刽子手不应该是那个开玩笑的人。

接替卡普林的科恩局长在 1968 年仍在任职，他是一个土生土长的华盛顿人，1952 年以全班第一的成绩毕业于乔治华盛顿大学法学院，在接下来的 4 年中，他以低级职员的身份在国税局任职，此后又在华盛顿作为律师执业 7 年，最终成为著名的阿诺德、福塔斯和波特律师事务所（Arnold, Fortas & Porter）的合伙人。1964 年初，他回到国税局担任首席法律顾问，一年后，37 岁的他成为美国历史上最年轻的国税局局长。科恩一头棕色短发，目光直率，举止朴实，看起来比实际年龄还要年轻。他在首席法律顾问办公室工作期间口碑颇佳，被认为在业务实践和道德层面均提升了该办公室的水平。他负责的一项行政重组提升了决策速度，因而受到广泛赞誉。他还要求国税局在针对纳税人的案件中维持法律立场的一贯性（比如，不会在费城某个案件中在税收法的司法解释方面采取某个立场，而在奥马哈的另一个案件中在同一问题上采取相反的立场），这被认为是崇高原则战胜政府贪婪的一个胜利。总体来说，科恩在就职时表示，他打算继续卡普林的政策，强调"自愿遵守"，争取与公众纳税人建立良好的关系，或者至少不是不愉快的关系，如是等等。不过，他不像卡普林那样合群，而是更喜欢沉思，他们的这种差异也对整个国税局产生了影响。他相对而言更喜欢待在办公桌前，而把午餐会的巡回演讲留给下属。"莫蒂（卡普林）非常擅长这些，"科恩曾在1965年说道，"由于他在这方面的大力推动，现在公众对国税局的评价很高。我们希望这种高评价能够在不依靠我的情况下得以保持。实话实说，我做不来这个，我没有那个天分。"

过去经常遭到人们指责的一点是，局长办公室拥有过多权力。局长无权提议更改税率或启动其他新的税收立法。提议税率更改的权力属于财政部长，而财政部长在这样做的时候既可以征求局长的意见，也可以不这么做，而制定新的税法当然是国会和总统的职责。不过，鉴于税法必须涵盖诸多不同情况，它只能以相当笼统的术语编写，而局长全权负责（这一权力可通过司法手段撤销）制定法规，来详细阐述法律条文。有时候，这些法规本身就较为模糊，在这种情况下，还有谁比其作者，即国税局局长，更有资格来解释这些法规呢？因此，无论是在办公桌前还是在午餐会上，从局长口中说出的几乎每一个字，都会立即被各种税务出版服务机构传递给全国各地的税务会计师和律师，并被他们以极大的热情领会吸收，而其他政府官员的言论并不总是会获得这种待遇。正因为如此，一些人认为国税局局长实际上是一个暴君。不过其他一些人，包括理论和实务领域的税务专家，并不同意这种说法。纽约大学法学院法学教授兼税务顾问杰罗姆·海勒斯坦（Jerome Hellerstein）表示："国税局局长的行动自由度很大，他确实可以做一些可能影响国家经济发展以及个人和公司命运的事情。但如果他行动自由度太小，将导致税法解释的僵化和确定性，并将使像我这样的税务从业人员更容易操纵法律为客户谋取利益。局长的自由度恰恰给了他有益的不可预测性。"

当然，卡普林并没有故意滥用权力，科恩也没有这样做。在相继访问了局长办公室两任局长后，我发现他们是同类人，即智商很高，并且生活在——借用小亚瑟·施莱辛格①形容梭罗的话——高度的道德张力中。导致这种道德张力的原因并不难找到，几乎可以肯定，它来源于负责让人们遵守（无论是自愿还是非自愿）一项他们并不发自内心赞同的法律的困难。

1958年，卡普林曾以税务专家证人，而非国税局局长的身份出席众议院筹款委员会听证，他提出了一项全面的改革计划，其中包括彻底取消或大幅限制资本利得的优惠待遇，降低石油和其他矿产的消耗

---

① 小亚瑟·施莱辛格（Arthur M. Schlesinger, Jr.）是美国著名历史学家和政治评论家。曾任美国总统肯尼迪的白宫特别助理，被称为"最了解罗斯福和肯尼迪时代的人"。——译者注

率，股息和利息预扣税，以及最终起草一部全新的所得税法，以取代1954年的税法。他宣称，1954年的税法引发了"困难、复杂和避税机会"。卡普林离任后不久，详细解释了他理想中的税法是什么样的。与当时的税法相比，该税法将非常简单，消除了漏洞，也消除了大多数个人税务扣除和免税，税率范围为10%~50%。

就卡普林的情况而言，他所达到的高道德张力标准并不完全是出于理性分析。"一些批评者对所得税完全持有愤世嫉俗的观点，"在担任国税局局长期间，他在某一天沉吟道，"他们说，事实上，'这是一个烂摊子，我们对此无能为力'。对这种说法我无法苟同。的确，我们不得不做出许多妥协，而且未来还会继续妥协。但我拒绝接受失败主义的态度。我们的税收制度具有一种神秘的特质。无论从技术角度看它有多糟糕，它都仍然充满了活力，因为它得到遵守的程度非常高。"他停顿了很长一段时间，也许是在自己的论点中发现了一个缺陷，毕竟，过去的经验表明，一项法律得到普遍遵守并不一定标志着这项法律的明智或公正。然后，他继续说道："回顾过去几年，我认为我们最终将顺利地走出困境。也许某种危机会让我们开始超越自私的利益。我乐观地认为，50年后，我们会有一个相当不错的税种。"

至于科恩，在1954年的税法编写之时，他就在美国国税局的立法起草部门工作，参与了这部法典的编撰。有人可能会认为，这可能会让他对这部税法有一种私有的感觉，但显然不是这样。"请记住，当时是共和党执政，而我是民主党人，"他在1965年的一天说道，"当你起草法规时，你的身份是一名技术官员。你在之后可能产生的任何自豪感都是对技术能力的自豪。"因此，科恩在重温自己的旧作时，既不会感到得意，也不会感到懊悔，他还毫不犹豫地赞同了卡普林的观点，即这部法律会引发"困难、复杂和避税机会"。对于通过简化来找到解决问题的办法，他比卡普林更为悲观。"也许我们可以降低税率，取消一些税收减免，"他表示，"但是出于公平的考虑，我们可能会发现需要新的扣减。我猜想一个复杂的社会也许确实需要复杂的税法。如果我们制定出一部更简单的法典，几年后，它可能会再次变得复杂。"

- 漏洞 -

1811 年，法国作家、外交官约瑟夫·德·迈斯特（Joseph de Maistre）宣称："有什么样的人民，就有什么样的政府。"由于政府的主要职能是制定法律，这一说法意味着，有什么样的人民，就有什么样的法律。假如上面的理论在政府凭借武力统治的情况下充其量只能算是说对了一半，那么在政府是根据民意而存在时，这个理论似乎颇具说服力。如果说现行的美国法律中最重要的一项就是所得税法，那么根据这个理论，我们所拥有的，正是我们应得的所得税法。有关所得税法的大量讨论集中在明显违反税法的行为上，其中包括故意填报可抵扣业务费用账户、未在纳税申报表上申报应税收入，以及未在纳税申报表中申报其他事项，无论是出于欺诈目的还是另有原因，据估算这些行为每年会造成高达 250 亿美元的税款流失。此外还有国税局内部的腐败问题，一些地方当局认为这是相当普遍的现象，至少在大城市是如此。当然，这种形式的非法行为反映了人类永恒的和普遍存在的弱点。然而，法律本身也具有与特定时间和地点关系更密切的某些特征，如果德·迈斯特的理论无误，这些特征应该反映了一个国家的特征。换言之，所得税法在某种程度上应该是国家的一面镜子。那么，这面镜子照出了怎样一幅影像？

再说一遍，当时征收所得税依据的基本法律是《1954年国内税收法》，这部法典通过美国国税局颁布的无数法规不断扩展，得到无数司法裁决的阐释，并被若干国会法案修订，包括大规模减税的《1964年税收法案》。《1954年国内税收法》的长度超过了《战争与和平》，行文（或许不可避免地）充斥着令人头昏眼花、心情沮丧的行话，以一个相当典型的句子为例，这个描述"就业"一词定义的句子从第564页底部开始，包括了1 000多个单词、19个分号、42个括号、3个括号内的括号，甚至还在中间插入了一个无法解释的句号，最终在第567页顶部以一个确定无疑的句号气喘吁吁地结束。直到深入这部法典中涉及进出口税的部分（与遗产税和其他各种联邦关税一样，进出口税也在该法典管辖范围之内），读者才会遇到下面这样容易理解和令人稍感安慰的句子，如"出口人造黄油的人，应在每个装有此类物品的盒、桶或其他容器上，用不小于半英寸见方的罗马字母清楚标明'人造黄油'一词"。

然而，《1954年国内税收法》第2页上的一个条款尽管不是一个完整的句子，却如人们所希望的那样清晰和直截了当，它明确地规定了单身个人的所得税税率：应税收入不超过2 000美元时，税率为20%；应税收入超过2 000美元但不超过4 000美元时，税率为22%；以此类推，最高税率为应税收入超过200 000美元时的91%。（如我们已经看到的那样，最高个人所得税税率已经在 1964 年被下调至70%。）因此，《1954 年国内税收法》开门见山地阐明了其原则，而且从税率表来看，它也是绝对平等的，即对穷人征收相对较轻的税，对富裕的人征收适度的税，对非常富有的人征收几乎是没收财富式的高税。

但是，尽管已经众所周知，无须我再赘述，我还是想再强调一点，那就是《1954 年国内税收法》并没有很好地贯彻其原则。要证明这一点，我们只要看看当时的一些所得税统计表即可，这是一组名为"收入统计"的文件，每年由美国国税局发布。1960 年，在充分利用了所有扣除额和个人免税额，同时利用了允许已婚夫妇和户主按普遍低于单身人士的税率合并纳税的规定后，总收入为 4 000~5 000 美元的个人，最终支付的平均税单约为其正常应缴纳税款的 1/10，收入为 1 万 ~1.5 万美元的人需要支付的税单为正常应缴纳税款的 1/7，收入为 2.5 万 ~5 万美元的个人支付的税单不足应纳税款的 1/4，而收入 5 万 ~10 万美元的个人也只需要支付正常应缴纳税款的大约 1/3。到目前为止，我们可以明显地看出，个人缴纳的税款根据其支付能力不断增加，这一点与税率表的原则一致。然而，当达到最高收入阶层，即在税法最应该发挥效用的地方，这一趋势突然停止。1960 年，对于收入达到 15万 ~20 万美元、20 万 ~50 万美元、50 万 ~100 万美元以及 100 万美元以上的群体，平均每人支付的税款不到其正常应缴纳税款的 50%。如果再考虑到一个人越是富有，他的钱中就越会有很大一部分不必申报为应纳税收入（如其总收入的一半来自长期资本利得），很明显，在收入表的顶端，实际税率反而是下降的。

1961 年的收入统计数据证实了这一点，该统计数据按等级细分了实缴税款数据，它显示，尽管 7 487 名纳税人申报的收入为 20 万美元或以上，但其中只有不到 500 人按照净收入 91% 的税率纳税。自税法颁布以来，91% 的税率一直像是一剂公众镇静剂，在使得低收入阶层的每个人都为自己没有成为富人而深感幸运的同时，并未对富人造成太大伤害。而这个笑话中最有趣的一点是，事实上，有些收入比任何人都高的人缴的税比任何人都少，换言之，有些年收入超过 100 万美元的人已经成功找到完全合法的方式，根本无须缴纳任何所得税。根据收入统计，1960 年，全美国共有 306 人年收入超过 100 万美元，其中 11 人未缴纳任何所得税；1961 年，在全国 398 个年收入超过 100 万美元的人中，有 17 人未缴纳任何所得税。一个显而易见的事实是，所得税根本就不是一种累进税。

这种表象和现实之间的巨大差异导致《1954 年国内税收法》遭到广泛指责，认为其过于伪善，而之所以会出现这种差异，是由于在标准税率之外还存在着详尽的例外规定，这些例外规定隐藏在幽深的暗处，通常被称为特殊税率条款，或者用更直白的说法，称之为漏洞。（"漏洞"这个任何有良知的使用者都乐于承认的词颇有一些主观色彩，因为一个人的漏洞可能是另一个人的救生索，或者是同一个人在不同时间的救生索。）1913 年的初版所得税法明显没有漏洞。而它们如何成为法律，以及为何作为法律得以保留下来涉及了政治因素，也可能与形而上学的问题有关，但它们的实施相对简单，值得观察。到目前为止，避免缴纳所得税的最简单的方法是投资州、市、港务局和收费公路的债券，至少对拥有大量资本的人来说是这样——这些债券的利息都是免税的。鉴于当时高等级免税债券的利息为 3%~5% 不等，一个对此投资 1 000 万美元的人每年可以免税 30 万 ~50 万美元，而不会给自己或自己的税务律师带来任何麻烦。如果他实在太过愚蠢，把钱用来做普通投资，假如收益率为 5%，那么他将获得 50 万美元的应纳税收入，假设他是单身，没有其他收入，也没有任何逃税行为，那么按照 1964 年的税率，他将不得不缴纳约 36.7 万美元的税款。国家和市政债券的免税从一开始就是美国所得税法的一部分，它最初是基于宪法规定，现在则主要是出于各州和城镇需要资金的考虑。大多数财政部长都对这项豁免表示不满，但没有一位能够废除它。

《1954 年国内税收法》中最重要的特殊利益条款可能是有关资本利得的条款。美国国会联合经济委员会的工作人员在 1961 年发布的一份报告中写道："资本利得待遇已成为联邦收入结构中最令人印象深刻的漏洞之一。"这一条款的本质是，规定纳税人如果进行了资本投资（投资于房地产、公司、股票等）并至少持有 6 个月，然后获利出售，则有权以远低于普通收入的税率对其利润纳税。具体而言，资本利得税率为该纳税人正常情况下最高税率的 50% 或以较低税率为准的 25%，以二者中较小者为准。

对于任何收入处于极高税收等级的人来说，这项规定意味着什么是显而易见的：他必须找到一种方式，以资本利得的形式获得尽可能多的收入。因此，寻找方法将普通收入转化为资本利得的游戏在过去 10~20 年中变得非常流行，而在游戏中获胜往往不费吹灰之力。20世纪 60 年代中期的一个晚上，戴维·苏斯金德（David Susskind）在他的电视节目中询问 6 位千万富翁嘉宾，他们中是否有人认为税率是美国通往财富大道上的绊脚石。这个问题引发了长时间的沉默，似乎千万富翁们从未想过这个问题，然后，他们中的一个，用一种向孩子耐心解释问题的语气，提到了资本利得条款，并说他不认为税收是个大问题。于是那天晚上再没有更多关于高税率的讨论了。如果说资本利得条款因其所提供的优惠主要有利于富人而和某些债券的豁免相似，那么它在其他方面则相当不同。到目前为止，与债券豁免相比，资本利得条款这个漏洞的通融性更强。事实上，它是诸多漏洞之母，催生了其他许多漏洞。例如，有人可能会认为，纳税人先要有资本才能获得资本利得。然而，人们发现了一种方法，并于 1950 年获得通过成为法律，使其在拥有资本之前即可获得收益。这就是股票期权条款。

根据相关条款，公司可授予其高管在规定期限内（如 5 年内）的任何时间、以授予期权时的公开市场价格或接近公开市场价的价格购买其股票的权利。如果股票的市场价格涨到天际（这种情况经常发生），高管们可以行使期权，以原来的价格购买股票，并在一段时间后以新的价格在公开市场上出售，只要他们没有不适当地仓促行事，他们就可能只需要将差价部分按照资本利得税率缴税。从高管的角度来看，这一切的妙处在于，一旦股票价值大幅上涨，他的期权本身就变成了一种有价值的商品，他可以借钱来行使期权。然后，在购买股票并再次出售之后，他可以偿还债务，并从无资本投资中获得资本利得。从公司的角度来看，这一切的妙处在于，他们可以以相对较低的税率用应纳税的货币部分补偿高管。当然，偶尔碰到公司股票下跌，或者没有上涨，那么整个期权计划将毫无所获。即便如此，至少高管们能够免费参与股票市场的轮盘赌，有机会赢得高额收益，而实际上不会有遭受任何损失的风险，这是税法未曾给其他群体提供的优惠。

通过给予资本利得高于普通收入的地位，《1954 年国内税收法》似乎提出了两个极其可疑的概念，即某种非劳动收入比任何形式的劳动收入更值得褒奖，有钱进行投资的人比没有钱的人更值得褒奖。从公平角度来看几乎没有人认为资本利得的优惠待遇是合理的。考虑到公平性问题的人更倾向于同意海勒斯坦的观点，即："从社会学角度来看，有充分的理由建议，对财产价值的增值收益课以比个人服务收入更严苛的税赋。"那么，这种优惠待遇显然是基于其他考虑。举个例子，有一种经济理论支持完全免除资本利得税，其论点是，工资和投资带来的股息或利息是资本之树结出的果实，因此是应纳税收入，而资本利得则代表了树本身的成长，因此不应算作收入。这一区别实际上已经体现在一些国家的税法中，尤其是英国税法，英国原则上直到 1964 年才对资本利得征税。还有另一个纯粹务实的论点，那就是资本利得条款是鼓励人们甘冒风险进行资本投资的必要条件。（类似地，股票期权的倡导者也表示，公司需要股票期权来吸引和留住高管人才。）最后，几乎所有税务机关一致认为，尽管大多数改革者表示应该对资本利得按照与其他收入完全相同的基础征税，但这样做在技术层面将面临巨大困难。

对于富人和高薪人士等群体而言，还有很多量身定制的避税手段可供使用，例如：公司养老金计划，它与股票期权一样，有助于解决高管的税务问题；表面上出于慈善和教育目的设立的免税基金会，目前数量高达 1.5 万家的免税基金会帮助捐赠者减轻了税务负担，尽管其中一些基金会几乎不见有什么慈善和教育活动；个人控股公司，这些公司在受到相当严格监管的前提下，可以帮助通过个人服务（如写作和表演）获得极高收入的个人免除其作为资本金投入公司的那部分收入的税收负担。然而，在《1954年国内税收法》的一系列漏洞中，最令人厌恶的可能当属"石油折耗津贴"。该税法中使用的"折耗"一词指的是不可替代的自然资源的逐渐耗尽，但在石油大亨的纳税申报表中，它显然已经成为常规意义上"折旧"这个词神奇而荣耀的代名词。尽管制造商只有在某个机器设备的原始成本完全抵扣尽（即这台机器在理论上已经因磨损而一钱不值）之前，才可以将机器折旧申报税收减免，但个人或公司石油投资者出于逻辑上无法解释的原因，可以无限期地申报生产井的折耗，即使油井的原始成本已经收回了很多次。

石油折耗津贴比例为每年27.5%，最高不超过石油投资者净收入的一半（其他自然资源的津贴较少，如铀为23%、煤为10%、牡蛎和蛤蜊壳为5%），当这种津贴与其他避税手段结合使用时，其效果着实惊人。举个例子，某位石油商最近5年的净收入大约为1 433万美元，而在此期间他只缴纳了8万美元的税款，即不足净收入的0.6%。毫不意外地，折耗津贴持续遭到攻击，但同样毫不意外地，它得到了凶猛有力的辩护，辩护的力量极其强大，甚至肯尼迪总统1961年和1963年提出的税收修订建议都未敢冒险建议废除它，尽管这些修订建议总体上讲被认为是国家最高行政长官提出的最广泛的税收改革方案。人们普遍认为，折耗津贴是为了补偿石油商在投机钻探中承担的风险，从而确保国家有足够的石油供应，但许多人认为，这一观点无异于说，"折耗津贴是对石油工业必要和可取的联邦补贴"，而这种说法恰恰证明了其不应存在，因为向个别行业提供补贴显然不是所得税应承担的任务。

《1964年税收法案》虽然从实质上讲并未堵住漏洞，但它确实让漏洞变得不那么有用，因为高收入阶层基本税率的大幅降低可能导致一些高收入纳税人懒得再借助于便利性或有效性不高的手段避税。至于新法案缩小了《1954年国内税收法》的承诺与其实际效用之间的差距，实际上也是一种无心插柳式的改革。（解决所有所得税逃税问题的一种方法是废除所得税。）然而，尽管《1954年国内税收法》的表里不一自1964年以来已经有所减少，这部法典仍具备一些清晰可见并且令人不安的特征，这些特征在之后相当长的一段时间内并没有任何改变，也很难改变。其中一些涉及差旅娱乐费用抵扣的方法，规定了什么情况下允许（或不允许）自营买卖的人或是受雇但未报销业务费用的人申请税收抵扣，据估计那些年此类抵扣金额为每年50亿~100亿美元，会导致联邦收入减少10亿~20亿美元。

差旅和娱乐问题，即俗称的T&E，已经存在了很长时间，并且一直顽固地抵制着各种解决它的尝试。T&E历史上的一个关键事件发生在1930年，当时法院裁定，演员和歌曲作者乔治·科汉（George M. Cohan）以及其他任何人都有权根据合理的估计抵扣其业务费用，即使他无法提供支付该笔款项的任何证据，甚至无法提供详细的账目。这在后来被称为科汉规则，已经生效了30多年。在此期间，每年春天，成千上万的商人都会祈求它的帮助。在这几十年中，随着估算者日益变得大胆，其估算出的业务费用扣除额像藤蔓一样疯长，从而导致科汉规则和其他有关T&E的灵活处理规定受到了未来改革者的一系列攻击。1951 年和 1959 年，国会分别提出了废除绝大部分或完全废除科汉规则的法案，但均遭到否决，其中一次是由于遭到强烈抗议，称 T&E 改革将意味着肯塔基赛马节的终结，而另一次，肯尼迪总统提出了一项立法，不仅将推翻科汉规则，而且建议将一个人每天可以扣除的食品和饮料费用金额减少至 4~7 美元，从而几乎结束美国生活的可扣除时代。然而，这种根本性的社会变革并未发生。商人、酒店、餐馆和夜总会立刻发出了喧嚣的痛苦哀号，肯尼迪的许多建议很快就被放弃了。尽管如此，国会于 1962 年通过了一系列对《1954 年国内税收法》的修正案，并通过美国国税局 1963 年发布的一系列法规加以实施，从而实质上导致了科汉规则的废除。新的法规规定，总体而言此后的所有业务，无论扣除额多少，如果不能提供实际收据，都必须提供详细的记录证明。

然而，即使粗略地看一下自那时以来的法律，也会发现改革后的新差旅与娱乐抵税规则并不是十分理想，事实上，这些规则非常荒谬，且骨子里带有一种媚俗。差旅费用要想获得扣除，必须主要出于商务目的而不是为了娱乐，而且必须"离家出行"，换言之，只进行通勤是不够格的。"离家出行"的规定引发了家在哪里的问题，并导致"报税居所"的概念，即为了符合差旅扣除要求必须离开之地。不管一个商人可能拥有多少乡间房屋、狩猎小屋和分支办公室，他的"报税居所"都是指他的主要工作地点所在的一个宽泛的区域，而不仅仅是那栋特定的建筑。因此，通勤到两个不同城市工作的一对夫妇有各自的报税居所，但幸运的是，《1954 年国内税收法》仍然承认他们的婚姻关系，允许他们享受其他已婚人士可以享受的税务优惠，虽然所谓报税婚姻已经出现，但报税离婚仍然属于未来。

至于娱乐，既然国税局法规的编撰者们无法再依赖影响深远的科汉规则，他们被迫区分各种玄妙的细节，而这种区分的结果是直接鼓励了一个习惯（尽管多年以来有些人本就认为这是一种陋习），那就是不分时间、不分场合地谈生意。例如，根据规定，发生在夜总会、剧院或音乐会等场合的商务娱乐活动费用要得到扣除，必须在此之前、期间或之后进行了"实质性和真诚的商业讨论"。（众多商人在演出或音乐会期间大谈生意，那种场面简直无法想象。）另外，如果商人在"安静的商务环境"（例如没有现场表演的餐厅）款待他人，即使他们实际上没有或几乎没有讨论业务问题，只要这次会面带有商业目的，就可以要求费用扣除。一般来说，周遭环境越嘈杂、越令人困惑或分心，就必须有越多的商务讨论。这些规定特别将鸡尾酒会列入嘈杂和令人分心的类别，因此，要求在酒会之前、期间或之后进行大量的商务讨论，尽管在主人家里为商务伙伴提供的一顿饭可以在不必进行商务讨论的前提下获得扣除。然而，在后一种情况下，正如拉瑟税务研究所（J. K. Lasser Tax Institute）在其广受欢迎的指南《你的所得税》中所警告的那样，你必须"准备好证明你的动机……是商业性的，而不是社交性的"。换句话说，安全起见，无论如何都要谈生意。海勒斯坦也写道："从今往后，报税人员无疑会敦促他们的客户时时刻刻谈生意，并要求他们告诫妻子，如果想继续享受已经习惯了的优渥生活方式，就不要反对丈夫们三句话不离生意。"

1963年后的规则不鼓励进行大规模的娱乐活动，但正如拉瑟的小册子似乎略带兴奋地指出的那样，"国会没有具体制定禁止奢侈娱乐活动的法律条款"。相反，法律规定，商人可以扣除"娱乐设施"的折旧和运营费用，例如游艇、狩猎小屋、游泳池、保龄球馆，或是飞机，只要他使用这些设施一半以上的时间是出于商业目的。一本名为《1963 年费用账户》的小册子（这是商业清算出版公司定期发行的诸多税务顾问指南出版物之一）对这一规定通过以下示例进行了解释：

> 维护一艘游艇的目的是娱乐顾客。它只有 25% 的时间被用于放松……由于游艇 75% 的时间用于商业目的，即其主要是用于促进纳税人的业务发展，所以其 75% 的维护费用……为可扣除的娱乐设施费用。如果该游艇仅 40% 的时间用于业务目的，则不允许费用扣除。

对于游艇主如何衡量哪些时间属于商务时间，哪些属于娱乐时间，并没有明确规定。可想而知的是，游艇停泊在船坞，或船上只有船员的时间既不算商务时间，也不算娱乐时间，尽管你也可以争辩说，有时候船主只是看着停泊的游艇在水中轻摇也能获得乐趣。总之，可用来扣除的时间必须是游艇的主人和某些客人在游艇上共度的时间，也许对他而言，最有效的遵守法律的方式是在左舷和右舷安装两个秒表，一个在商务巡航期间计时，另一个在娱乐巡航期间计时。也许，某次幸运的顺风会让社交巡游提前一小时返航，或者一次 9 月的逆风延误了某次商务巡游的最后一段行程，从而使得本季度商务时间超过关键的 50%。游艇的主人非常可能会为这样的"及时风"而虔诚祈祷，因为他的游艇扣除额能够轻松地使他今年的税后收入翻一番。简言之，法律彻底沦为无稽之谈。

一些专家认为，T&E 法规的变化对整个社会而言是一件益事，因为许多纳税人在面对科汉规则等宽泛的条款时可能会打一些擦边球，但他们没有勇气，或没有意愿记下具体的欺诈项目。但是，在遵纪守法方面取得的成果，可能会被国民生活品质的滑坡抵消。税法中几乎没有任何部分如此强烈地迫使社交活动商业化，或者如此有针对性地惩罚业余精神，而理查德·霍夫施塔特在其著作《美国生活中的反智主义》中宣称，业余精神是共和国缔造者的特征。也许最大的危险是，通过对技术上属于商业行为但实际上属于社交的活动申报抵扣，换言之，如此严抠法律的字眼，会让一个人觉得自己的人生太掉价。有人可能会说，如果美国的缔造者们今天还活着，他们会轻蔑地拒绝将社交与商业、业余与专业混为一谈，并且会不屑于申报扣除任何费用，除非是那些最不容易搞错的费用。但是，按照现行税法，真正的问题是，他们能否负担得起如此高昂的超额税赋，或者该不该逼他们做出某个活动到底是公还是私的选择。

有人坚持认为，《1954 年国内税收法》歧视智力工作，主要证据是，尽管允许对各种可耗尽的有形资产提出折旧扣除，也允许对自然资源提出折耗扣除，但对于从事创造性工作的艺术家和发明家的智力或想象力耗尽的情况，是不属于扣除项的，尽管有时候脑力疲劳会显著影响这些人后期的工作和收入。（也有人认为，职业运动员受到了歧视，因为《1954 年国内税收法》不允许他们提出身体折旧扣除。）美国作家联盟等组织还认为，《1954 年国内税收法》对作家和其他从事创造性工作的人不公平，因为他们的工作性质及市场的经济情况在不同年份会呈现剧烈波动，因此在好年景里他们会被征收过高的税，而在坏年景里，他们的所得又过少。在《1964年税收法案》中，有一个条款旨在解决这个问题，该条款为从事创造性工作的艺术家、发明家和其他突然获得巨额收入的人提供了一个4年平均收入公式，以减轻获得意外收入年份的税收负担。

但是，就算《1954年国内税收法》是反智的，它可能只是无意为之，并且显然还前后不一致。通过授予慈善基金会免税地位，它每年帮助学术界人士获得数百万美元的资金，用来支付他们开展各种研究项目时的差旅和生活费用，而这些钱中的大部分本来应进入政府的金库。同时，通过对增值资产的馈赠做出特殊规定，它（无论是有意还是无意地）不仅有助于抬高画家和雕塑家作品的价格，还帮助数千件艺术作品从私人藏品转变为公共博物馆藏品。这个过程的机制现在已经广为人知，因此只简单概述：向博物馆捐赠艺术品的收藏家可以在其所得税申报表中扣除捐赠时作品的公允价值，并且自他购买以来，藏品的任何增值都无须缴纳资本利得税。如果升值幅度很大并且收藏家的税级很高，他实际上可能会因这项捐赠获利。这些规定不但让一些博物馆的工作人员因昂贵的艺术品蜂拥而来而忙得不亦乐乎，也让"富豪艺术品玩家"这类税前时代的老可爱们重现江湖。近些年，一些上流人士已经养成了系列收藏的习惯，几年间先是中意印象派作品，然后是中国玉石，再然后是现代美国绘画。每个周期结束时，收藏家都会捐出他的全部收藏品，而在计算了他本来应该支付的税款后，他会发现这些投资实际上没有花费他一丝一毫。

高收入人群的慈善捐赠（无论是以艺术品的形式，还是直接以金钱和其他财产的形式）成本颇低，这是《1954 年国内税收法》最奇怪的成果之一。在个人所得税申报表中，每年约有 50 亿美元的捐赠可扣除额度，到目前为止，这些捐赠中的大部分是以某种价值已升值的资产的形式出现的，并且捐赠者的收入水平都非常高。其原因可以通过一个简单的例子加以说明：如果一个人的收入适用的最高税率为20%，那么他以 1 000 美元现金形式捐赠 1 000 美元，净成本为 800 美元。一个收入适用 60% 最高税率的人如果以同样金额的现金进行捐赠，则其净成本是 400 美元。如果，这个高收入水平的人以股票形式捐赠了 1 000 美元，而其购买这些股票时花了 200 美元，则其净成本仅为200 美元。正是《1954 年国内税收法》热情鼓励大规模慈善事业，导致许多年收入百万美元的人根本无须纳税，根据其中一项最特殊的规定，任何人如果在前 10 年中有 8 年所得税和捐赠款项相加达到或超过其当年应税收入的 90%，则作为奖励，其有权在本年度无须遵守捐赠金额扣除的一般限制，并可完全无须纳税。

因此，《1954 年国内税收法》的条款常常使纯粹的财务操纵可以伪装成慈善，从而坐实了一个常见的指责，即其在道德上昏聩不堪，甚或更糟，同时这些规定还会导致其他人的头脑也一团糨糊。例如，那时大型筹款活动的宣传已经出现了令人不安的苗头，在呼吁人们多行善举之余，也开始侧重向捐赠者解释这样做可以带来的税收优惠。以一个颇具启发性的事件为例，普林斯顿大学在一次大型资本募集活动中使用了一本值得称道、内容翔实的小册子，名为《更大的节税……一种建设性的方法》。（哈佛大学、耶鲁大学和许多其他机构也都使用过内容不尽相同但很类似的小册子。）这本小册子的前言先摆出一副崇高的姿态，"领导者的责任重大，特别是在一个政治家、科学家和经济学家必须做出的决定会影响子孙后代的时代。"随后，小册子继续解释道，"这本小册子的主要目的是敦促所有潜在的捐赠者更加认真地考虑他们捐赠的方式……有许多不同的方式可以让捐赠者以相对较低的成本提供大量捐赠。潜在捐赠者了解这些机会非常重要。"在接下来的几页中，小册子阐述了用这些机会，包括捐赠增值证券、工业财产、租赁、特许权使用费、珠宝、古董、股票期权、住宅、人寿保险和耐用品以及使用信托（"信托方法功能强大"）来节税的方法。它还在某一处提出了这样的建议：增值证券的所有者可以考虑以最初购买证券的价格将其出售给普林斯顿大学，而不是实际做出捐赠。在头脑简单的人看来，这可能是一项商业交易，但小册子准确地指出，按照《1954 年国内税收法》，该证券当前的市场价值与出售给普林斯顿大学的较低价格之间的差额代表着纯粹的慈善，因此是完全可扣除的。小册子在最后一段写道："虽然我们非常强调认真进行税务规划的重要性，但我们希望您认识到，乐善好施的思想和精神并非为税务考虑的附庸。"事实上，这种提醒既不应该，也完全不需要。由于乐善好施沉甸甸的实质已被如此巧妙地减轻，乃至事实上被移除，它的精神肯定可以自由飞翔。

- 复杂的存在 -

纵观《1954 年国内税收法》，它最显著的一个特征是其复杂性，而这种复杂性引发了一些最深远的社会影响：对许多纳税人来说，如果希望合法地少纳税，他们必须寻求专业帮助，同时，由于一流的咨询建议价格昂贵且供不应求，富人相较于穷人获得了另一个优势，从而使《1954年国内税收法》在实施方面比其条款规定更加不民主。（事实上，税务咨询费用本身是可以扣除的，这意味着税务咨询也是帮助那些拥有更多的人付出更少的长长的名单中的一员。）美国国税局提供的所有免费纳税人教育和纳税人援助项目，尽管包罗万象且用心良苦，但完全无法与优质独立税务专家的有偿服务竞争，这或许仅仅是因为国税局的首要职责是收税，而拿着公共财政部门的支持，却教人们如何合理避税，这显然存在利益冲突。1960年，国税局从个人纳税中获得的总收入约有一半来自调整后总收入在9 000美元或以下的个人，这在事实上并非完全是由于《1954年国内税收法》的条款规定，还有部分原因是低收入纳税人无力承担税务咨询费用，不知道如何合法避税。

《1954年国内税收法》还带来了一个奇怪而令人不安的副作用，那就是滋生出一支庞大的税务咨询专业队伍，这些人在行业中被称为"从业者"。这支队伍的确切规模不得而知，但从下面几个数字中可以略窥一二。根据当时的统计，大约有8万人（多数为律师、会计师和国税局的前雇员）持有财政部颁发的许可证，可以正式从事税务咨询业务并作为税务顾问出现在国税局。此外，还有为数众多未获许可并且通常不符合资质要求的人为有需要者提供填报纳税申报表的收费服务，因为这项服务无需许可证，任何人都可以合法提供。至于律师这一税收咨询行业中无可争议的大富豪，或者说是无可争议的贵族，在一年的执业期间，几乎没有一个会不涉及税收相关的业务，并且有越来越多的律师专注于税收相关服务。

　　美国律师协会的税收服务部门主要由税务律师组成，有大约9 000名成员，在典型的纽约大型律师事务所中，1/5的律师将全部时间用于税收相关事务。纽约大学法学院的税务系是一只孵化税务律师的巨大母鸡，比普通法学院的整体规模还要大。人们普遍认为，从事避税服务的人才中包括了一些现有最优秀的法律人才，这无疑是国家资源的浪费，一些大牌税务律师欣然支持这种说法，他们似乎非常高兴地确认，首先，他们的心智能力确实非凡，其次，这些能力确实被浪费在琐事上。"法律具有其周期性，"其中一人解释说，"在美国，大约在1890年之前，最重要的领域是财产法，然后是公司法，现在则是各种专业领域，其中最重要的是税务领域。我完全愿意承认，我从事的工作具有有限的社会价值。毕竟，当我们谈论税法时，我们在谈论什么？充其量只是个人或公司应该公平地支付多少税费来支持政府的问题。好吧，那么我为什么要从事税收服务工作？第一，这是一个有趣的智力游戏，加上诉讼，这可能是目前法律实践中最挑战智力的一个分支。第二，虽然在某种意义上讲它是一个专业领域，但从另一角度来看它并非如此，因为它贯穿了法律的各个领域。前一天你可能是和好莱坞制片人合作，第二天你又会与一位房地产大亨合作，再过一天你的合作对象又换成了一名公司高管。第三，这是一个非常有利可图的领域。"

　　表面上是虚伪的平等主义，而实际上是系统性的寡头主义，不合情理的复杂，异想天开的歧视，逻辑上似是而非，言辞上哗众取宠，拉低慈善事业的道德水准，破坏正常交往，鼓励言必称生意，浪费人才，坚定支持有产者，是低收入者的沉重负担，艺术家和学者变化无常的朋友——如果说这面镜子照出了上述国民性，那么它自有其道理。当然，没人能想象出一部所有人都满意的所得税法，也可能没有任何一部公平的所得税法能让每个人都完全满意。路易斯·艾森斯坦在其《税收的意识形态》一书中指出："人们总是不遗余力，希望让别人替自己付钱，而税收就是这种努力过程催生出的一种不断变化的产物。"除了公然的特殊利益条款，《1954 年国内税收法》似乎是一份诚意满满的法典，最坏也只是遭到了误导，它旨在以尽可能公平的方式从空前复杂的社会中筹集前所未有的资金，促进国民经济，并推动有价值的事业不断发展。如果能够明智和认真地加以实施（就像当时一样），我们国家的所得税法很可能与世界上任何法律一样公平。

但是，先制定一项不令人满意的法律，然后再试图通过良好实施来弥补其缺陷，这显然是一个荒谬的程序。另一个更合乎逻辑的解决方案，即废除所得税，主要是由一些激进的右翼团体提出的。某些经济学家也提出废除所得税，但只是作为一种理论上的设想，而不是可实际操作的可能性，这些经济学家正在四处寻找其他创收渠道，可以替代相当一部分所得税收入。其中一个选择是增值税，即针对制造商、批发商和零售商根据他们购买和销售的商品价值之差征税。增值税的优势之一是，与企业所得税相比，它将在整个生产过程中更均匀地分配税收负担，并使政府能够更快地获得资金。包括法国和德国在内的几个国家都设有增值税，虽然只是作为所得税的补充而不是替代。但在美国，增值税与任何一种联邦税种相比，都无望在近期推出。其他减轻所得税负担的建议包括：增加须缴纳消费税的项目数量，并对其统一税率，从而实现相当于联邦销售税的税收；增加对联邦所有的桥梁和娱乐设施的使用费；颁布一项允许发行联邦彩票的法律，就像美国从殖民时代到 1895 年官方允许发行的彩票一样，后者曾资助了哈佛大学的建设、独立战争以及许多学校、桥梁、运河和道路的建设项目。但这些计划都有一个明显的缺点，那就是它们在获取收入时相对较少地考虑了支付能力，因此在可预见的未来，这些计划都不大可能实施。

理论家特别喜欢的一个方案（虽然几乎没有其他人喜欢）是一种被称作支出税的东西，支出税根据个人的年度支出总额而不是收入对个人征税。这项税收的支持者、稀缺经济学的铁杆拥护者认为，这项税收的主要优点是简单，它会产生鼓励储蓄的效果，它会比所得税更公平，因为它对人们拿出而非收入的金额征税，它还会为政府提供一个极其方便的控制工具，使国民经济保持平稳。其反对者则认为它根本就不简单，而且很容易逃避；它会使富人变得更富有，无疑也会变得更吝啬；最后，通过对支出施加惩罚，它将带来萧条。无论如何，争论的双方都承认，在美国实施这种税在政治上根本行不通。1942年，时任财政部长的小亨利·摩根索（Henry Morgenthau, Jr.）认真提议在美国征收支出税。1951 年，一位叫尼古拉斯·卡尔多（Nicholas Kaldor）的剑桥经济学家（后来曾担任国家财政部特别顾问）在英国提出了支出税，尽管这两人都没有提议废除所得税。这两人的提议几乎遭到一致否决。"支出税是一个值得考虑的好东西，"这种税的一位支持者表示，"它可以避开几乎所有的所得税陷阱。但这只是一个梦想。"在西方世界，它确实只是一个梦想，这个税种只在印度和锡兰^①得到了实施。

在没有可行替代方案的情况下，所得税似乎将继续存在，而改善税收制度的全部希望似乎只能寄托于改革。由于《1954年国内税收法》的一个主要缺陷是其复杂性，改革很可能从这里开始。1943年，摩根索部长成立了一个委员会，专门研究这一问题，自此以后，一直在定期对其进行简化，偶尔也取得了一些小的成功。例如，在肯尼迪政府时期，针对希望逐项扣除但情况相对简单的纳税人引入了简化的说明和纳税申报表格。但显然，这些只是不成气候的小规模胜利。取得更大胜利面临的一个障碍是，《1954年国内税收法》的许多复杂性之所以存在，都是出于对所有人公平的目的，因此显然无法在不牺牲公平的情况下消除。特别家庭支持条款的演变便是一个典型的例子，说明寻求公平有时会直接导致复杂性。在1948年以前，有一些州拥有共同财产法，而另一些州没有，这一事实给生活在拥有共同财产法的州的已婚夫妇带来了优势，因为只有这些夫妇被允许按照将双方总收入平分的金额纳税，即使夫妻中的一方可能收入很高，而另一方可能根本没有收入。为了纠正这种明显的不平等，《1954年国内税收法》得到修正，将收入分配权扩大到所有已婚人士。即使不考虑由此产生的对没有抚养任务的单身人士的歧视，上述对一种不公平的纠正也导致了另一种不公平的产生，而对这种不公平的纠正又导致了新的问题。在这种套娃似的把戏上演之前，法律必须考虑到那些没有结婚但仍负

---

① 1972年5月22日改称斯里兰卡共和国。——译者注

有家庭责任者的特殊问题，还有那些因为妻子要工作而必须支付在工作时间内照顾孩子的费用的问题，以及寡妇和鳏夫的问题。每一次修正都使这个法典更加复杂。

另一个是有关漏洞的问题。谈到漏洞，《1954 年国内税收法》的复杂性不是为公平服务，而是服务于其反面，而漏洞的长期存在构成了一个令人困惑的悖论：在一个理论上法律服务于多数人的制度下，公然牺牲大多数人的利益而偏袒少数人的税收条款似乎代表了民权原则遭到滥用，成为一种保护百万富翁免受歧视的计划。新税收立法需要经历一个极其曲折的过程，先是由财政部或其他部门提出原始提案，后经众议院筹款委员会、众议院、参议院财政委员会和参议院依次通过，然后再由一个会议委员会制定出参众两院的折中方案，由众议院和参议院分别重新通过，最后由总统签署法案成立，而法案在任何阶段都可能遭到否决或搁置。

然而，尽管公众有大量机会就特殊利益条款提出抗议，但公众的压力往往更倾向于支持它们而不是反对它们。菲利普·斯特恩（Philip M. Stern）在其讨论税收漏洞的《国库大劫案》（*The Great Treasury Raid*）一书中指出，在他看来，有几股力量反对税收改革措施的实施，其中包括反改革游说团体的技巧、权力和组织，政府内部支持改革的力量分散和在政治上无能，此外还有公众的漠不关心。事实上，公众对通过给国会议员致信或任何其他方式要求税收改革几乎没有表现出任何热情，而这在很大程度上可能是因为整个问题令人难以置信的技术性使得公众无法理解问题实质，并随之保持沉默。从这个意义上讲，《1954 年国内税收法》的复杂性成为其难以穿透的铠甲。因此，尽管财政部作为负责征收联邦税收的机构对税收改革有着天然的兴趣，但其常常与少数具有改革意识的立法者，如伊利诺伊州参议员保罗·道格拉斯（Paul H. Douglas）、田纳西州参议员阿尔伯特·戈尔（Albert Gore）和明尼苏达州参议员尤金·麦卡锡（Eugene J. McCarthy）一道，被置于孤立无援的境地。

乐观主义者认为，某些"危急时刻"最终将导致特别受惠的群体超越自身利益，将目光投向远方，并使国内其他群体克服消极情绪，从而使所得税之镜照出一幅比现在更美好的国家图景。他们并没有说明，就算有一天这个梦想能够成真，那一天将会在何时到来。但是，我们大致知道一些最热忱的人所希望的画面。许多改革者设想的在遥远未来的理想所得税具备如下特点：法律条文简短、税率相对较低、例外情况极少。在其主要结构特征上，这种理想的税收制度与1913年的所得税有着显著的相似之处，后者是美国首次在和平时期实施的所得税。这样看来，如果今天无法实现的愿景最终成为现实，那么所得税几乎将会回到起点。

4

一段合理的时间

- 另一种价值 -

对于证券交易者来说，内幕信息（无论是关于遥远的公共事件、潜在的生意机会，还是政治人物的健康状况）是一种有价值的商品，其价值如此之高，以至于一些评论员认为，股票交易所不但是股票交易的市场，同时也是此类信息的市场。市场赋予信息的货币价值通常可以根据信息引发的股票价格变化准确地衡量，而且信息几乎与任何其他商品一样，可以很容易地转换为货币。事实上，鉴于信息交易者像以货易货那样相互交易信息，它可以被视作一种货币。此外，对于那些足够幸运、能够掌握内幕信息的人凭借这些信息为自己谋利的行为，其正当性遭到质疑不过是近几十年才有的事。

内森·罗斯柴尔德（Nathan Rothschild）抢先得知惠灵顿在滑铁卢大胜的消息，并机智地利用了它，从而奠定了英格兰罗斯柴尔德家族的主要财富基础，这并未激起任何皇家委员会或愤怒的公众提出抗议。几乎在同一时期，在大西洋的另一边，约翰·雅各布·阿斯特（John Jacob Astor）因为先人一步得知《根特条约》将终止 1812 年战争而大赚一笔，同样没有受到非议。在内战后的时代，美国的普通投资者，依旧延习传统，顺从地接受内幕人士有利用其特有知识进行交易的权利，并满足于捡起途中可能洒落的面包屑。[老牌内幕人士丹尼尔·德鲁（Daniel Drew）甚至连这一点安慰都不施舍，他会写下具有误导性的备忘录并精心地散布到公共场所，向人们撒下有毒的面包屑。] 19 世纪大多数美国人的财富，就算不是完全建立在内幕交易的基础之上，也是通过内幕交易不断扩大的，如果这些交易在当时就被有效禁止，那么我们现在的社会和经济秩序将会有多大的不同，这虽然纯属遐想，但仍是一个令人好奇的话题。直到 1910 年，才有人公开质疑公司高管、董事和员工交易自己所在公司股票的行为是否道德；到了 20 世纪 20 年代，人们才普遍认为，允许这些人以几乎相当于作弊的方式参与市场游戏是无耻之举；直到 1934 年，国会才通过旨在恢复公平的立法。这部名为《证券交易法》的法律规定，公司内部人员应向公司上缴其通过短线交易自己所在公司股票获得的任何利润，并在 1942 年制定实施的编号为 10B-5 的规则中进一步规定，任何股票交易员不得采取任何欺诈手段，或是"对重要事实做出任何不真实的陈述，或……遗漏重要事实"。

由于遗漏重要事实恰恰是使用内幕消息的要害所在，新的法律似乎宣布了这种作弊行为是非法的，虽然法律既未禁止内幕人士购买自己公司的股票，也未没收其持股利润（前提是他们持有股票超过 6 个月）。然而在实践中，直到当时，1942 年制定的规则几乎一直被视而不见。根据《证券交易法》成立的联邦执法机构，美国证券交易委员会仅在极少情况下援引过这一规定，而且针对的案件均明显违法，即使没这一规定，单纯依据普通法也可能会遭到起诉。这种懈怠的原因很清楚。一方面，人们普遍认为，利用公司秘密获利的特权是一种必要的动力，可促使企业高管尽最大努力经营企业，同时少数权威人士冷静地辩称，内幕人士不受限制地活跃于市场中，无论多么有违公平竞争的精神，都对保持交易流的顺畅有序发挥着至关重要的作用。另一方面，也有人认为，大多数股票交易员，无论他们是否属于技术层面的内幕人士，都拥有并隐瞒了某种形式的内幕信息，或者至少人们希望或相信他们如此，因此，不加区分地应用规则 10B-5 只会导致华尔街的混乱。因此，20 年来，美国证券交易委员会基本上将这一规则束之高阁，似乎有意识地避免在最脆弱的地方打击华尔街。不过，经过几次初步的试探之后，这个规则终于以复仇的姿态冲到了前台。与之相关的诉讼是针对得州海湾硫黄公司（Texas Gulf Sulphur Company，以下简称"得州海湾"）及该公司董事和雇员共 13 人的民事诉讼。1966 年 5 月 9 日—6 月 21 日，该案在不设陪审团的情况下在弗利广场的美国联邦地方法院进行了审理，而在案件审理过程中，主审法官达德利·邦萨尔（Dudley J. Bonsal）曾温和地指出："我想我们都同意，我们现在一定程度上正在开拓新的疆土。"也许不止是开拓新的疆土，还播下了新的种子。亨利·曼恩（Henry G. Manne）在著作《内幕交易与股票市场》（*Insider Trading and Stock Market*）中表示，此案堪称整个内幕交易问题的经典呈现，并认为其判例"可能会在未来多年内决定该领域的执法"。

- 信息差始末 -

　　导致美国证券交易委员会采取行动的事件始于 1959 年 3 月，当时，全球最大的硫黄生产商，纽约市的得州海湾开始对加拿大地盾（Canadian Shield）进行航空地球物理勘测。加拿大地盾是加拿大东部一片广袤、贫瘠、令人望而却步的地区，在很久以前（但尚未久远到被遗忘），它曾经盛产黄金。不过，得州海湾航空勘测人员寻找的既不是硫黄，也不是黄金，而是硫化物，即硫与其他有用的矿物质（如锌和铜）发生化学结合的沉积物。他们希望找到这些矿物的可开采矿脉，从而实现得州海湾的业务多元化，减少对市场价格持续下滑的硫黄的依赖。在间断进行勘探的两年中，勘测飞机上的地球物理扫描仪器不时会有奇怪的表现，其指针抖动的方式表明地层中存在导电材料。测量员忠实地记录并在地图上标记了发生这些被地球物理学家称为"异常"现象的区域。最终，他们共发现了数千个"异常"区域。大家都知道，从勘测出"异常"到发现可开采的矿场有很长的路要走，因为虽然大多数硫化物都具有导电性，但也有其他许多物质是导电的，包括石墨、被称为"傻瓜的黄金"的无用黄铁矿，甚至还有水。尽管如此，得州海湾认为，勘测人员发现的数百处异常区域值得进行地面勘测，其中最值得期待的是一处在地图上标记为 Kidd-55 段的区域，那是一片面积为一平方英里的泥岩沼泽地，树木稀少，几乎没有裸露的岩石，位于安大略省蒂明斯以北约 15 英里处，而蒂明斯本身是多伦多西北约 350 英里的一个古老的金矿小镇。由于 Kidd-55 地区为私人所有，该公司的首要问题是获得其所有权，或获得足够的所有权以进行可能的地面勘探作业。对于一家大型公司来说，要在一个众所周知其正从事采矿勘探的地区获得土地显然需要极其谨慎，直到 1963 年 6 月，得州海湾才获得了允许其在 Kidd-55 东北部 1/4 区域进行钻探的选择权。同年 10 月 29 日和 30 日，得州海湾的工程师理查德·克莱顿（Richard H. Clayton）对东北地区进行了地面电磁测量，并对勘测结果感到满意。于是，一台钻机被运到现场，并于 11 月 8 日开钻第一个测试钻孔。

接下来的几天，Kidd-55 地区沉浸在不安而激动的气氛中。钻探的负责人是得州海湾一位年轻的地质学家，叫肯尼思·达克（Kenneth Darke），他喜欢抽雪茄，眼神里总是闪着一丝潇洒不羁，看起来更像一个老派寻矿人，而不是一位大公司的职员。

钻探工作持续了三天，从地层中取出了一个直径 1.25 英寸的圆柱形岩芯，这是 Kidd-55 区域地下岩石所含物质的第一个实际样本。岩芯取出后，达克从内到外一点点地对其进行了仔细研究，没有使用任何仪器，而只用眼睛，依靠的是他对各种矿藏在自然状态下的样子的认知。11 月 10 日星期日的晚上，当钻机下降到 150 英尺深时，达克打电话给自己的顶头上司，得州海湾的首席地质学家沃尔特·霍利克（Walter Holyk），后者当时正在自己位于康涅狄格州斯坦福德的家中。达克向他报告了迄今为止的发现。（他是从蒂明斯镇打的电话，因为 Kidd-55 钻井现场没有电话。）霍利克后来说，达克"很兴奋"。霍利克在听到达克的汇报后显然也很兴奋，因为他立即行动起来，并在这个星期日的晚上引发了一场扰动公司的骚动。当天晚上，霍利克打电话给他的上司理查德·莫利森（Richard D. Mollison），他是得州海湾的副总裁，住在离霍利克家不远的格林威治。然后，仍然是在当天晚上，莫利森给自己的老板，居住在拉伊的公司二号人物、执行副总裁查尔斯·福格蒂（Charles F. Fogarty）打了电话，向上汇报了达克的发现。第二天，进一步的汇报通过同一条曲折的汇报线，从达克到霍利克，再到莫利森，再到福格蒂，层层上报到公司。这些报告让霍利克、莫利森和福格蒂都决定亲自前往 Kidd-55 去看一看。

霍利克最先抵达那里。他于 11 月 12 日抵达蒂明斯镇，在本艾尔汽车旅馆登记入住，并乘吉普车和沼泽拖拉机迅速前往 Kidd-55 地区，以便能赶上钻探的完成，并帮助达克凭视觉评估和记录岩芯样本。那时候，蒂明斯在 11 月中旬本来还可以忍受的天气变得恶劣起来，事实上是"相当恶劣"，霍利克这位从麻省理工学院获得了地质学博士学位，当时已年届四旬的加拿大人事后表示："天气极其寒冷，刮着大风，预示着雨雪交加，而且……以至于我们更担心人身安全，而不是岩芯洞的细节。肯·达克在认真记录，而我则观察岩芯样本，试图估算矿物含量。"让在这种恶劣条件下户外工作雪上加霜的是，一些岩芯在钻出时，上面沾满了污垢和油脂，必须用汽油清洗，才能猜出里面的东西。尽管困难重重，霍利克还是成功地对岩芯进行了评估，并得出至少可以说令人震惊的结论。据他估计，这些总共约 600 英尺长的岩芯平均铜含量似乎达到了 1.15%，平均锌含量为 8.64%。一位拥有丰富采矿专业知识的加拿大股票经纪人后来说，如此长且含矿量如此高的岩芯"绝对超出了你的想象"。

此时，得州海湾还不能说已经找到了一个可靠的矿藏，有可能这只是一条又长又细的矿脉，储量有限，没有进行商业开采的价值，而钻头碰巧"斜插而下"，就好像一把剑恰好插进鞘中一样，直接进入矿脉。现在需要进行一次多个钻孔的组合钻探，从地面上不同的点开始，以不同角度进入地层，以确定沉积物的形状和边界。不过，在得州海湾获得 Kidd-55 剩余 3/4 区域的所有权之前，无法进行这种勘探。即便最终能够获得所有权，也需要时间，但与此同时，公司可以采取一些行动，而且它也确实这样做了。钻机被移离测试孔现场。砍下来的树苗被填埋在钻洞周围的地面上，以把这个地方恢复到自然状态。钻井队在一个预计会发现贫矿岩芯的地方大张旗鼓地钻出第二个测试孔，并如愿以偿地发现了贫矿岩芯。这些伪装措施都是那些怀疑自己已经探到矿的采矿者长期以来的惯常做法。不仅如此，得州海湾的总裁克劳德·斯蒂芬斯（Claude O. Stephens）还下达了一项命令，在除了实际勘探团队之外的任何地方，甚至包括公司内部，任何人都不得被告知勘探发现的情况。11 月下旬，岩芯被分段运往盐湖城的联合检测办公室，以对其内部物质进行科学分析。当然，与此同时，得州海湾开始谨慎地试探购买 Kidd-55 其余地块的所有权。

与此同时，还有其他事情正在发生，这些事情可能与蒂明斯北部的事件有关，也可能无关。11 月 12 日，福格蒂购买了 300 股得州海湾的股票，15 日，他又追加购买了 700 股，11 月 19 日又追加了 500 股，11 月 26 日再度追加了 200 股。克莱顿于 15 日买了 200 股公司股票，莫利森在同一天购买了 100 股，霍利克夫人在 29 日买了 50 股公司股票，12 月 10 日又买了 100 股。但事实证明，这些购买行为只是得州海湾股票受到公司一些管理层和员工，以及他们的一些亲朋好友明显青睐的先兆。12 月中旬，盐湖城发布了岩芯的分析报告，显示霍利克粗略的现场估计准确得令人惊讶，铜和锌的含量几乎和他所说的一样，外加每吨 3.94 盎司①的含银量。12 月底，达克造访了华盛顿特区及其周围地区，并在那里向他认识的一个女孩和她的母亲推荐了得州海湾的股票。这两人在审判中被确定为"信息受领者"，她们随后将这个建议传给两人，这两人理所当然地成了"次级信息受领者"。在 12 月 30 日至次年 2 月 17 日期间，达克的"信息受领者"和"次级信息受领者"总共购买了 2 100 股得州海湾的股票，此外，他们还额外购买了在经纪交易中被称为"看涨期权"的 1 500 股股份。看涨期权是指在规定期限内的任何时候，以通常接近于当前市场价格的固定价格购买规定数量的特定股票的选择权。大多数上市股票的看涨期权总是由专门从事这些股票交易的交易商出售。买方为其期权支付的金额通常相当公道。如果股票在规定的时间内上涨，上涨对他来说可以很容易地转化为几乎纯粹的利润，而如果股票保持不变或下跌，他只要像赌马的人那样撕掉没押中的彩票即可，而他的损失只是购买期权的成本。因此，看涨期权提供了股票市场上最便宜的赌博方式，也是将内幕信息转换为现金最方便的方式。

　　将视线投回到蒂明斯。由于冬天的严寒和 Kidd-55 地区的土地所有权问题，达克暂时停止了地质学家的工作，但他似乎没有耽误一点时间。次年 1 月，他与另一名非得州海湾雇员的蒂明斯人合伙成立了一家私人公司，为了他们自己的利益收购蒂明斯周围的公有土地。

---

① 　1 盎司 = 28.350 克。——编者注

2月，他告诉霍利克，一个寒冷的冬夜，在蒂明斯的一间酒吧里发生了一场谈话，他的一位熟人透露出听到传言说得州海湾在附近探到了矿，因此自己打算买一些地。霍利克惊恐万分，他后来回忆道，他告诉达克改变以前像躲避瘟疫一样躲避 Kidd-55 地区的政策，"直接进入……地区，获得我们需要的全部所有权"，同时"摆脱这个熟人，让他坐直升机离开或是用其他什么方法把他赶走"。达克表面上遵守了这个命令。此外，在1964年的前三个月，他直接购买了300股得州海湾的股票，买入了3 000多股股票的看涨期权，并在他不断增加的信息受领者名单中又增加了几个人，其中一个是他的兄弟。在同一时期，霍利克和克莱顿的购买活动有所减少，但他们确实大幅增加了他们在得州海湾的持股，而霍利克及其妻子更是使用了看涨期权，这种方法他们以前几乎从未听说过，但在得州海湾的圈子里已经相当流行。

春回大地的迹象终于开始出现，随之而来的是得州海湾土地收购计划的圆满结束。到3月27日，得州海湾已经拥有了它所需要的一切。也就是说，它对 Kidd-55 剩余三个地块拥有了明确的所有权或采矿权，但其中两个地块要提供 10% 的让利，在这两个地块中，一个地块让利权的顽固所有者是柯蒂斯出版公司（Curtis Publishing Company）。3月30日和31日，达克、他的信息受领者和次级信息受领者进行了最后一轮股票大收购（其中包括总共600股股票以及5 100股看涨期权）。随后，Kidd-55 地区仍处于冰冻状态的泥沼地上恢复了钻探，这一次霍利克和达克都在现场。新钻孔是这块土地上打下的第三个钻孔，不过由于上一年11月钻出的两个钻孔中有一个是为了混淆视线而钻的废孔，所以新钻孔实际上是第二个作业孔，它的位置距离第一个钻孔不远，并与第一个钻孔形成夹角，以推进对矿脉的圈界过程。霍利克观察并记录了岩芯取出地面的过程，由于天气寒冷，他几乎握不住铅笔。但是，看到在钻下 100 英尺后，大有希望的矿物开始出现，他的内心一定备感温暖。4 月 1 日，他通过电话向福格蒂提交了第一份进度报告。随后，在蒂明斯和 Kidd-55 之间保持着艰苦的日常通勤。钻井施工队伍一直留在现场，但地质学家为了向他们位于纽约的上司汇报进展，不得不经常前往蒂明斯打电话，由于沿途布满 7 英尺高的雪堆，小镇和钻井营地之间 15 英里的长途跋涉通常需要 3.5~4 个小时。一个接一个地，新的钻孔在"异常"区域的不同位置、以不同的角度倾斜打下。起初，由于缺少钻探必需的水，一次只能使用一台钻机；冻得坚硬的地面覆盖着一层厚厚的积雪，人们不得不费力地从距离 Kidd-55 地区约半英里的池塘中的冰下抽水。第三个钻孔于 4 月 7 日完成，第四个钻孔立即开始使用同一台钻机开始施工；第二天，缺水情况有所缓解，钻探人员启用第二台钻机开始打下第五个钻孔；两天后，即 4 月 10 日，又一台新钻机投入使用开钻新孔。总之，在 4 月上旬，钻探工作的主要负责人一直非常繁忙。事实上，在这段时间里，他们购买得州海湾看涨期权的步伐似乎陷入了停顿。

钻探工作一点一点地揭示出一个巨大矿床的轮廓：第三个钻孔确定了原来的矿脉并没有像人们担心的那样"斜插而下"，第四个钻孔确定了矿脉的深度也令人满意，如此等等。尽管确切的时点仍存在争议，但某个时候，得州海湾开始确认，它找到了一个相当大的可开采矿藏。随着这一时刻的临近，人们的关注点从钻探人员和地质学家身上转移到了内勤员工和金融家的身上，这些人后来成为美国证券交易委员会起诉的主要对象。在蒂明斯，4月8日和9日的大部分时间都下着大雪，以至于地质学家无法从镇上赶回Kidd-55地区。到了9日傍晚，经过长达7个半小时令人毛骨悚然的旅程后，他们终于成功回到营地，与他们一起前往的人正是前一天抵达蒂明斯的公司副总裁莫利森。莫利森在钻探现场停留了一晚，第二天中午左右离开，他后来解释道，他之所以在那个时间离开，是为了避免在Kidd-55与野外施工人员共进午餐，因为对于像他这样坐办公室的人来说，那里的午餐实在太"丰盛"了。但在离开之前，他指示作业队伍开始钻探矿石加工试验钻孔，即钻出相对较大的岩芯，用于确定矿物质对常规加工的适应性。通常，在确认可开采矿井存在之前，不会钻这种试验钻孔，这次的情况可能也是如此。美国证券交易委员会的两名采矿专家后来坚持认为，在莫利森发出命令时，得州海湾已经掌握了相关信息，根据这些信息，可以计算出Kidd-55地区的矿石储量毛估价值至少为2亿美元，不过，得州海湾的辩护专家对此持相反意见。

到了这时，著名的加拿大矿业小道消息网已经马力全开。现在回想起来，令人啧啧称奇的是它居然能在这么长时间里一直相对安静。[多伦多的一位经纪人在庭审中说道："我曾经见过钻探工人刚一放下该死的钻机，就以最快的速度找到一家经纪公司……（或者）他们会抄起电话打给多伦多。"在接到这样的电话后，那位经纪人接着说，在一段时间内，每个贝街（Bay Street）① 低价股贩子的地位都取决于他与

---

① 加拿大多伦多市的一条主要街道，是多伦多，乃至整个加拿大的经济金融中心。——译者注

那位幸运的钻探工的私人关系有多密切，就像赛马场的马票贩子地位高低，有时会取决于他与骑师关系的密切程度一样。] 多伦多矿业周刊《北方矿工》在 9 日报道："有消息称，得州海湾在基德镇附近密集作业。据报道，一组钻机正在工作。"就在同一天，《多伦多每日星报》宣布，蒂明斯"欣喜若狂"，并且"每个街角和每间店铺都传颂着一个神奇的词，那就是得州海湾"。得州海湾纽约总部的电话全都是疯狂的问询，但公司管理层对这些问询不置可否。10 日，公司总裁斯蒂芬斯开始对传言感到忧虑，因此向他最信任的伙伴之一，得州海湾董事会的资深成员托马斯·拉蒙特（Thomas S. Lamont）寻求建议。托马斯·拉蒙特是前摩根公司的第二代合伙人，长期在摩根保证信托公司（Morgan Guaranty Trust Company）担任各种高级职务，并一直是华尔街炙手可热的人物。斯蒂芬斯向拉蒙特讲述了蒂明斯北部的发现（这是拉蒙特第一次听说此事），并明确表示，他自己认为现有证据尚不足以令人欣喜若狂，然后询问拉蒙特认为应该对那些夸大其词的报道做些什么。拉蒙特回答说，只要进行报道的仅仅是加拿大媒体，"我认为你就可以由他们去"。不过，他补充道，如果美国的报纸开始跟进，那么公司最好向媒体发布一份声明，澄清事实，以避免股市出现不适当的波动。

第二天，即 11 日，星期六，美国报纸也开始大肆报道此事。《纽约时报》和《先驱论坛报》（*Herald Tribune*）都对得州海湾的发现进行了报道，后者在头版报道中称此次发现为"自 60 多年前加拿大发现黄金以来最大的一次矿藏发现"。在阅读了这些报道后，斯蒂芬斯通知福格蒂，应在星期一及时在报纸上发布一篇新闻稿。那个周末，福格蒂在其他几位公司管理层的帮助下拟定了一份新闻稿。与此同时，

Kidd-55 地区的情况也在继续推进。根据后来的证词，在那个星期六和星期日，随着越来越多充满铜和锌矿石的岩芯从钻孔中取出，这个矿藏的可计算价值几乎每小时都在增加。然而，福格蒂在星期五晚上之后并没有与蒂明斯进行沟通，因此他和同事在星期日下午向媒体发布的声明并不是基于最新的信息。无论是出于那个原因还是什么其他原因，这份声明并没有传达出得州海湾认为它已经发现了一个新的康斯塔克矿[①]的意思。该公司将公开报道描述为夸大和不可靠的，只承认其在"蒂明斯附近的一处地块"进行的钻探只是"初步迹象表明，需要进行更多钻探才能正确评估前景"；接着表示，"迄今为止所做的钻探工作尚无最终定论"；然后又几乎用重复的方式阐述了同一说法，补充道，"迄今为止所做的工作还不足以得出明确的结论"。

得州海湾星期一上午在报纸上表达出的想法，或者应该说其极力想要平息的想法，显然被公众所接受，因为得州海湾的股票在那一个星期的前半个星期表现得不温不火，而如果《纽约时报》和《先驱论坛报》热情洋溢的报道没有被质疑的话，公司的股票可能就大火了。得州海湾的股票在上一年 11 月的价格大概为 17~18 美元，在随后几个月中逐渐攀升至 30 美元左右。在那个星期一，该股在纽约证券交易所的开盘价为 32 美元，比星期五收盘价上涨了近两个点，随后调头向下，到当天收盘时跌至 30.875 美元，然后在接下来的两天中进一步下跌，星期三一度触及 28.875 美元的低点。显然，投资者和交易员对得州海湾星期日表现出的压抑情绪印象深刻。但同样在这三天里，

---

① 康斯塔克矿（Comstock Lode），1859 年发现于美国内华达州的高度富银的沉积矿，是内华达最早发现盛产金银的地方。——译者注

位于加拿大和纽约的得州海湾雇员却似乎有着完全不同的心情。13 日，星期一，也就是报纸刊出低调新闻稿的当天，Kidd-55 的矿石加工测试钻孔已经完成，三个常规测试钻孔的钻机仍在继续钻探，《北方矿工》的一名记者被带到现场附近，莫利森、霍利克和达克向他简要介绍了勘探结果。事后回想，他们告诉记者的内容清楚地表明，无论星期日发布的新闻稿的起草人可能相信什么，Kidd-55 地区的人在星期一已经清楚知道，他们发现了一个矿藏，而且是一个大矿。然而，在最新一期的《北方矿工》星期四早上出现在订阅者的报箱内和报摊上之前，世界并不知道这个消息，或者至少不是从公开渠道知道它。

星期二晚上，莫利森和霍利克飞往蒙特利尔，计划参加在那里举办的加拿大采矿和冶金学会（Canadian Institute of Mining and Metallurgy）年度大会，这是一次有数百名采矿业和投资界领军人物参加的大会。当莫利森和霍利克抵达正在举行会议的伊丽莎白女王酒店时，他们惊讶地发现自己受到了电影明星般的欢迎。显然，这个地方整天都流传着得州海湾大发现的传言，每个人都想成为第一个获得一手消息的人。事实上，一组电视摄像机已经就位，准备报道蒂明斯的代表可能想要发表的言论。由于莫利森和霍利克未得到授权发表任何言论，他们只得迅速转身逃离伊丽莎白女王酒店，并在蒙特利尔机场的一家汽车旅馆过夜。第二天，即 15 日，星期三，他们根据事先安排，在安大略省矿业部长及其副手的陪同下从蒙特利尔飞往多伦多。途中，他们向部长简要介绍了 Kidd-55 地区的情况，部长宣布他想尽快就此事发表公开声明，以澄清真相，然后在莫利森的帮助下，他起草了一份声明。根据莫利森保存的一份声明副本，这份声明在一定程度上表示："目前掌握的信息……使公司有信心允许我宣布，得州海湾已经发现了一个可开采的锌、铜和银矿矿体，并且公司将尽快投入开发和生产。"莫利森和霍利克被告知，部长将于当晚 11 点在多伦多通过广播和电视发表声明，因此得州海湾的好消息将在第二天早上《北方矿工》出版前几个小时公之于众。但由于未知的原因，部长那天晚上并未宣布这一消息。

在位于公园大道 200 号的得州海湾总部，同样笼罩着山雨欲来的气氛。该公司碰巧在星期四上午安排了一次董事会每月例会。就在星期一，尚未听说过 Kidd-55 地区的发现，居住在得克萨斯州休斯敦的董事弗朗西斯·科茨（Francis G.Coates）给斯蒂芬斯打电话，询问他自己是否需要出席会议。斯蒂芬斯说他应该出席，但没有解释为什么。越来越多的好消息不断从钻探现场传出，星期三的某个时候，得州海湾的管理层最终决定，立即撰写一份新的新闻稿，并在星期四上午董事会会议之后的新闻发布会上发布。

当天下午，斯蒂芬斯、福格蒂和董事会秘书戴维·克劳福德（David M. Crawford）共同撰写了这份新闻稿。此次发布的版本基于最新信息，而且其措辞令人欣慰地没有重复和模棱两可。这份新闻稿的部分内容如下："得州海湾在蒂明斯地区进行了锌、铜和银的大规模开采……现已基本完成 7 个钻孔的钻探，表明矿体至少长 800 英尺，宽 300 英尺，垂直深度超过 800 英尺。这是一个重大发现。初步数据表明，总储量超过 2 500 万吨。"这次发布的数据与三天前发布的数据有着惊人的不同，新发布的消息称"在此期间积累了相当多的数据"。没有人能否认这一点，超过 2 500 万吨的矿石储量意味着，矿石的价

值并不是一个星期前所称可以计算的两亿美元，而是这个数字的许多
倍。还是这一天，工程师克莱顿和董事会秘书克劳福德在百忙之中分
别抽时间给纽约的股票经纪人打电话购买得州海湾的股票，克莱顿买
了 200 股，克劳福德买了 300 股。克劳福德很快断定他投入得不够大，
第二天早上刚过 8 点，显然在柏丽酒店度过了一个繁忙夜晚的他再次
打电话叫醒了股票经纪人，并把他的订单增加了一倍。

- 写入法律的争议 -

星期四上午，有关蒂明斯大发现的第一条确凿消息迅速而随机地
在北美投资界传播开来。早上七八点钟，多伦多的邮递员和报摊开始
分发最新一期《北方矿工》，其中刊登了造访过 Kidd-55 地区的记者
的文章，他在文章中用大量采矿术语描述了这个发现，但并没有忘记
用任何人都能理解的语言将其称为"一次辉煌的成功勘探"和"一个
全新大型锌铜矿"。大约同一时间，更多份《北方矿工》被运往底特
律和布法罗边界以南的订阅者那里，大约有几百份在 9 点 ~10 点抵达
纽约。不过，在这份报刊正式亮相纽约之前，多伦多已经就其内容进
行了电话报道，到了 9 点 15 分左右，得州海湾的消息无疑成为纽约
证券经纪公司的热门话题。EF 赫顿公司（E. F. Hutton & Company）[1]
第六十街办事处的一位客户代表后来抱怨说，他的经纪人同事当天一
早就迫不及待地在电话里谈论得州海湾，严重妨碍了他与客户进行沟

---

[1] EF 赫顿创办于 1904 年，是美国最受尊敬的金融公司之一，几十年来一直是美国第
二大经纪公司。——译者注

通。然而，他仍然设法抢到时间给两位客户打了电话（那是一对夫妻），并利用得州海湾为他们迅速大赚一了笔，准确地说，只用不到一个小时的时间就赚到了 10 500 美元的利润。["显然我们都入错了行。"邦萨尔法官在听到这里时曾给出了这样的评论。或者正如已故的维兰德·瓦格纳 [1] 在另一个场合所说的那样："我丝毫不想隐讳。瓦尔哈拉 [2] 就是华尔街。"]当天上午，在证券交易所 10 点钟开盘之前充当交易员们早餐俱乐部的午餐俱乐部里，所有交易员都是一边吃着烤面包和鸡蛋，一边讨论着得州海湾的情况。

在公园大道 200 号，董事会会议于 9 点准时开始，董事们看到了即将向新闻界发布的最新声明，斯蒂芬斯、福格蒂、霍利克和莫利森作为勘探小组的代表，依次对蒂明斯的发现发表了看法。斯蒂芬斯还表示，安大略省矿业部长前一天晚上在多伦多公开宣布了这一消息（当然，这是一个误报，尽管是无意为之。实际上，部长几乎是在斯蒂芬斯讲话的同一时间在多伦多的安大略议会新闻厅宣布这一消息的）。董事会会议于 10 点左右结束，随后，代表包括大众和财经媒体在内的美国主流报刊的 22 名记者进入董事会会议室参加新闻发布会，得州海湾的董事们也都留在了现场。斯蒂芬斯向记者分发了新闻稿的副本，然后，按照此类活动也不知怎么就形成的一种惯例，充满仪式感地大

---

① 维兰德·瓦格纳（Wieland Wagner, 1917—1966 年），德国舞台美术家、导演。欧洲著名歌剧作家理查德·瓦格纳之孙。二战后一直负责老瓦格纳创建的贝若特节日剧院演出。该剧院系瓦格纳家族为上演瓦格纳经典歌剧《尼伯龙根的指环》而专门建造。——译者注

② 瓦尔哈拉（Valhalla），又译"英灵殿"，是北欧神话中的天堂之地，也是歌剧中众神请巨人兴建而推动故事情节发展的重要引子。——译者注

声朗读了声明。就在他忙于多此一举地照本宣科时，记者们纷纷开始离席（拉蒙特后来形容说，"他们开始三三两两地离开房间"），迅速通过电话向他们所在的媒体报告这条轰动性的重大消息。在新闻发布会后面的环节中，更多记者悄悄溜走了，这些环节包括展示蒂明斯周围乡村景色的一些无关紧要的彩色幻灯片，以及霍利克对钻孔岩芯的展示和解释。到发布会于大约 10 点 15 分结束时，会场只剩下少数记者。这当然并不意味着发布会的失败。相反，如果说哪一类活动的成功程度与其结束前离场的人数成正比的话，新闻发布会也许是唯一的一个。

在接下来的大概半个小时中，得州海湾的两位董事科茨和拉蒙特的行为引发了美国证券交易委员会诉讼中最具争议性的部分，而且，由于该争议现在已写入法律，这些行为可能至少会在未来十多年中被内幕股票交易者认真研究，来指导他们小心行事以求自救，至少是免于引发严重后果。争议的核心是行动的时机，尤其是科茨和拉蒙特采取行动与道琼斯新闻服务传播得州海湾新闻的时间差。道琼斯新闻服务是投资者耳熟能详的即时新闻工具，美国几乎所有投资办公室均配备了这项服务，而且道琼斯新闻服务的声望如此之高，以至于在某些投资圈子中，一条消息出现在道琼斯新闻服务"宽带"上的那一刻被认为是消息公开的时间。1964 年 4 月 16 日上午，道琼斯的一名记者不仅参加了得州海湾的新闻发布会，而且还提前离开，将消息通过电话通知了他的办公室。据这位记者回忆，他是在 10 点 10 分至 10 点 15 分之间打电话的，通常情况下，像他发出的这样的重大新闻，在接到电话后的两三分钟内就会在从东海岸到西海岸的各个办公室的道琼斯机器上打印出来。但事实上，得州海湾的故事完全令人费解地在间隔了

40 多分钟后，直到 10 点 54 分才开始出现。"宽带"消息神秘延迟之谜，就像矿业部长的声明神秘推迟一样，在审判中以无关紧要为由未被揭开，证据规则一个吸引人之处是其倾向于将一些事情留给想象。

得克萨斯人科茨是第一位涉案的得州海湾董事，他在当时完全没有想到，自己踏上了一段具有历史意义的旅程。在新闻发布会之前或是发布会之后不久，他走进董事会会议室附近的一间办公室，借了一部电话，给他的女婿弗雷德·哈米塞格打了一个电话，后者是休斯敦的一名股票经纪人。科茨后来说，他告诉哈米塞格得州海湾的大发现，并补充说他一直等到"消息公开宣布之后"才打的电话，因为他"年纪已大，不想在美国证券交易委员会那里惹上麻烦"。然后，他为 4 个家庭信托基金购买了 2 000 股得州海湾的股票，他是这 4 个信托基金的受托人，但其本身不是受益人。得州海湾的股票大约 20 分钟前在证券交易所以略高于 30 美元的价格开盘，交投非常活跃，但绝对不能算强力上涨，不过现在，其股价正迅速攀升。哈米塞格的行动足够快，设法在 31~31.625 美元之间为科茨买下了这些股票，这得益于他在莫名其妙被延迟的消息开始出现在"宽带"上之前，已经把订单交给了公司的场内经纪人。

拉蒙特严格遵循着华尔街交投高手的传统，并未像得州人那样匆忙行事，他的行动尽管果断，但不失优雅，甚至略带慵懒。新闻发布会结束后，他没有离开董事会会议室，而是在那里又待了大约 20 分钟，几乎什么也没做。他后来回忆道："我四处转悠……听其他人聊天，和人们谈上几句并打打招呼。"然后，在 10 点 39 分或 10 点 40 分的样子，他来到附近的办公室，给自己在摩根保证信托公司的同事和朋友朗斯特里特·辛顿打了个电话，后者是这家银行的执行副总裁兼信托部门负责人。

那一个星期的早些时候，辛顿曾问过拉蒙特，他作为得州海湾的董事是否能对媒体上出现的关于发现矿石的传言说点什么，拉蒙特回答说他不能。现在，正如他后来回忆的那样，拉蒙特告诉辛顿，"有关得州海湾的消息已经出现或是很快将出现在股票行情报道上，他会对此感兴趣"。"是好消息吗？"辛顿问道，拉蒙特回答说，"相当好"或"非常好"。（他们两人都记不清他到底用的是哪种说法，但这其实没有关系，因为纽约银行家口中的"相当好"就是指"非常好"。）但不知怎么回事，辛顿并没有听从建议查看道琼斯股票行情消息，即使一台机器就在离他办公室20英尺的地方嘀嗒作响。相反，他立即打电话给银行的交易部门，询问得州海湾股票的市场报价。在拿到价格之后，他下了一个订单，为拿骚医院的账户购买了3 000股股票（他是这家医院的财务主管）。从拉蒙特离开新闻发布会现场算起，这一切只用了不到两分钟的时间。这项命令已经从银行传送到证券交易所并得到执行，拿骚医院买到了得州海湾的股票，而如果辛顿真的看道琼斯"宽带"消息的话，这时他还看不到得州海湾的任何消息。当然，他也并没有查看新闻，他正忙于其他事。在下过拿骚医院的订单后，他去了负责养老金信托的摩根信用担保人员的办公室，建议他为信托购买一些得州海湾股票。

在得州海湾的公告开始出现在"宽带"之前不到半个小时的时间里，该银行为其养老基金和利润分享账户下单购买了7 000股股票，其中2 000股是在公告出现之时或之后几分钟内下的单。一个多小时后，在下午 12 点 33 分，拉蒙特为自己和家人购买了 3 000 股股票，这时他不得不按照每股 34.5 美元的价格支付，因为得州海湾的股价肯定已经开始起飞了。该股的涨势持续了数日、数个月，乃至数年。在当天下午收盘时，其股价达到 36.375 美元，当月晚些时候，其股价达到 58.375 美元的高点。1966 年底，Kidd-55 矿终于开始商业化生产矿石，预计这座巨大的新矿将占加拿大铜年总产量的 1/10，锌年总生产量的 1/4，那时，这只股票的价格已经超过了 100 美元。这意味着，任何在 1963 年 11 月 12 日至 1964 年 4 月 16 日上午（甚至午餐时间）之间购买了得州海湾股票的人，都至少赚了三倍。

也许，得州海湾一案中最引人注目的部分（除了这件事真的上了法庭），是站在邦萨尔法官面前的被告如此个性鲜明、千差万别。他们中包括像克莱顿这样狂热的探矿者（一个如假包换的威尔士人，拥有卡迪夫大学的采矿专业学位），以及像福格蒂和斯蒂芬斯这样精力充沛、公务缠身的公司大佬，还有像科茨这样独断专行的得州佬，以及拉蒙特这样精明的金融精英。（达克在 1964 年 4 月之后不久离开了得州海湾，成为一名私人投资者，这既可能表明，也可能不表明他已经在经济上实现了自给自足，他以自己拥有加拿大国籍，因此无须听从美国法院传唤为由拒绝出庭，美国证券交易委员会对这一拒绝表现得极度痛心。不过辩方律师轻蔑地表示，他们坚持认为美国证券交易委员会很高兴达克缺席审判，因为这使得原告可以将他描绘成躲在翅膀下面的梅菲斯托费勒斯[1]。）

① 梅菲斯托费勒斯（Mephistopheles）简称靡菲斯特，是中世纪魔法师之神，在歌德著名的作品《浮士德》中，他是魔鬼的化身，与德国博士浮士德订约，引诱其将灵魂出卖给魔鬼。——译者注

美国证券交易委员会在其律师小弗兰克·肯纳默宣布其意图"揭露并鞭挞这些被告的不当行为"后，要求法院发布永久禁令，禁止福格蒂、莫利森、克莱顿、霍利克、达克、克劳福德以及其他在1963年11月8日至1964年4月15日期间购买了得州海湾股票或股票期权的公司内部人士不得再"做出任何……在证券购买或销售方面对任何人进行欺诈或欺骗的行为"。此外，作为一个前所未有的突破，他还要求法院命令被告向他们涉嫌借助内幕信息，以欺诈手段从其手中购买了股票或期权的人进行赔偿。美国证券交易委员会还指控，4月12日发布的论调悲观的新闻稿存在故意欺骗行为，并要求禁止得州海湾"对重要事实做出任何不真实的陈述或遗漏重要事实"。除了公司信誉受损，问题的关键点在于这样一个事实，即如果诉讼请求被批准，任何股东如果在第一次新闻发布和第二次新闻发布期间向任何人出售了得州海湾的股票，那么他们很可能会对该公司采取法律行动，考虑到在此期间易手的公司股票高达数百万股，这确实是症结所在。

除了法律细节，律师对早期内幕股票购买的辩护主要基于以下论点，即11月的第一个钻孔所提供的信息并不足以支撑确定的可开采矿井的前景，而只是意味着一个可能获得成功的机会。为了支持这一论点，辩方律师在法官面前找来一大群采矿专家证人，他们做证说，第一个钻孔的结论经常被推翻是众所周知的事情，一些目击者甚至表示，这个钻孔到了最后很可能不是得州海湾的资产，而是负债。那些在冬天购买股票或期权的人坚持认为，钻探行动与他们的购买决定之间几乎没有关系，或者根本没有关系，他们单纯是觉得总体而言得州海湾在当时是一项良好的投资，克莱顿则把他突然大笔投资公司股票的行为归结于他刚刚娶了一位富裕的妻子。美国证券交易委员会用自己的专家队伍进行了反驳，坚持认为第一个钻孔的性质使得富矿存在具有压倒性的可能性，因此那些知情者掌握了一个重要的事实。

正如美国证券交易委员会在一份庭审后的辩护状中尖锐指出的："被告在明确得知存在矿藏之前可以自由购买股票的论点无异于说，在明知一匹马已经非法注射了兴奋剂的情况下押注于它并无不公平之处，因为这匹马在最后一段比赛中存在着摔死的可能性。"辩方律师拒绝就这一有关赛马的类比展开辩论。至于 4 月 12 日发布的悲观论调的消息，证券交易委员会充分论证，尽管当时 Kidd-55 地区、蒂明斯和纽约之间的沟通相对顺畅，但该新闻稿的主要起草人福格蒂却以发布前将近 48 小时的信息为基础撰写稿件，并表示："对他这种奇怪行为最宽容的解释是，福格蒂博士根本就不在乎他是否基于陈旧的信息向得州海湾的股东和公众发表了令人沮丧的声明。"辩方律师则绕开信息陈旧的问题，辩称该声明"准确地说明了斯蒂芬斯、福格蒂、莫利森、霍利克和克莱顿认为的钻井状况"，同时"所提出的问题显然是一个判断问题"，而该公司一直处于一个特别困难和敏感的位置，如果它真的发布了一份过分乐观的报告，但后来又证明这份报告是基于虚假的希望，它同样也可能因此被指控欺诈。

在对从第一个钻孔获得的信息是否属于"实质性"这一关键问题进行了仔细权衡之后，邦萨尔法官得出结论，在这种情况下，对于"实质性"必须给出保守的定义。他指出，这涉及一个公共政策问题："在我们的自由企业制度下，鼓励包括董事、高管和员工在内的内部人士持有公司证券非常重要。股权激励对于公司和股东都有好处。"

而依照保守的定义，他认为，在 4 月 9 日晚上，三个汇合的钻孔从三个维度确定矿床的确存在之前，不能认定公司掌握了实质性信息，内幕人士在那一天之前购买得州海湾股票的决定，即使是基于钻探结果，也完全符合赌运气以及合法的"合理猜想"。（一位并不认同法官判决的报纸专栏作家评论道，这些猜想如此有理有据，足以获得学术上的最高荣誉奖。）

在达克一案中，法官发现，他的信息受领者及次级信息受领者之所以在 3 月最后几天购买大量股票，很可能是因为收到了达克的消息，得知 Kidd-55 地区的钻探即将恢复。但即使在这种情况下，根据邦萨尔法官的逻辑，实质性信息仍然不存在，因此既不能据此采取行动，也不能传递给其他人。因此，针对在 4 月 9 日晚上之前基于"合理猜想"购买股票或看涨期权，或是向信息受领者提出建议的人提起的诉讼全部被驳回。对于极不明智地在 4 月 15 日购买或订购了股票的克莱顿和克劳福德来说，则是另一回事。法官没有发现任何证据表明他们有意欺骗或欺诈任何人，但他们在购买时完全知道已经找到了一个大矿，并且第二天就要宣布这一消息，简而言之，他们掌握了实质性的内幕信息。因此，他们的行为违反了 10B-5 规则，他们可能将在一定期限内被禁止再这样做，并被要求向他们 4 月 15 日所购股票的原主人赔偿，当然，前提是这些人可以被找到，因为证券交易所交易的复杂性使得要准确地找出在任何特定交易中的交易对手并不总是一件容易的事。我们这个时代的法律总是不切实际地充满人情味儿，或许这一点应该尽可能地保持下去。在法律眼中，公司是人，证券交易所是路边小摊，买卖双方面对面讨价还价，也没有计算机什么事儿。

　　至于 4 月 12 日的新闻稿，事后看起来，法官认为它"过分悲观"和"不完整"，但法官也承认，其目的是纠正此前出现的夸大性的传言，因而判定，证券交易委员会不能证明它是虚假、误导性或欺骗性的。因此，法官驳回了得州海湾试图迷惑股东和公众的诉讼。

- 华尔街的"第一次"-

　　到那时为止，美国证券交易委员会在输掉一系列诉讼的同时，赢得了两场胜利，采矿者放下钻头后第一时间赶往经纪公司的权利似乎在很大程度上仍然神圣不可侵犯，至少在下面的前提下是成立的，即这只是一系列钻孔中的第一个。不过，抛开大型矿山勘探开采集团的内部人员不提，在本案所有争议中，对于股东、股票交易商和国民经济影响最大的一个问题仍然没有得到解决。这便是科茨和拉蒙特在 4 月 16 日的行为，其涉及的关键问题是，从法律的角度，一条信息何时不再属于内幕信息而成为公开信息。这个问题以前从未经受过如此严格的考验，因此得州海湾案件的结果将立即成为这个问题的法律判决依据，直到它被一些更完善的案件所取代。

　　美国证券交易委员会的基本立场是，科茨购买股票的行为，以及拉蒙特通过电话向辛顿隐晦提示的行为，都是非法使用内幕信息，因为这些行为都发生在道琼斯"宽带"发布矿藏发现的消息之前，美国证券交易委员会律师一直称道琼斯"宽带"发布的消息为"官方"消息，但这只是一种约定俗成，实际上并没有任何权威机构给予道琼斯服务公司官方地位，尽管后者非常乐意获得这样的待遇。美国证券交易委员会并未止步于此。它主张，即使这两位董事的电话是在"官方"公告发布之后打出的，除非又过了足够时间，让无权出席新闻发布会，甚至无法及时收看"宽带"消息的投资公众得以完全消化这一消息，否则他们的电话仍是不恰当和非法的。

辩方律师的看法则完全不同。在他看来，无论其客户是在"宽带"消息发布之前或之后采取的行动，他们的行为都不应受到谴责，客户在这两种情况下都是无辜的。律师们辩称，首先科茨和拉蒙特有充分理由相信这条消息已经公布，因为斯蒂芬斯在董事会会议上表示，安大略省矿业部长已经于前一天晚上公布了这条消息，因此科茨和拉蒙特的行为是真诚的。其次，律师接着说，考虑到经纪办公室的躁动和证券交易所早盘的兴奋，无论出于何种意图和目的，消息已经通过口口相传和《北方矿工》的报道传播了出去，远远早于它出现在股票行情消息中，或在所涉及的电话之前。拉蒙特的律师辩称，不管怎么说，他的委托人并没有建议辛顿购买得州海湾的股票，他只是建议对方看一下"宽带"消息，而对于看"宽带"消息这种行为，建议去做与实际去做是一样无辜的，更何况辛顿当时所做的一切都是自觉自愿的，而不是听从了拉蒙特的建议。总之，控辩双方律师就是否违反了规则和是否适用规则这两方面均无法达成一致。事实上，辩方的论点之一是，美国证券交易委员会正在要求法院制定一个新规则，然后追溯适用，而原告坚持认为，其只是要求本着昆斯伯里侯爵[①]的精神，广泛适用原有的 10B-5 规则。在审判接近尾声时，拉蒙特的律师

[①] 昆斯伯里侯爵（Marquis of Queensberry）为拳击规则的制定者，其制定的"昆斯伯里规则"是拳击比赛普遍遵循的规则。——译者注

们使出浑身解数，展示了一件出人意料的物品，并在法庭上引起轰动，这是一幅精美的大幅美国地图，上面点缀着蓝色、红色、绿色、金色和银色的小旗子，律师们宣称，每一面彩旗都代表着在拉蒙特采取行动或是"宽带"消息发出前，得州海湾的新闻已经传播到的地方。经过询问得知，除了8面旗子外，其余小旗均代表美林-皮尔斯-芬纳-史密斯经纪公司的办公室，因为该公司的办公室间电报系统于10点29分播出了这一消息。不过，虽然真相大白，消息的传播仅限于一个极小的圈子，因而可能减轻了这幅地图的法律效力，但这显然并没有减轻法官的审美印象。"那不是很漂亮吗？"法官喊道，正当美国证券交易委员会的人懊恼不已时，一位自豪的辩护律师注意到地图上有几个被忽视的位置，并指出应该有更多的旗帜，邦萨尔法官面带微笑摇摇头说，他担心没办法再增加小旗子了，因为所有已知的颜色似乎都已经在上面了。

拉蒙特严谨地等到12点33分，即他给辛顿打完电话将近两个小时后，才为自己和家人购买了股票，但美国证券交易委员会不为所动，在这一点上，美国证券交易委员会采取了在本案中最激进的立场，它要求法官做出的裁决好像是以最大无畏的姿态迈入未来的法律丛林。美国证券交易委员会在辩护状中陈述了其立场："委员会的立场是，即使公司信息已经在新闻媒体上公布，内部人士仍有义务避免证券交易，直到经过一段合理的时间，证券行业、股东和投资公众可以评估形势发展并做出明智的投资决策……内部人士至少要等到信息可能传达到关注市场的普通投资者，并且其有机会加以考虑。"美国证券交易委员会认为，在得州海湾一案中，"宽带"消息发出后仅过了

1 小时 39 分钟，不足以进行上述评估，这一点可以从那时得州海湾股票价格尚未开始大幅上涨的事实加以证明，因此，拉蒙特在 12 点 33 分购买股票的行为违反了《证券交易法》。

那么，美国证券交易委员会认为"一段合理的时间"是什么？根据内幕消息的性质，美国证券交易委员会的律师肯纳默在总结中表示，其将"因案件而异"。例如，削减股息的消息可能会在很短的时间内渗透到最迟钝的投资者的大脑中，而像得州海湾那样不寻常和深奥的消息可能需要几天甚至更长的时间。肯纳默说："制定一套适用于所有此类情况的严格规则是一项几乎不可能完成的任务。"因此，根据美国证券交易委员会的规范，唯一能明确内幕人士在购买公司股票之前是否等待了足够长时间的方法，就是他被强行带上法庭，看看法官会做出什么裁决。

拉蒙特的律师团队，在哈扎德·吉莱斯皮（S. Hazard Gillespie）的领导下，铆足劲头抓住这一立场大做文章，狂热程度不亚于他们绘制那幅美国地图，虽然这次没有那么欢乐。吉莱斯皮辩称，首先，美国证券交易委员会认为科茨打给哈米塞格，以及拉蒙特打给辛顿的电话是不恰当的，因为它们是在"宽带"消息发表之前打出的。然后，委员会又表示，拉蒙特后来的股票购买行为也是不恰当的，因为那虽然是在消息公布之后进行的，但间隔时间不够长。如果这些明显相反的行为都是欺诈，那么什么是正确的行为？美国证券交易委员会似乎希望在形势发展过程中制定规则，或者更确切地说，希望由法院来制定规则。吉莱斯皮对这种做法给出了更正式的说法，即美国证券交易委员会"要求法院制定……一项司法规则，并加以追溯适用，以裁定拉蒙特先生因为其有充分理由认定完全正确的行为而犯有欺诈罪"。

邦萨尔法官同意，这个论点站不住脚，就这一点而言，美国证券交易委员会关于"宽带"消息发布的时间是新闻公开时间的论点也同样站不住脚。他采用了更狭义的观点，即根据司法判例，决定性的时刻是新闻稿宣读并交给记者的那一刻，尽管在此后一段时间内几乎没有任何局外人，换言之，几乎没有任何人知道这件事。邦萨尔法官显然对这一裁决的潜在影响感到不安，他补充道："正如委员会所认为的那样，可能应该制定一项更有效的规则，以阻止内部人员在信息已经公布、但尚未被公众接收到之前，基于该信息采取行动。"但他并不认为应该由他来制定这样一项规则，同时也不认为应该由他来决定拉蒙特在 12 点 33 分买入订单之前是否等待了足够长的时间。他说，如果让法官来做这样的决定，"这只会导致不确定性。一个案件的裁决无法控制另一个事实不同的案件。没有内幕人士能够知道他是否等待了足够长的时间……如果要明确等待的时间，由委员会来做这件事可能是最恰当的"。没有人甘当那只给猫系铃的老鼠[①]，因此针对科茨和拉蒙特的诉讼被驳回。

美国证券交易委员会对所有被驳回的诉讼提出了上诉，同时仅有的两位被裁决违反了《证券交易法》的被告——克莱顿和克劳福德也对他们的判决提出上诉。在上诉辩护状中，委员会仔细复核了证据，

---

① 指为了大家的利益而自身甘冒风险。出自寓言故事：一窝老鼠因为怕猫，想出了一个好办法，那就是在猫的脖子上系一个铃铛。这样铃铛一响，它们就知道猫来了。大家都觉得这是个好主意，但是有一只老鼠说："这个想法是好，但是谁去给猫系上铃铛呢？"——译者注

并向巡回法院提出，邦萨尔法官对证据的解释有误，而克莱顿和克劳福德的辩护状则聚焦在对他们不利的裁决中隐含的原则可能产生的有害影响。例如，该原则或许意味着，每一位尽其所能查出某家公司鲜为人知的事实，并据此向客户推荐该公司股票的受薪证券分析师，都可能会被判定为不当提供内幕信息的内幕人士，而其之所以犯罪，恰恰是因为他的勤勉。难道这个原则不会"扼杀公司员工对公司的投资，并阻碍公司信息向投资者流动"？

　　也许事实确实如此。但不管怎么说，1968 年 8 月，美国第二巡回上诉法院做出了一项裁决，几乎断然推翻了邦萨尔法官的所有裁决，只是确认了其对克劳福德和克莱顿的裁决。上诉法院裁定，11 月最初的钻孔提供了有关有价值矿床的实质性证据，因此，福格蒂、莫利森、达克、霍利克以及其他在冬季购买得州海湾股票或股票看涨期权的内幕人士全部违反了法律，4 月 12 日论调悲观的新闻稿模棱两可，存在误导性，科茨在 4 月 16 日记者招待会之后的下单属于非法抢跑行为。只有拉蒙特（他在下级法院判决后不久去世，因此诉讼已被撤销）和得州海湾的办公室经理约翰·默里（John Murray）无罪。

　　这一裁决是美国证券交易委员会著名的一次胜利，而华尔街的第一反应是大声疾呼，称这将导致彻底的混乱。在向最高法院提出进一步上诉之前，这至少会引发一次饶有趣味的实验。在世界历史上第一次，华尔街必须努力在不借助作弊的情况下参与股票交易。

施乐崛起记

- 市场态度的逆转 -

18 87 年，芝加哥的 AB 迪克公司（A. B. Dick Company）将原始的油印机，即第一台可实际用于办公室的机械式书面文件复制机推向市场，但当时它并没有在全国引起轰动。相反，迪克先生（他曾是一位伐木工人，因为不想再手工抄写价目表而试图自己发明复制机，并最终从油印机的发明者托马斯·阿尔瓦·爱迪生手中购得了生产这种设备的权利）发现自己面临着一个可怕的营销问题。他的孙子，时任 AB 迪克公司副总裁的小马修斯·迪克（C. Matthews Dick, Jr.）表示："人们并不希望复制很多份办公室文件。"迪克公司在当时已经生产出一系列办公用复印机和复制机，其中包括油印机。"总体来说，这种机器的最初使用者是非商业组织，如教堂、学校和童子军。为了吸引公司和专业人员，他的祖父和同事不得不花大量时间进行宣传推广。用机器复制办公文件是一种令人不安的全新想法，它打破了长期以来的办公模式。毕竟，在1887年，打字机才刚刚面世十几年，还没有推广使用，复写纸也同样尚未推广。如果某位商人或律师想要某一份文件的5份副本，他会让一个职员手工抄写5份。人们会对祖父说：'为什么我要把这个文件或是那个文件的副本摆得到处都是？这只会让办公室变得乱七八糟，吸引窥探的目光，并浪费上好的纸张。'"

另外，老迪克先生可能还面临另一种麻烦，即几个世纪以来制作图形材料复制品的概念总体而言所带有的负面含义，通过英文"复制"一词的多个名词和动词用法，便一望可知。《牛津英语词典》清楚地指出，几个世纪以来，"复制"这个词隐含了欺骗的意思。事实上，从16世纪后期到维多利亚时代，"复制品"和"赝品"几乎是同义词。[到17世纪中叶，"copy"一词中世纪的名词用法中所包含的"丰富"或"富饶"这一褒义性含义已经逐渐淡化，只保留了其形容词形式"copious"（丰富的）。]拉罗什富科（La Rochefoucauld）[1]在他1665年的《道德箴言录》（*Maxims*）中写道："只有那些表现出劣质原件缺陷的复制品才能称为好的复制品。"拉斯金[2]在1857年教条地宣称，"永远不要购买画作的复制品"，他之所以发出如此警告，不是因为反对欺骗，而是为了对抗低俗。复制书面文件的行为还经常受到怀疑。约

---

[1] 17世纪法国著名箴言作家。——译者注

[2] 指约翰·拉斯金（John Ruskin，1819年2月8日—1900年1月20日），英国维多利亚时代主要的艺术评论家之一、英国艺术与工艺美术运动的发起人之一，他还是艺术赞助家、制图师、水彩画家，杰出的社会思想家及慈善家。——译者注

翰·洛克[①]在 1690 年写道："虽然某项记录经过验证的副本可以作为良好的证据，但副本的副本从未得到过充分验证……不能作为司法证据获得承认。"大约在同一时间，印刷业的发展催生了"草稿"（foul copy）这种带有暗示性的表达，另外，维多利亚时代还有一个颇受欢迎的习惯，那就是称一件物品或一个人只不过是另一个的"低劣复制品"（pale copy）。

　　上述态度在 20 世纪发生了逆转，主要原因无疑是工业化进程加快所带来的实际需要。不管怎么说，办公文件复制市场开始迅速增长。（这一增长与电话的兴起同时出现，这似乎有些矛盾，但也可能并非如此。所有证据均表明，人与人之间的沟通，无论通过何种方式进行，都远不会止于实现沟通之目的，而是会带来更多的需求。）1890 年后，打字机和复写纸开始普遍使用，1900 年后不久，油印成为一种标准的办公程序。1903 年，AB 迪克公司已经可以自豪地吹嘘："如果没有爱迪生油印机，办公室就不能算完整。"到那时，已经有大约 15 万台设备投入使用；到 1910 年，投入使用的设备可能已经达到 20 多万台；到 1940 年，数量达到将近 50 万台。

　　20 世纪三四十年代，胶印机开始成功地用于办公，并成为多数大型办公室的标准设备，胶印机的输出效果比油印更胜一筹，成为油印机的强大竞争对手。然而，与油印机一样，在使用胶印机复印之前必须先准备好一个特殊的母版页，这是一个相对昂贵和耗时的过程，因此只有在需要大量复印时，胶印机才具有经济效益。在办公设备术

---

① 约翰·洛克（John Locke，1632 年 8 月 29 日—1704 年 10 月 28 日），著名英国哲学家，最具影响力的启蒙哲学家之一，并被广泛形容为自由主义之父。——译者注

语中，胶印机和油印机都是"复制机"（duplicator），而不是"复印机"（copier）。"复制"和"复印"之间一般以一二十份副本为界加以区分，而高效经济的复印机的开发技术显著滞后。1910年前后，各种不需要制作母版页的影印设备开始出现，其中最著名的是直接影印机（photostat），它现在仍然是最为人所知的影印设备，但由于成本高、速度慢、操作困难，其用途在很大程度上仅限于复制建筑和工程图纸以及法律文件。一直到1950年，制作商业信函或打字稿副本的唯一实用机器仍然是压纸卷筒上夹有复写纸的打字机。

20世纪50年代，机械化办公用途复印设备开始发展。在很短的时间内，市场上突然出现了一批设备，能够在不使用母版页的情况下复制大多数办公文件，每份成本仅为几美分，每份复本的耗时仅为一分钟或更少。这些设备的技术各异：明尼苏达矿业及机器制造公司[①]于1950年推出的Thermo-Fax使用了热敏复印纸；美国图片复制公司（American Photocopy）的Dial-A-Matic Autostat（1952年）采用了基于对普通摄影改进的一种技术；伊士曼柯达公司的Verifax（1953年）使用了一种被称为染料转移的方法；如此，不一而足。但与迪克先生的油印机不同，这些产品几乎都立即找到了现成的市场，这部分是由于这些产品满足了真实的需求，但现在回看，似乎可以清楚地发现，其中也有部分原因是这些产品及其功能对用户产生了强大的心理吸引力。

---

① 明尼苏达矿业及机器制造公司即3M公司。——译者注

- 巨大商业成功 -

种种迹象显示，在一个永远被社会学家描述为"大众化"的社会中，将"独一无二"的东西变成众多"一模一样"的东西正在演变成一种实实在在的冲动。然而，这些早期复印机都存在严重而令人沮丧的固有缺陷，例如，Autostat 和 Verifax 很难操作，只能制作出需要干燥的潮湿复印件，而 Thermo-Fax 复印件在受热过多时会变暗，而且这三种复印机都只能在制造商提供的经过特殊处理的纸张上复印。冲动要想发展成狂热，需要技术上的突破，而这一突破在十年之交出现了。当时出现了一种采用全新原理工作的机器，这种技术就是静电复印，它能够在最不费力的情况下，在普通纸张上复印出干燥、高质量、永久的副本，效果立竿见影。主要得益于静电复印技术，美国每年制作的复印件（而非复制件）的数量从 20 世纪 50 年代中期的约 2 000 万份增至 1964 年的 95 亿份，1966 年增至 140 亿份，更不用说欧洲、亚洲和拉丁美洲同样产出了数十亿份的复印件。不仅如此，教育工作者对印刷教科书的态度和商人对书面交流的态度都发生了明显的变化，前卫的哲学家将静电复印术视为一场革命，其重要性可与车轮的发明相提并论，投币式复印机开始出现在糖果店和美容院。这种狂潮开始蔓延，虽然它不像 17 世纪荷兰的郁金香狂热那样立即引起巨大混乱，但注定会带来深远的影响。

取得这一重大突破的公司，便是纽约州罗切斯特市的施乐公司，每年数十亿份复印件中的绝大部分正是出自该公司生产的机器。因此，施乐成为 20 世纪 60 年代最引人注目的巨大商业成功。1959 年，这家当时名为哈洛伊德-施乐（Haloid Xerox, Inc.）的公司推出了第一台自动静电办公复印机，当年的销售额为 3 300 万美元。1961 年，销售额达到了 6 600 万美元，1963 年是 1.76 亿美元，1966 年达到 5 亿多美元。正如该公司首席执行官约瑟夫·威尔逊（Joseph C. Wilson）指出的那样，这种增长速度如果维持几十年（这么一件皆大欢喜的好事当然不可能发生），施乐的销售额将超过美国的国民生产总值。1961 年，施乐还不在《财富》杂志评选的美国工业 500 强榜单之列，到 1964 年，它已升至第 227 位，1967 年，它进一步攀升至第 126 位。《财富》杂志的排名是基于公司的年销售额。根据其他一些标准，施乐的排名远在 171 之上。例如，1966 年初，该公司的净利润在全国大约排在第 63 位，利润与销售额之比可能为第 9 位，股票市值约为第 15 位。在股票市值方面，这位年轻的暴发户已经高于美国钢铁（U. S. Steel）、克莱斯勒、宝洁和美国无线电公司（RCA）等久负盛名的工业巨头，投资大众对施乐表现出的热情使其股票成为 20 世纪 60 年代股票市场上的戈尔康达[①]。任何在 1959 年底购买了其股票并一直持有到 1967 年初的人，都会发现自己持有的股票价值达到原价的 66 倍，而任何真正富有远见并在 1955 年购买了哈洛伊德股票的人，都会看到自己的原始投资几乎可以说是奇迹般地增长了 180 倍。毫不奇怪，一批"施乐百万富翁"如雨后春笋般涌现，他们中的大多数要么居住在罗切斯特地区，要么来自那里。

哈洛伊德公司于 1906 年成立于罗切斯特，是施乐公司的"爷

[①] 戈尔康达（Golconda）为印度中南部一座现已荒废的城市，那里出产了多颗世界上最具历史意义和传奇色彩的钻石，因而成为巨大财富的代名词。——译者注

爷"，而其创始人之一，曾做过当铺经纪人，也曾担任过罗切斯特市长的约瑟夫·威尔逊，也恰好是与其同名的 1946—1968 年施乐公司掌门人的爷爷。哈洛伊德公司是一家相纸制造商，像所有影像行业的公司（特别是位于罗切斯特的公司）一样，它生活在其邻居，伊士曼柯达的巨大阴影中。尽管头上的光线暗淡，它仍然勉力度过了大萧条时期。然而，在第二次世界大战刚结束的几年里，竞争加剧，劳动力成本也不断上涨，哈洛伊德公司开始寻找新产品。其科学家偶然发现了一个潜在的业务机会，那就是俄亥俄州哥伦布市的一家大型非营利工业研究机构巴特尔纪念研究所（Battelle Memorial Institute）正在研究的一种复印工艺。现在，让我们先回到 1938 年，皇后区阿斯托利亚一家酒吧上方二楼的一间厨房，当时，一位 32 岁，叫切斯特·卡尔森（Chester F. Carlson）的籍籍无名的发明家将其用作临时实验室。

卡尔森是一位来自瑞典的理发师的儿子，毕业于加州理工学院物理学专业，曾在纽约受雇于 PR 马洛里公司（P. R. Mallory & Co.）的专利部门，该公司是印第安纳波利斯的电气和电子元件制造商。为了追求名声、财富和独立，卡尔森投入全部业余时间，希望能发明出办公用复印机，他雇用了德国难民物理学家奥托·科内（Otto Kornei）来帮助他做这件事。1938 年 10 月 22 日，在使用了大量笨重的设备并产生了大量浓烟和恶臭之后，这两个人通过试验研究出了一项工艺，借助这项工艺，他们成功地将"10-22-38 阿斯托利亚"这一平淡无奇的信息从一张纸转移到另一张纸上。这种被卡尔森称为电子照相术的工艺当时（现在也是）共有 5 个基本步骤：通过给光电导表面施加静电（如用毛皮摩擦），使其对光敏感；将该表面暴露于书写页面以形成静电图像；通过在表面撒上只黏附在带电区域的粉末来显影；将图像转移到某种纸张上；通过加热固定图像。这些步骤中的每一步都不是新东西，但与其他技术形成了一种全新的组合，事实上，由于过分创新，商界大佬和领袖们显然没有很快认识到这一工艺的巨大潜力。卡尔森运用他在马洛里工作时学到的知识，立即围绕这项发明编织了一个复杂的专利网（科内很快离开并在别处找到了一份工作，从此永远从电子照相术的故事中消失了），并开始试图兜售它。在接下来的 5 年里，在继续为马洛里工作的同时，他以一种新的形式从事兼职工作，向美国每一家重要的办公设备公司推广这项工艺的专利权，但他每一次都遭到拒绝。最后，在 1944 年，卡尔森说服巴特尔纪念研究所对他的工艺进行进一步的开发工作，代价是未来其销售或许可带来的专利费之 3/4 归研究所。

闪回到此结束。静电复印术就这样横空出世了。到了 1946 年，巴特尔纪念研究所对于卡尔森工艺所做的开发工作引起了哈洛伊德公司多位人士的注意，其中包括即将担任公司总裁的小约瑟夫·威尔逊。威尔逊向他新认识的一位朋友索尔·利诺维茨表达了自己的兴趣，后者是一位聪明而富有活力、热心公益的年轻律师，刚从海军服役归来，当时他正忙于组建新的罗切斯特电台，用来播放自由主义观点，以对抗甘尼特①旗下报纸的保守主义观点。尽管哈洛伊德有自己的律师，但威尔逊十分欣赏利诺维茨，因此要求他将巴特尔纪念研究所这件事作为公司的"一次性"项目开展调查。利诺维茨表示："我们前往哥

① 甘尼特（Gannett）是美国媒体公司，按照报纸发行量计算为美国最大的报业集团。——译者注

伦布市，观看了一块粘着猫毛的金属。"在这次旅行以及后来的多次旅行后，双方达成了一项协议，哈洛伊德获得了使用卡尔森工艺的授权，代价是向卡尔森和巴特尔纪念研究所支付专利费，并承诺与巴特尔纪念研究所分担未来开发工作的成本。这份协议签订后，其他的一切便围绕着它顺利推进。

1948 年，为了给卡尔森的工艺起一个新的名字，巴特尔纪念研究所的一名工作人员与俄亥俄州立大学的一位古典语言学教授一起，将两个古希腊单词组合在一起，造出了"xerography"一词，意思是"干式印刷"，也叫静电复印。与此同时，研究所和哈洛伊德的科学家小组在努力开发这一工艺的过程中，接二连三地遇到了出人意料的技术问题。事实上，曾经有一次，哈洛伊德由于极度悲观，甚至准备将大部分静电复印特许权出售给 IBM。但交易最终被取消，随着研究的深入和账单的增加，哈洛伊德对这一工艺的承诺逐渐成为生死攸关之举。1955 年，双方签订了一项新的协议，根据该协议，哈洛伊德接管了卡尔森专利的全部所有权和开发项目的全部成本，并向巴特尔纪念研究所发行了大量哈洛伊德股份，而研究所向卡尔森转移了部分股份。

项目的费用惊人。1947 年至 1960 年期间，哈洛伊德公司在静电复印研究上花费了大约 7 500 万美元，约为其同期正常业务收入的两倍。不足的资金则通过借款和发行大批普通股筹集，而只有那些特别好心、特别心大或是特别有心的人，才敢出手接盘。罗切斯特大学部分出于对一家苦苦挣扎的本地公司的关心，为其捐赠基金购买了大量股票，而经过一次又一次股票拆分，这些股票的最终价格跌到了每股50 美分。一位大学官员紧张地警告威尔逊："如果我们不得不在未来一两年中卖掉哈洛伊德的股票以减少损失，请不要生我们的气。"威尔逊答应他不会生气。与此同时，他和公司的其他高管以股票形式领取他们的大部分薪水，其中一些人甚至拿出了自己的储蓄和房屋抵押贷款来帮助这项事业不断推进。（在那个时期，高管中最突出的代表是利诺维茨，他与哈洛伊德的缘分显然不浅，他成了威尔逊的得力助手，负责公司的关键专利事务，组织和领导公司的国际子公司，并担任过一段时间的公司董事会主席。）1958 年，市场上还没有重磅静电复印机产品，公司经过深思熟虑决定改名为哈洛伊德-施乐。正如威尔逊所承认的那样，"XeroX"商标早在几年前就被哈洛伊德采用了，这是对伊士曼柯达公司的"Kodak"商标的模仿。商标最后一个字母，大写的"X"很快就不得不降级为小写，因为人们发现没有人会费心将其大写，但这个类似于回文的词，至少与伊士曼的"Kodak"一样拥有难以抵御的魅力，因而留了下来。威尔逊表示，无论是 XeroX 还是 Xerox，使用这个商标遭到公司许多顾问的强烈反对，他们担心公众会发现这个词无法发音，或是会认为它代表一种防冻剂，或是会联想到一个在财务上令人极为沮丧的词——"零"（zero）。

然后，在 1960 年，他们迎来了业务大爆发，突然之间，一切都发生了逆转。公司不再担心其商标名是否能够成功，而是担心其太过成功，因为"施乐"商标名已经变成了一个动词，指代"复印"，并开始频繁出现在对话和印刷品中，以至于公司对这个名称的所有权受到了威胁，因而它不得不展开一场精心策划的运动来反对这种用法。（1961 年，该公司一不做二不休，直接改名为施乐公司。）而对施乐的高管们来说，他们也不再担心自己和家人的未来，而是担心无颜面对亲朋好友，因为在公司股票低至每股 20 美分时，他们曾出于谨慎建议亲友不要投资该股份。总之，每个大量持有施乐股票的人都一夜暴富，并且越来越富有，包括节衣缩食做出牺牲的公司高管、罗切斯特大学和巴特尔纪念研究所的成员，尤其是切斯特·卡尔森，后者通过与施乐公司签订的多项协议拥有了大量施乐股票，按照 1968 年的价格计算，这些股票的价值已经高达数百万美元，（根据《财富》杂志）他成为美国 66 位最富有的人之一。

- 施乐的选择 -

粗略看起来，施乐的故事带有一丝老派，甚至是 19 世纪的色彩：一位孤独的发明家和他简陋的实验室，一家小型家族公司，最初连连受挫，依赖专利制度，选择古希腊语作为商标，最终取得光辉的胜利，证明了自由企业制度的正确性。但施乐的故事还有另一个维度。在展示出对整个社会的责任感，而不仅仅是对股东、员工和客户的责任感方面，它呈现了与 19 世纪的大多数公司相反的特点，事实上，它成为 20 世纪公司的先驱。

威尔逊曾说："设定高远的目标，心怀几乎无法实现的愿望，鼓励人们相信自己能够做到，这些与资产负债表一样重要，也许更重要。"施乐公司的其他高管也经常不遗余力地强调，"施乐精神"与其说是实现某种目的的手段，毋宁说是出于为人类谋福祉而对"人类价值观"的强调。当然，这种冠冕堂皇的言辞在大公司的圈子中并不罕见，它出自施乐高管之口时，也很容易引起怀疑，如果考虑到施乐公司获得的巨额利润，甚至很容易引发愤怒。但有证据表明，施乐确实是言行一致的。1965 年，该公司向教育和慈善机构捐赠 1 632 548 美元，1966 年捐赠了 2 246 000 美元。这两年最大的受赠方均为罗切斯特大学和罗切斯特社区福利基金，同时公司每年的捐赠金额约占公司税前净收入的 1.5%。这明显高于大多数大公司慈善预算的百分比。举几个因慷慨而经常被引用的例子来说，1965 年 RCA 公司的捐款约占其税前收入的 0.7%，而美国电话电报公司的捐款则远低于 1%。施乐打算坚持其高尚之举的态度还体现在其 1966 年对 "1% 计划" 的承诺，这个计划通常被称为克利夫兰计划（Cleveland Plan），是由克利夫兰市发起的，根据该计划，除了其他捐款，本地企业还须每年将 1% 的税前收入捐给当地教育机构。这意味着，如果施乐公司的收入继续飙升，罗切斯特大学及其在该地区的姐妹机构将在一定程度上确保拥有一个光明的未来。

在其他领域，施乐也曾因与利润无关的原因而冒险。威尔逊在 1964 年的一次演讲中表示，"公司不能拒绝在公众关切的重大公共问题上表明立场"。这在商业界显然是一种异端邪说，因为在公共问题上表明立场显然会得罪持相反立场的客户和潜在客户。施乐的鲜明立场是支持联合国，而这也就意味着它反对联合国的批评者。1964 年初，该公司决定每年花费 400 万美元（即其一年的广告预算），用于支持一系列与联合国有关的网络电视节目，这些节目不附带商业广告，也不显示任何施乐品牌标识，只是在每个节目的开头和结尾会声明，该节目由施乐赞助。当年 7 月和 8 月，在这个决定宣布大约三个月后，施乐突然收到了大量信件，反对这个项目，并敦促公司放弃它。

这些信件有近 15 000 封，语气从温和地说理到尖锐和激动地谴责。许多信件声称，联合国是剥夺美国人宪法权利的工具，其章程部分是由美国共产党人所写，一直被用来推动共产党人目标的实现。一些来自公司总裁的信件威胁说，如果公司不取消这个项目，他们就会将施乐的复印机从他们的办公室移走。在这些信件中，只有少数写信人提到了约翰·伯奇协会（John Birch Society），没有人自称是该协会的成员，但间接证据表明，这次抗议信大轰炸是伯奇协会精心策划的一场运动。证据之一是，伯奇协会当时的一份刊物敦促会员写信给施乐公司，抗议其赞助联合国系列节目的行为，并指出大量抗议信件曾经成功迫使一家大型航空公司去除了飞机上的联合国标识。另一项针对施乐抗议事件进行的分析显示，这 15 000 多封信只出自大约 4 000 人之手，从而进一步证明了这是一场有组织的抗议行动。无论如何，施乐公司的办事处和董事会没有在压力下屈服或被吓倒。1965 年，联合国系列节目在美国广播公司的电视网播出，受到了各方的好评。威尔逊后来坚称，这部系列片以及无视抗议的决定，为施乐赢得了更多朋友，而不是敌人。在所有关于这一问题的公开声明中，他坚持将这种行为描述为单纯的理性商业判断，而不是许多观察家所认为的相当罕见的商业理想主义。

1966 年秋，施乐公司遭遇了推出静电复印机以来的首次打击。那时，办公用复印机行业已经有 40 多家公司，其中许多公司根据施乐公司的授权许可生产静电复印设备。（施乐拒绝授予许可的唯一一项重要技术是硒鼓，它可以让施乐的机器在普通纸上复印，而其他所有竞品仍然需要使用经过特殊处理的纸张。）施乐一直享有的最大优势是，第一个进入新领域的公司总是享有高价的优势。现在，正如《巴伦周刊》在 8 月指出的那样，似乎"这项曾经令人惊艳的发明，正像所有技术进步都不可避免的那样，逐渐变成一个普遍现象"。一家公司在 5 月份发给股东的一封信中预见，一台售价 10 美元或 20 美元的复印机可以"作为玩具"销售（1968 年市面上确实出售过价格仅为 30 美元的复印机），甚至有传言称，有一天复印机将作为赠品来促进纸张销售，就像剃须刀长期以来作为赠品促进剃须刀片销售一样。几年来，施乐意识到其轻松惬意的小垄断终将失去专利权的保护，因此一直通过与其他领域（主要是出版和教育领域）的公司合并来扩大其利益。例如，1962 年，它收购了大学缩微胶卷出版公司（University Microfilms），这是一家收藏未出版手稿、绝版书、博士论文、期刊和报纸的缩微胶卷的图书馆。1965 年，它又收购了另外两家公司——美国最大的中小学生教育期刊出版商美国教育出版公司（American Education Publications），以及教学设备制造商基本系统公司（Basic Systems）。但这些举措未能安抚市场中武断的批评者的担心，施乐的股票遭受重挫。从 1966 年 6 月底的 267.75 美元跌到 10 月初的 131.625 美元，公司的市值削减了一半以上。在 10 月 3 日至 10 月 7 日的一个工作周内，施乐股价下跌了 42.5 美元，10 月 6 日这一天尤其令人心惊肉跳，当日施乐股票在纽约证券交易所的交易被迫暂停 5 个小时，因为价值 2 500 万美元的卖盘根本没有人接盘。

　　我发现，公司往往在遭遇小小困境时才最值得研究，因此，我选择将 1966 年秋季作为观察施乐及其员工表现的时点，这是我一年多以来一直想做的事情。我首先做的是详细了解它的一款产品。那时，施乐公司已经拥有全系列的复印机及相关产品。例如，914 是一款办公桌大小的复印机，可以对几乎所有打印、手写、打字或绘制的页面进行黑白复制（前提是页面大小不超过 9×14 英寸），其复印速度为大约每 6 秒一份；813 是一款体积小得多的设备，可以放在桌面上，本质上是 914 的小型化版本（或者像施乐技术人员喜欢说的那样，是"放了气的 914"）；2400 是一款高速复印机，看起来像一台现代化的厨房灶，能够以每分钟 40 页，即每小时 2 400 页的速度制作副本；Copyflo 能够将缩微胶卷的页面放大到普通书页大小并打印出来；LDX 可通过电话线、微波收音机或同轴电缆传输文件；Telecopier 是一种非静电设备，由美格福斯（Magnavox）设计和制造，但由施乐销售，它是 LDX 的初级版本，对外行来说特别有趣，因为它只是一个小盒子，当它连接到普通电话时，用户可以快速将一张小图片发送给任何配备了电话和类似小盒子的人（当然传输过程中会发出大量吱吱嘎嘎的声音）。在这些产品中，914 是第一款自动静电复印机，也是一项重大突破，因此无论是对施乐公司还是对其客户来说，它的重要性仍然无可比拟。

有人认为，914 是有史以来最成功的商业产品，但这个说法并未得到权威的确认或否认，因为施乐公司没有公布其个别产品的准确销售数字。不过，该公司确实曾表示，1965 年 914 的销售额约占其总营业收入的 62%，通过计算可以得知，其销售收入总计超过 2.43 亿美元。1966 年，这款产品既能够以 27 500 美元的价格购买，也可以租用，租金为每月 25 美元，外加按照每张 4 美分的价格至少复印价值 49 美元的副本。这些收费经过精心设计，旨在使租用设备比购买设备更有吸引力，因为施乐最终能通过这种方式赚到更多钱。

914 被漆成米色，重 650 磅，看起来很像现代化的 L 形金属桌子。只需要将要复印的东西，诸如一页平面纸、一本打开的书的两面，甚至是一块手表或奖牌等小的三维物体，面朝下地放置在机器平顶的玻璃窗上，按下一个按钮，9 秒钟后，复印件就会从机器中弹出并落到一个托盘中。如果 914 真的是一张桌子的话，那么这个托盘就像是一个"外挂"的篮子。914 从技术角度而言非常复杂（施乐公司的一些销售人员坚称，它比汽车还要复杂），故而它令人抓狂地很容易出现故障，因此，施乐公司拥有数千名现场维修人员，他们随时准备在接到报修电话后奔赴现场解决故障。最常见的故障是复印机卡纸，这被形象地称为"误喷"（mispuff），因为每一张纸都需要通过内部喷气装置被吹送到复印的位置，当喷气发生问题时，机器就会出故障。严重的"误喷"故障偶尔会使一张纸接触到发热的部件并被点燃，导致机器冒出一团令人惊恐的白烟，如果遇到这种情况，操作员什么也不要做，或者至多使用一个附在设备上的小型灭火器灭火，因为如果不采取措施，火会相对无害地自行熄灭，而如果贸然在 914 上浇一桶水，则可能会导致其金属表面产生致命的高电压。

除了故障，这台机器还需要操作员定期维护，这些操作员几乎都是女性。[最早操作打字机（typewriter）的女孩们干脆与机器一样被称为"typewriter"（打字员），但幸运的是，没有人将操作施乐复印机的姑娘们也称为"施乐"（xeroxes）。] 这台机器的复印纸和黑色静电粉末（称为"碳粉"）必须定期补充，而其最重要的部分——硒鼓，则必须定期使用一种特殊的无刮痕棉进行清洁，并经常打蜡。我和一台914及其操作员共度了几个下午的时间，近距离观察了几乎是我所见过的一个女人与一件办公设备之间最亲密的关系。使用打字机或交换机的女孩们对那些设备没有兴趣，因为它们并不神秘，操作计算机的女孩对它感到厌烦，因为它完全不可理解。但914有着独特的动物性：它必须被喂养和讨好；它令人畏惧，但可以被驯服；它会出现不可预知的不当行为；而且，一般来说，它会对治疗做出相应的反应。"一开始我感到很害怕，"我遇到的操作员告诉我，"施乐的人说，'如果你怕它，它就不会工作'，这话对极了。它是一个很好的小东西，我现在非常喜欢它。"

通过和施乐的一些销售人员交谈，我了解到他们一直在努力思考公司复印机还能有什么新用途，而他们一次又一次地发现，公众远远领先于他们。例如，静电复印机有一个奇特的用途，那就是确保新娘得到自己想要的结婚礼物。准新娘可向百货公司提交她希望获得的礼物清单，这家商店将清单发送到其新婚礼品登记柜台，这个柜台配备有一台施乐复印机。新娘的每一位朋友，在事先得到巧妙提醒后，会来到这个柜台并收到一份礼物清单的副本，然后，他可以前去采购，并将自己购买的礼物在副本上划去，以便修改主名单，为下一位送礼者做好准备。（"婚礼之神，啊婚礼之神，婚礼之神！"[①]）此外，新奥

---

① Hymen，也被音译为"许门"，是希腊神话中的婚礼之神，负责婚礼事务。本句（Hymen, iö Hymen, Hymen!）出自英国文艺复兴时期的伟大诗人埃德蒙·斯宾塞（Edmund Spenser，1552—1599年）的代表作之一《婚曲》（*Epithalamion*）。——译者注

尔良和其他地方的警察在暂时没收被关押的过夜者的随身财物时，不再费力地打写收据，而是将财物本身，如钱包、手表、钥匙等，放在914的扫描玻璃上，然后在几秒钟后就可以拿到一张图形收据。医院使用静电复印机来复制心电图和实验室报告，经纪公司则可以更快地给客户提供热门提示。事实上，任何人，只要有任何可以通过复印来提升效率的想法，都可以找到一家有投币式复印机的烟草商店或文具店（这样的店有很多），然后尽情复印。（有趣的是，施乐公司生产了两种可投币操作的914，一种适用一角硬币，另一种适用25美分硬币，机器的购买者或租借者可以自行决定收费标准。）

复印本身也存在弊端，而且是严重的弊端。最明显的一点是过度复印。一种从前被认定为官僚主义做法的趋势正在蔓延，这是一种冲动，在明明只需要复印一份文件时却要复印两份甚至更多份，或是在没有必要复印时也要复印一份，"一式三份"这个曾被用来指代官僚浪费的术语现在已经司空见惯。轻轻按下一直在那里静候的按钮，在一系列行云流水的程序后，干净整齐的复印件就落到了托盘里，这一切加起来，成为一种令人兴奋的体验，复印机的新手操作员甚至会有种冲动，想要复制他袋子里的所有文件。一旦一个人使用过复印机，他就会欲罢不能。这种成瘾的主要危险与其说会导致文件杂乱无章和重要材料淹没丢失，不如说是一种隐隐生长起来的对原件的消极态度，即感到没有被复印过的，就是不重要的，除非其本身就是复印件。

静电复印术还有一个更直接的问题，那就是它引发违反版权法的诸多行为。几乎所有大型公共图书馆和大学图书馆，以及许多高中图书馆都配备了复印机，教师和学生已经养成习惯，如果他们需要复印几份已出版图书中的某一组诗歌、某个选集中的一篇短篇小说，或是某份学术期刊中的一篇文章，他们只需要从图书馆的书架上取下需要的书，把它带到图书馆的复印部门，然后复印所需的内容。当然，其结果是剥夺了作者和出版商的收入。目前并没有此类侵权行为的法律记录，这是因为出版商和作者几乎从不起诉教育工作者，有时候单纯是由于他们根本不知道侵权行为已经发生，同时，教育工作者自己也往往不知道自己的行为违法。几年前，一个教育委员会向全国教师发出通知，明确告知他们哪些版权材料能复制，哪些不能复制，其带来的几乎立竿见影的结果是，教育工作者向出版商提出的许可申请数量显著增加，这间接地表明，许多版权材料可能已经通过静电复印在不知不觉中遭到了侵犯。还有更多具体的证据表明了实际发生的情况。例如，1965 年，新墨西哥大学图书馆学院的一名工作人员公开主张，图书馆应将 90% 的预算用于员工、电话、复印、传真等项目，只将 10% 用于图书和期刊（就好像是某种什一税）。

在某种程度上，图书馆试图自行规范复印行为。纽约公共图书馆主要分馆的影印服务每个星期可满足大约 1 500 份图书资料的复印请求，这项服务告知读者其"对受版权保护的材料的复制不会超出'合理使用'的范围"，也就是说，复制的数量和种类，通常仅限于法律先例已确定不构成侵权的简短摘录。图书馆还声明："申请人对复制品的制作和使用过程中可能出现的任何问题承担全部责任。"在这份声明的第一部分，图书馆似乎承担了责任，而在第二部分，图书馆则避开了责任，这种矛盾可能反映出图书馆复印机用户普遍感到的不安。在图书馆的墙外，似乎连这样的顾虑都没有。那些在遵守法律方面一丝不苟的商界人士似乎认为侵犯版权和横穿马路一样无足轻重。我听说一位作家应邀参加了一个高层商界领袖研讨会，他惊讶地发现，他的一本新书中的一章被复印并分发给了与会者，以作为研讨的基础。当作者提出抗议时，商人们大吃一惊，甚至感到受伤，他们原以为作家会因他们关注其作品而感到高兴，但毕竟，这种恭维就像是一个小偷用偷窃一位女士的珠宝的方式来表达对这件珠宝的赞赏。

在一些评论人士看来，迄今为止所发生的一切只是图形革命的第一阶段。"复印术正在使出版界步入恐怖统治的时代，因为它意味着每位读者都可以同时成为作者和出版商，"加拿大圣人马歇尔·麦克卢汉在《美国学者》杂志 1966 年春季刊上写道，"有了静电复印术，写作和阅读都可以变得以产出为导向……静电复印术是一种侵入印刷世界的电流，它意味着这一古老领域翻天覆地的彻底革命。"考虑到麦克卢汉反复无常的奔放个性（"我每天都会改变我的观点。"他曾经如此承认），他在这个问题上的表态可以说是相当认真严肃了。各种杂志文章都曾预测，现行图书形式将会消失，并将未来的图书馆描绘成一种怪兽般的巨型计算机，能够以电子和静电复印方式存储和检索书籍内容。这样的一个图书馆中的"书籍"将是"一版"微缩电脑胶片芯片。每个人都同意，这样的图书馆还要很长一段时间才会真正出现。[但并没有长到不让未雨绸缪的出版商做出谨慎反应。从 1966年底开始，在哈考特布雷斯世界出版公司出版的所有图书的版权页上，大家习以为常的"版权所有"那一套冗长、复杂而没什么意义的声明被修改为下面这段有点令人毛骨悚然的文字："版权所有。本出版物的任何部分均不得以任何形式或通过任何方式（无论是电子方式还是机械方式）复制或传播，包括影印、录音或任何信息存储和检索系统……"而其他出版商迅速跟进效仿。] 20 世纪 60 年代末期，最接近上述那种图书馆形式的是施乐公司的子公司——大学缩微胶卷出版公司。这家公司可以（并且也确实如此操作）放大绝版书的缩微胶片，并将其打印成具有吸引力和高度清晰的平装纸质版本，客户需要支付的费用为每页 4 美分。如果这本书有版权保护，该公司会就制作出的每本书向作者支付版税。但是，几乎人人都能以低于市场价的成本自己制作已出版图书副本的时代不再是梦想，而是已经成为现实。业余出版商所需要的只是一台复印机和一台小型胶印机。静电复印的一个次要但仍然重要的属性是，它能够制作胶印机上使用的母版，并且比以前更便宜、更快捷。美国作家联盟的律师欧文·卡普（Irwin Karp）称，在 1967 年，通过这种技术组合印刷 50 本任何已出版的书，只需几分钟就可利索地完成"出版"（不算装订在内），成本约为每页 0.8 美分，如果印量更大，成本还会更低。假设一位老师想把一本 64 页、售价 3.75 美元的诗集分发给一个班级里的 50 名学生，如果他有意侵权，那么他可以自己复印，每本书的成本只略高于 50 美分。

　　作者和出版商宣称，这项新技术的危险之处在于，它在消灭正版书籍的同时，还可能消灭作者和出版商这个群体，并进而消灭写作本身。普林斯顿大学出版社主任小赫伯特·贝利（Herbert S. Bailey, Jr.）在《星期六评论》（*Saturday Review*）中写道，他的一位学者朋友取消了所有学术期刊订阅——他现在会在公共图书馆中先通读这些期刊的目录，然后复印那些他感兴趣的文章。贝利评论道："如果所有学者都采取这种做法的话，那么将不再有学术期刊。"从 20 世纪 60 年代中期开始，国会一直在考虑修订版权法，这是自 1909 年以来的第一次。在听证会上，一个代表国家教育协会和其他一些教育团体的委员会坚定而有说服力地表示，如果教育要跟上国家发展的步伐，那么现行的版权法和合理使用原则就应该放宽对出于学术目的的行为的限制。毫不奇怪的是，作者和出版商坚决反对这种放宽，坚称对读者现有权利的任何扩大，都会在某种程度上剥夺他们的生计，而在未来不可知的静电复印时代，其影响更是将会大得多。1967 年众议院司法委员会批准的一项法案似乎代表了他们的胜利，因为这项法案明确规定了合理使用原则，其中不包括对出于教育目的进行复制的豁免。但直至 1968 年底，这场斗争的最终结果仍不确定。例如，麦克卢汉确信，所有原有的对作者进行保护的努力都是落后的，注定要失败（或者，他至少在撰写《美国学者》文章的那一天是如此认为的）。"要想免于技术之害，就只能领先于新的技术，除此以外别无他法。"他写道，"当你用某个阶段的技术创造出一个新的环境时，你必须用下一个阶段的技术创造一个反环境。"不过，作者们很少有人擅长技术，而且可能难以在反环境中茁壮成长。

在处理施乐产品所打开的潘多拉魔盒时，该公司似乎相当好地实现了威尔逊立下的崇高目标。尽管鼓励（或至少不阻止）越来越多地复制任何可供阅读的东西符合其商业利益，但它不仅仅是象征性地努力告知使用其机器的用户相关法律责任。例如，出厂的每台新机器都附有一张纸板海报，上面列出了一长串可能无法复制的东西，其中包括纸币、政府债券、邮票、护照，以及"未经版权所有者许可的任何形式或种类的受版权保护的材料"。（这些海报中有多少最终被扔进了废纸篓是另一回事。）此外，在修改著作权法的斗争中，它夹在两个对立的派别中间，抵挡住了伪善地置身事外闷声发大财的诱惑，表现出模范的社会责任感（至少从作者和出版商的角度来看是这样的）。相比之下，复印行业总体而言要么保持中立，要么倾向于站在教育工作者那一边。在 1963 年的版权修订研讨会上，一位复印行业发言人甚至争辩说，学者借助机器进行复印仅仅是手工抄写的方便延伸，而在传统上，手工抄写被认为是合法的。但施乐却没有这样做。相反，1965 年 9 月，威尔逊写信给众议院司法委员会，坚决反对在新法律中对复印赋予任何特殊豁免。当然，在评估这一看似不切实际的立场时，人们应该记住施乐既是一家复印机公司，也是一家出版公司。事实上，旗下拥有美国教育出版公司和大学缩微胶卷出版公司的施乐是美国出版业巨头之一。我通过研究发现，传统出版商有时会发现他们不知该如何面对这个未来派的巨人，因为它不仅是他们所熟悉的世界的一个外来威胁，还是圈子内部一个充满活力的同行和竞争对手。

- 可能会获胜，也可能不会 -

在观察过施乐的一些产品，并对使用它们所带来的社会影响进行认真思考之后，我前往罗切斯特市，对该公司进行了近距离的观察，了解了该公司的员工在物质和道德两方面如何应对他们面临的问题。我去那里的时候，物质问题似乎更加突出，因为其股票刚刚在一个星期之内暴跌了 42.5 美元。在去往那里的飞机上，我面前摆放着一份施乐公司最新的股东大会委托书，其中列出了截至 1966 年 2 月，每位公司董事持有的施乐股份数量。我自娱自乐地计算了在 10 月糟糕的那一个星期，一些董事如果仍然持有这些股票的话，他们将会遭受多少账面损失。例如，威尔逊董事长在 2 月持有 154 026 股普通股，因此他的账面损失为 6 546 105 美元；利诺维茨持有 35 166 股，损失为 1 494 555 美元；负责研发的执行副总裁约翰·德索尔博士（Dr. John H. Dessauer）持有 73 845 股，损失为 3 138 412.50 美元。即使他们是施乐高管，这个数额也很难被视为微不足道。那么，他们的房间里是否弥漫着阴郁，或者至少是震惊的气氛呢？

施乐公司的行政办公室位于罗切斯特市中心大厦的上层，其底层为一家名为中心广场的室内购物中心。（那一年晚些时候，该公司把总部搬到了街对面的施乐广场，这是一组建筑群，包括一栋 30 层的办公楼、一个供公司和市民使用的礼堂，以及一个下沉的溜冰场。）在去施乐办公室之前，我在购物中心转了几圈，发现它里面有商店、咖啡厅、售货亭、游泳池，还有树木和长椅，尽管这些长椅被一种宁静平和的氛围所笼罩（主要是隐约传来的淡淡的音乐声营造出来的），但仍有一些长椅被流浪汉占据，就像所有户外购物中心的长椅上都能发现流浪汉一样。树木因缺乏阳光和空气而显得无精打采，但流浪汉们看起来状态良好。搭乘电梯上楼后，我遇到了一位和我约好的施乐公关人员，并立即问他，公司对股价下跌作何反应。"哦，没人把它看得太严重，"他回答道，"在高尔夫俱乐部能听到很多关于这件事的轻松愉快的谈论。一个人会对另一个人说，'这杯酒你请客吧，我昨天在施乐上又亏掉了 8 万美元'。乔·威尔逊在不得不暂停股票在证券交易所交易的那天确实觉得有点痛苦，但除此之外，他镇定自若。事实上，在前几天的一个聚会上，当天股票大跌，很多人聚集在他周围，问他这一切意味着什么，我听到他说，'好吧，你知道，机不可失，时不再来'。至于在办公室里，几乎没有人提起这个问题。"确实，我在施乐的那段时间，几乎再也没有听到过有人谈论股票，事实证明这种冷静确有道理，因为在一个多月的时间里，施乐股票收复全部损失，并在几个月内涨到了历史最高点。

那天上午剩下的时间，我拜访了施乐的三名科技人员，听他们讲述了施乐早期发展的怀旧故事。这些人中的第一位便是德索尔博士，那个在前一个星期刚损失了 300 万美元的人，看起来十分平静。我猜我应该能够料到这一点，因为就算亏了那么多，他持有的施乐股票价值仍然超过 950 万美元。（几个月后，它们的价值涨到了近 2 000 万美元。）德索尔博士出生在德国，是公司元老之一，自 1938 年以来一直负责施乐公司的研究和工程，和我见面时还担任着公司董事会副主席。1945 年，他在一份技术期刊上读到了一篇关于卡尔森发明的文章，并成为第一个向约瑟夫·威尔逊推荐这一发明的人。我注意到，他办公室的墙上贴着他办公室工作人员送的贺卡，上面称他为"巫师"，而他总是面带微笑，看上去很年轻，并略带一点口音，确实颇有巫师风采。

"你希望听我讲讲过去，是吗？"德索尔博士说，"那真是令人兴奋的往事。简直棒极了。同时也可怕极了。有时候，我几乎真的要疯了。钱是主要的问题。公司很幸运地能够略有盈利，但那还不够。我们团队的所有成员都在赌这个项目。我甚至抵押了我的房子，我手头剩下的只有我的人寿保险了。我冒着极大的风险。我的感觉是，如果项目没能成功，威尔逊和我将是商业上的失败者，同时就我个人而言，我还将是技术上的失败者。没有人会再给我一份工作。我必须放弃科学，改去卖卖保险什么的。"德索尔博士瞥了一眼天花板，像是在回顾过去，然后继续说道，"最初时，几乎没有人十分乐观。公司内部许多人都会进来告诉我，这该死的东西永远不会成功。最大的风险是最终证明静电在高湿度下无法工作。几乎所有的专家都会说，'你在新奥尔良永远也不能复印出东西来'。即使它最终成功了，营销人员也认为我们所面对的潜在市场不会超过几千台机器。一些顾问告诉我们，我们彻头彻尾疯了才会开展这个项目。好吧，正如你所知，最终一切都很顺利，914 运转正常，即使在新奥尔良也是如此，而且它也有着很大的市场。然后是台式机版本 813。在这款机器上我再次冒险，坚持了一个某些专家认为太过脆弱的设计。"

我问德索尔博士，他当时是不是仍然在开展需要赌上身家性命的新研究课题，如果是的话，那个课题是否像静电复印术一样令人兴奋。他回答说："这两个问题的答案均为'是'，但除此之外，再讨论下去就涉及专业领域的知识了。"

我见的下一个人是哈罗德·克拉克博士（Dr. Harold E. Clark），他在德索尔博士的领导下，直接负责静电复印技术开发项目，他更详细地向我介绍了卡尔森的发明如何一步步地被精心呵护成商业产品。"切斯特·卡尔森的专业是形态学，"克拉克博士开门见山地说，他身材矮小，像是一位教授，在 1949 年加入哈洛伊德前，他确实是一名物理学教授。我可能看起来非常茫然，因为克拉克博士笑了笑，然后接着说，"我其实不知道'形态学'到底是什么意思。在我看来，它是指把一件东西和另一件东西结合起来，然后得到一个新东西。无论如何，这就是切斯特的专业。静电复印术几乎没有任何以前科学工作的基础。切斯特把许多奇怪的现象组合在一起，每一种现象本身都不容易解释清楚，并且以前没有任何人想到过把这些现象进行组合。因此这是自摄影术出现以来成像领域最大的成就。此外，他在做这一切的时候完全没有积极的科学研究氛围可以借助。你可能知道，科学史上曾出现过几十次'同步发现'的情况，但在切斯特发现这些时并没有其他重大科学发现。我现在仍然像第一次听说时那样，被他的发现深深折服。作为一项发明，它是伟大的。但当时唯一的问题是，作为一种产品，它一无是处。"

克拉克博士又笑了一声，然后接着解释说，转折点在巴特尔纪念研究所出现，并且完全符合科学进步多少有点误打误撞的传统。当时存在的主要问题是，卡尔森的光导表面涂有硫黄，经过几次复制后，表面就会丧失其特性，变得毫无用处。巴特尔纪念研究所的研究人员凭着一种没有科学理论支持的直觉，试图在硫黄中添加少量硒，这是一种非金属元素，以前主要用于电阻，也用作红色玻璃的着色材料。硒硫表面比全硫表面的效果好一些，所以巴特尔纪念研究所的研究人员尝试添加更多的硒，并发现有更大改善。他们逐渐增加百分比，直到表面完全由硒组成，而不再含硫，结果这种表面的效果最好，因此人们以终为始地发现，硒，而且只有硒，会使静电复印具备实用性。

"想想看，"克拉克博士沉思着说道，"硒是地球上总量刚刚超过100种的元素之一，而且是一种常见的元素。而最终的事实证明，它是成败的关键。一旦发现了硒的有效性，我们就离成功不远了，尽管当时我们还不知道这一点。我们目前仍然持有在静电复印中使用硒的专利，这几乎是对某一种元素的专利。还不错吧？即使是现在，我们也不清楚硒到底是如何起作用的。例如，我们感到困惑的是，它没有记忆效应，硒鼓上不会留下以前拷贝的痕迹，而且理论上它似乎能够无限期地持续使用。在实验室里，一个镀了硒的鼓可持续复印一百万次，我们不知道为什么它到那时候就会磨损。所以你看，静电复印术的发展很大程度上是经验性的。我们都是受过训练的科学家，不是什么只会敲敲打打、修修补补的美国大老粗，但我们在大老粗的修修补补和科学探究之间取得了某种平衡。"

再接下来，我采访了施乐公司的工程师霍勒斯·贝克尔（Horace W. Becker），他主要负责将914从样机阶段带上生产线的过程。他是一位布鲁克林人，擅长声情并茂地渲染困难，因此特别适合向我描述他们在这个过程中所经历的种种惊险刺激的障碍和危险。1958年，当他加入哈洛伊德–施乐公司时，他的实验室是位于罗切斯特花园种子包装车间楼上的一间阁楼。那栋房子的屋顶出了点问题，在炎热的日子里，熔化的沥青会从屋顶渗出，滴落到机器上和工程师身上。1960年初，914终于在位于果园街的另一个实验室里走向成熟。贝克尔告诉我："那也是一间破旧的阁楼，电梯吱吱作响，房子外面是一条铁路侧线，不时有装满生猪的货车开过。但那里有我们需要的空间，而且不会从房顶向下滴沥青。我们最终在果园街取得了成功。不要问我是怎么做到的。我们认为应该建立装配线，于是我们就这样做了。每个人都十分激动。工会的人暂时忘记了他们的不满，老板忘记了绩效评估。在那里，你无法分辨出谁是工程师，谁是装配工。没有人愿意离开现场，你会在星期日装配线停止运转时偷偷溜进来，然后你会看到有人正在那里调整设备，或者只是闲逛，欣赏我们的成果。换句话说，914 终于马上就要来了。"

不过，贝克尔表示，在机器离开工厂，进入展厅面对客户后，他的麻烦才刚刚开始，因为他现在要为故障和设计缺陷负责，而当公众的聚光灯完全照射在 914 身上的时候，它发生了一次壮观的大崩溃，使其变成了名副其实的埃德塞尔。复杂的继电器停止工作，弹簧断裂，电源出现故障，没有经验的用户将钉书钉和回形针掉到机器中，使机器无法正常运转（不得不在每台机器上安装一个钉书钉收集器），同时预想中潮湿气候下的故障以及预料之外的高海拔地区的故障也相继出现。"总而言之，"贝克尔说，"那个时候的机器都养成了一个坏习惯，在你按下按钮时，它毫无反应。"或者，就算机器做出了反应，也是错误的反应。例如，在伦敦举行的第一场 914 大型展览上，威尔逊充满象征性的亲自用食指按下按钮，但他这样做过之后，不仅没有复印件弹出，而且为线路供电的一台大型发电机也跳闸了。静电复印术就这样被引入了英国，考虑到其初次亮相时的表现，英国后来能够成为914 最大的海外市场这个事实似乎既彰显了施乐的韧性，又褒扬了英国人的耐性。

那天下午，施乐公司的一位导游开车带我来到韦伯斯特，罗切斯特几英里外安大略湖畔的一个农业小镇，去参观他们的新厂，这和贝克尔那个漏顶透风的阁楼迥然不同，是一个巨大的现代化工业建筑群，包括一个大约 100 万平方英尺的场地，用来组装所有施乐复印机（除了英国和日本子公司制造的机器），以及另一个较小但更精致的用于研发的设施。当我们走过主制造车间中一条嗡嗡作响的生产线时，我的导游解释说，这条生产线每天运行 16 个小时，工人们则两班倒，尽管这条生产线和其他生产线已经开足马力，但几年来它们的产量一直落后于需求，当时大楼里有近 2 000 名工人正在工作，他们的工会是美国服装工人联合会的一个地方分支，这种反常现象主要是因为罗切斯特曾经是服装业的中心，而服装工人的工会长期以来一直是该地区最强大的工会。

在我的导游送我回到罗切斯特之后，我开始独立调查，以了解社区对施乐公司以及对其成功的态度。我发现人们的看法很矛盾。"施乐公司对罗切斯特来说是件好事，"一位当地商人说道，"当然，伊士曼柯达多年来一直是这座城市的'白老爹'[1]，它现在仍然是当地当之无愧的最大的企业，尽管施乐现在排在第二位，并且发展得很快。施乐的挑战对柯达而言没有任何害处，事实上，这对它大有好处。此外，本地出现一家新的成功的公司还意味着新的资金和新的工作。但是，这里的一些人憎恨施乐。本地大多数企业的历史可以追溯到 19 世纪，而这里的人们并不总是欢迎新来者。当施乐迅速崛起时，一些人认为泡沫会破裂，或者说他们希望泡沫会破裂。最重要的是，人们并不喜欢威尔逊和利诺维茨的做派，他们一边大谈特谈人的价值，一边又赚钱赚到手软。不过你知道，这就是成功的代价。"

我还去了位于杰纳西河畔的罗切斯特大学，与校长艾伦·沃利斯

---

[1]　白老爹（Great White Father）是美国俚语，最早是土著居民给美国总统起的绰号，后也被用于代指位高权重之人。——译者注

（W. Allen Wallis）聊了聊。沃利斯身材高大，一头红发，是一位统计学家。他曾在罗切斯特市多家公司担任过董事，其中包括伊士曼柯达公司，该公司长期赞助罗切斯特大学，一度是该校最大的年度捐助者。至于施乐，罗切斯特大学拥有多个充分理由对其充满善意。首先，这所大学是施乐造就的亿万富豪的典范，它通过投资施乐获得了大约 1 亿美元的净资本收益，利润超过 1 000 万美元。其次，施乐每年都会做出仅次于柯达的现金捐赠，有一次还承诺向该校的资本金项目捐赠近 600 万美元。最后，威尔逊本人是罗切斯特大学的毕业生，从 1949 年开始一直是该大学的董事会成员，而且自 1959 年起还一直任董事长一职。沃利斯校长说："在 1962 年来这里之前，我从未听说过有公司会像柯达和施乐这样向大学捐赠如此多的资金。而且他们想要的回报只是我们能够提供高质量的教育，而不是为他们做研究或者诸如此类的事情。当然，我们的科研人员和施乐人员之间有很多非正式的技术咨询，和柯达、博士伦以及其他公司也是如此，但这并不是他们支持这所大学的原因。他们想让罗切斯特成为一个招贤纳士的地方，因为他们渴求人才。这所大学从来没有为施乐发明过任何东西，我想它永远也不会。"

第二天早上，在施乐的行政办公室里，我与施乐公司三位最重要的非技术人员见了面，最后见到了威尔逊本人。我见的第一个人是利诺维茨，威尔逊在 1946 年先是"临时性"聘请这位律师提供服务，但后者随后成为他必不可少的助手。（自施乐出名之后，公众总是认为利诺维茨的职务远不止于此，事实上人们认为他是公司的首席执行官。施乐的管理层也清楚地知道这一普遍的误解，并对此感到困惑，因为威尔逊，无论是在 1966 年 5 月之前担任公司总裁，还是之后担任其董事会主席，一直都是老板。）我还真是在利诺维茨离开之前赶上了见他一面，当时他刚刚被任命为美国驻美洲国家组织大使，即将离开罗切斯特和施乐公司，前往华盛顿履新。他年逾五旬，但活力四射，充满了干劲，热情且真诚。在首先为自己只能给我匀出几分钟时间而道歉后，他迅速说道，在他看来，施乐的成功证明了自由企业的传统理念仍然正确，公司成功的品质是理想主义、坚制、敢于冒险和热忱。说完，他挥手告别，迅速离开。我感觉自己有点像一个在"哨停小站"^① 守候的选民，刚刚和一位站在竞选列车后平台上的候选人简短地交谈了两句，但像许多这样的选民一样，我深受震撼。利诺维茨在说出这些平庸的词汇时不仅充满了真诚，而且好像是他发明了它们一样，我觉得威尔逊和施乐一定会想念他的。

我见到彼得·麦格拉（C. Peter McColough）时，他正像笼中困兽一样在办公室里踱来踱去，不时在一张站立式办公桌前停下来，在那里写下几个词或是对着口录机大声说上几句。自威尔逊升任董事长后，麦格拉一直担任施乐公司的总裁，并且显然最终要接替威尔逊成为老板（他确实在 1968 年接管了施乐）。他像利诺维茨一样，是一位自由派民主党律师，只不过他出生在加拿大。他的性格开朗外向，刚刚

---

① "哨停小站"（whistle-stop）的说法源于早期美国铁路运输俗语。当时，美国中西部小城镇的交通工具以火车为主，在一些不知名的小地方，除了个别当地居民外，没有乘客上下车，因此如果有人要在这些地方下车，就需要告诉列车员，他会拽一根特定的绳子示意司机，司机鸣笛两声表示收到。于是，"whistle-stop"就表示火车只会短暂停靠的不知名小站。——译者注

40 岁出头，被誉为施乐新生代的代表，将决定公司下一步的发展方向。"我面临着成长的问题。"他停止来回踱步，略带烦躁地在椅子边上坐定后告诉我。施乐未来的大规模发展不可能局限在静电复印领域，他继续说道，那里没有足够的空间，施乐的发展方向是教育技术。他提到了计算机和教学设备，当他说到自己"梦想着这样一个系统，你可以在康涅狄格州写点什么，然后在几个小时内，全国各地的教室都能看到它"时，我感觉施乐的某些教育梦想很容易会变成噩梦。但随后他又补充道："独创性硬件的危险在于，它会分散人们对教育本身的注意力。如果你不知道该放什么东西在上面，那么一台奇妙的机器又有什么好处呢？"

麦格拉说，自从 1954 年加入哈洛伊德之后，他觉得自己仿佛历经了三家完全不同的公司：1959 年之前，这是一家小公司，一直在进行一场危险而刺激的赌博；1959 年到 1964 年，这是一家日益享受胜利果实的成长型公司；现在，这则是一家巨无霸公司，正同时向着多个新的方向拓展。我问他最喜欢这些公司中的哪一个，他想了很久，最后说："我不知道。我在过去感到有更大的自由，过去觉得公司里的每个人在劳资关系等具体问题上都持有相同的态度。现在，我不那么觉得了。压力变得更大，公司也更没有人情味了。我不会说生活变得更容易了，也不会说将来会变得更容易。"

当我被带到约瑟夫·威尔逊面前时，我想到，在他所有令人诧异的方面中，一定要加上一条，那就是他办公室的墙上贴着老式的花卉墙纸。作为施乐的掌门人，居然展露出一丝多愁善感，这似乎是最不可能出现的反常现象。不过，他朴实温和的神态和壁纸相得益彰。他身材不高，年近 60，在我来访的大部分时间里，他看起来相当严肃，甚至近乎沉闷，讲起话来语速迟缓，字斟句酌。我问他是怎么进入家族企业的，他回答说事实上他差点就没进来。他在大学里辅修英国文学，曾考虑过要么教书，要么在大学里找一份财务和行政方面的工作。但大学毕业后，他进入了哈佛商学院，并成为那里的优等生，最后，不知怎么的……总而言之，他在离开哈佛后加入了哈洛伊德。他带着突然绽放的微笑告诉我，这就是他的故事。

威尔逊最热衷于讨论的，似乎是施乐的公益活动以及他的企业社会责任理念。"在这件事上，人们对我们有一些怨言，"他说道，"我在这里并不仅仅是指股东抱怨我们正在把他们的钱捐出去，这种观点现在已经越来越没有市场。我的意思是指在社区里。你并没有真的听到人们说什么，但有时你会有一种直觉，感到人们在说，'这些年轻的暴发户以为他们是谁？'"

我问他，针对联合国系列节目的抗议信运动是否在公司内部引起了疑虑或彻底屈服的声音，他答道："作为一个组织，我们从未动摇过。公司上下几乎毫无例外地认为，这些抗议恰恰唤起人们去关注我们试图传递的观点，即全球合作是我们的事，因为没有合作，可能也就不再有世界，也就不再有商业。我们相信，我们在采取这一系列行动时遵守了合理的商业政策。同时，我不会坚称合理的商业政策是唯一的因素。比方说，如果我们自己都是伯奇协会的成员，我怀疑我们是否还会这样做。"

接着威尔逊慢慢地说："让公司在重大公共问题上鲜明站队这件事引发了一些问题，让我们要时刻审视自己。这是一个关乎平衡的问题。你不能永远模棱两可，或者甘愿放弃自己的影响力。但你也不能在每个重大问题上都采取鲜明的立场。例如，我们认为在全国大选中选边站队就不是公司该做的事，不过，这也许是因为，幸运的是，索尔·利诺维茨是一个民主党人，而我是共和党人。大学教育、民权和黑人就业等问题显然是我们应该关注的事。我希望，我们能够有勇气站出来支持某一种不受欢迎的观点，只要我们认为这样做是对的。到目前为止，我们还没有遇到过这种情况，我们认为在我们的公民责任和良好的商业行为之间不存在冲突。但这样的时刻可能会到来。我们可能会在某个时刻被迫成为被攻击的靶子。例如，我们一直低调地尝试为一些黑人青年提供机会，使他们获得扫大街等之外的工作。这个计划需要得到工会的全面合作，我们确实也得到了。但我以某种微妙的方式知道，现在蜜月期结束了。有一股反对的暗流正在涌动。有些情况已经开始冒头，如果继续发展，我们可能将面临一个真正的商业问题。如果变成几百个反对者，而不是几十个，事情甚至可能会发展成罢工。如果出现这种情况，我希望我们和工会领导层能够站出来抗争。但我并不确定。老实说，你不能预测在这种情况下你该怎么做。但我想，我知道我们要怎么做。"

威尔逊起身走到一扇窗户前，然后表示，正如他所认为的，公司当时，乃至之后的一项主要工作是，必须保持它广为人知的人性化特质。"我们已经看到它逐渐丧失的迹象，"他说，"我们正试图向新员工们灌输这一理念，但纵贯西半球的 20 000 名员工，与罗切斯特市的 1 000 名员工完全不是一回事。"

我来到窗口，站在威尔逊的旁边准备向他告辞。这是一个潮湿阴郁的早晨，我听说这座城市以一年中的大部分时间都是这种天气而闻名。我问他，在这样一个阴沉沉的日子里，他是否曾被疑虑笼罩，担心原有的品质是否能够保持下去。他轻轻点了点头，说："这是一场持久的战斗，我们可能会获胜，也可能不会。"

6

保全客户

- 危机到来 -

1963 年 11 月 19 日（星期二）上午，一位 30 多岁，衣着考究但面容憔悴的男子来到位于华尔街 11 号的纽约证券交易所行政办公室，声称他是证券交易所的经纪公司会员，艾拉·豪普特公司的管理合伙人莫顿·卡默曼，想见交易所会员公司部门负责人弗兰克·科伊尔。询问过后，一位接待员礼貌地解释说，科伊尔先生正在开会，客人说他有非常紧急的事务，并要求见部门的二号人物罗伯特·毕肖普。但接待员发现，毕肖普先生也不方便，他正在接一个重要电话。最后，似乎越来越心烦意乱的卡默曼被带到一位职位不高的交易所官员乔治·纽曼面前。然后，他迅速传达了信息，表示他相信，豪普特公司的资本准备金已经低于交易所对成员公司的要求，他现在按照规定正式报告这一事实。当这一令人震惊的消息被宣布的时候，毕肖普正在附近的一间办公室里打着他的重要电话，电话的另一端是一位消息灵通的华尔街人士，不过毕肖普拒绝透露其姓名。通话人告诉毕肖普，他有理由相信证券交易所的两家会员公司威利斯顿-比恩公司和艾拉·豪普特公司出现了严重的财务问题，交易所应予以关注。挂断电话后，毕肖普给纽曼打了一个内线电话，告诉他刚才听到的情况。令毕肖普惊讶的是，纽曼已经知道了这个消息，或者说知道了其中的一部分。他说："事实上，卡默曼现在就在我身边。"

纽约证券交易所漫长历史中最艰难，在某种程度上也是最严重的一场危机，就在这场平淡乏味并且略带混乱的办公室插曲中拉开帷幕。而这场危机还没来得及收场，又因为肯尼迪总统遇刺引发的那场更大的危机而进一步加剧，最终走出危机的纽约证券交易所，虽然眼前损失了将近 1 000 万美元，却在民意方面获益匪浅，至少赢得了部分国民的巨大尊重（纽约证券交易所并不总是以维护公众利益而著称，事实上，就在几个月前，美国证券交易委员会还指控其行为就像一个私人会所，存在置社会利益于不顾的倾向）。

将豪普特和威利斯顿-比恩带入困境的事件成为历史，或者更确切地说，成为期货（future）①历史。这两家公司（以及证券交易所多家非会员经纪公司）均代表一个客户——新泽西州巴约纳的联合植物原油及精炼公司（Allied Crude Vegetable Oil & Refining Co.）参与了一笔突然失控的巨大投机交易，即投机于购买大量未来交货的棉籽油和大豆油。这种合约被称为商品期货合约，其中的投机因素在于，到交割日期，商品价值可能会高于（或低于）合约价格。植物油期货每天在位于百

---

① future 一词还有"未来"的意思，此处为双关。——译者注

老汇 2 号的纽约农产品交易所和芝加哥的期货交易所进行交易，由证券交易所旗下开展公开业务的 400 多家公司中的大约 80 家公司代表客户进行买卖。在卡默曼来到交易所的那天，豪普特公司以赊账方式代联合公司持有大量棉籽油和豆油期货合约，数量非常大，以至于大宗商品价格每磅变动 1 美分即意味着联合公司在豪普特的账户价值将发生 1 200 万美元的变化。在前两个工作日，即 15 日（星期五）和 18 日（星期一），大宗商品价格平均下降了大约每磅不到 1.5 美分，因此，豪普特要求联合公司追加大约 1 500 万美元的现金，以保持账户可以正常交易。联合公司拒绝追加保证金，因此，豪普特像所有经纪公司面临赊账客户违约时那样，需要出售联合公司的合约以收回垫款。豪普特所承担的风险之高已经近乎自杀，因为尽管该公司在 11 月初的资本金仅有 800 万美元左右，但它通过借入资金，为联合公司这一客户提供了约 3 700 万美元的资金用于植物油投机。更糟糕的是，事实证明，它接受了联合公司库存的大量棉籽油和大豆油现货作为垫付款的抵押品，联合公司提供了仓单，证明这些油储存在巴约纳的储罐中，并列明了库存油品的确切数量和种类。豪普特向联合公司提供的资金来自多家银行借款，并将大部分仓单作为抵押品转交给银行。这样做本来不会有什么问题，但是后来发现，许多仓单都是伪造的，这些单据上所列的大部分油品并没有（也可能从来没有）存放在巴约纳，而联合公司总裁安东尼·德安吉利斯（Anthony De Angelis）（后来因多项指控被捕入狱）显然已经实施了自火柴大王伊瓦·克鲁格 [1] 以来最大的商业欺诈。

---

[1] 伊瓦·克鲁格（Ivar Kreuger，1880—1932 年），于 20 世纪 20 年代建立的瑞典火柴公司在当时的 35 个国家拥有火柴生产和销售的垄断权，被公认为"火柴大王"。但因 1931 年爆发债务危机，于 1932 年神秘自杀（也有人称是谋杀）。——译者注

那些消失的油去哪儿了？联合公司的直接和间接债权人，包括美国和英国一些最大、最具全球智慧的银行，怎么会遭到如此彻底的欺骗？这一大崩盘的总体损失最终会像一些权威机构估计的那样达到1.5亿美元，还是会更大？像豪普特这样一家证券交易业的领军公司怎么会如此愚蠢，为一个客户承担如此难以想象的风险？在11月19日，这些问题还没来得及被提出，更不用说被回答了，有些问题直到今天也没有答案，甚至还有些问题要过很多年才能找到答案。然而，对于代理着大约20 000个股票市场客户的豪普特，以及代理着大约9 000个客户的威利斯顿-比恩来说，在11月19日开始浮出水面，并在接下来的悲惨日子里日益明朗的一个事实是，这一迫在眉睫的灾难将直接波及大量无辜者的个人积蓄，这些人甚至从未听说过联合公司，对商品期货交易也只有最模糊的概念。

- 事态升级 -

卡默曼向证券交易所报告的行为并不意味着豪普特已经破产，在他做出报告时，卡默曼本人肯定也不认为他的公司已经没救了。破产与仅仅未能满足交易所相当严格的资本要求之间有很大的区别，后者旨在提供一个安全边际。事实上，证券交易所的多位官员都表示，在星期二上午，他们认为豪普特的情况并不算特别严重，而威利斯顿-比恩的情况（从一开始就很明显）甚至更轻微。交易所会员公司部门的第一反应是感到懊恼，因为卡默曼在交易所通过其精心设计的审计和检查系统发现问题之前就自己主动来交易所上报了问题。交易所坚称，这只是他们运气不好，而不是管理不善的问题。作为惯例，交易所要求每家会员公司每年定期填写关于其财务状况的详细问卷，同时交易所工作人员中的一名会计专家还会每年至少一次造访每家会员公司，对其账簿进行额外的突击检查。艾拉·豪普特公司于10月初刚刚填写了其最新问卷，由于联合公司在豪普特账上大幅增加大宗商品仓位的行为发生在那之后，所以问卷没有任何问题。至于突击检查，就在麻烦爆发的时候，交易所的人正在豪普特办公室进行审计。审计师已经在那里待了一个星期，一直埋头检查豪普特的账簿，但由于这样的审计工作极其烦琐，到11月19日那天，审计师尚没有检查到豪普特的商品期货部门。"他们给我们的人在一个没有异常情况的部门安排了一张办公桌，"一位交易所官员随后表示，"现在很容易声称，他本该嗅到麻烦的味道，但是他并没有。"

19日（星期二）上午10点左右，科伊尔、毕肖普与卡默曼一起坐下来，研究他们对豪普特的问题应该和可以做些什么。毕肖普回忆说，会议的气氛一点也不严肃。根据卡默曼的数据，豪普特需要补缴的资本金大约为18万美元，这个金额对于豪普特这样规模的公司来说几乎是微不足道的。豪普特可以通过从外部获得新资金或将其拥有的证券转换为现金来弥补不足。毕肖普敦促他们采用后一种方法，因为这更快，也更可靠。于是，卡默曼给公司打电话，指示他的合伙人立即开始出售一些证券。显然，困难就那样简单地得到了解决。

但在随后的时间里，在卡默曼离开华尔街11号之后，危机呈现出一种在政治界被称为"升级"过程的趋势。下午晚些时候，一条不祥的消息传来。联合公司刚刚在纽瓦克提交了一份自愿破产申请。从理论上讲，破产并不影响其前经纪人的财务状况，因为他们在向联合公司提供资金时收取了抵押。尽管如此，这则消息依然令人震惊，因为它暗示了接下来将会传来更坏的消息。事实上，这样的坏消息不久就传来了。当天晚上，证券交易所收到消息，纽约农产品交易所的经理们为了防止市场混乱，投票决定暂停所有棉籽油期货交易，直到另行通知，并要求立即按照他们规定的价格结算所有未完成的合同。由于规定的价格显然将相当低，这意味着豪普特或威利斯顿-比恩不再有任何机会以优惠条件摆脱联合公司投机案。

那天晚上，在会员公司部门，毕肖普疯狂地试图联系证券交易所总裁基思·芬斯顿，后者先是在出席市中心的一场晚宴，然后是在前往华盛顿的火车上，因为他计划于第二天在国会委员会做证。由于种种原因，毕肖普整个晚上都在办公室里忙个不停，接近午夜时，他发现自己已经是会员公司部门的最后一个人。再回到新泽西州范伍德的家中过夜已经太晚了，于是他决定在科伊尔办公室的一张皮沙发上将就一下。他在那里度过了一个不安的夜晚。他后来说，清洁女工们非常安静，但电话整晚都在响。

- 出手 -

星期三上午 9 点 30 分，证券交易所的董事会会议在六楼的董事厅准时召开。这间会议室里铺着富丽堂皇的红地毯，四周悬挂着令人敬畏的古旧画像，并装饰着带凹纹的镀金柱子，其氛围会令人不禁相当局促不安地联想起华尔街的曲折过往。在会上，根据交易所规定，董事们投票决定，因资本金不达要求，暂停豪普特和威利斯顿–比恩的交易资格。交易所董事会主席小亨利·瓦茨于10点钟开盘几分钟后宣布了暂停这两家经纪公司交易资格的决定，他登上了一个可以俯瞰交易大厅的讲台，敲响了通常表示一天开盘或收盘的钟，并宣读了一份公告。从公众的角度来看，这一行动的直接影响是，这两家被停业的公司将近3万名客户的账户现已被冻结，也就是说，账户的所有者既不能出售其股票，也不能提取其资金。为了尽快帮助这些不幸的人摆脱困境，证券交易所的管理层开始努力帮助这两家陷入困境的公司筹集足够的资本金，以解除暂停并恢复账户正常。他们拯救威利斯顿–比恩的努力幸运地取得了成功。事实证明，这家公司需要大约50万美元才能重新开业，由于许多经纪业同行前来提供借款，公司实际上不得不婉拒了一些不需要的好意。最终，这50万美元部分来自沃尔斯顿公司（Walston & Co.），部分来自美林–皮尔斯–芬纳–史密斯公司（巧合的是，威利斯顿–比恩公司中的比恩恰好就是在该公司还叫"美林–皮尔斯–芬纳–比恩"时列在公司名称中的那个比恩）。通过及时注入资本金，威利斯顿–比恩恢复了财务健康，解除了暂停交易状态，其9 000名客户在星期五中午（即暂停交易两天多之后），成功摆脱了焦虑。

但豪普特的情况有所不同。到了星期三，显然18万美元资本金缺口的数字已成幻梦。尽管如此，该公司即便因被迫低价出售油品合同而遭受巨额损失，似乎仍有偿付能力，只不过这有一个前提条件，那便是联合公司向豪普特承诺的抵押品，也就是储存在巴约纳油罐中的石油（现在由于联合公司违约，这些油品已经属于豪普特了），可以以公平的价格出售给其他油品加工商。交易所理事理查德·克鲁克斯有着一个几乎与所有同事都不一样的身份，他是大宗商品交易领域的专家。他认为，如果卖掉巴约纳储存的植物油，豪普特最终可能仍会略有盈利。因此，他打电话给美国几家主要的植物油加工商，敦促他们竞标购买这批油。他收到的答复是一致的，这令人震惊。这些主要的加工商根本拒绝出价，他们的反应让克鲁克斯感到他们怀疑豪普持有的巴约纳仓单全部或部分是伪造的。如果这些怀疑是有根据的，那么仓单所证明的部分或全部油品都不在巴约纳。克鲁克斯说："情况很简单。在大宗商品交易中，仓单几乎等同于货币，而现在豪普特的数百万美元资产都是假币的可能性已经大大增加。"

尽管如此，克鲁克斯在星期三上午还只是明确知道，油料加工商不会竞购联合公司的库存。在星期三后面的时间和星期四全天，交易所继续竭尽全力地帮助豪普特和威利斯顿-比恩恢复元气。不用说，豪普特的 15 位合伙人也为了同样的目的日夜奔忙，为此，卡默曼在星期三晚上还轻松地告诉《纽约时报》："艾拉·豪普特公司具有偿付能力，财务状况良好。"同样在星期三晚上，克鲁克斯在纽约与芝加哥一位资深大宗商品经纪人共进晚餐。他曾回忆说："尽管我生性乐观，但我的经验告诉我，这些事情总是比最初看起来的糟糕得多。我向我的经纪人朋友提到了这一点，他深表赞同。第二天上午大约 11 点 30 分，他打电话给我说，'迪克，这件事比你想象的还要糟糕 100 倍'。"稍晚一点，在星期四中午，交易所的会员公司部门获悉，联合公司的许多仓单的确是伪造的。

几乎可以确定的是，豪普特的合伙人大约在同一时间也有了同样不幸的发现。无论如何，他们中的许多人星期四晚上都没有回家，而是在百老汇街111号的办公室里度过，试图厘清自己头寸的价值。毕肖普在那天晚上回到了自己在范伍德的家，但他发现他在家里睡得也不比在科伊尔的沙发上好多少。因此，他在黎明前起床，搭乘泽西中央铁路公司5-8号列车进城，并在直觉的指引下到了豪普特的办公室。在该公司刚刚重新装修过的合伙人专区（配备了时尚圈椅、大理石面文件柜和伪装成桌子的冰箱），他发现几位合伙人胡子拉碴，衣衫不整地坐在椅子上打盹儿。"他们当时已经筋疲力尽了。"毕肖普后来说道。这毫不奇怪。他们在醒来后告诉毕肖普，他们整晚都在计算，最终在大约凌晨3点钟时得出结论，他们的头寸已毫无希望。鉴于仓单一文不值，豪普特公司已无力偿还债务。毕肖普带着这个灾难性的消息回到了证券交易所，在那里等待着太阳升起，其他人来上班。

星期五下午1点40分，就在股市在豪普特即将破产的传言下已经出现严重动荡之时，总统遇刺的第一批报道也传到了交易所。这些信息十分混乱。据当时在场的克鲁克斯说，他首先听到的消息是总统已经被枪杀，随后又听说，总统的司法部长弟弟也被枪杀，第三个消息是副总统心脏病发作。克鲁克斯说："谣言就像机关枪子弹一样倾泻而来。"而这些谣言也像机关枪扫射一样重创股市。在接下来的27分钟里，由于没有任何实质性的好消息来缓解世界末日般的气氛，股票价格以交易所历史上前所未有的速度狂跌。在不到半小时的时间里，上市交易的股票价值减少了130亿美元，如果董事会没有在2点07分宣布当天交易停盘，这些股票无疑会进一步下跌。恐慌对豪普特情况的直接影响是使那20 000个被冻结账户的状况更加糟糕，因为当时，如果豪普特破产并随之清算，许多账户必须以令人恐慌的价格兑现，账户所有者将遭受重大损失。达拉斯事件①还带来一个更大且更加难以估量的影响，那就是使人们绝望到麻木。然而，华尔街，或者更确切地说，一些华尔街人士，在心理上还是要比美国其他地区的人更坚强一些，因为他们手头还有工作要做。这些灾难的汇集使他们面临着一项明确的任务。

星期三下午在华盛顿做证后，芬斯顿于当晚返回纽约，星期四和星期五上午的大部分时间里，他都在忙于恢复威利斯顿-比恩的业务。在这期间的某个时候，随着人们逐渐清楚地认识到，豪普特不仅资本金不足，而且实际上已经无力偿还债务，芬斯顿确信，交易所及其会员公司必须考虑采取一些前所未有的措施，即用自己的钱偿还豪普特轻率行为的无辜受害者。此前最接近此类行动的先例是杜邦-霍姆塞公司（DuPont，Homsey & Co.）的案例，这是一家小型证券公司，因一位合伙人的欺诈行为于 1960 年破产。随后，交易所向该公司的客户偿还了他们损失的资金，总额大约为 80 万美元。现在，芬斯顿在市场紧急停盘前匆匆从他参加的一个午餐会上赶回办公室，开始着手实施他的计划。他给大约 30 位办公室碰巧在附近的主要经纪人打电话，要求他们以其会员组织非正式代表的身份立即前往交易所。

下午 3 点后不久，经纪人们聚集在南部委员会厅，一个略小版本的董事厅，芬斯顿向他们介绍了他到那时为止所了解的有关豪普特的全部事实，以及他解决方案的计划大纲。那些事实是：豪普特共欠

---

① 指肯尼迪总统遇刺事件。——译者注

美国和英国银团约 3 600 万美元，由于其超过 2 000 万美元的资产是其持有的仓单，而现在这些仓单似乎已经一文不值，所以豪普特无法偿还债务。因此，在正常情况下，当法院在接下来的一个星期里重新开庭时，豪普特将遭到债权银行的起诉，豪普特代其客户持有的现金和许多证券将被债权人占压，并且，根据芬斯顿的估计，考虑到法律诉讼的周期较长，一些客户可能只会收回不超过 65% 的投资。这个案子还有另一面。如果豪普特最终破产，其造成的心理影响，加上豪普特的大量资产投放到市场中带来的显著影响，很可能会导致股市在国家正面临严重危机的时期进一步低迷。那时，不仅豪普特客户的福祉将受到威胁，国家的福祉也可能受到威胁。芬斯顿的计划大纲非常简单，那就是，证券交易所或其会员拿出充足的资金，使豪普特所有客户都可收回自己投资的现金和证券，用银行业术语来说，获得"保全"（whole）。[这一银行业的术语从词源上来说相当合理，"whole"一词的词源为盎格鲁-撒克逊语的"hal"，意思是没有受伤或是已从伤病中康复，"hale"（强健）一词同样来自这个词源。]芬斯顿进一步建议，在豪普特客户的利益得到良好维护之前，说服豪普特的债权人，即银行，推迟任何收款行动。芬斯顿估计，完成这项任务所需的资金可能高达 700 万美元，甚至更多。

参加会议的经纪人几乎无一例外地同意支持这项完全出于公益，甚至带有十足慈善味道的计划。但在会议结束之前，一个困难的问题被提了出来。既然证券交易所和会员公司现在已经决定行自我牺牲之事，那么双方面临的一个问题（至少在一定程度上如此），就是如何安排让对方做出牺牲。芬斯顿敦促会员公司接管整个事务。但与会的公司谢绝了这个建议，并敦促证券交易所处理这件事。"如果由我们来做这件事，"芬斯顿表示，"那么你们必须事后偿还我们支付的金额。"在这场并不算高尚的对话中，双方达成了一项协议，最初的资金将从交易所的账上支出，随后由各家会员公司分摊偿还。由芬斯顿领导的三人委员会得到授权进行谈判，以达成协议。

需要谈判的主要对手是豪普特的债权银行。他们对该计划的一致同意至关重要。对此，交易所主席亨利·瓦茨这位毕业于哈佛大学，曾经历过 1944 年奥马哈海滩洗礼，颇具长者风度的人物尖锐地指出，哪怕只有一家债权人坚持立即清偿其贷款，"也将一把全输"。债权人中首当其冲的是四家声誉卓著的本地银行，大通曼哈顿、摩根保证信托公司、第一花旗银行以及汉华实业银行，它们合计向豪普特提供了约 1 850 万美元的贷款。（其中三家银行不愿透露他们向豪普特发放的气运欠佳的贷款的确切数额，但因他们的沉默而指责他们，无疑就像指责一个扑克玩家不愿多谈某个晚上输了多少钱那样不近情理。大通银行倒是坦承豪普特欠了它 570 万美元。）那一个星期早些时候，大通的董事长乔治·钱皮恩（George Champion）给芬斯顿打过电话。钱皮恩向芬斯顿保证，大通一直是证券交易所的忠实友人，并且该银行随时准备在豪普特事件中提供任何可能的帮助。芬斯顿给钱皮恩打了个电话，表示他准备接受钱皮恩的提议。然后，他和毕肖普开始尝试召集大通银行和其他三家银行的代表立即开会。毕肖普记得，他对完成任务信心全无，因为在星期五下午 5 点召集一群银行家开会的可能性不大，即使是在这样一种特殊情况下，但令他惊讶的是，他发现几乎所有的银行家都还在各自的工作岗位上，并愿意立刻前往交易所。

芬斯顿和他交易所的谈判伙伴，交易所主席瓦茨和副主席沃尔特·弗兰克（Walter N. Frank）与银行家们进行了磋商，谈话从刚过 5 点一直进行到晚餐时分。会议虽然气氛颇为紧张，但富有建设性。"首先，我们都同意，现在的情况总体而言简直糟透了，"芬斯顿后来回忆道，"然后我们开始着手谈正事。银行家们当然希望交易所能负起完全责任，但我们很快就打消了他们的这个念头。相反，我向他们提出了一个提议。我们会拿出一定金额的现金，但这纯粹是为了豪普特客户的利益。作为交换，我们每出一美元，银行就会延期收款两美元，即暂时不清偿两美元。如果就像我们当时估计的那样，需要 2 250 万美元才能使豪普特恢复偿付能力，那么我们将出资 750 万美元，银行将延期收款 1 500 万美元。他们不太确定我们提供的数据是否准确，换言之，他们认为我们的数据偏低，并且坚持交易所必须在银行收回贷款之后，才可以提出从豪普特的资产中收回任何出资的主张。我们同意了这个要求。各方进行了艰苦的斗争和谈判，当我们最终可以回家时，大家已经就大致方案达成了共识。当然，每个人都认识到，这次会议只是一个开始（首先，并不是所有债权银行都派代表参加了会议），因此许多细节工作和大部分讨价还价的苦活都必须在周末完成。"

有待落实的细节工作和艰苦谈判的工作量之巨大，在星期六那一天得到了充分显现。交易所的董事会于 11 点召开了会议，33 名成员中有 2/3 以上出席。由于豪普特危机，一些董事取消了周末计划，其他人则从他们常驻的其他各州，如佐治亚州和佛罗里达州等地飞了过来。董事会的第一个行动是决定星期一（总统葬礼日）交易所休市一天，这让谈判人员大松了一口气，因为这一假期将使谈判人员多出 24 小时的时间，以便在法院和市场重新上班营业的最后期限之前敲定交易。芬斯顿向董事们介绍了豪普特财务状况的最新情况以及已经开始进行的与银行的谈判。同时，他还向他们提供了最新预估数字，根据最新估算，要想"保全"豪普特的客户可能需要 900 万美元。沉默了片刻后，几位董事站起来表示，从本质上说，他们认为，真正关键的不是金钱，而是证券交易所与美国数百万投资者之间的关系。会议随后短暂休会，并在获得满怀助人情结的董事们的鼎力支持后，交易所三人委员会开始与银行家们继续谈判。

于是，星期六和星期日的工作模式就这样确定了。当时，举国上下都无比震惊地守在电视机前收看新闻，曼哈顿市中心的街道就像 19 世纪早期黄热病流行时那样空无一人，而华尔街 11 号六楼的办公室则成为一个专注于自己任务的繁忙枢纽。在芬斯顿及其谈判伙伴需要获得进一步行动授权时，证券交易所的委员会将与银行家们保持密切联系。董事会将再次开会，要么给予新的授权，要么拒绝要求。在会议期间，董事们聚集在走廊上，或是在空荡荡的办公室里吸烟沉思。行为和投诉部这个通常默默无闻的交易所行政机构也度过了一个繁忙的周末，部门的 6 名员工一直守在电话机前，不停地应对豪普特客户的焦急问询，这些客户显然丝毫感受不到"强健"。当然，那里还有大量律师。证券交易所的一位资深人士表示："我一辈子都没见过这么多律师。"科伊尔估计，在周末的大部分时间里，总有 100 多人在华尔街 11 号内忙碌工作，由于几乎所有当地餐厅以及交易所自己的餐饮设施均已关闭，食品严重短缺。星期六，市中心一家明智选择继续营业的午餐柜台被买光，随后，一辆出租车被派往格林威治村以获取更多的食物供应。星期日，一位交易所秘书贴心地带来了一个电动咖啡壶和一大袋食品，并在主席餐厅摆摊营业。

银行方面的谈判委员会现在还包括来自另外两家豪普特债权人的代表，这两家债权人是纽瓦克国民州立银行（National State Bank of Newark）和芝加哥的伊利诺伊大陆银行和信托公司（Continental Illinois National Bank & Trust Co.），它们在星期五没有派代表参加会议。[四家英国债权人，亨利·安斯巴彻公司（Henry Ansbacher & Co.）、威廉·勃兰兹父子公司（William Brandt's Sons & Co., Ltd.）、杰弗特有限公司（S. Japhet & Co., Ltd.）和克莱因沃特·本森有限公司（Kleinwort, Benson, Ltd.）仍然没有派出代表，并且直到周末过半，他们似乎仍然无法及时派代表参加，因此最终的决定是，在没有英国银行出席的情况下继续谈判，然后在星期一上午将达成的协议提交给他们批准。] 到现在，关键问题变成了证券交易所需要多少现金来履行其承担的那部分义务。银行家们接受了芬斯顿的提议，即对于证券交易所针对这件事投入的每一美元，他们将延迟收取两美元的债务，同时他们也毫不怀疑豪普特持有价值大约 2 250 万美元的废纸仓单。然而，他们不愿意将这个数字视为豪普特清算可能需要的最高金额。他们辩称，安全起见，最高金额应基于豪普特欠他们的全部债务（即 3 600 万美元）来计算，这意味着交易所的现金出资额不是 750 万美元，而是 1 200 万美元。

另一个争论点是，不管商定的金额是多少，交易所将向谁支付这笔钱。一些银行家认为，这笔钱应该直接存入艾拉·豪普特公司的账户，由公司自行分配给客户。但交易所的代表毫不迟疑地指出，这一建议将引发一个问题，即这将使交易所付出的资金完全不受其控制。最后一个复杂的问题是，伊利诺伊大陆银行显然根本不愿意参与这笔交易。"大陆银行的人考虑的是其银行的风险敞口，"一位交易所人员充满理解地解释道，"他们认为，我们的安排最终可能会对他们造成的损害比豪普特正式破产并进入破产管理造成的损害更大。他们需要时间来考虑，以确保他们正在采取的行动是正确合理的，但我必须说，他们相当合作。"事实上，由于这项计划交易的核心是基于证券交易所的良好声誉，所有银行能够合作简直就是奇迹。毕竟，银行家在法律和道德上都被要求应为了储户和股东的利益竭尽全力，因此几乎不可能沉迷于为了公众利益而摆出崇高的姿态。不过，冰冷的眼神可能掩饰了内心压抑着的善良。说到大陆银行，它也确实有理由不愿行动，因为它的"风险敞口"大大超过 1 000 万美元，比任何其他银行都高得多。没有相关人士愿意说出大陆银行持有债务的确切数额，但可以确定的是，任何借给豪普特不到 1 000 万美元的银行或是个人，都无法确切地知道大陆银行的感受。

星期六晚上 6 点左右，谈判暂时告一段落，各方就交易所现金出资金额这一重要问题做出了妥协，达成了一致。各方同意，交易所最初将提供 750 万美元，并承诺在必要时将出资额增加到 1 200 万美元，同时有关如何通过协议将资金支付给豪普特客户的争议也取得了共识，即交易所的首席审查员将被任命为豪普特的清算人。不过，大陆银行的立场仍未软化，而相关的英国银行甚至还没有接触过。无论如何，所有人都结束了一天的工作，并保证第二天下午早些时候回来，即使第二天是星期日。身患重感冒的芬斯顿回到了格林威治的家中。银行家们回到了格伦湾和巴斯金岭等地。一直坚持从费城往返纽约通勤的瓦茨则回到了那个宁静的城市。甚至毕肖普也回了范伍德的家。

星期日下午 2 点，证券交易所的董事（其队伍现在因来自洛杉矶、明尼阿波利斯、匹兹堡和里士满的董事纷纷加入而扩大）与 30 名会员公司代表举行了联席会议，他们焦急地想知道自己需要承诺什么。在向他们解释了最新协议条款之后，他们一致投票赞成继续推进。随着时间的推移，就连持反对意见的伊利诺伊大陆银行也有了松动。大约 6 点钟，经过一系列疯狂的长途电话以及试图在火车上和机场追寻大陆银行管理人员的努力，这家芝加哥的银行同意了交易，并解释说，它这样做是出于公众利益的考虑，而不是出于其管理层的最佳商业判断。大约在同一时间，和其他媒体一样，在整个谈判过程中被严格排除在六楼之外的《纽约时报》财经编辑托马斯·穆拉尼打电话给芬斯顿，表示他刚刚听到传言，称一个关于豪普特的计划正在酝酿中。假如英国银行在第二天早上的航空版报纸上看到报道称，在没有得到他们的同意，甚至在他们不知情的情况下，已经制订出一个处置他们信贷的计划，那么至少他们会感到相当愤怒，鉴于此，芬斯顿不得不给出一个只会令正在焦急等待的 20 000 名客户情绪更加低落的答复。"没什么计划。"他答道。

星期日午后时分，人们已经开始讨论由谁来承担诱导英国银行同意计划的微妙任务。芬斯顿尽管身患感冒，还是急切地希望亲自出马（他后来承认，这部分是由于这项任务的戏剧性吸引了他），他甚至已经让自己的秘书订了飞机票，但随着下午事件的进展，本地的诸多问题仍然难以解决，因此最终的决定是，他不能离开这里。其他几位董事很快主动请缨，其中的一位，古斯塔夫·利维（Gustave L. Levy）最终被选中，原因是他就职的高盛公司与其中一家英国银行，克莱因沃特·本森，有着长期而密切的合作关系，而利维本人与克莱因沃特·本森的一些合伙人关系良好。（利维在不久后接替瓦茨担任了交易所的董事会主席。）因此，利维在大通银行一位高管和一名律师的陪同下，在下午5点多一点离开了华尔街11号，并搭乘一架7点的飞机飞往伦敦（之所以带上大通银行的人，大概是希望他们能为英国银行树立一个令人鼓舞的合作榜样）。这三人在飞机上花了大半个晚上仔细规划了他们早上应如何说服英国的银行家。他们这样做非常明智，因为英国银行显然没有理由与他们合作，陷入困境的又不是他们的证券交易所。而且还不止于此。据可靠消息人士称，四家英国银行总共向豪普特借出了550万美元，而这些贷款，就像外国银行向美国经纪人提供的许多短期贷款一样，没有任何抵押品作为担保。另据同样相当可靠的消息人士，其中一些贷款在事发前一个星期刚刚延期。据悉这些借出的资金使用的是欧洲美元，这是一种虚拟但有用的货币，由欧洲银行的美元存款组成。当时，欧洲金融机构之间有大约40亿欧洲美元的活跃交易，向豪普特借出这550万欧洲美元的银行也是从其他银行借来的资金。据国际银行业的一位当地专家称，欧洲美元通常成批交易，利润相对微薄。例如，一家银行可能以4.25%的年利率借入一整笔资金，然后以4.5%的年利率借出，年净收益率为0.25%。显然，这种交易被视为实际上没有风险。以年利率0.25%计算，550万美元一个星期的利息为264.42美元，这在一定程度上说明了豪普特交易的利润规模，即如果一切按计划进行的话，264.42 美元，再减去费用，就是四家英国银行本来可以分得的利润。而现在，他们将要失去全部本金。

黎明时分，利维和大通的人双眼通红地抵达伦敦。这是一个细雨霏霏、令人备感阴郁的清晨。他们先到萨沃伊酒店换了衣服并吃了早餐，然后直接赶往伦敦金融城。与英国银行的首次会面是在位于芬彻奇街的威廉·勃兰兹父子公司办公大楼进行的，这家银行提供了 550 万美元中的一半以上的贷款。勃兰兹的代表先是对总统的去世表示了礼貌的哀悼，美国客人则附和说这是一件可怕的事情，然后双方都不再绕圈子。勃兰兹的代表已经知道豪普特即将破产，但对正在拟议的通过避免正式破产来拯救豪普特客户的计划一无所知。利维解释了这个计划，随后双方进行了一个小时的讨论。

在讨论过程中，英国人表现出不是很愿意配合的态度，这十分合理，因为刚受到一群美国佬欺骗的他们显然并不急于立刻再被另一群美国佬所骗。利维说："他们很不高兴。由于我是纽约证券交易所的代表，而我们的一个会员让他们陷入了困境，所以他们对我大发雷霆。他们想与我们做一笔交易，希望在索赔中获得优先权，以此为条件加入我们的计划并同意推迟索赔。但他们在谈判中并不具备优势。由于他们的债权是无担保贷款，所以在破产程序中，在持有抵押品的债权人之后才能够索赔，在我看来，这意味着他们根本收不回一美分。另外，根据我们提出的条件，他们将获得与除客户以外其他豪普特债权人平等的待遇。因此，我们必须向他们说明，我们不会做交易。"

勃兰兹的代表回答说，在做出决定之前，他们需要仔细考虑，同时他们也想听听其他英国银行的意见。美国代表随后前往伦巴底街的大通银行伦敦办事处，他们已经事先约好在那里会见其他三家英国银行的代表，利维也有机会与他在克莱因沃特·本森的老友重聚。团聚的氛围显然并不那么令人高兴，但利维说，他的朋友们对自己的处境有非常清醒的认识，并且以英雄般的客观态度，实际上帮助自己的英国同胞了解了美国人看待这个问题的视角。然而，这次会议和前一次会议一样，在没有任何人承诺的情况下结束了。利维和他的同事在大通银行吃过午饭，然后前往英格兰银行。英格兰银行只是希望了解豪普特的贷款违约问题会在多大程度上影响英国的国际收支。英格兰银行的一位代表向来访者表示，该银行对美国的国家悲剧以及华尔街的业内悲剧都深感痛惜，并告诉来访者，虽然英格兰银行无权要求伦敦的银行采取怎样的行动，但它判断这些英国银行应该会支持美国方面的计划。然后在大约 2 点钟，三人组回到了伦巴底街，紧张地等待英国银行方面的消息。碰巧的是，华尔街（当时是星期一上午 9 点）也开始同样紧张地守候，那时芬斯顿刚刚到达办公室，十分清楚只有一天时间供他们达成交易，因此他不断在地毯上走来走去，等待电话通知，告诉他伦敦方面是否会导致这场交易失败。

利维回忆道，克莱因沃特·本森和杰弗特有限公司是第一批同意合作的银行。在随后的大约半个小时里，没有任何新的消息传来，利维和他的同事们开始痛苦地感受到，纽约那边的时间正在不断流逝。但半小时后，勃兰兹给出了肯定的答复。这是一个决定性的消息。由于最大的债权人和其他三个债权人中的两个已经给出肯定答复，安斯巴彻几乎肯定会加入。伦敦时间下午 4 点左右，安斯巴彻同意合作，利维终于拨打了芬斯顿一直苦苦等待的那通电话。圆满完成任务之后，美国人直接前往伦敦机场，并在三个小时内乘坐飞机回了家。

收到这个好消息后，芬斯顿感到整个协议终于大功告成了，因为下面要做的只是拿到 15 位豪普特普通合伙人的签名，而协议对他们而言似乎没有任何损失，只会有好处。然而，获得这些签名仍然至关重要。除了每个人都在努力避免的破产诉讼，没有任何清算人可以在未经合伙人许可的情况下分配豪普特的任何资产，甚至连大理石橱柜和冰箱也不行。因此，星期一下午晚些时候，豪普特的合伙人在各自律师的陪同下，依次走进了瓦茨主席在证券交易所的办公室，以确切了解华尔街巨头们已经为他们安排了什么样的命运。

豪普特的合伙人在看到计划中的协议时并不高兴，因为除了其他条款，协议还规定，他们将签署委托书，允许清算人全权控制豪普特的事务。不过，他们自己的一位律师给他们做了一个简短而尖锐的说明，指出无论他们是否签署协议，他们都要对公司的债务承担个人责任，所以他们最好是本着公益精神签署协议。简而言之，他们现在完全受制于人。（他们中的许多人后来提交了个人破产申请。）这个沉闷会议的平静气氛被一个令人震惊的事件打破。在豪普特的那位律师直白地阐明严酷的现实之后不久，有人注意到人群中有一张陌生的年轻面孔，并要求他亮出自己的身份。对方的回答是"我是《华尔街日报》的记者罗素·沃森（Russell Watson）"。会场瞬间陷入一片愕然的沉默，人们意识到，如果消息不合时宜地遭到泄露，仍有可能会打破构成协议的资金和情绪上的微妙平衡。

后来，当时仅有 24 岁，加入《华尔街日报》刚满一年的沃森本

商业冒险

人解释了自己是如何混入会议，以及在什么情况下离开会议的。"当时我还是一位报道证券交易所新闻的新手，"他后来说道，"那天早些时候，我听到消息说，芬斯顿可能会在那天晚上的某个时候举行新闻发布会，所以我去了交易所。在大门口，我问一名警卫芬斯顿先生的会议在哪里举行。警卫说在六楼，并把我领进了电梯。我猜他以为我要么是一位银行家，要么是豪普特的一位合伙人或是一位律师。上到六楼，到处都是人。于是我直接走出电梯，走进了举行会议的办公室，完全没有受到任何阻碍。我不是很明白正在发生什么，但是我有一种感觉，即不管是什么，各方已经达成了基本共识，但仍有很多细节需要讨价还价。在那些人中我除了芬斯顿没认出任何人。我静静地在那里站了大约 5 分钟，直到有人注意到我，然后所有人几乎异口同声地喊起来，'天哪，快离开这里！'。他们并没有把我踢出去，但我看到我确实该离开了。"

在接下来的讨价还价阶段（这是一个痛苦而漫长的阶段），豪普特合伙人及其律师在瓦茨的办公室设立了一个指挥部，而银行代表及其律师则在大厅下面的北方委员会厅安营扎寨。芬斯顿下定决心要将和解的消息在第二天早上正式开盘之前传递到投资者手中，他几乎因愤怒和沮丧而气急败坏，为了加快进度，他身兼传话员和特使二职。他回忆道："整个星期一晚上，我都来回奔忙，口中说着，'瞧，他们在这一点上不会让步，所以你必须让步'。或者我会说，'看看现在已经几点了，离明天开市只有 12 个小时了！在这里签名！'"

午夜 0 点 15 分，在距市场重新开放仅有 9 小时 45 分钟时，28 个利益相关方在南方委员会厅签署了协议，一位与会者形容，现场充满

222

了疲惫而宽慰的气氛。星期二上午，银行刚一开门，证券交易所就将750万美元存入了一个账户，该账户可供豪普特清算人提款。同一天早上，清算人詹姆斯·马奥尼（James P. Mahony），一位资深的交易所职员，进驻豪普特办公室并负起全责。也许是对新总统充满信心，或者是受到豪普特和解消息的鼓舞，也可能是因为两大利好的共同刺激，股市录得史上最大的单日涨幅，并在收复星期五失地的基础上更进一步。一个星期后的 12 月 2 日，马奥尼宣布，已经从证券交易所账户中支付了 175 万美元，以挽救豪普特的客户。到 12 月 12 日，这一数字达到 540 万美元，到圣诞节时达到 670 万美元。最后，在 1964 年 3 月 11 日，交易所报告说，它已经发放了 950 万美元，豪普特的客户，除了少数几个人联系不上，其他人都已得到了"保全"。

- 补过还是责任？ -

由于一些人从协议中看到一个明确的暗示，即华尔街的机构现在感到应对其每个会员的不当行为乃至不幸遭遇所造成的公众伤害负责，因此这份协议引起了各种各样的反应。当然，获救的豪普特客户都心存感激。《纽约时报》表示，这项协议证明了"一种有助于激发投资者信心的责任感"，并且"可能有助于避免潜在的恐慌"。在华盛顿，约翰逊总统在他出任总统的首个工作日抽出时间给芬斯顿打了一个电话并对他表示祝贺。美国证券交易委员会主席威廉·卡里（William L. Cary）通常不喜欢大肆表扬证券交易所，但他在 12 月表示，纽约证券交易所"充满戏剧性并令人印象深刻地展示了其实力及其对公众利益的关注"。世界各地的其他证券交易所对此保持沉默，但考虑到它们中的大多数在做生意时丝毫不带感情色彩，可以断定它们的某些高管肯定对纽约证交所的这一个奇招大摇其头。证券交易所的会员公司分三年支付了 950 万美元的出资，但它们似乎普遍感到满意，尽管一些人抱怨说，对于那些越轨并被抓的贪婪暴发户所造成的损失，不应该要求那些拥有合理技能和正直声誉的优秀老公司来买单。奇怪的是，几乎没有人对英国和美国的银行表示感谢，尽管这些银行只挽回了大约一半的损失。这可能是因为除了在电视广告里，人们根本就不会感谢银行。

与此同时，证券交易所本身的立场也摇摆不定，它一方面羞怯地接受祝贺，一方面谨慎地（甚至缺乏风度地）坚称，它的所作所为不应被视为一个先例，并且它不一定会再做同样的事情。交易所的官员也完全不确定，如果豪普特事件早一些发生，甚至只早一点点，它是否会采取同样的行动。在 20 世纪 50 年代初担任交易所主席的克鲁克斯认为，在他的任期内采取此类行动的可能性大约为 50%。芬斯顿是 1951 年起开始担任现职的，他认为，在他任职的最初几年，是否会这么做可能"存疑"。他说："人们对公共责任的观念是不断发展的。"他特别恼火的是一再听到一种观点，认为交易所的行为是出于内疚感。他认为，从精神分析学的角度阐述这一事件毫无依据，更是极其无礼。至于那些在董事会议厅和南北委员会会议厅透过他们的金边眼镜观看（很可能是恶狠狠地盯着）谈判进行的老一代董事们，他们会对整个过程作何反应，就只能想象，而无从确切知晓了。

7

公司里的哲人们

只要与任何一位不以擅长高谈阔论而著称的企业家聊一聊（这样的人为数不少），就可以知道当今美国企业界面临的最大问题之一是"沟通问题"。"企业家们就像许多知识分子和创意作家一样，也认为将某个想法从一个大脑转移到另一个大脑里绝非易事，同时他们中越来越多的人似乎倾向于认为，沟通或缺乏沟通不仅是企业界面临的最大问题，更是人类面临的最大问题。（一群前卫作家和艺术家直截了当、毫不含糊地宣称他们反对沟通，从反面凸显了沟通的重要性。）就企业家而言，我承认，这么多年以来，在听到他们（通常以一种近乎神秘的方式）用"沟通"这个词的过程中，我一直困惑于他们到底想表达什么意思。大论点相当清晰，也就是说，首先，如果他们能够在自己的组织内相互沟通，其次，如果他们或他们的组织能够与其他人沟通，那么一切都没有问题。令我困惑的是，鉴于当今时代，各家基金会不断赞助开展着一项又一项有关沟通的研究项目，个人和组织怎么会，以及为什么会长期一如既往地无法表达自己以获得别人理解，他们的听众又怎么会，以及为什么会永远都不明白他们听到的东西。

-"尽人皆知的丑闻"-

几年前，我曾得到美国政府印刷局出版的一部两卷本出版物，名为《美国参议院第 87 届国会第一次司法委员会反垄断和垄断小组委员会听证会（依照参议院第 52 号决议）》，在仔细阅读了这份 1 459 页的文件之后，我想我开始懂得企业家们谈论的到底是什么了。1961 年 4 月、5 月和 6 月，在田纳西州参议员埃斯特斯·基福弗（Estes Kefauver）的主持下，参议院举行了一系列听证会，其主题正是现在已经尽人皆知的电子制造行业的价格操纵和投标操纵阴谋，而在前一年的 2 月，这个案件已经导致费城的一位联邦法官对 29 家公司及其 45 名员工处以总计 192.45 万美元的罚款，其中 7 名员工还被判处了 30 天监禁。由于此案没有公开展示证据，同时所有被告要么选择认罪，要么选择不上诉，且起诉他们的大陪审团的记录未曾公开，所以公众几乎没有机会了解违法行为的细节，而参议员基福弗认为整个事件需要好好宣扬。这份记录表明听证会确实使案件详情彻底曝光，而曝光的内容显示，至少在涉案的最大的那家公司中，内部沟通出现了巨大的裂痕，其严重程度甚至让半途而废的巴别塔建造工程都可称为组织内部建立和谐关系的丰功伟绩。

1960 年 2 月到 10 月，美国政府在费城地方法院提起一系列起诉，指控 29 家公司及其高管多次违反 1890 年《谢尔曼法》[①] 的第一条规定，该规定宣布，"任何限制州际或对外贸易或商业的合同，以托拉斯或其他形式进行的联合或串谋"均属非法。政府声称，这些违法行为发生在各种大型昂贵设备的销售领域，主要涉及公共和私营电力公司需要的电力变压器、开关设备组件和涡轮发电机组等。自 1956 年开始直到 1959 年，本应是竞争对手的公司的高管们举行了一系列会议，在会上商定了非竞争性的价格水平，并提前操纵名义上应该暗标竞价的单个合同，为每家公司分配一定比例的业务。政府还声称，为了对这些会议保密，高管们使用了各种手段，如在通信中以代码来指代他们的公司，在公共电话亭或家里而不是在办公室打电话，并篡改他们聚会费用的账目，以掩盖他们在某一天都在某个城市的事实。但他们的串谋未能得逞。在时任司法部反垄断局局长的罗伯特·比克斯（Robert A. Bicks）的强有力领导下，联邦机构成功地揭露了他们的罪行，这还有赖于一些串谋者本人的大力帮助。1959 年初秋，一家小型串谋公司的某个员工感到纸已经包不住火了，并认为有必要曝光这件事，随后更多串谋者蜂拥而至，向政府提交了证据。

只要引用几个数字，就足以表明整个事件极其重要的经济和社会意义。在串谋行为发生期间，平均每年用于购买此类机器的总费用超过 17.5 亿美元，其中近 1/4 的购买行为是由联邦、州和地方政府做出的（亦即是由纳税人做出的），其余大部分是私人公用事业公司（它

---

① 《谢尔曼法》（Sherman Act）是西奥多·罗斯福总统在其著名的反托拉斯行动中使用的工具，与 1914 年《克莱顿法》（Clayton Act）一道，成为政府打击卡特尔和垄断的利器。——译者注

们一般会以加价的形式将设备上涨的成本转嫁给公众）。具体来说，以某次交易涉及的资金数额为例，一台 50 万千瓦的汽轮发电机（一种利用蒸汽发电的巨大装置）标价通常达 1 600 万美元。而实际销售中，制造商为了卖出产品有时可能降价高达 25%，因此，如果一切都是光明正大的话，客户就有可能以节省 400 万美元的价格购买机器；如果生产此类发电机的公司代表召开会议，一致同意锁定价格，他们实际上可以令客户的成本增加 400 万美元。而最终的客户肯定是公众。

在费城起诉时，比克斯表示，综合考虑，这些行为"揭示了一种违法模式，可以公平地说，这种模式是美国基础产业中最严重、最恶劣、最普遍的违法行为"。在做出判决之前，法官卡伦·甘尼（J. Cullen Ganey）更进一步，他认为，这些违法行为"构成了我们经济中一个重要部分的令人震惊的一大败象，因为它实际上危及的是自由企业制度的生存"。他做出的入狱判决表明，他是认真的。尽管自《谢尔曼法》通过以来的 70 年里，针对违反该法案的行为进行了多次成功的起诉，但高管们确实很少被监禁。因此毫不奇怪地，此案在新闻界引起了相当大的轰动。

诚然，《新共和》杂志抱怨，报纸和杂志界故意淡化了"这一几十年来最大的商业丑闻"，但这种抱怨似乎没有多少根据。尽管公众对开关设备行业漠不关心，涉及反垄断法的刑事案件毫无吸引眼球的血腥暴力，能够呈现的阴谋细节相对较少，但总体而言媒体仍然给予这个故事大量篇幅，甚至连《华尔街日报》和《财富》杂志也对这场大丑闻进行了毫不妥协、信息量巨大的报道。事实上，人们不时可以发现曾在 20 世纪 30 年代兴盛一时的老一代反商业新闻精神复苏的迹

象。毕竟，还有什么能比看到多位美国最受尊敬的高贵体面、衣冠楚
楚、高薪厚禄的公司高管像普通扒手一样相继被送进监狱更令人兴奋
呢？对于那些津津乐道于商界丑闻的人来说，这无疑是他们自 1938
年以来最兴奋的时刻。1938 年，纽约证券交易所前总裁理查德·惠特
尼因使用客户资金进行投机而被关进监狱。还有人将这个案件称为茶
壶山案①以来最大的丑闻。

更糟糕的是，人们普遍怀疑企业最高层的伪善。被起诉公司中
最大的一家——通用电气的董事长和总裁都没有落入政府的法网，第
二大公司西屋电气也是如此。这四位最大的老板宣称，在司法部首次
就此事举行听证之前，他们对自己领导下的公司所发生的事情一无所
知。然而，许多人对这些免责声明并不满意，他们认为，那些被告高
管只是处于中层的管理者，之所以会违反法律，纯粹是受命行事，或
是为了顺应支持限价的公司环境，但现在他们要为上级的罪行而受到
惩罚。甘尼法官本人对此也不满意，他在判决中表示："如果有人认
为，公司的掌舵人居然对这些持续时间如此之长、影响范围如此之大，
并且涉及数百万美元的违法行为一无所知，只能说他实在是太天真
了……我相信，在这些案件中，众多被告都是禁不住奖金、升职、舒
适的工作保障和高薪的诱惑，而在良知与公司既定政策之间不断撕扯

① 茶壶山案（Teapot Dome）是美国 1922—1923 年爆发的贿赂丑闻案件。当时的内
政部长阿尔伯特·福尔未进行公开招标，就以低价让石油公司承租了茶壶山以及
另外两处美国海军油矿。在 1922 年及 1923 年期间，美国国会由参议员托马斯·J.
沃尔什负责，对这起承租案展开调查。福尔最后承认接受了来自石油公司的贿赂
款。——译者注

和挣扎的。"

对于公众而言，他们自然想找出一个领头者、一个大阴谋家，而且他们似乎在通用电气找到了自己想要的东西。该公司无论是在新闻界，还是在小组委员会的听证会上，都备受瞩目，这让位于纽约市莱克星顿大道 570 号总部的那些大佬惊慌失措。通用电气拥有约 30 万名员工，过去十年的年均销售额约为 40 亿美元，它不仅是 29 家遭到指控的公司中最大的一家，根据 1959 年的销售额计算，还是美国第五大公司。此外，该公司收到的罚款总额（43.75 万美元）高于其他任何一家公司，并且其被送进监狱的高管人数也更多（共 3 人被判入狱，另有 8 人被判缓刑）。更有甚者，似乎能够在这一危急时刻加剧其忠实拥趸的恐惧和震惊，以及嘲笑者的欢乐的是，多年来，该公司高级管理层一直试图通过大力歌颂自由竞争制度而在公众面前扮演美德的成功典范，然而那些限价会议的目的正是为了嘲弄自由竞争体系。

1959 年，在政府对违法行为的调查引起通用电气公司政策制定者的注意后不久，该公司对承认参与其中的高管进行了降职和减薪处理。例如，一位副总裁得到通知，其年薪不再是 12.7 万美元，而是 4 万美元。（就在他几乎还没有从这一打击中恢复过来的时候，甘尼法官又对他处以 4 000 美元罚款，并判他入狱 30 天。在他重新获得自由后不久，通用电气彻底解雇了他。）西屋电气没有像通用电气那样，再对其违法员工追加处罚（无论法院判决的惩罚是什么），而是一直按兵不动，直到法官审理完案件后，该公司决定，法官对于其违法高管做出的罚款和监禁判决已经足够严厉，因而公司不再对他们追加任何处罚。一些人将这种态度视为西屋电气纵容阴谋的证据，但其他人则认为这是值得称赞的，因为这意味着它承认（即使是默认），串谋公司的最高管理层对整个事件（至少在道德层面）负有责任，因此不应再惩戒犯错的员工。在这些人看来，通用电气急于惩罚其公开认罪员工的做法充分表明，该公司正试图通过牺牲少数不幸的员工来拯救自己，或者正如密歇根州参议员菲利普·哈特（Philip A. Hart）在听证会上更为严厉地说的那样，"像本丢·彼拉多[①]那样行事"。

- 沟通困境 -

莱克星顿大道 570 号四面楚歌！多年来，通用电气一直着力将自己打造成一个睿智而仁慈的企业组织，但这一次通用电气总部的公关人员面临一个两面都不讨好的选择：应该将公司在限价案中所扮演的角色定义为"傻瓜"还是"无赖"。他们强烈倾向于扮演"傻瓜"。甘尼法官宣称，他认为串谋不仅得到了公司高层和全公司的纵容，而且还得到了其批准，因此他认为公司扮演的角色显然是"无赖"。然而，他的判断可能是正确的，也可能不是。在阅读了基福弗小组委员会的证词后，我得出了一个令人悲伤的结论，那就是，真相很可能永远不会为人所知。因为，正如证词所显示的那样，通用电气本来清晰透明的道德责任被一团糟的沟通搞得混浊不堪——其沟通如此混乱，以至

---

① 本丢·彼拉多（Pontius Pilate），罗马帝国犹太行省总督（26—36 年）。根据《圣经·新约全书》所述，他曾多次审问耶稣，原本不认为耶稣犯了什么罪，却在仇视耶稣的犹太宗教领袖的压力下，判处耶稣钉死在十字架上。——译者注

于在某些情况下，如果通用电气某位大老板命令下属违反法律，那么下属很可能是在接收这个信息时断章取义了，或者假如某位下属告诉老板他正在与竞争对手举行串谋会议，老板很可能会以为这位下属只是在随口闲谈一场草坪派对或是一局纸牌游戏。具体来说，作为下属，在从老板那里直接收到口头命令时似乎必须先设法弄清楚，他到底是要依令行事还是恰恰相反，而老板在与下属交谈时也必须弄清楚，他是应该照单全收这个人告诉他的话，还是应该试图将其按照某种密码先行破译，而且他根本不确定自己手头有密码。简而言之，这就是问题所在，我之所以在这里直言不讳地指出这些，只是希望任何可能正在寻找合适项目并起草招股说明书，以吸引基金会投资的潜在受益人都能引以为鉴。

在过去大概 8 年间，通用电气制定了一项名为"指令政策 20.5"的公司规章制度，其中包含如下内容："任何员工不得与任何竞争对手就价格、销售条款或条件、生产、分销、地域或客户达成任何明示或暗示、正式或非正式的谅解、协议、计划或方案，亦不得与竞争对手交换或讨论价格、销售条款、条件或任何其他竞争信息。"实际上，这项规则只是要求通用电气的员工遵守联邦反垄断法，只不过在价格问题上比联邦法律说得更具体、更全面。

负责制定通用电气定价政策的高管几乎不可能不知道 20.5 的规定，也不可能对其存在模糊理解，因为为了确保新任高管熟悉这项规定和强化原有高管的记忆，通用电气公司定期正式重新发布该规定，并分发其副本，要求这些高管在上面签名，以表示他们正在遵守协议，并打算继续这样做。问题是，至少在法庭诉讼所涉期间，以及显然在此之前的很长一段时间内，通用电气的一些人，包括一些经常在 20.5 文件上签上大名的人，根本不认为这个指令值得认真对待。他们认为 20.5 只不过是装装样子。制定这项规章只是为公司和大老板提供法律保护，与竞争对手的非法会面在公司内被公认为标准做法。而且，当一位高级管理人员命令低级管理人员遵守 20.5 时，他实际上是在命令他违反 20.5。尽管这似乎不合逻辑，但这最后一个假设是可以理解的，因为有一段时间，某些高管显然已经养成了一种习惯，在口头传达或重新传达该规定时会戏谑地眨眨眼。例如，1948 年 5 月，通用电气的销售经理曾举行了一次会议，并在会上公开讨论了眨眼的习惯。后来升任公司总裁的高阶主管罗伯特·帕克斯顿（Robert Paxton）在会议上发表了讲话，并就违反反垄断法的行为做出通常的警告。随后，帕克斯顿的直接下属，当时担任变压器部门销售主管的威廉·吉恩（William S. Ginn）说道："我没看到你眨眼哟。"帕克斯顿坚定地回答道："我没有眨眼。我们是认真的，这些是命令。"在参议员基福弗问他多久以前意识到，通用电气的高管在发出指令时有时会伴随着眨眼的动作，帕克斯顿回答说，早在 1935 年，他就第一次观察到了这种做法，当时他的老板给了他一个指示，同时眨了眨眼或是做了类似的动作。一段时间后，他意识到了这个动作的重要性，他变得非常愤怒，以至于几乎克制不住自己，险些给老板的鼻子来上一拳，并断送自己的职业生涯。帕克斯顿接着说，他强烈反对眨眼的行为，这甚至使他在公司里赢得了一个"反眨眼侠"的绰号，而他本人也从来没有做过这种眨眼的动作。

尽管帕克斯顿似乎一直毫不怀疑他 1948 年不眨眼睛宣布的那项

规定应该如何解读，但其含义显然并没有被吉恩所理解，因为就在那项规定宣布后不久，他就出去达成了一次完美的限价。（显然，要达成限价协议需要不止一家公司，但所有证词都显示，是通用电气在此类问题上为行业其他公司设定了模式。）

13 年后，刚刚结束数周牢狱生活，并且刚刚丢了一份年薪 13.5 万美元工作的吉恩站在小组委员会面前，解释其行为，其中包括他对那项不带眨眼的命令所做出的奇怪反应。他说，他没把那当回事，因为他收到了来自他在通用电气指挥链上另外两位上司的相反命令，这两个人是亨利·埃尔本（Henry V. B. Erben）和弗朗西斯·费尔曼（Francis Fairman），在解释他为什么听从后面两者的命令而不是帕克斯顿的命令时，他引入了一个令人着迷的概念，即沟通程度，这是想从基金会拿融资的人需要深入研究的另一个主题。吉恩表示，与帕克斯顿相比，埃尔本和费尔曼在发布命令时更为清晰、更有说服力，也更有力。特别是，吉恩强调，人们公认费尔曼是"一位伟大的沟通者、一位善于说理之人，同时坦率地说，他也是一位价格稳定的坚定信徒"。吉恩做证说，埃尔本和费尔曼都不屑地认为帕克斯顿过分天真，并进一步总结了他是如何被引入歧途的，他说："那些支持魔鬼的人比宣扬上帝信念的理学家更能够打动我。"

如果能拿到埃尔本和费尔曼本人所做的关于沟通技巧的报告，了解他们如何做到比帕克斯顿更具说服力，肯定将大有帮助，但不幸的是，这两位哲人都已无法在小组委员会面前做证，因为在举行听证会时他们都已经去世了。而可以做证的帕克斯顿，在吉恩的证词中被描述为一位在任何时候都坚定站在上帝一方推销善念的哲人。吉恩宣称："我可以为帕克斯顿先生澄清，可以说他比我在美国遇到的任何一位商人都更像是亚当·斯密的拥护者。"不过，当吉恩在1950年的一次闲谈中向帕克斯顿承认，他在反垄断问题上"违反了原则"时，帕克斯顿只是告诉他，他是个该死的傻瓜，但并没有将他所说的报告给公司其他人。而帕克斯顿在做证时解释了他为什么没有这样做。他说，谈话发生时，他已经不是吉恩的上司，而且，根据他的个人道德准则，将一个不是自己直属下级的这一类坦白传出去，无异于"传闲话"和"讲是非"。

与此同时，不再受帕克斯顿直接领导的吉恩经常性地与竞争对手会面，并在公司中稳步升职。1954年11月，他被任命为总部位于马萨诸塞州皮茨菲尔德的变压器部门总经理，这一职位使他有望成为公司副总裁。在吉恩走马上任新职位时，自1949年起一直任通用电气董事长的拉尔夫·科迪纳（Ralph J. Cordiner）专门将他召到纽约，明确要求他严格遵守"指令政策20.5"。科迪纳传达的信息十分明确，因此在收到信息的那一刻，吉恩非常清楚，但这份清醒只维持到他离开董事长办公室并走到埃尔本的办公室为止。在那里，他对刚刚听到的命令的理解又一次变得模糊了。埃尔本是通用电气分销部门的负责人，是科迪纳的直属下级，也是吉恩的直属上级。根据吉恩的证词，办公室里刚刚只剩下他们两个人，他就撤销了科迪纳的禁令，他说："你原来怎么干现在还怎么干就行，只不过要放聪明点，在做事的时候多动动脑子。"埃尔本非凡的沟通能力再次占了上风，吉恩继续与竞争对手偷偷见面。"我知道科迪纳先生要是知道了会解雇我，"他告诉参议员基福弗，"但我也知道，我是在为埃尔本先生工作。"

1954 年底，帕克斯顿接替了埃尔本的工作，再次成为吉恩的直属上级。吉恩通过与竞争对手私下会面收获颇丰，但由于知道帕克斯顿不赞成这种做法，所以他没有告诉后者这件事。此外，他在做证时说，随后只过了一两个月，他就确信自己无论如何都不能不参加这些会议，因为 1955 年 1 月，整个电气设备行业陷入了一场激烈的价格战（由于其发生的时间和向买家提供的优惠幅度，这场价格战被称为"大减价"），昔日不乏友善的竞争对手开始激烈地相互竞争。当然，这种企业自由竞争的表现，正是公司间极力串谋希望阻止的，但在那个时候，电气设备的供给大大超过了需求，因此最早是串谋企业中少数几个，然后是越来越多的企业，开始破坏他们自己达成的协议。吉恩说，为了更好地应对这种局面，他"运用了以前学到的理念"，这里他的意思是继续举行限价会议，希望至少有一些达成的协议能够得到遵守。至于帕克斯顿，在吉恩看来，这位哲人不仅对这些会议一无所知，而且由于一直推崇自由和积极竞争的理念，实际上非常享受价格战，尽管这对每个人的利益都是灾难性的。（在自己的证词中，帕克斯顿极力否认自己享受价格战。）

在一年左右的时间里，电气设备行业的形势出现了好转，1957 年 1 月，吉恩基本顺利地渡过了难关，获得了副总裁的职位。与此同时，他被调到斯克内克塔迪，成为通用电气涡轮发电机部门的总经理，科迪纳再次把他召到总部，向他宣讲了 20.5 政策。这样的宣讲已经成为科迪纳的例行公事，每当一名新人被分配到战略管理岗位，或者一名老员工被提拔到这样的岗位，这位幸运者就可以合理地断定，他会被召唤到董事长办公室，聆听严格信条的宣讲。亚历山大·坎贝尔

（Alexander Campbell）在其著作《日本的中心》（*The Heart of Japan*）中称，一家大型日本电气企业制定了一个公司的七大戒律（例如，"礼貌真诚！"），每天早上，在企业的全部 30 家工厂中，工人们都必须专心致志地站立并齐声背诵戒律，然后唱起公司司歌（"为了不断增长的生产／热爱你的工作，全力以赴！"）。科迪纳并没有要求下属背诵或吟唱 20.5，他甚至从未为它谱曲，但对吉恩这样的人而言，考虑到他们聆听 20.5 或是以其他方式得到提醒的次数，他们一定已经熟悉到能够吟诵它，并即兴谱曲将它唱出来。

这一次，科迪纳传递的信息不仅给吉恩留下了深刻印象，而且未被扭曲地深印在他脑海中。根据吉恩的证词，他成为一位洗心革面的管理者，一夜之间改掉了诉诸限价的恶习。然而，他的突然改过自新似乎不能完全归功于科迪纳的沟通能力，也并非由于不断重复的水滴石穿效应，而是像亨利八世改信新教一样，在很大程度上是出于务实的目的。吉恩向小组委员会解释说，他之所以"改邪归正"，是因为他的"空中掩护"①消失了。

"你的什么消失了？"参议员基福弗问道。

"我的空中掩护不见了，"吉恩回答道，"我的意思是，我已经失去了空中掩护。埃尔本先生已经不在了，我所有的同事都走了，我现在直接为帕克斯顿先生工作，而我知道他对这种事的感受……我从前步步高升时遵循的所有理念现在全都不见了。"

---

① 空中掩护（air cover）是美国企业界的一个俗语，源于一个军事行为术语。在企业界，"空中掩护"是指领导者为下属提供强有力的支持，使其度过艰难时期，扭转局面，或将某个项目／举措持续向前推进。——译者注

如果埃尔本（自 1954 年底之后已经不再是吉恩的老板）是为他提供空中掩护的人，那么吉恩显然已经有两年多没有得到掩护了，但大概是在价格战的刺激下，他没有注意到掩护的缺失。不管怎样，他现在面临的局面是，他不仅突然间失去了空中掩护，原来那一套理念也不再适用。他迅速用一套全新的原则填补了后者消失留下的空白，向涡轮发电机部门的经理们分享了 20.5 政策，并更进一步，大力推行所谓"麻风病政策"，也就是说，他建议自己的下属避免与竞争对手进行哪怕是非正式的社交接触，因为"我通过多年实践经验得出结论，一旦建立起关系，这种关系往往会扩散，各种不规矩的行为也会开始出现"。但是现在，命运对吉恩开了一个残酷的玩笑，在不知不觉中，他站在了帕克斯顿和科迪纳多年来所处的位置，成为一位徒劳的哲人，面对一群拒绝接受其布道的人努力兜售上帝的信念，事实上，这些下属都系统性地参与了其领导人警告不得参与的鬼把戏。具体而言，在 1957 年、1958 年和 1959 年上半年期间，吉恩的两个下属一方面虔诚地签署了印有 20.5 政策的学习文件，另一方面在一系列会议上麻利地起草了限价协议，这些会议在多个地点举行，这些地点包括纽约、费城、芝加哥、弗吉尼亚州温泉城，以及宾夕法尼亚州的斯盖托普，等等。

表面来看，吉恩一直未能将他光鲜亮丽的新理念灌输给他人，而他的困境，追根溯源，似乎又要归咎于沟通这个老大难问题。在听证会上，当被问及他的下属怎么可能如此深地误入歧途时，他回答道："我必须承认，我犯了一个沟通错误。我没能把这个道理传达给小伙子们……由于价格对生意的达成如此重要，从理念上讲，我们必须要告诉人们，这么做不仅是违法的，而且……还有很多很多其他理由让他们不能做这种事。但你必须运用说理的方法和沟通的方法……尽管……我已经告诉下属不能做这种事，但一些孩子仍然越界了……在此我必须承认，我在沟通上有失误……我完全愿意承担我的那部分责任。"

吉恩说，他真诚而努力地探究了出现失误的原因，并得出下面的结论：仅仅发布指令，无论多么频繁地发布都是不够的，我们需要的是"一套完整的理念，加上完全的理解，并彻底打破人与人之间的壁垒，这样我们才能让人们理解和真正秉持管理公司应有的理念，并据此来管理公司"。

在此参议员哈特插入了自己的评论说："你可以将沟通进行到底，但如果你沟通的主旨在听众听来只是在讲故事，哪怕它是国家法律……你也永远无法让听众真正接受它。"

吉恩懊恼地承认，这一点千真万确。

另一名被告，弗兰克·斯特利克（Frank E. Stehlik）的证词间接地进一步阐释了沟通程度的概念。弗兰克·斯特利克于 1956 年 5 月—1960 年 2 月担任通用电气低压开关设备部门的总经理。（除了极少数的电力用户，多数人既不清楚，也不在意开关设备到底为何物，实际上，这种设备用于控制和保护发电、转换、传输和配电设备，在美国每年的销售额在 1 亿美元以上。）斯特利克收到的业务指导，除了一些常规的口头和书面形式指令，还有一些被他称为"冲击"的沟通，这种沟通方式不强调"言传"，而更多的是"意会"。从他的证词来看，这种沟通的数量也不少。显然，当他感觉到公司内部发生了什么事情时，他会参考某种内部形而上的压力表来确定他受到的冲击力，并根据自己得到的读数来试图衡量公司政策的真正走向。例如，他做证时说，在 1956 年、1957 年和 1958 年的大部分时间里，他都认为通用电气坦率而充分地支持遵守 20.5 政策。但是，在 1958 年秋季，斯特利克的直属上司乔治·布伦斯（George E. Burens）告诉他，当时任通用电气总裁的帕克斯顿指示自己（布伦斯）与 I-T-E 断路器公司（I-T-E Circuit Breaker Company）总裁马克斯·斯科特（Max Scott）共进午餐，而 I-T-E 公司是通用电气在开关设备市场的重要竞争对手。帕克斯顿在自己的证词中表示，虽然他确实要求布伦斯与斯科特共进午餐，但他明确指示对方不要讨论产品价格，但显然，布伦斯没有向斯特利克提及这一警告，无论如何，斯特利克做证说，得知最高管理层让布伦斯与一位主要竞争对手共进午餐的消息"对我产生了巨大的冲击"。当被要求进一步说明这一点时，他说："在我思考公司的真实态度时，有很多冲击因素左右着我，这就是其中之一。"随着这些大大小小的"冲击"不断累积，它们最终传递给斯特利克的信息是，他原来以为公司真正尊重 20.5 政策的观点是错误的。因此，当布伦斯在 1958 年底命令斯特利克开始与竞争对手举行限价会议时，他一点也不感到惊讶。

斯特利克遵从了布伦斯的命令，进而引发了一系列新的冲击，其沟通方式也粗糙直白得多：1960 年 2 月，通用电气将斯特利克的年薪从 7 万美元减为 2.6 万美元，理由是他违反了 20.5 政策；一年后，甘尼法官因他违反《谢尔曼法》而判处他 3 000 美元罚款和 30 天缓刑；大约一个月后，通用电气要求他辞职并收到了他的辞呈。事实上，在公司的最后几年里，斯特利克几乎遭受了雷蒙德·钱德勒[①]笔下主人公那样密集的撕裂性冲击。不过，低压开关设备部营销部门经理 L. B. 格森（L. B. Gezon）在听证会上的证词表明，像钱德勒笔下的主人公那样，斯特利克也能在承受强力冲击的同时向外界施加强力冲击。格森是斯特利克的直属下级，他告诉小组委员会，尽管他之前参加过限价会议，但在 1956 年 4 月斯特利克成为其上司之后，他有一段时间未再参与任何违反反垄断法的行为，直到 1958 年底才开始再次违法。当时他这样做完全是因为屈从于冲击，而且完全没有斯特利克最初面临同样境况时曾注意到的那种微妙和细腻。这种冲击直接来自斯特利克，他似乎在与下属沟通时不留任何含糊之处。用格森的话来说，斯特利克告诉他"重开会议，公司政策没有改变，风险和以往一样大，如果我们的行为被发现，我个人将被（公司）开除或受到惩罚，并会受到政府的惩罚"。因此，格森只有三个选择：辞职，不服从上级的直接命令（在这种情况下，他认为，"他们可能会找其他人来做我的工作"），或者服从命令，因而违反反垄断法，并对可能发生的后果没有豁免权。简而言之，他的可选方案与国际间谍面临的选择相当。

　　尽管格森确实重新开始参加限价会议，但他没有遭到起诉，可能是因为他是一个相对次要的价格操纵者。通用电气对他予以降职惩罚，但没有要求他辞职。然而，假如有人认为格森相对没有受到这段经历

---

① 雷蒙德·钱德勒（Raymond Chandler，1888 年 7 月 23 日—1959 年 3 月 26 日），美国著名推理小说作家。他对现代推理小说有深远的影响，尤其是他的写作风格和看法，后来为相当多的同行所采用，钱德勒笔下的主人公菲力普·马罗（Philip Marlowe）也成为传统冷硬派私家侦探的代名词。——译者注

的影响，显然也大错特错。当基福弗参议员问他，是否认为斯特利克的命令使他处于无法忍受的境地时，他回答说，当时并没有这么认为。当被问及他是否认为自己因执行上级命令而被降职不公平的时候，他回答说："我个人并不这么认为。"从格森的回答来看，他的心灵和思想受到的冲击似乎也很大。

- 理解与误解 -

沟通问题的另一方面，即上级在理解下属告知的信息时可能发生困难，在雷蒙德·史密斯（Raymond W. Smith）和亚瑟·文森（Arthur F. Vinson）的证词中得到了生动的体现。史密斯从 1957 年初到 1959 年末担任通用电气变压器部门的总经理（此前两年，这一职务由吉恩担任）。亚瑟·文森于 1957 年 10 月被任命为通用电气设备集团的副总裁，也是公司执行委员会的成员。文森担任副总裁后，即成为史密斯的直接上司。在此期间，史密斯的最高年薪约为 10 万美元，而文森的基本年薪为 11 万美元，还可获得 4.5 万 ~10 万美元不等的绩效奖金。史密斯做证说，1957 年 1 月 1 日，也就是他被任命为变压器部门负责人当天（那天也是法定假日），他去见了董事长科迪纳和执行副总裁帕克斯顿，科迪纳向他做出了一个耳熟能详的要严格遵守 20.5 政策的宣讲。然而，那一年晚些时候，由于竞争变得极其激烈，变压器产品的折扣达到了 35%，史密斯自己决定，应该开始与竞争对手谈判以稳定市场了。他说，他觉得自己这样做是有道理的，因为他相信，无论是在公司的小圈子还是在整个行业，这种谈判都是"当务之急"。

　　当文森在当年 10 月成为他的上司时，史密斯会定期参加限价会议，他觉得应该让他的新老板知道他在做什么。因此，他告诉小组委员会，有两三次，当他们两个人在正常业务过程中独处时，他曾对文森说，"今天上午我和那帮人开了个会"。小组委员会的律师问史密斯，他是否曾更直截了当地说出这件事，例如，是否曾说过类似下面的话："我们正在与竞争对手会面以限定价格。我们在这里有一点点串谋，我不想让它泄露出去。"史密斯回答说，他从来没有那么直白地说过，他最多只是说过类似"我今天上午与那帮人开了个会"这样的话。他没有详细说明为什么他没有说得更直白一点，但有两种合乎逻辑的可能性。也许他希望在让文森了解情况的同时不必冒成为帮凶的风险。或者，他可能并非有意这样做，而只是按照自己惯用的间接和口语化方式来表达自己的意思。（作为史密斯的密友，帕克斯顿曾向史密斯抱怨说，他的话"有点晦涩难懂"。）无论如何，文森在做证时表示，他完全误解了史密斯的意思。事实上，他不记得曾经听史密斯用过"和那帮人开会"的说法，尽管他记得对方说过类似的话："好吧，我要把这个关于变压器的新计划拿出来给小伙子们看看。"文森做证说，他认为"小伙子们"指的是通用电气地区的销售人员和公司的客户，"新计划"是一个新的营销计划。他说，几年后，也就是在案件已经曝光之后，他才惊讶万分地得知，史密斯口中的"小伙子们"和"新计划"，其实是指竞争对手和限价计划。"我认为史密斯先生是一个真诚的人，"文森在做证时说，"我确信史密斯先生……以为他是在告知我他要去参加某个限价会议。但我完全没明白他的意思。"

　　另外，史密斯确信自己的意思已经被文森理解了。"我从来没有感觉到他误解了我。"他坚持告诉小组委员会。基福弗在随后盘问文森时问他，一位在电气行业有着30多年经验的高管，是否可能如此幼稚，乃至在理解诸如"小伙子们"是谁这样的实质性问题上误解下属。"我不认为这太过幼稚，"文森回答道，"我们有很多小伙子……我可能很幼稚，但我肯定说的是实话，在这种事情上我肯定是幼稚了。"

> 基福弗参议员：文森先生，如果你真幼稚的话，就不会成为一个年薪20万美元的副总裁了。
> 文森先生：我认为就算我在这种事情上很幼稚，我也能走到那一步。这甚至可能会有帮助。

这里，在一个完全不同的领域，沟通问题再次凸显出来。文森对基福弗参议员所说的，真是他想表达的意思吗？他真的认为对违反反垄断法行为的幼稚无知可能有助于一个人在通用电气获得并保住一份年薪20万美元的工作吗？这似乎不太可能。那么，他还想表达什么意思呢？不管答案是什么，无论是联邦反垄断人员还是参议院调查人员，都无法证明史密斯成功地向文森传达了他正在进行价格操纵的事实。而且，由于缺乏这样的证据，尽管调查人员全力以赴地想要证明，至少有一个处于通用电气管理层顶端的人，例如神圣的执行委员会的成员，也与此案有关，但是他们并不确定能够成功做到这一点。事实上，当串谋案刚刚被揭露出来时，文森不仅同意公司对史密斯大幅降级以示惩罚的决定，而且亲自告知了他这一决定。如果他早在1957年就理解了史密斯的意思，那么他后来的行为就意味着极度的犬儒和虚伪。（顺便说一句，史密斯没有接受降职处分，而是辞去了通用电气的工作，在被甘尼法官罚款 3 000 美元并判处 30 天缓刑后，他在别处找到了一份年薪 1 万美元的工作。）

- 可疑的串谋 -

这并不是文森唯一险些卷入此案的地方。在一份大陪审团敦促法院采取行动的起诉书中，他也是遭到点名的人之一，这一次不是因为他误解了史密斯的行话，而是因为开关设备部门的串谋行为。在案件的这个部分，开关设备部门的四位高管，布伦斯、斯特利克、克拉伦斯·伯克（Clarence E. Burke）和弗兰克·亨切尔（H. Frank Hentschel）在大陪审团（后来又在小组委员会）面前做证称，在 1958 年的 7 月、8 月或 9 月的某个时候（他们都不记得确切的日期了），文森与他们在费城的通用电气开关设备厂 B 餐厅共进午餐。在用餐期间，他指示他们与竞争对手举行限价会议。他们说，根据这项命令，1958 年 11 月 9 日，通用电气、西屋电气、艾利斯-查默斯制造公司（Allis-Chalmers Manufacturing Company）、联邦太平洋电气公司（Federal Pacific Electric Company）和 I-T-E 断路器公司的代表在大西洋城的特雷莫尔酒店举行了一次会议，在会上对面向联邦政府、州政府和市政府机构的开关设备销售进行了分配：通用电气获得 39% 的业务份额，西屋电气获得 35%，I-T-E 获得 11%，艾利斯-查默斯获得 8%，联邦太平洋电气获得 7%。随后，这些公司举行其他限价会议，就分配面向私人买家的开关设备销售达成了协议，并制定了一个详细的方案，据此，这些串谋的公司以两个星期为间隔，轮流向潜在客户提交最低报价。由于其周期性，这被称为"月相计划"，这个名称在后来引起小组委员会与艾利斯-查默斯公司的一位高管 L. W. 隆（L. W. Long）进行了如下颇具诗意的交谈：

> 基福弗参议员：谁是"月相位器计划"，或者是"月相计划"的参与人？
>
> 隆先生：随着形势发展，这个所谓的"月相计划"的执行是由我这个层级以下的人员实施的，我认为它是指一个工作小组……
>
> 费拉尔先生（小组委员会律师）：他们有没有向你报告过此事？
>
> 隆先生：月相计划？没有。

文森先是告诉司法部的检察官，后来又向小组委员会重申，在案件曝光之前，他完全不知道特雷莫尔会议、月相计划或串谋本身的存在。至于 B 餐厅的午餐，他坚称从未发生过。就这一点，布伦斯、斯特利克、伯克和亨切尔参加了 FBI 主持的测谎仪测试，并通过了测试。文森拒绝接受测谎仪测试，起初他解释说，他是按照律师的建议行事，并非自己的意愿。后来，在听到其他 4 个人的测试结果后，他辩称，如果机器没有测出他们是骗子的话，那做这个测试没有任何意义。据证实，在 7 月、8 月和 9 月这 3 个月内，只有 8 个工作日的午餐时间布伦斯、斯特利克、伯克和亨切尔同时在费城工厂，而文森提供了他的一些开支账目，并向司法部指出，这些账目表明，他这些天都在其他地方。面对这些证据，司法部放弃了对文森的起诉，而他继续担任通用电气的副总裁。小组委员会从他那里得到的证词，也没能让他们实质性地推翻文森打动政府检察官的那一套辩词。

因此，通用电气的最高管理层安然无恙。记录显示，该公司相当多低阶人员参与了串谋，但这种行为并未扩散到最高层。大家都认可的是，格森听从了斯特利克的命令，而斯特利克听从了布伦斯的命令，但事情到此为止，因为尽管布伦斯说他是听从文森的命令，但文森否认了这一点，并且他的否认未被推翻。政府在调查结束时在法庭上表示，其无法证明，也不会主张，董事长科迪纳或总裁帕克斯顿曾授权进行串谋，或者知道此事，因此正式排除了他们曾经靠眨眼来传达指令的可能性。后来，帕克斯顿和科迪纳也前往华盛顿并在小组委员会面前做证，而向他们提问的人同样无法确定他们是否曾有过任何类似眨眼的行为。

在被吉恩描述为全通用电气最坚定和最执着的自由竞争倡导者之后，帕克斯顿向小组委员会解释说，他对这一问题的观点并非直接受到亚当·斯密的影响，而是受到了他在通用电气的前老板、已故的杰拉德·斯沃普（Gerard Swope）的影响。帕克斯顿证实，斯沃普一直坚信，商业的最终目标是以更低的成本为更多的人生产更多的商品。帕克斯顿说："当时我就对此非常认同，现在我同样认同。我认为这是任何一位企业家对经济理念能做出的最精彩的陈述。"在他的证词中，帕克斯顿对限价案中那几处提及他名字的情况一一作了阐述，其中部分分析颇具哲理性。例如，在1956年或1957年，通用电气开关设备部门的低阶雇员，一位叫杰瑞·佩奇的年轻人曾直接写信给科迪纳，指控通用电气和几家竞争对手公司的开关设备部门参与了一场串谋，以使用不同颜色的信纸作为密码交换价格信息。科迪纳将此事交给帕克斯顿处理，命令他查明真相，帕克斯顿随即进行了调查，并得出结论，颜色密码串谋"完全是这个小伙子的想象"。帕克斯顿得出的结论显然完全正确，尽管后来发现，开关设备部门在1956年和1957年期间的确存在串谋行为。他们采用的是一种相当传统的做法，即依靠限价会议，而不是基于颜色密码这样花里胡哨的东西。佩奇因健康状况不佳而无法被传唤做证。

　　帕克斯顿承认，他在有些情况下"显然蠢得要命"。（不管他是否愚蠢，作为公司总裁，他的薪酬显然比文森丰厚得多：基本年薪为12.5万美元，加上约17.5万美元的年度激励薪酬，再加上旨在使他能够以低税率获得更多收入的股票期权。）至于帕克斯顿对公司沟通的态度，他在这一点上表现得很悲观。在听证会上，当被问及对1957年史密斯和文森的谈话作何评论时，他说，他了解史密斯，因此"无法相信这个人是一个骗子"，然后继续说道：

　　　　我年轻的时候经常打桥牌。我们4个人每年冬天都会玩大约50局盘式桥牌①，我想我们的牌技可以说相当好。如果诸位先生也打桥牌的话，你们就知道，随着牌局进行，搭档之间会使用暗语交换信息。这是一种约定俗成的打法……现在，当我想到这一点

①　也称"盘局桥牌"，是定约式桥牌的一种。——译者注

时，特别是当我读到史密斯证词，看到他谈到"和那帮人开会"或是"和小伙子们开会"，我更是印象深刻，我开始认为，这些处在竞争第一线的人之间一定有一种约定俗成的沟通方法。好吧，史密斯可以说，"我告知了文森我正在做的事"，而文森根本不知道别人告诉他的是什么，两个人都可以宣誓做证，一个人说是，另一个人说不是，两个人说的都是事实……（他们）根本就不在一个频道上。（他们）表达的意思根本不同。我想，我现在相信，这些人确信他们说的是实话，但他们并没有理解对方。

当然，上述内容是对沟通问题最悲观的分析。

从科迪纳董事长的证词中可以看出，他在公司中的地位几乎相当于豪门中的波士顿卡伯特家族①。他无疑为公司做出了诸多有价值的贡献，并因此而得到了绝对丰厚的报酬（1960年，他的薪资略高于28万美元，外加大约12万美元的或有递延收入，再加上价值可能达数十万美元的股票期权），但他的地位过于高高在上，因此至少在反垄断问题上，他似乎根本无法进行任何比较接地气的沟通。鉴于他向小组委员会强调，他从未对串谋网络有过丝毫觉察，可以推断，他的情况不是沟通错误，而是根本没有沟通。他没有像吉恩和帕克斯顿那样，向小组委员会大谈理念或是哲人的问题，但从他过去不断重新发布20.5政策，以及在演讲和公开声明中不断赞美自由企业精神的行为可以看出，他显然不是一个哲学家，而且，由于没有证据表明他曾以任何形式贬

---

① 卡伯特家族是美国波士顿一个声望很高的世袭权贵家族，是所谓"波士顿婆罗门"中的一员。——译者注

过眼，他显然是站在出卖上帝那一边的。基福弗列举了在过去半个世纪中，通用电气一长串遭反垄断法违法指控的行为，并询问1922年即加入公司的科迪纳对其中每项指控都了解多少。对此他回答说，他通常只是在事后才知道这些情况。在评论吉恩有关1954年埃尔本撤销科迪纳直接命令的证词时，科迪纳说，他在读到这篇证词时"非常震惊"，并"非常惊讶"，因为埃尔本总是向他展示出"强烈的竞争精神"，而不是任何与竞争对手友好相处的倾向。

在他的证词中，科迪纳使用了"做出回应"这个奇怪的表达方式。例如，如果基福弗无意中把同一个问题问了两次，科迪纳会说，"我刚才已经对这个问题做出了回应"；或者，如果基福弗习惯性地打断了他，科迪纳会礼貌地问，"我可以做出回应吗？"这也为希望融资的企业家提供了一个小提示，或许他们应该研究一下"做出回应"（一种被动的状态）和"回答"（一种主动行为）之间的区别，以及它们在沟通过程中的相对有效性。

当基福弗问科迪纳，他是否认为通用电气"蒙羞"的问题时，科迪纳总结了他在整个案件中的立场，他说："不，我不会做出回应并声称通用电气为此而蒙羞。我要说的是，我们深感悲痛和担忧……我并不为此感到骄傲。"

因此，科迪纳董事长能够振聋发聩地向下属宣讲应严格遵守公司规章制度和国家法律，却不能让所有管理人员严守规章，帕克斯顿总裁能够深思熟虑地想到，他的两位下属虽然对他们之间的谈话有着截然不同的描述，但他们并不是在撒谎，而仅仅是糟糕的沟通者。在通用电气，理念似乎占据了制高点，而沟通则深陷低谷。多数做证的人或明或暗地表示，如果高管们能够学会相互理解，那么违反反垄断法的问题就会得到解决。但这个问题可能既是一个文化问题，也是一个技术问题，与在大型组织中工作导致的人格丧失有关。漫画家朱尔斯·费弗在非企业背景下思考沟通问题时曾表示："事实上，割裂出现在个体与其自身之间。如果不能成功地与自己沟通，你又如何与外界的人沟通？"假设，纯粹就是一种假设，公司老板一方面命令下属遵守反垄断法，一方面却不能很好地自我沟通，以至于他不知道自己是否真的希望命令得到遵守。如果下属不服从他的命令，由此导致的限价行为可能会使他的公司在金钱上受益；如果下属服从命令，则他做了正确的事。在第一种情况下，他本人没有任何不当行为，而在第二种情况下，他积极参与了正当行为。那么，无论是哪种情况，说到底他又能损失什么呢？也许有理由认为，这样一位老板可能更有力地传递了其不确定感，力度远胜于其发出的指令。也许，这又是一个希望融资的企业家应该仔细研究的沟通失败的因素，他可能会发现，信息发送者自己都没有意识到的言外之意，有时候反而发挥了奇效。

与此同时，在小组委员会结束调查后的头几年，被告公司被迫时时记得它们的违法行为。法律允许因人为因素支付高价的客户起诉并申请赔偿金，只要他们能够证明这是因有人违反了反垄断法。在多数情况下，赔偿金高达三倍，因此诉讼金额高达成百上千万美元，以至于首席大法官沃伦不得不成立一个由联邦法官组成的特别小组来研究如何处理这些案件。不用说，科迪纳也没有办法忘记这件事。事实上，他根本没什么机会考虑其他事情，因为除了诉讼，他还必须应对一些小股东，这些人不遗余力地希望把他赶下台，虽然最终结果显示这些努力都没有获得成功。

帕克斯顿于 1961 年 4 月在总裁职位上退休，原因是前一年的 1 月，他经历了一次大手术，自此之后健康状况一直欠佳。至于那些认罪并被罚款或监禁的高管，大多数非通用电气的雇员仍然留在原公司，要么是留任原来的工作岗位，要么是调任类似的工作岗位。而通用电气的雇员则没有人留下来。一些人永久性地离开了企业界，另一些人则转而从事相对较低阶的工作，也有一些人找到了职位更高的工作，其中最引人注目的是吉恩，他于 1961 年 6 月成为重型机械制造商鲍德温-利马-汉密尔顿（Baldwin-Lima-Hamilton）的总裁。至于电力行业未来是否还会出现操纵价格的问题，可以肯定地说，司法部、甘尼法官、基福弗参议员和三倍损失赔偿诉讼肯定会对指导公司政策制定的哲人们产生冲击，使他们，甚至他们的下属，可能会在相当长的一段时间内严格遵守法律，不会越线。不过，他们在沟通能力方面是否能取得进展，那就完全是另一个问题了。

8

最后的大逼仓

1958年，从春天到仲夏期间，美国硬木地板龙头制造商E.L.布鲁斯公司（E.L. Bruce Company）的普通股股价从每股略低于17美元的低点涨至每股190美元的高点。这种惊人，乃至令人恐慌的涨势愈演愈烈，最终达到高潮，其股价在一天内疯涨了100多美元，这种景象已经十多年未曾出现过。而更令人震惊的是，该公司股价飚涨似乎与美国公众对新硬木地板的突然渴求没有丝毫关系。让几乎所有相关人士（甚至包括部分布鲁斯股票持有者）感到惊愕的是，这似乎完全是由于股票市场上一种被称为"逼仓"的技术性操作。除了1929年出现的普遍性恐慌，"逼仓"是股票市场最激烈和最壮观的一种现象，在19世纪和20世纪初曾不止一次危及国民经济的稳定。

不过，布鲁斯股票的情况并未造成这样大的危害。这一方面是由于，布鲁斯公司相对于整体经济而言规模过小，即使是其股票最剧烈的波动也几乎不会对国家产生多大影响。另一方面是由于，布鲁斯股票发生的"逼仓"事件纯属意外，只是一场争夺公司控制权斗争的副产品，而不是像历史上发生的大多数逼仓那样，是有意操纵的结果。最后，这一事件最终被证明并不算一次真正的逼仓，而只是一个非常近似的行为，到了9月，布鲁斯的股票走势平稳下来，稳定在了合理的水平。但这起事件激起了一些冷硬派的华尔街老鸟们略带怀旧色彩的回忆，这些人曾见证过经典的（至少是最后一次）逼仓。

1922年6月，一家名为"小猪摇摆"的公司的股票在纽约证券交易所挂牌上市，从而开启了那个浮华年代中最具戏剧性的一场金融战役。该公司是一家自助式连锁零售市场，主要在美国南部和西部开展业务，总部设在孟菲斯。彼时，由于联邦政府仅仅进行漫不经心的粗放监管，上市公司为了牟取暴利或摧毁敌手而无所不用其极，经常把华尔街折腾得乌烟瘴气。这场大战在当时非常有名，以至于撰写头条新闻的记者只要将其简单地称为"小猪危机"即可，而这场事件的主人公颇具有英雄色彩的个性（在有些人眼中可能是一个恶棍）更增加了其中的戏剧性。

那是华尔街的一位新来者，一个在美国农村人民欢呼声中无畏出发，并令纽约那些狡猾的操纵者束手无策的乡下小伙儿。他就是来自孟菲斯的克拉伦斯·桑德斯（Clarence Saunders），一个身材微胖、干练英俊的41岁男子，他在自己的家乡已经是一位传奇人物，主要是因为他在那里为自己建造了一座人称"粉红宫殿"的豪宅，这是一幢外贴粉色佐治亚大理石的巨大建筑，环绕着一座令人赞叹的白色大理石罗马中庭。桑德斯本人宣称，它将屹立千年。粉红宫殿尽管没有完工，但它成为孟菲斯从未见过的独特建筑。它的占地包括一个私人高尔夫球场，因为桑德斯喜欢躲起来自己打高尔夫球。就连他和妻子以及 4 个孩子在宫殿竣工前暂居的临时庄园也有一个专用的高尔夫球场。（一些人说，他对独处的偏爱源于当地乡村俱乐部理事们的态度，他们抱怨说，他给的小费太多，带坏了所有的球童。）桑德斯于 1919 年创建了小猪摇摆，在他身上，你几乎可以找到美国推销员所有的那些典型的浮夸做派，包括慷慨得可疑，深谙哗众取宠之道，喜欢炫耀，等等。但他同时还具有一些不太常见的特点，比如，无论是演讲还是写作，他都活灵活现，极尽生动，还有就是极富喜剧天赋（他可能意识到，也可能没有意识到这一点）。但就像之前的许多伟人一样，他也存在弱点，有一个可悲的缺陷。那便是他坚持认为自己是一个傻瓜、一个蠢货、一个乡巴佬，而这种坚持让他有时候真的成为傻瓜蠢货乡巴佬的合体。

正是这个似乎不太可能干出逼仓这类事情的家伙，策划了最后一次针对某只全国性交易股票的真正逼仓。

- 带血腥味的逼仓 -

逼仓游戏（在其全盛时期，这的确是一种游戏，一种高风险的赌博游戏，纯粹而简单，体现了扑克的许多特点）是华尔街无休止的多空之争的一种表现形式，其中多头押宝股价上涨，空头则押宝股价下跌。逼仓游戏开场后，多头的基本操作方法当然是买进股票，而空头则是卖出股票。由于普通的空方在竞争中没有任何股票发行权，他通常会采取"卖空"的做法。所谓卖空交易，是卖家从经纪人处借入股票（支付适当的利息）完成交易。由于经纪人仅仅是代理人，而不是直接所有人，因此他们自己也必须借入股票。他们会通过利用在投资公司之间不断流通的股票的"浮动供应"来实现这一点，这些不断流通的股票包括私人投资者出于交易目的留在某家券商处的股票，或是理财和信托公司拥有、在约定的特定条件下可出售的股票等。

本质上，浮动供应包括某家特定股份公司所有可供交易的股票，这些股票没有被保存在保险箱中，也没有被藏在床垫里。尽管供应量是浮动的，但它仍被严格跟踪。例如，假设卖空的人从经纪人那里借入了 1 000 股股票，那么他知道自己已经承担了一笔不可变的债务。他的希望（即使很渺茫）是，股票的市场价格会下跌，使他能够以更便宜的价格购买自己欠下的 1 000 股股票，偿还债务，并将差额收入囊中。他所冒的风险是，出借人可能会出于某种原因，要求他在市场价格高涨的时候交还 1 000 股借来的股票。要是这样的话，他将面临华尔街老话所描绘的残酷事实："那些卖出不属于自己的东西的人，要么把它买回来，要么进监狱。"在有可能进行逼仓的日子里，空头还可能因为一些原因夜不能寐，如他是在两眼一抹黑的情况下操作的，他只是在跟经纪人打交道，既不知道股票买家的身份（一个潜在的逼仓者？），也不知道他借入股票的所有者的身份（依然是那个潜在的逼仓者，正在从后面包抄？）。

尽管卖空有时被谴责为投机者的工具，但全国所有交易所都还允许卖空行为，虽然需要受到严格限制。在不受限的状态下，卖空是逼仓游戏的标准开局。而当一群空头开启一场组织有序的卖空狂潮时，这场游戏就算开场了。为了助力其卖空行为，空方还常常同时散布谣言，称相关股票背后的公司已经奄奄一息。这种行动被称为大量沽空。

此时多方最有力，同时也是最冒险的反击，是试图逼仓。只有遭到许多交易者卖空的股票才可以被逼仓，一只在真正大量沽空行动中苦苦挣扎的股票是理想的逼仓对象。在后一种情况下，潜在的投资者将试图购买投资公司的浮动供应股票和足够数量私人持有的股票，以逼走空头。如果这种努力成功，当他要求空头偿还所借股票时，后者只能从他手里购买。而且他们必须以他选择的价格购买这些股票，如果不这么做，他们唯一的选择（至少在理论上如此）是宣告破产或是因未能履行义务而入狱。

在金融界不断上演生死大战的那些日子里，亚当·斯密自由主义的幽灵仍面对华尔街微笑，逼仓行为相当普遍，而且往往极其血腥，成百上千个无辜的路人以及鏖战不休、身心俱疲的决斗者们惨遭财务斩首。史上最著名的逼仓高手当属著名的老海盗、"海军准将"康内留斯·范德比尔特[1]，他在19世纪60年代成功地实施了至少三次逼仓行动。哈莱姆铁路公司之战可能是他的经典之作。通过秘密购买该公司所有可用股票，同时散布一系列关于公司即将破产的谣言，他诱使空头下场，设计了一个无懈可击的陷阱。最后，他摆出一副帮空头一个忙，使他们免受牢狱之灾的姿态，以每股179美元的价格向那些被逼仓的空头售出股票，而他在购买这些股票时只花了这个价格的零头。灾难波及面最广的逼仓行动是1901年针对北太平洋公司（Northern

---

[1]　康内留斯·范德比尔特（Cornelius Vanderbilt，1794年5月27日—1877年1月4日），又译作科尼利尔斯·范德比尔特，绰号"海军准将"，是一位依靠航运和铁路致富的美国工业家、慈善家。他是范德比尔特家族的创始人，也是历史上最富裕的美国人之一。——译者注

Pacific）股票的逼仓。为了筹集购买已卖空股票所需的巨额现金，北太平洋公司的空头卖出了太多其他股票，引发全国性恐慌，并在全球范围内产生了影响。倒数第二次大型逼仓事件发生在 1920 年，传奇人物托马斯·福琼·瑞恩 [1] 的儿子艾伦·瑞恩为了骚扰他在纽约证券交易所的敌人，试图针对著名的斯图兹跑车制造商斯图兹汽车公司（Stutz Motor Company）的股票进行逼仓。瑞恩的逼仓行动取得了成功，证券交易所的空头受到了应有的打击。但最终，瑞恩自己也面临骑虎难下的局面。证券交易所暂停了斯图兹的交易，随后是漫长的诉讼，瑞恩终于从这件事脱身的时候，他的财务状况已经一团糟。

然后，毫不例外地，逼仓游戏也遭遇了困扰其他游戏的一个困难，即对游戏规则的事后争议。20 世纪 30 年代的改革立法，通过取缔任何旨在打击股票交易势头的卖空行为以及其他可能引发逼仓的操纵行为，实际上使这种游戏不复存在。现在，华尔街人士在谈到"corner" [2] 时，一般是指百老汇街和华尔街的转角。在美国股市中，现在只可能出现偶发的逼仓事件（或像布鲁斯股票事件那样近乎逼仓的事件）。克拉伦斯·桑德斯是故意参与这类游戏的最后一位玩家。

熟识桑德斯的人曾对他的性格做出不同的描述，包括"一个想象力和精力无限的人""极度傲慢自负""本质上还是一个玩心很重的 4 岁孩子""那一代人中最杰出的人物之一"。但毫无疑问，甚至许多在他的促销计划中蒙受损失的人也相信他本性诚实。桑德斯于 1881 年

---

[1] 托马斯·福琼·瑞恩（Thomas Fortune Ryan）为美国烟草、保险和运输大亨。——译者注

[2] "逼仓"，同时还有"角落"的意思。——译者注

出生在弗吉尼亚州阿默斯特县的一个贫困家庭。十几岁时，他曾受雇于当地的杂货店，沿袭众多未来大佬们打第一份工时遭遇低薪的传统，他的第一份工作也薪水微薄，周薪仅有 4 美元。他爬得很快，不久进入田纳西州克拉克斯维尔的一家杂货批发公司，然后又进入了孟菲斯的一家公司，在 20 多岁的时候，他就创建了一个小型零售食品连锁店，名为联合商店（United Stores）。几年后，他卖掉了这家店，自己做了一段时间杂货批发店，然后在 1919 年开始建立连锁自助式零售市场，并给这个市场起了一个迷人的名字：小猪摇摆。（孟菲斯的一位商业伙伴曾问他为什么起了这样一个名字，他回答说："这样人们就会问我刚刚提过的问题呀。"）他的生意十分兴隆，到 1922 年秋天，已经拥有超过 1 200 家连锁市场。其中约 650 家由桑德斯的小猪摇摆公司直营，其余为加盟经营，它们的所有者向小猪摇摆公司支付特许使用费，以获得采用其专利经营方法的权利。在 1923 年，一间传统的杂货店意味着穿着白色围裙的店员，以及经常性的缺斤短两，而桑德斯的经营方式被《纽约时报》惊讶地描述为："小猪摇摆的顾客在一个个两边摆放着货架的通道上漫步，拿取自己想买的东西，并在出门时付款。"尽管桑德斯当时并不知道，但是他发明了超市。

　　伴随着小猪摇摆公司的迅速崛起，很自然地，其股票被纽约证券交易所接纳上市。上市后 6 个月内，小猪摇摆的股票已被视为一只可靠的派息股，尽管不能算是热门股。这类股票属于所谓的"孤儿寡母股"[①]，投机者给予其尊重，并基本不会碰它们，就像掷骰子的赌徒

[①] 孤儿寡母股指每季度分红稳定的股票，这些股票对无依无靠的孤儿寡母来说，收益虽然不多，却是一个稳定的收入来源。——译者注

对待桥牌那样。然而，这种声誉并不持久。1922 年 11 月，几家在纽约、新泽西州和康涅狄格州以小猪摇摆品牌经营杂货店的小公司倒闭，并进入破产程序。这些公司的破产几乎没有引起桑德斯的任何担心。他只不过是向它们出售了使用公司醒目商标的权利，租赁了一些专利设备，然后就彻底撒手不管了。但是，当这些独立的小猪摇摆公司破产时，一群股票市场的操盘手（因为通过守口如瓶的经纪人进行交易，他们的身份从未被披露）看到了进行大量沽空的天赐良机。他们推测，如果个别小猪摇摆公司倒闭，那么谣言可能会传播开来，让不知情的公众相信母公司也行将倒闭。为了进一步加深这种信念，他们开始迅速卖空小猪摇摆的股票，以压低股价。该股轻易地屈服于这些卖压，在几个星期内，其价格（当年早些时候曾在每股 50 美元左右徘徊）跌到了每股 40 美元以下。

-"击败华尔街！"-

这个时候，桑德斯向媒体宣布，他将发起一场收购运动，"在华尔街专业人士自己的游戏中击败他们"。在这方面，他自己绝对不是专业人士。事实上，在小猪摇摆上市之前，他从未持有过任何在纽约证券交易所上市的股票。同时几乎没有理由相信，他在收购活动开始时存了任何想要逼仓的意图。似乎更可能的是，他的全部动机正像他宣布的那个无懈可击的动机一样，是为了支持股票价格，保护自己的投资和其他小猪摇摆股东的投资。无论如何，他以特有的热情与空头抗衡，从孟菲斯、纳什维尔、新奥尔良、查塔努加和圣路易斯的一批银行家那里贷款约 1 000 万美元来充实自己的资金。传说他把自己的 1 000 多万美元资金以大额钞票的形式塞进一个手提箱，登上了开往纽约的火车，他的口袋里甚至都塞满了手提箱装不下的钞票，昂首阔步来到华尔街准备战斗。后来，他断然否认了这个传说，坚称自己一直留在孟菲斯，并通过电报和长途电话与各个华尔街经纪人沟通，组织了自己的收购活动。但无论他当时在哪里，总之他召集了由大约 20 名经纪人组成的团队，其中包括担任其参谋长的杰西·利弗莫尔（Jesse L. Livermore）。利弗莫尔是 20 世纪美国最著名的投机者之一，当时已经 45 岁，但仍偶尔被人戏谑地叫起"华尔街少年作手"的绰号，这个绰号是他几十年前赢得的。由于桑德斯宽泛地认为华尔街的人，特别是投机者，都是只想打垮其股票的寄生恶棍，因此他与利弗莫尔结盟的决定似乎并非心甘情愿，而只是为了将敌人的首领拉入自己的阵营。

在与空头决斗的第一天，桑德斯以经纪人的名义购买了 3.3 万股小猪摇摆的股票，其中大部分来自空方。不到一个星期，他就把收购总数提高到了 10.5 万股，超过了该公司 20 万股流通股的一半。与此同时，他开始发布一系列广告来宣泄自己的情绪，在这些广告中，他有力而尖锐地向南方和西方的报纸读者讲述了他对华尔街的看法。"赌徒会获胜吗？"他在一则这样的广告中发问。"他骑着一匹白马。以虚张声势为铠甲，遮掩着一颗卑鄙的心。他的头盔是欺骗，他的马刺叮当作响宣告着背叛，而他的马蹄声回荡着毁灭。好的企业会逃走吗？它会因恐惧而颤抖吗？它会是投机者的战利品吗？"而在华尔街，利弗莫尔则持续收购着小猪摇摆的股票。

桑德斯收购行动效果显著。到 1923 年 1 月下旬，这一行动已经将股价推高到 60 多美元，达到历史高点。然后，为了加剧空方的紧张情绪，同样有该股票交易的芝加哥传来报道称，小猪摇摆遭到逼仓，空头除非向桑德斯购买股票，否则无法偿还他们借入的股票。纽约证券交易所立即否认了这些报道，并宣布小猪摇摆的浮动供应充足，但这些报道可能让桑德斯想到了一个主意，从而促使他在 2 月中旬做出了一个乍看起来令人不明所以的举动。当时，在另一份广为传播的报纸广告中，他提出以每股 55 美元的价格向公众出售 5 万股小猪摇摆的股票。广告颇具说服力地指出，该公司每年 4 次支付每股 1 美元的股息，回报率超过 7%。"这是一个过时不候的短期提议，无须事先通知即可随时撤回，"广告接着平静但迫切地说，"通过重大提议入股机会难得，可谓一生只有一次。"

任何对现代经济生活略知一二的人都会禁不住好奇，美国证券交易委员会这个负责确保所有金融广告都真实、客观和冷静的机构，在看到上述广告中最后两句硬推销之辞时会说些什么。不过，如果桑德斯的第一个推销股票的广告会让美国证券交易委员会的审查员脸色一变的话，那么他 4 天后发布的第二则广告很可能会引起他们头风发作。这是一篇整版广告，用巨大的黑色字体写道：

机会！机会！

机会在敲门！机会在敲门！机会在敲门！

你听到了吗？你在听吗？你明白吗？

你还在等吗？你现在行动吗？……新的但以理是否已经出现，

而狮子并没有吃他？ [①]

　　新的约瑟已经到来，梦中之谜将被解开？ [②]

　　新的摩西已经诞生在一个新的应许之地？ [③]

　　那么，怀疑论者问道，为什么克拉伦斯·桑德斯……对公众如此慷慨？

　　桑德斯在最终明确表示，他出售的是普通股票，而不是蛇油 [④] 后，再次提出，愿意以每股 55 美元的价格出售股票，并解释说，他如此慷慨，是因为作为一名有远见的商人，他渴望让小猪摇摆为其客户和其他小投资者，而不是华尔街的鲨鱼所拥有。然而，对许多人来说，桑德斯似乎慷慨到了愚蠢的地步。那个时候，纽约证券交易所交易的小猪摇摆的股票价格已经达到每股 70 美元，桑德斯似乎在为任何口袋里有 55 美元的人提供机会，让他们无风险地赚取 15 美元。一个新的但以理、约瑟或摩西是否降临可能还存在争议，但机会的确似乎在敲门，好吧。

　　事实上，的确如怀疑论者所怀疑的那样，这里面埋着一个陷阱。

---

① 出自《圣经》，大利乌王受骗立下新法，任何人只要向神祈祷，就会被丢进狮子坑。但以理坚持祈祷，就被丢进坑中，但是一位天使封住了狮子的口。——译者注

② 出自《圣经》，约瑟是雅各与拉结所生第十一子，因得其父偏爱而遭众弟兄嫉恨，被众兄用计将其卖掉当奴隶，而后埃及官僚波提乏将其买走，看其聪明伶俐就任命为管家。后来因给埃及法老释梦得到重用。——译者注

③ 摩西是以色列人的民族领袖，受上帝之命率领被奴役的以色列人逃离埃及，前往富饶的"应许之地"迦南，经历 40 多年的艰难跋涉，到达目的地。——译者注

④ 美国俚语，代指欺骗公众，卖假货谋利的奸商。——译者注

借助他提出的这个听上去昂贵且不符合商业逻辑的提议，桑德斯这位逼仓的新手设计了逼仓游戏中最狡猾的一个躲闪方法。逼仓游戏最大的风险之一就是，即使一位玩家击败了对手，他也可能会发现自己赢得的是一场代价高昂的胜利。因为在空头被榨干后，逼仓的人会发现，他在整个过程中积累的大量股票成了勒在自己脖子上的沉重负担，如果他一下子将这些股票全部抛回市场，他将把股票价格砸到接近零的水平。如果像桑德斯一样，他必须首先大量借贷才能进入游戏，那么他的债权人可能会找上他，并可能不仅夺走他的收益，还会将他推向破产的境地。桑德斯显然在逼仓行动开始之时就预见到了这种危险，因此他计划在彻底获胜之前而不是在其后卖掉一些股票。他的问题是要防止他出售的股票重新回到浮动供应，从而破坏他的逼仓行动，他的解决方案是以分期付款的方式出售这些每股 55 美元的股票。在 2 月份的广告中，他规定公众只能通过分期付款方式购买股票，首先支付 25 美元的首付，余下的款项将分三期，分别在 6 月 1 日、9 月 1 日和 12 月 1 日支付，每次支付 10 美元。此外，更重要的是，他表示，在最后一期尾款付清之前，他不会将股票证书交给买家。由于买家显然在拿到证书之前无法出售这些股票，所以这些股票不能补充到浮动供应中。因此，桑德斯必须在 12 月 1 日之前将空头榨干。

虽然事后看穿桑德斯的计划相当容易，但在当时，他的策略如此离经叛道，以至于有一段时间证券交易所的董事和利弗莫尔本人都无法确定这位孟菲斯人在干什么。证券交易所开始进行正式调查，利弗莫尔开始变得不安，但他继续为桑德斯购买股票，并成功地将小猪摇摆的价格推高至 70 美元以上。而桑德斯安坐在孟菲斯，他暂时停止在广告中大肆赞美小猪摇摆的股票，而是转而颂扬苹果、葡萄柚、洋葱、火腿和巴尔的摩夫人蛋糕。不过在 3 月初，他又做了一个融资广告，重复了他的股票报价，并邀请任何想与他讨论此事的读者来孟菲斯的办公室看看。他还强调，必须迅速行动，时间不多了。

截至那时，桑德斯进行逼仓的态势已经很明显，而在华尔街，不仅小猪摇摆股票的空头日益焦虑，最后，连利弗莫尔也不再淡定（他可能回忆起自己 1908 年因试图在棉花期货上逼仓而损失将近 100 万美元的惨痛经历）。他要求桑德斯来纽约商量一下。桑德斯于 3 月 12 日上午抵达纽约。正如他后来向记者描述的那样，两人的意见相左，他用一种因成功吓到了"少年作手"而颇为得意的语气说道，利弗莫尔"给我的印象是他有点担心我的财务状况，并且不想卷入任何导致市场崩盘的情况"。商议的结果是利弗莫尔退出了小猪摇摆行动，留下桑德斯独自操盘。桑德斯随后登上了前往芝加哥的火车，去那里处理一些业务。在奥尔巴尼，他收到了证券交易所一名成员发来的电报，此人在那群"骑着白马、身披铠甲"的人中，算是最够朋友的一个。电报提及他的古怪行为在交易所理事会中引起了极大的震动，并敦促他停止刊登以远低于交易所报价的价格出售股票的广告，不要另起炉灶，再搞出第二个交易市场。火车开到下一站后，桑德斯回复了这封电报，对要求几乎未做回应。他说，如果交易所担心这是一次可能的逼仓行动，他可以请董事们不必害怕，因为他将亲自借出股票，想要多少就借多少，以此来维持浮动供应。但他没有说他会继续这样做多久。

一个星期后，即 3 月 19 日星期一，桑德斯又在报纸上登了一则广告，声称他的股票报价即将撤回，这是最后一次通告。他在后来声称，当时小猪摇摆公司的 20 万股流通股除了 1 128 股之外，其余已经全部被他收购，总计 198 872 股，其中一些股票归他所有，另一些由他"控制"，即指那些已经被别人分期付款购买，但他仍持有股票证书的股票。事实上，1 128 这个数字存在相当大的争议（例如，普罗维登斯有一位私人投资者个人就持有 1 100 股小猪摇摆的股票），但不可否认的是，桑德斯手中几乎持有当时可供交易的所有小猪摇摆公司股票，因此他有了逼仓的资本。据信，还是在那个星期一，桑德斯给利弗莫尔打了电话，问他是否能回心转意，在小猪摇摆公司的项目上合作得更长久一些，帮助催回应该交付给桑德斯的卖空股票，换言之，利弗莫尔是否能够帮他收网？利弗莫尔应该是给出了他什么也不会做的回复，显然，他认为自己已经彻底从这件事中退出了。于是，在第二天，即 3 月 20 日星期二的早上，桑德斯开始亲自收网。

- 绝望的空头 -

那天成为华尔街最疯狂的日子之一。小猪摇摆的股票以 75.5 美元的价格开盘，比前一天的收盘价上涨了 5.5 美元。开盘一个小时后，有消息传来，称桑德斯要求交割他所拥有的全部小猪摇摆股票。根据交易所的规则，在这种情况下，需要交割的股票必须在第二天下午 2 点 15 分之前提交。但正如桑德斯所知道的那样，小猪摇摆的股票只能从他手中买到。可以肯定的是，市面上仍有一些小猪摇摆股票由私人投资者持有，疯狂的空头试图打动这些人，不断抬高购买股票的出价。但总体来说，小猪摇摆的股票没有多少实际交易，因为能够交易的小猪摇摆股票实在太少了。在交易所里，买卖该股的交易亭被一大帮人团团围住，2/3 的场内经纪人挤在附近，有些人在出价，但大多数人只是推推搡搡、大喊大叫，或者纯粹是来看热闹的。

绝望的空头不得不以 90 美元的价格买入小猪摇摆股票，然后是 100 美元，再然后是 110 美元。有关巨额利润的报道层出不穷。前面提到的那位普罗维登斯的投资者，在前一年秋天空头大举沽空时以每股 39 美元的价格买了 1 100 股小猪摇摆的股票，现在他也入场参与了此次杀戮，以平均每股 105 美元的价格卖出了其所持有的股票，然后搭乘下午的火车回家，带走了超过 7 万美元的利润。事实上，如果他耐心等待，他本可以获得更多利润。到中午或稍晚些时候，小猪摇摆股票的价格已升至 124 美元，似乎有望一飞冲天。但 124 美元是其最高点，因为这个价格几乎还没有得到记录，就有谣言传到了交易大厅，称交易所董事会正在开会，考虑暂停股票的进一步交易，并推迟空头的交割截止日期。这样做的目的是让做空者有时间四处寻找股票，从而削弱甚至破坏桑德斯的逼仓行为。仅仅因为这个传言，当交易所收盘钟声结束了一天的混乱交易时，小猪摇摆的股票已经跌至 82 美元。

传言最终得到证实。交易结束后，交易所管理委员会宣布暂停小猪摇摆股票的交易，并延长空头的交割期限，"直至委员会采取进一步行动"。做出这一决定的官方理由没有立即给出，但委员会的一些成员非正式地透露，他们担心如果不打破这次逼仓计划，北太平洋公司的大恐慌会再次上演。另外，一些看热闹不嫌事儿大的旁观者还怀疑，陷入困境的空头的悲惨境遇可能引发了管理委员会的同情，如同两年前斯图兹汽车的逼空事件一样，据信，许多空头是交易所的会员。

尽管如此，星期二晚上，身在孟菲斯的桑德斯仍然兴高采烈、心情舒畅。毕竟，当时他的账面利润达到了几百万美元。当然，问题是他无法将这些利润变现，但他似乎并未及时理解这个情况，也并未想到自己的处境已经岌岌可危。有迹象表明，他在上床睡觉时确信，除了亲自在令人憎恶的证券交易所制造了一场一流的混乱，他还为自己大赚了一笔，并证明了一个贫穷的南方男孩也能给城里的骗子一个教训。这些加起来一定让人激动不已。但是，像大多数类似的感觉一样，这种兴奋也没能持续多久。到星期三晚上，桑德斯首次公开就"小猪危机"发表评论时，他的情绪已经转变为一种交织了困惑与不屑的复杂情绪，只淡淡地带有前一晚欢呼胜利的印记。他在一次新闻采访中表示："打个比方说，刀已经架到了我的脖子上，这就是为什么我突然毫无预警地要杀一杀华尔街及其赌徒和市场操纵者团伙的威风。严格来说，这件事对我来说是一个生死攸关的问题，它同时还关乎我的事业和我朋友们的财富，以及我是不是会被整个田纳西州嘲笑为一个蠢货。结果是，那些自吹自擂、貌似无懈可击的华尔街大佬发现，他们的做法被精心制订的计划和迅速的行动所推翻。"桑德斯在声明的结尾提出了自己的条件：尽管证券交易所延长了交割期限，但他仍希望在第二天（星期四）下午 3 点之前，以每股 150 美元的价格全额交割所有卖空的股票，过了这个时间后，他的价格将是每股 250 美元。

星期四，令桑德斯惊讶的是，只有少数空头前来交割，那些这样做的人大概是因为无法忍受这种不确定性。但随后，管理委员会宣布，将小猪摇摆的股票从交易所永久退市，同时空头履约的截止日期整整推迟 5 天，即截止到下个星期一下午 2 点 15 分。桑德斯虽然在远离现场的孟菲斯，但也无法忽视这些举措的重要影响——现在他正处于失败的边缘。同时他也最终意识到，推迟空头交割的截止日期是至关重要的问题。"据我所知，"他在当晚递交给记者的另一份声明中说道，"经纪人未能在指定时间通过证券交易所进行清算与银行无法进行清算的性质一样，我们都知道如果银行出现这种情况会面临什么结果……银行的监管人会在其大门上挂上一个写着'关闭'大字的标牌。对我来说，威严而强大的纽约证券交易所是一个骗子，这令人难以置信。因此，我仍然相信，那些根据合同仍然欠我的……股票……将在适当的基础上得到清算。"孟菲斯《商业呼声报》(*Commercial Appeal*)的一篇社论对桑德斯提出的纽约证券交易所背信弃义的呼声表示了支持，宣称："这看起来就像是赌徒所说的骗局。我们希望家乡的小伙子能把他们彻底打垮。"

巧合的是，就在同一个星期四，小猪摇摆公司公布了年度财务报告。它在那一年的业绩非常强劲，销售额、利润、流动资产和其他重要数据都比前一年大幅上升，但没有人对此予以关注。目前，公司的真正价值无关紧要，关键是逼仓游戏。

- 泡沫破裂 -

星期五的上午，小猪摇摆的泡沫破裂了。它之所以破裂，是因为尽管桑德斯曾表示，星期四下午 3 点后，他的出价将升至每股 250 美元，但他突然宣布可以接受每股 100 美元的价格。桑德斯的纽约律师

E. W. 布拉德福德（E. W. Bradford）被人问道，桑德斯为什么突然同意做出这一惊人的让步。布拉德福德勇敢地回答说，桑德斯这样做是出于内心的慷慨。但事实很快就明朗了：桑德斯之所以做出让步，是因为他不得不这样做。证券交易所批准的延期使空头和他们的经纪人有机会浏览小猪摇摆的股东名单，并从一些股东手中收购桑德斯没有买断的那一小部分股票。阿尔伯克基和苏城的孤儿寡母们对于什么是空头和逼仓一无所知，但因为小猪摇摆公司的股票再也不能在交易所交易，所以只要稍施压力，他们就会非常乐于翻出藏在床垫或保险箱里的股票，并在所谓场外交易市场上，以至少是他们购买价格的两倍出售所持有的 10 股或 20 股股票。因此，许多空头不必以 250 美元的价格从桑德斯那里购买股票，然后交还给桑德斯，以结清欠账，而是能够以大约每股 100 美元的价格在场外交易中购买股票，并怀着痛苦的喜悦，不是将现金，而是将小猪摇摆的股票还给自己的孟菲斯对手，而股票正是后者在当时最不想要的东西。到星期五傍晚，几乎所有空头都已经通过场外交易购得股票或是以突然下跌到每股 100 美元的价格向桑德斯支付现金，并结清了他们的债务。

那天晚上，桑德斯又发表了另一份声明，尽管这份声明仍然充满挑衅，但无疑是痛苦的呐喊。它写道："华尔街被打倒在地，并大声喊'妈妈'。在美国所有的机构中，纽约证券交易所是最具威胁性的一个，因为它有权力摧毁所有敢于反对它的人。一部自成一体的法律……一个协会，其成员号称拥有任何国王或独裁者都不敢于拥有之权利：今天制定一条合同适用的法规，明天就废除它，以解放一群骗子……从今天起，我的一生都将致力于保护公众免受类似事件的影响……我并不害怕。如果华尔街能做到的话，让它抓住我吧。"但华尔街似乎已经抓住了他，他的逼仓行动被破坏，从而使他深陷南方银团的债务，并被堆积如山的股票所拖累，而这些股票的近期前景是岌岌可危的。

华尔街注意到了桑德斯的谴责，因此交易所感到有必要为自己辩护。3月26日星期一，在小猪摇摆空头交割的最后期限刚刚过去，桑德斯的逼仓实际上已成死局之后，交易所发布了一份长长的回顾报告，对危机从头到尾进行了梳理，以此为自己辩护。在陈述其理由时，交易所强调，如果逼仓行动没有被破坏，则可能会对公众造成伤害，并解释说："同时强制执行所有股票返还合同将导致股票价格完全由桑德斯先生来决定的情况，同时股票供应不足带来的竞价可能会引发其他后果，这些情况曾出现在以往的逼仓行动中，如著名的1901年北太平洋逼仓行动。"然后，交易所放弃华丽的辞藻，继续诚恳地表示："这种局面的负面影响不仅限于那些直接受合同影响的人，还会波及整个市场。"谈到它采取的两项具体行动，即暂停小猪摇摆的股票交易和延长空头交割的最后期限，交易所辩称，这两项行动均在其自身章程和规则的范围内，因此无可指责。尽管这在现在听起来很傲慢，但交易所是有道理的，因为在那个年代，股票交易几乎只受制于交易所的规则。

即使按照他们自己的规则，这些"城里的骗子"是否真的和那个"南方的蠢货"进行了公平的竞争？对于这个问题，金融历史学家仍在争论不休。有确凿的证据表明，这些骗子后来也不禁怀疑。纽约证券交易所有权暂停股票交易，这一点不存在任何争议，因为正如交易所当时声称的那样，这是其章程特别授予的一项权利。但是，尽管交易所当时还声称，其有权推迟空头履行合同的最后期限，但情况并非如此。1925 年 6 月，也就是桑德斯的逼仓行动发生两年后，交易所感到有必要修改其章程，增加了一项条款："当管理委员会认为交易所上市证券出现逼仓时……管理委员会可以推迟其在交易所的合约的交割时间。"制定这样一条法规授权自己做一件在很久以前已经做过的事，这至少表明，交易所在某种程度上是感到心虚的。

小猪摇摆危机的直接后果是引发了一波对桑德斯的同情浪潮。在整个美国内陆，他的公众形象变成了一位英勇的斗士，一个惨遭无情碾压的弱者。即使是在证券交易所的老巢纽约，《纽约时报》也在一篇社论中承认，在许多人的心目中，桑德斯就好比圣乔治①，而证券交易所则好比恶龙。针对恶龙最终获胜，《纽约时报》表示："对于一个至少 2/3 国民自认是'蠢货'的国家来说，这绝对是一个坏消息，读到某个像他们一样的蠢货狠狠踩住了华尔街的咽喉，从其口中夺利，而邪恶的操纵者奄奄一息，这些人本来已经在欢庆胜利。"

既然有这么多同仇敌忾的同伴，桑德斯自然不会坐视不理，而是开始利用他们。他需要他们，因为他的处境确实很危险。他最大的问题是如何处理他欠银行的 1 000 万美元，因为他并没有这笔钱。如果他曾经制订了任何计划的话，那么他的基本计划一定是大肆屠戮空头，并以利润偿还绝大部分债务，然后通过公开出售股票偿还其余部分，最终带着一大笔剩下的股票一身轻松地离开。尽管按照大多数人的标

---

① 圣乔治（St. George）为著名的基督教殉道圣人，英格兰的守护圣者。经常以屠龙英雄的形象出现在西方文学、雕塑、绘画等领域。——译者注

准，以 100 美元的较低价格与空头达成和解仍然为他带来了丰厚的利润（人们不清楚具体的利润额，但据可靠估计，应有 50 万美元左右），但这可能连他合理预期的一小部分都没达到，并且因此让他的整个计划变成了一个少了拱顶石的拱门。

在向银行家们支付了他从空头和公开发售股票中所得的款项后，桑德斯发现他仍欠银行大约 500 万美元，其中一半将于 1923 年 9 月 1 日到期，剩下的则要在 1924 年 1 月 1 日支付。他筹集资金的最大希望在于卖出更多小猪摇摆股票（他的手上仍然持有大量股票）。由于再也不能在交易所出售这些股票，他转而求助于他最喜欢的自我表达方式，即报纸广告，并且这次辅以邮购宣传，再次以每股 55 美元的价格推销小猪摇摆的股票。但显而易见的是，公众的同情是一回事，他们愿意为这种同情掏钱则是另一回事。每个人，无论是在纽约、孟菲斯还是德克萨卡纳，都知道小猪摇摆股票发生的投机闹剧，也知道其总裁的财务状况令人怀疑。即使桑德斯的蠢货同伴们现在也不会参与到他的交易中来，这场推销活动最终以惨淡失败收场。

桑德斯悲伤地接受了现实，然后运用他非凡的说服力，试图唤起他孟菲斯老乡的地方和地区自豪感，说服他们相信他的财务困境是一个公民问题。他宣称，如果他破产，这不仅会玷污孟菲斯的品格和商业智慧，还会玷污整个南方的荣誉。"我不要求施舍，"他在一则大型广告中写道（他似乎总是能找到钱做广告），"我不要求为我的财务葬礼送花圈，但我确实要求……孟菲斯的每个人都认识到，并且知道，这是一个严肃的声明，旨在让那些希望在这件事上提供帮助的人认识到，他们可以与我以及我企业中的其他朋友和支持者合作，在孟菲斯开展一场运动，让这个城市里的每一个人都成为小猪摇摆的合作伙伴，因为首先，这是一项很好的投资，其次，这是在做正确的事。"在第二则广告中，他更高屋建瓴地宣称："因为小猪摇摆的毁灭将使整个南方蒙羞。"

很难说到底是哪个论点成为决定性的因素，说服孟菲斯人应设法拯救桑德斯于水火之中，无论如何，他的某些言辞打动了他们，孟菲斯《商业呼声报》很快敦促市民支持这位四面楚歌的本地男孩。孟菲斯市商界领袖的反应极大地鼓舞了桑德斯。他计划进行为期三天的旋风式宣传活动，目的是以每股 55 美元这一古老的神奇价格向孟菲斯市民出售 5 万股股票，为了给买家一定程度的保证，让他们不会在事后发现自己是孤军奋战，他承诺，除非全部股票在三天内售出，否则所有销售都将取消。很快，商会赞助了这次活动，美国退伍军人协会、西维坦俱乐部和交流俱乐部（Exchange Club）也加入进来，甚至孟菲斯本地的小猪摇摆的竞争对手鲍尔斯商店（Bowers Stores）和阿罗商店（Arrow Stores）也同意加入这项意义重大的事业。数百名富有公民意识的志愿者报名进行敲门推销。

- 落寞大玩家 -

5 月 3 日，距离预定的活动开始还有 5 天的时间，250 名孟菲斯商人齐聚盖奥索酒店，参加启动晚宴。当桑德斯在妻子的陪同下走进餐厅时，大家都欢呼起来。在众多餐后演讲者中，有一位说他"对孟菲斯的贡献远超过去 1 000 年中的任何人"，这个吹捧实在太过煽情，天知道会让曾经统治过这片土地的契卡索^①酋长情何以堪。一位孟菲斯《商业呼声报》记者在谈到这场晚宴时写道："商业竞争和个人分歧就像阳光下的薄雾一样被一扫而光。"

活动开局非常成功。5月8日启动当天，妇女协会和童子军戴着徽章在孟菲斯街头游行，徽章上写着："我们百分之百支持克拉伦斯·桑德斯和小猪摇摆。"商人们在橱窗上贴上了标语，上面写着"家家都拥有小猪摇摆的股票"。电话和门铃此起彼伏地响着。在很短的时间内，50 000股中的23 698股已被认购。然而，就在孟菲斯的大多数人已经奇迹般地相信，兜售小猪摇摆股票与红十字会或社区公益金募捐一样令人振奋的时候，丑陋的怀疑正在酝酿，大本营中突然冒出一些毒蛇，要求桑德斯同意立即对其公司的账目进行现场审计。桑德斯，无论出于何种原因，拒绝了这个要求，但表示他可以辞去小猪摇摆总裁的职务以安抚持怀疑态度的人，只要这"有助于股票销售运动"。对此他没有被要求辞去总裁一职，但在5月9日，也就是活动的第二天，小猪摇摆的董事会任命了一个由三名银行家和一名商人组成的四人监督委员会，在尘埃落定之前帮助他暂时管理公司。同一天，桑德斯又遇到了另一个尴尬的问题：活动的领导者想知道，为什么在全城都在为他无偿工作的时候，他却仍然在继续建造他的百万美元粉色宫殿？他急忙回答说，他第二天就会把房子用木板封起来，并且在他的财务前景再次明朗之前，不会有进一步的建设。这两个问题引

---

① 契卡索人（Chickasaw）是生活于美国境内的美洲原住民，原先居住于亚拉巴马州、密西西比州与田纳西州等田纳西河流域一带，孟菲斯就是田纳西州的城市。——译者注

起的混乱使得活动陷入停滞。第三天结束时，认购的股份总数仍不足25 000股，已达成的销售被取消。桑德斯不得不承认，这次努力宣告失败。"孟菲斯已经败了。"据称他还如此说道，尽管在几年后，当他再次需要孟菲斯的资金开展新的创业项目时，竭力否认曾说过这些话。不过，即使他确实说过这样的不智之语也不足为奇，因为他不出所料地饱受折磨而心力交瘁，并表现出暴躁的情绪。就在宣布活动的不幸结局之前，他与孟菲斯的几位商界领袖举行了一次非公开会议，离开会场时颧骨擦伤，衣领撕裂。参加会议的其他人都没有显现出任何暴力迹象。那一天显然不是桑德斯的幸运日。

尽管并没有证据证实，在逼仓事件之前，桑德斯在小猪摇摆公司的经营中有任何不当行为，但在试图出售股票失败后，他接下来的首个商业行动表明，他至少有充分的理由拒绝对公司账目进行现场审计。尽管监督委员会徒劳地提出抗议，他不再出售小猪摇摆的股票，而是开始出售店面，即开始部分清算公司，而且没有人知道他会做到哪一步。首先被出售的是芝加哥的店面，丹佛和堪萨斯城的店面紧随其后。他对这一做法的公开解释是，公司需要回笼资金，以便购买公众唾弃的股票，但有人怀疑，公司当时的财务状况迫切需要输血，并不是为了购买小猪摇摆股票。"我已经把华尔街及其整个帮派都打垮了。"桑德斯在6月愉快地宣布。但到了8月中旬，面对即将到来的9月1日，即需要偿还250万美元贷款的最后期限，而无论是手头还是可以预见的未来都没有那么多现金，桑德斯辞去了小猪摇摆公司总裁一职，并将其全部资产，包括公司股票、粉色宫殿和所有剩余财产，移交给债权人。

　　到这时，桑德斯本人及其管理下的小猪摇摆公司已经回天乏力，只欠正式公告而已。8月22日，在因拍卖过诸多几乎一文不值的股票，以至于拍卖大厅被戏称为"证券墓地"的纽约阿德里安·穆勒父子拍卖行，1 500股小猪摇摆的股票以每股1美元的价格被拍卖，这是已经跌无可跌的股票的传统价格。次年春天，桑德斯的公司正式进入破产程序。但这些都已不重要。桑德斯职业生涯的真正低谷是他被迫辞去公司总裁职务的那一天，在他的许多崇拜者看来，正是在那一天，他的语言艺术也达到了前所未有的高度。当他在董事会会议结束后，疲惫但仍充满挑衅地出现在记者面前并宣布辞职时，现场一片沉寂。然后，桑德斯声音嘶哑地补充道："他们得到了小猪摇摆的身体，但得不到它的灵魂。"

　　如果桑德斯口中的小猪摇摆的灵魂是指他自己，那么它确实仍然是自由的，自由地以自己的方式横冲直撞。他不再敢玩逼仓游戏，但他的精神远没有被打垮。虽然正式破产，但他设法找到了一些真正对他拥有坚如磐石般信任的人，这些人仍然愿意为他投资，使他能够过上只略微比过去逊色一点点的生活，他只能在孟菲斯乡村俱乐部而不是在自己的私人球场打高尔夫球，并且俱乐部理事们一如既往地认为，他给的小费过于慷慨，会腐蚀球童。当然，他不再拥有粉红宫殿，但这是唯一可以提醒他的同乡们，他曾遭遇不幸的一点。最终，这座未完工的圆顶乐园落到了孟菲斯市政府手中，孟菲斯市政府拨款15万美元，将其改建成自然历史和工业艺术博物馆。因此，这座宫殿仍然在孟菲斯延续着桑德斯的传奇。

　　桑德斯破产后的前三年，他将大部分时间用来寻求洗刷他在小猪摇摆战役中蒙受的冤屈，并力图挫败敌人和债权人令他更不好过的努力。有一段时间，他一直威胁要起诉证券交易所共谋和违反合同，但鉴于一些小猪摇摆小股东率先提起的类似诉讼败诉，他放弃了这个想法。然后，在1926年1月，他得知联邦政府即将对他提起诉讼，指控他在邮购推销中使用邮件诈骗来出售他的小猪摇摆股票。他错误地认为，政府是受他在孟菲斯的一位老助手约翰·伯奇（John C. Burch）的怂恿而提起公诉的，后者在小猪摇摆公司重组后成了公司董事会秘书兼财务主管。桑德斯的耐心又一次被耗尽，他来到小猪摇摆公司总部与伯奇对质。事实证明，这次会议对桑德斯来说远比他在孟菲斯市股票出售运动失败当天的董事会混战更令人满意。根据桑德斯的说法，伯奇"结结巴巴地否认"这一指控，于是桑德斯给了他一记右拳，打掉了伯奇的眼镜，但没有造成太多其他伤害。伯奇后来轻描淡写地称这一拳"轻擦而过"，并像所有被击倒在地的拳击手那样补充道："我遭到的袭击太过突然，完全没有时间或机会反击桑德斯先生。"伯奇拒绝提出指控。

大约一个月后，对桑德斯邮件欺诈的指控被如期提起，但到那时候，桑德斯已经确信伯奇没有做过任何肮脏的勾当，于是又恢复了和蔼可亲的老样子。"在这个新的事件中，我只有一件事要后悔，"他愉快地宣布，"那就是我用拳头打了约翰·伯奇。"新的事件并没有持续多久，4月，孟菲斯地方法院撤销了起诉，桑德斯和小猪摇摆最终两不相欠。那时，该公司正在恢复元气，随着公司结构做出重大改组，它一直到20世纪60年代仍然蓬勃发展。家庭主妇们继续在数百家小猪摇摆商店的过道上闲逛，这些商店均与佛罗里达州杰克逊维尔的小猪摇摆公司签订了特许经营协议。

桑德斯也在东山再起的路上。1928 年，他创办了一家新的杂货连锁店，他称之为"克拉伦斯·桑德斯，我名字的唯一所有者，商店公司"。它的门店很快被称为"唯一所有者"商店，而这正是它们所欠缺的，因为如果没有桑德斯的忠实支持者，这些店铺只会存在于他的脑海中。然而，桑德斯选择公司名称并不是为了误导公众，相反，这是他讽刺的方式，提醒世界，在华尔街剥了他的皮之后，他的名字是其唯一明确拥有权利之物。不过，有多少"唯一所有者"的客户或证券交易所的理事明白这一点颇值得怀疑。无论如何，这些新店发展得十分迅速，经营得也很出色，使得桑德斯摆脱破产，一跃成为富翁，并在孟菲斯郊外买下了一处百万美元的地产。他还组织并资助了一支名为"唯一所有者老虎队"的职业橄榄球队，在秋日的下午，当他听到"好哇！好哇！好哇！唯一所有者！唯一所有者"的喊声响彻孟菲斯体育场的时候，这项投资显然带给了他丰厚的回报。

然而，桑德斯的荣耀再次转瞬即逝。经济萧条的第一波浪潮对"唯一所有者"的店铺造成了巨大的冲击，1930 年，这些店铺破产，桑德斯再度一文不名。但他再一次振作起来，熬过了这次崩溃。他找到了一些支持者，规划建立了一家新的连锁杂货店，并为其起了一个比前两次更古怪的名字——基度索（Keedoozle）。然而，他未能再次大赚一笔，也没能再买下一座百万美元的房产，尽管他一直都想这么干。他将希望寄托在打造一家电动操作的基度索杂货店，并且将自己生命最后 20 年的大部分时间花在完善它上。在基度索商店里，商品陈列在玻璃板后面，每个玻璃板旁边都有一个投币孔，就像自动售货机一样。不过，二者的相似之处仅限于此，因为基度索的顾客不是在投币孔中投入硬币来打开面板并拿起购买的东西，而是会插入一把钥匙（他们在进入商店时会得到它）。此外，桑德斯的思想已经远远超越了用钥匙打开面板的初级阶段，每次将基度索的钥匙插入孔中，所选物品的代码都会被刻在钥匙本身嵌入的一段录音带上的代码中，同时该物品会自动转移到传送带上，由传送带将其运送到商店前面的出口处。当一位顾客买完东西后，他会把钥匙交给门口的服务员，服务员会破译磁带并计算账单。顾客付过款后，他们购买的物品就会被全部打包，并被传送带末端的一个装置弹到顾客的手臂上。

几家基度索商店分别在孟菲斯和芝加哥进行了试运行，但发现机器过于复杂和昂贵，无法与超市手推车竞争。桑德斯没有被吓倒，他开始研究一种更复杂的机制，叫作"食品电气化"，它可以完成基度索能做的一切，并可以计算账单。然而，它将永远无法对零售店设备市场形成逼仓之势，因为直至1953年10月桑德斯去世时，它仍没有完成。桑德斯不幸早逝了5年，未能看到布鲁斯的"逼仓"，如果看到这个事件，他完全有资格嘲笑说，这只是几个小玩家之间的小打小闹。

9
开启第二人生

-"最具争议性人物"-

在富兰克林·罗斯福担任总统期间，华尔街和华盛顿之间总是处于争吵不休的状态，而在华尔街的眼中，最能代表新政的，除了"那个人"之外，也许就要算戴维·埃利·利连索尔（David Eli Lilienthal）了。利连索尔在曼哈顿南区得名于此，并不是因为他曾有过任何具体的反华尔街行为，事实上，不同领域的众多金融界人士，其中包括与他亲自打过交道的温德尔·威尔基①，都认为他总体来说是一个通情达理的人。利连索尔之所以被视为新政的象征，是由于

---

① 指温德尔·路易斯·威尔基（Wendell Lewis Willkie，1892—1944年）。美国政治活动家。曾代表共和党在1940年美国总统选举中与民主党的罗斯福竞争美国总统，最后失败。败选总统之后，以小罗斯福总统的私人代表身份访问世界各国。1941年和罗斯福总统夫人埃莉诺·罗斯福共同创建非政府组织自由之家（Freedom House）。——译者注

他与田纳西河流域管理局（TVA）的密切关系。田纳西河流域管理局是一家政府所有的电力资源开发公司，规模大大超过美国任何私人电力资源公司，在华尔街的眼中充分体现了大步前进的社会主义理念。从1933年到1941年，利连索尔一直是田纳西河流域管理局三人董事会中一位引人注目、精力充沛的成员，并在1941年到1946年间担任TVA主席，用他自己的话说，在那个时候，商界认为他是"长着角的魔鬼"。1946年，他成为美国原子能委员会的首任主席，1950年2月，当50岁的他宣布卸任这一职务时，《纽约时报》在一篇新闻报道中将他称为"或许是战后华盛顿最具争议性的人物"。

利连索尔离开政府后做了些什么？根据公开记录，他做过很多事情，令人惊讶的是，这些事情都围绕着华尔街或私人企业展开，或两者兼而有之。首先，在所有商业简编中，利连索尔都被列为开发与资源公司（D&R）联合创始人和董事长。几年前，我曾致电当时位于纽约市百老汇50号的开发与资源公司办公室，发现它是一家私人公司，得到了华尔街的支持，并且鉴于它与华尔街只有一个街区的距离，也可以说是以华尔街为基地。该公司为海外自然资源开发提供管理、技术、商业和规划服务，也就是说，其业务是帮助政府设立或多或少类似于田纳西河流域管理局的项目，公司的另一位联合创始人，已故的戈登·克拉普（Gordon R. Clapp），正是接替利连索尔担任田纳西河流域管理局主席的人。我了解到，自1955年成立后，开发与资源公司在为其自身带来适度但令人满意的利润的基础上，规划并管理了位于伊朗西部，干旱贫困但石油资源丰富的胡齐斯坦地区的大规模开垦项目，就意大利落后的南部省份的发展向意大利政府提供咨询，帮助哥伦比亚共和国在其肥沃但洪水肆虐的考卡山谷建立了一个类似田纳西河流域管理局的管理机构，就供水问题向加纳、科特迪瓦和波多黎各提供建议。

另外，我还发现，利连索尔作为公司高管和企业家赚取了惊人的财富，而这个发现带给我的震撼实在是远大于开发与资源公司本身。我手上有一份美国矿产化工公司1960年6月24日的股东委托书，我发现利连索尔在上面是公司董事，持有该公司41 366股普通股。在我做调查的时候，这些股票在纽约证券交易所的交易价格超过每股25美元，通过简单的乘法就可得出，按照大多数人的标准，这些股票意味着巨大的财富，这大多数人中，当然应该包括一个一生大部分时间都领取政府薪资，不曾在私营部门挣大钱的人。

此外，还有一件事值得一提。1953年，哈珀兄弟公司出版了利连索尔的第三本著作《大企业：新时代》(*Big Business: A New Era*)［他的前两本书分别是1944年出版的《民主与大坝：美国田纳西河流域管理局实录》(*TVA: Democracy on the March*)和1949年出版的《我确实相信》(*This I Do Believe*)。］在《大企业：新时代》一书中，利连索尔认为：工业规模不仅与美国的生产和分配优势密切相关，甚至连美国的国家安全都取决于它；我们现在已有足够的公共保障措施来防止大企业滥用权力，并已经知道如何根据需要约束它们；大企业并不像人们通常认为的那样会摧毁小企业，而是会促进小企业的发展；一个大企业当道的社会并不像大多数知识分子所认为的那样会压制个人主义，而是会通过减少贫困、疾病和物质不安全感以及增加休闲和旅行的机会而促进个人主义。简而言之，这是一位老牌新政拥护者的肺腑之言。

我作为一个忠实的报纸读者，一直密切关注着利连索尔在政府部门职位的变迁。我对他从政生涯的兴趣在 1947 年 2 月达到了顶峰，当时，他的宿敌，田纳西州参议员肯尼思·麦凯拉（Kenneth D. McKellar）在有关他是否适合在美国原子能委员会任职的国会听证会上对他进行了猛烈抨击。作为回应，他即兴发表了一篇有关个人民主信仰的声明，许多人认为，在之后的很长一段时间这都是对后人口中的"麦卡锡主义"最激动人心的反击之一。（利连索尔宣称，"民主的信条之一源自这样一个核心信念，即个人至上，所有人都是上帝的孩子，因此他们的人格都是神圣的"，此外，"这个信条还坚定地相信公民自由并应该全力保护公民自由；无比憎恶任何人对他人横加指责、含沙射影或影射攻击以窃取他人名誉这一最宝贵的财富"。）然而，我收集到的一些有关他在私营领域新职业的零碎信息让我感到困惑。我非常好奇，想知道华尔街及商业生活与利连索尔在双方姗姗来迟的和解中是如何相互影响的，因此与他取得了联系，并且在一两天后应他的邀请开车前往新泽西州，与他共度了一个下午。

利连索尔和妻子海伦·兰姆·利连索尔住在普林斯顿巴特尔路。他们是 1957 年搬到这里的，在此之前，他们在纽约市居住了 6 年，最初住在贝克曼广场的一所房子里，后来搬到了萨顿广场的一所公寓里。他们在普林斯顿的房子占地不到一英亩①，是一座乔治亚风格的红砖建筑，带有绿色百叶窗。在周围风格相近房屋的环绕之下，这个居

---

① 1 英亩 ≈ 4 047 平方米。——编者注

所虽然宽敞，但丝毫不显张扬。利连索尔身着灰色休闲裤和格子运动衫在门前迎接我。他刚满 60 岁，高高瘦瘦，前额已经略秃，拥有老鹰一样尖锐的面庞和一双坦诚、锐利的眼睛。他把我带到起居室，向我介绍了等在那里的利连索尔夫人，然后为我介绍了几件传家宝：壁炉前的一块东方大地毯，并称这是伊朗国王送给他的礼物；壁炉对面墙上挂着的一幅 19 世纪末中国卷轴，上面画着 4 个男人，他告诉我，这 4 个人对他有特殊的意义，因为他们都是高级官员，他指着一个看起来特别高深莫测的人，笑着补充道，他一直认为那个人就是他的东方同行。

利连索尔夫人起身去拿咖啡，她离开后，我请利连索尔和我谈谈他离开政府部门后的生活，从头开始。"好吧，"他说，"首先，我离开原子能委员会有很多原因。在那一类工作中，我觉得自己是一个可有可无的人。如果你待得太久，你可能会发现自己要么在安抚工业界，要么在安抚军方，或者在同时安抚两者，从而逐步累积原子能领域的政治分肥①。另一个原因是，我希望能够更自由地表达自己的想法，而非因为是一名政府官员而处处受限。我觉得自己已经完成了服务任期的义务，因此于 1949 年 11 月递交了辞呈，三个月后正式生效。我之所以选择在那个时候辞职，是因为那时我没有受到攻击。我原本计划在 1949 年早些时候辞职，但随后发生了国会对我的最后一次攻击，即艾奥瓦州的希肯卢珀指责我'令人难以置信的管理不善'。"我注意

---

① 政治分肥（pork barrel），或称为政治分赃，是美国政界的一种说法，指议员在法案上附加对自己的支持者或亲信有利的条款，从而使他们受益的手段。——译者注

到利连索尔在提到希肯卢珀事件时没有带一丝笑容，"我怀着既恐惧又轻松的心情离开了公职，"他接着说，"恐惧的是我是否能够谋生，这种恐惧非常真实。哦，我年轻时，在进入政府部门工作之前，曾在芝加哥当过执业律师，并且赚了很多钱。但现在我不想再做律师工作。我担心自己是否还能做些别的什么。我一刻不停地思考这个问题，并且一直在喋喋不休地谈论它，于是我的妻子和朋友开始戏弄我。1949年的圣诞节，我妻子送给我一个乞丐用的铁皮罐当作礼物，而我的一个朋友送给我一把吉他，好让我卖艺为生。而轻松的感觉，嗯，有关个人隐私和自由。作为一名普通公民，我不必像在原子能委员会任职时那样被大批安全官员跟踪，也不必再去回应国会委员会的指控。最重要的是，我可以再次与妻子自由地交谈。"

利连索尔夫人在丈夫侃侃而谈时已经端着咖啡回来了，和我们坐在了一起。我知道，她出身于一个拓荒者家庭，经过几代人的努力，她的家族从新英格兰一路向西，先后迁到俄亥俄州、印第安纳州和她的出生地俄克拉何马州。在我看来，她是一个高贵、耐心、务实和充满了温柔力量的女人，正是人们心目中拓荒者的样子。"我可以告诉你，我丈夫的辞职让我松了一口气，"她说道，"在他去原子能委员会之前，我们经常讨论他工作的方方面面。当他接受了那份工作时，我们达成共识，尽管我们可以继续自由地讨论人物性格等问题，但他不会告诉我关于原子能委员会工作的任何事情，除非我已经在报纸上看到过。这是一种可怕的限制。"

利连索尔点了点头。他说："有时候，我晚上会带着一些可怕的记忆回家。任何人，只要他接触过原子能，就不可能和过去完全一样。

也许我参加了一系列会议，并听到了许多军方和科学家习惯的讨论，诸如将人口稠密的大城市称为'目标'之类的事情。我从来就没能习惯那种毫不人性化的行话。我回家时心里会很不舒服。但我不能跟海伦谈论这个。我不被允许把心里的烦恼倾吐出来。"

"而且现在再也不会有听证会了，"利连索尔夫人说，"那些可怕的听证会！我永远不会忘记我们在华盛顿去过的一次鸡尾酒会，简直是活受罪。当时我丈夫正在参加一系列无休止的国会听证会。一个戴着滑稽帽子的女人冲上来对他说：'哦，利连索尔先生，我真是非常想参加你的听证会，但我来不及了。我很抱歉。我非常喜欢听证会，你也是吧？'"

夫妻二人对视了一下，这次利连索尔勉力咧嘴一笑。

利连索尔似乎很乐于谈论接下来发生的事情。他告诉我，大约在他的辞呈生效的时候，几位来自哈佛大学历史、公共行政和法律学院的人士分别找过他，希望他能接受哈佛的教职。但是，就像不想从事法律工作一样，他也不想当一名教授。在接下来的几个星期内，纽约和华盛顿的许多律师事务所以及一些工业公司也发出了邀请。这些邀请让利连索尔确信，自己最终不会沦落到靠铁皮罐和吉他谋生的地步，但在仔细考虑之后，他最终拒绝了所有邀请，并于1950年5月接受了著名的拉扎德·弗雷斯公司的邀请，担任其兼职顾问。此前，他通过一位朋友，阿尔伯特·拉斯克，认识了拉扎德·弗雷斯公司的高级合伙人安德烈·梅耶。拉扎德在其位于华尔街44号的总部给了他一间办公室，但在他认真投入顾问工作之前，他先做了一次横跨美国的巡回演讲。随后，那年夏天，他和妻子代表已故的科利尔（Collier）创办的同名杂志前往欧洲。然而，这次旅行并没有产生任何大作，秋季回美国后，他发现有必要重新寻找全职工作并挣钱养家。为此，他担任其他多家公司的顾问，其中包括开利公司（Carrier Corporation）和美国无线电公司（RCA）。他向开利公司提供了管理方面的咨询建议。在美国无线电公司，他致力于针对彩色电视问题提供顾问服务，最终建议客户专注于技术研究，而不是执着于在法庭上开展关于专利的争吵。此外，他还说服该公司推动其计算机程序设计，并远离原子反应堆的建设。1951 年初，他又代表《科利尔》杂志去往印度、巴基斯坦、泰国和日本。作为此行的结果，他于当年 8 月在《科利尔》杂志上发表了一篇文章，提出了解决印巴之间关于克什米尔和印度河源头争端的方案。利连索尔的想法是，要缓解两国之间的紧张关系，最好是通过合作项目促进印度河流域的经济发展，从而改善整个争议地区的生活条件。9 年后，在尤金·布莱克①和世界银行在财政和道义上的大力支持下，利连索尔的方案基本上得到采纳，印度和巴基斯坦签署了一项印度河条约。但是当时他的文章发表后，并未立即激起什么反响，因而利连索尔一时间陷入困境并心灰意冷，再次回过头来专注于解决更低端细碎的私营企业问题。

利连索尔说到这里时，门铃突然响了。利连索尔夫人出去开门，我能听到她和一个人交谈，那个人显然是一名园丁，因为他们谈论的是如何修剪玫瑰。利连索尔焦躁地听了一两分钟后，大声对妻子喊道："海伦，请告诉多梅尼克把那些玫瑰修剪得比去年更短一点！"

---

① 尤金·布莱克（Eugene R. Black，1898—1992 年），美国银行家、商人、经济学家，曾任美国联邦储备委员会主席（1933—1934 年）。——译者注

然后，利连索尔夫人和多梅尼克一起出了门。利连索尔对我说："多梅尼克总是舍不得下剪刀。这是由于我们的背景不同，是遵照意大利习惯还是中西部习惯的问题。"然后，他又回到了之前的话题，说，与拉扎德·弗雷斯公司的联系，尤其是与梅耶的交往，使他与一家名为北美矿物分离公司的小公司建立了合作，最初是担任顾问，后来成为其管理人员，拉扎德·弗雷斯公司拥有该公司的多数股份。正是这份工作让他出乎意料地发了财。当时该公司正处于困境，梅耶认为利连索尔也许能做些什么。随后，通过一系列并购和其他操作，该公司先后更名为奥特堡矿产化工公司和美国矿产化工公司，并在 1960 年再度更名为菲利普矿产化工公司，与此同时，它的年收入从 1952 年的约 75 万美元上升到 1960 年的约 2.74 亿美元。对利连索尔来说，接受梅耶委托对该公司提供顾问服务成为一个起点，使他开始了为期 4 年沉浸于管理企业日常问题的日子。他斩钉截铁地表示，这次经历是他一生中最丰富的经历之一，而且这绝不仅仅是字面意义上的丰富。

- 有象征意义的胜利 -

我部分参考利连索尔在普林斯顿告诉我的内容，部分根据后续研究的该公司发布的一些文件以及与该公司其他相关人士的交谈，重构了利连索尔在该公司的主要经历。北美矿物分离公司于 1916 年成立，是一家英国公司的分支机构，它是一家依赖专利的公司，主要收入来自精炼铜矿石和其他有色矿石所用工艺的专利使用费。它的经营活动包括两个方面：一是在研究实验室开发新的专利，二是向付费使用原有专利的采矿和制造公司提供技术服务。到 1950 年，尽管它仍可获得可观的年度利润，但公司前景并不乐观。在长期担任公司总裁的塞思·格雷戈里博士的领导下，该公司几乎已经彻底停止了研发工作，完全依靠原有的 6 项专利过活，而据当时的估计，这些专利都将在 5~8 年间失去专利保护（塞思·格雷戈里博士当时已经年逾 90，但仍然铁腕统治着该公司，每天乘坐一辆华丽的紫色劳斯莱斯往返于他位于市中心的公寓酒店和位于百老汇街 11 号的办公室）。

事实上，这是一家虽然依旧健康，但已被判死刑的公司。拉扎德·弗雷斯公司作为大股东，显然有合理的理由对此表示担心。最终，格雷戈里博士被说服退休，领取可观的养老金安度晚年。1952 年 2 月，在矿物分离公司担任顾问一段时间后，利连索尔被任命为公司总裁和董事会成员。他的首要任务是寻找新的收入来源，以取代即将到期的专利，他和其他董事一致认为，实现这一目标的方法是合并。利连索尔参与了矿物分离公司和佐治亚州奥特堡的奥特堡黏土公司合并的事宜，该公司生产一种非常稀有的黏土，可用于净化石油产品，并生产各种家用产品，其中包括地板清洁剂产品快干灵。拉扎德·弗雷斯公司同样持有奥特堡黏土公司的大量股份，而其另一个大股东是一家名为 F. 埃伯施塔特公司（F. Eberstadt & Co.）的华尔街公司。

作为矿物分离公司和奥特堡公司合并的中间人，利连索尔担负着一项微妙的使命，即游说奥特堡这家南方公司的高管们，使其相信他们并没有被一群贪婪的华尔街银行家用作棋子。银行家的代理人并非利连索尔惯于担任的角色，但他显然泰然自若地完成了任务，尽管他的出现事实上使情绪问题更加复杂，因为他又带入了一股大踏步向前的发展气息。另一位华尔街人士告诉我："戴维非常有效地鼓舞了奥特堡公司高管的士气和信心。他让他们接受了合并，并向他们展示了合并的利益所在。"利连索尔本人告诉我："我能够轻松应对这项工作涉及的管理和技术部分，但财务部分必须由拉扎德和奥特堡的人来完成。每次他们开始谈论分拆和股票交换时，我都一头雾水。我甚至不知道分拆是什么。"（利连索尔现在已经知道，用不那么技术化的语言来说，这是指将一家公司拆分为两家或两家以上的公司，与合并相反。）

这次合并在 1952 年 12 月完成，无论是奥特堡公司还是矿物分离公司的人，都没有理由感到不满，因为新成立的公司——奥特堡矿产化工公司的利润和股价很快开始上涨。合并之时，利连索尔被任命为公司的董事会主席，年薪为 1.8 万美元。在接下来的三年里，他先是担任这一职位，后来转任执行委员会主席，在管理公司日常事务以及通过一系列新的合并促进公司进一步发展方面发挥了巨大作用，其中一次是 1954 年该公司与造纸涂料用高岭土的领先生产商埃德加兄弟公司的合并，另外两次发生在 1955 年，是其分别与俄亥俄州和弗吉尼亚州的两家石灰岩生产企业合并。合并和随之而来的效率提高不久就产生了回报，1952 年至 1955 年间，该公司的每股净利润增长了5 倍多。

该公司年度股东大会和特别股东大会的委托书明确地勾勒出利连索尔从一位相对清贫的公务员逐步成为一名成功企业家的财富增长之路。（很少有公开文件比委托书更不保护隐私，因为委托书中必须列出公司董事私人持股的确切数量。）1952 年 11 月，北美矿物分离公司

授予利连索尔股票期权作为其年薪的补充。这些期权使他有权在 1955
年年底之前的任何时候，以每股 4.875 美元的价格（期权授予时的股
票现价）从公司库存股票中购买最多 5 万股股票。作为交换，他签署
了一份合同，同意在 1953 年、1954 年和 1955 年期间担任公司积极
参与经营的高管。当然，如同所有股票期权接受者一样，期权能够带
来的潜在财务收益在于，如果公司股票价格大幅上涨，而他行使期权
购买股票，则他获得的股票价值会大大高于他购买股票的价格。此外，
更重要的是，如果他后来决定出售股份，其所得将属于资本利得，最
高税率为 25%。当然，如果股票没有上涨，期权将一文不值。但是，
就像 20 世纪 50 年代中期的许多股票一样，利连索尔的股票不但上涨，
而且涨幅惊人。委托书显示，1954 年底，利连索尔行使期权，购买了
12 750 股股票，当时的股价已经不再是每股 4.875 美元，而是约为 20
美元。1955 年 2 月，他以每股 22.75 美元的价格出售了 4 000 股股票，
获得了 9.1 万美元的收益。这一金额扣除资本利得税后，被用于进一
步行使期权购买股票。委托书显示，1955 年 8 月，利连索尔持有的公
司股票已经增加到近 4 万股，接近我拜访他时他的持股数量。到那时，
这只最初通过柜台交易的股票不仅已经在纽约证券交易所上市，而且
已经成为该交易所交投活跃的宠儿之一，股价也飙升至每股 40 美元左
右，显然，利连索尔已稳居百万富翁之列。此外，该公司长期前景良
好，每年支付每股 50 美分的现金股息，因而利连索尔家族的财务忧虑
已经彻底宣告结束。

　　利连索尔告诉我，从财务角度来说，他具有象征意义的胜利时刻
是 1955 年 6 月矿产化工公司股票终于过审并在纽约证券交易所挂牌

上市的那一天。按照惯例，利连索尔作为公司高管应邀到场与交易所总裁握手，并被带去参观交易所。利连索尔告诉我："我全过程中都神思恍惚。在此之前，我还从未进入过任何证券交易所。这一切都神秘而令人着迷。对我来说，它比任何动物园更奇妙。"彼时彼刻，证券交易所对这位前"长角的魔鬼"造访其交易大厅作何感受并没有记载。

在讲述他在公司的经历时，利连索尔热情地向我讲述了这件事，整件事在他口中确实神秘而令人着迷。我问他，除了明显的经济诱因外，是什么促使他投身于一家小公司，以及他作为田纳西河流域管理局和原子能委员会的前老板，实际上去兜售黏土矿石、高岭土、石灰石和快干灵时的感受。利连索尔仰靠在椅子上，凝视着天花板。"我想要获得创业的经验，"他说道，"我发现收购一家规模很小、经营状况很差的公司，并努力扭转局面是一个很有吸引力的事情。我认为，这种发展建设正是美国自由企业制度的核心，也是我在所有政府工作岗位中一直心心念念的东西。我想亲自试一试。至于说我的感受如何，嗯，它让人感到非常兴奋，非常激发智力，我的许多旧有想法全都改变了。我对安德烈·梅耶这样的金融家产生了全新的敬重之意。我从未想到过他们会具有如此强烈的实事求是精神和极高的荣誉感。我发现商业世界中充满了富有创造性和独创性的人才，当然也不乏数量众多的事后诸葛亮。此外，我觉得它很诱人。事实上，我几乎就要完全臣服于它。商业有它吃人的一面，正是体现在它如此让人欲罢不能。我发现你曾经读到过的一些说法千真万确，比如说，如果你不小心，为了赚钱而赚钱可能会上瘾。所幸我有一些好朋友，他们帮

助我不会脱离正轨，比如费迪南德·埃伯斯塔特（Ferdinand Eberstadt），
他在奥特堡合并案后和我同时担任董事，还有内森·格林（Nathan
Greene），他是拉扎德·弗雷斯公司的特别顾问，并且在董事会任职过
一段时间。格林对我来说就像是一位商业上的忏悔神父。我记得他曾
说过，'你以为你大赚一笔，然后就可以独立了。我的朋友，在华尔街，
你不可能一举赢得独立。套用托马斯·杰斐逊的话说，你必须每天都
重新赢得独立'。我发现他说得对。哦，我有我的问题。我每走一步
都在质疑自己。这让人筋疲力尽。你看，这么长时间以来，我一直与
两个影响深远的机构联系在一起。我对他们有一种认同感。在那种工
作中，你会失去自我意识。现在，我要为我自己操心，包括我的个人
准则以及我的财务未来，我发现我一直在怀疑自己是否采取了正确的
行动。这部分内容我都写在了日记里，如果你愿意，你可以去读一
读它。"①

我表示，我当然想一读为快。于是利连索尔带我去了位于地下室
的书房。这是一个很大的房间，窗户开在爬满了常春藤的窗井里，光
线透过窗户照射进来，甚至还有一缕斜阳，但窗户太高，无法看到花
园或附近的景色。利连索尔说："我的邻居罗伯特·奥本海默②第一次
看到这个房间时就抱怨这种幽闭的感觉。我告诉他这正是我想要的感

---

① 利连索尔的这部分日记最终于 1966 年出版。——译者注

② 罗伯特·奥本海默（Robert Oppenheimer），美国理论物理学家，曾于加利福尼亚大
学伯克利分校任教物理。第二次世界大战期间，奥本海默领导洛斯阿拉莫斯实验室，
其参与的曼哈顿计划最终研发出用于轰炸广岛与长崎的首批核武器，因此他被誉为
"原子弹之父"。战后，奥本海默曾担任新成立的美国原子能委员会总顾问委员会主
席。——译者注

觉！"他带我来到一个立在角落里的文件柜旁，柜子里面摆满了一排又一排活页笔记本，其中最早的日期可以追溯到作者的高中时代。利连索尔请我自便，然后把我独自留在书房里，自己回了楼上。

于是我客随主便，自在地在房间里随处浏览。我看了看墙上的照片，发现它们和我想的差不多，有富兰克林·罗斯福、哈里·杜鲁门、参议员乔治·诺里斯（George Norris）、路易斯·布兰迪斯①的签名照片，有利连索尔和许多人的合影，包括罗斯福、威尔基、菲奥雷洛·拉瓜迪亚②、纳尔逊·洛克菲勒③、印度的尼赫鲁（Nehru），还有田纳西河谷丰塔纳大坝的夜景，该大坝是使用田纳西河流域管理局发电厂的电力供应修建的。一个人的书房反映了他希望公开展示给别人的面目，但如果他诚实的话，他的日记则会反映出其他东西。我翻看利连索尔的日记没有多久，就意识到这是一份非同寻常的文件，它不仅是一份引起非同寻常兴趣的历史资料，而且是一位公职人员思想和情感上探索的记录。我匆匆翻阅了他与矿产化工公司有交集的那段时期的日记，在许多关于家庭、民主政治、朋友、出国旅行、对国家政策

---

① 路易斯·布兰迪斯（Louis Brandeis，1856—1941年），美国最高法院大法官（1916—1939年），被称为人民的律师。美国进步运动的主要推动人物。——译者注

② 菲奥雷洛·拉瓜迪亚（Fiorello LaGuardia，1882—1947年），意大利裔美国人、政治家、美国共和党成员，曾任美国众议员、纽约市市长和联合国善后救济总署总干事等职，是罗斯福总统"新政"的强力支持者，因成功领导纽约市从大萧条中复苏而闻名全国。——译者注

③ 纳尔逊·洛克菲勒（Nelson Rockefeller，1908—1979年），美国慈善家、商人、政治家，1959年至1973年担任纽约州州长，1974年至1977年担任美国副总统，还曾担任富兰克林·罗斯福和哈里·杜鲁门两任总统的国务院助理国务卿。——译者注

的思考，以及对共和国的希望和担心的记录中，我发现了以下与纽约的商业和生活有关的条目：

1951 年 5 月 24 日：看来我进入了矿产行业。但行小径，或成大道。（他接着解释说，他刚刚与格雷戈里博士进行了第一次面谈，显然这位老人家认可他担任公司的新总裁。）

1951 年 5 月 31 日：（进军商业）就像久病之后再学习走路……首先，你必须思考——迈出右脚，迈出左脚等。然后，你在不用思考的情况下行走，然后行走变成了一个人在无意识和完全自信的情况下所做的事情。就商业而言，后一种状态还没有出现，但我今天第一次感受到了它。

1951 年 7 月 22 日：我记得温德尔·威尔基多年前对我说过，"住在纽约是一种很棒的经历。我不会住在别的地方。这是世界上最激动人心、最刺激、最令人满意的地方"，等等。我想他这是为了回应我在纽约出差时说过的一句话：我无疑非常高兴自己不必住在那座喧闹肮脏的疯人院。（上）星期四，我可以对威尔基的话感同身受了……50 年代的纽约市宏伟壮阔，充满了冒险，给人一种处于伟大成就中心的感觉。

1951 年 10 月 28 日：也许我所追求的是鱼与熊掌兼得，并且不是用完全没有意义或徒劳的方式。也就是说，我能够与商业事务有足够的实际接触，以保持现实感，或发展现实感。否则，我要怎么解释我在参观铜矿、与电炉操作员交谈、研究煤炭项目或观察安德烈·梅耶工作时所获得的快乐呢……但除此之外，我还想拥有足够的自由去思考这些东西的含义，有足够的空间去阅读眼前利益相关领域之外的东西。这需要远离地位（我知道失去地位让我隐隐不快）。

1952 年 12 月 8 日：投资银行家为了挣钱要付出什么？我真是大开眼界，看到要经历如此多的辛劳、汗水、挫折、问题，是的，还有眼泪……如果每个想要在市场上出售某件东西的人，都要像那些在市场上出售股票的人一样，根据《证券真实法》①事无巨细地做出陈述，那么你肯定什么都卖不出去，至少没办法及时把东西卖出去。

1952 年 12 月 20 日：我参与奥特堡项目的目的是在短时间内赚很多钱，并且借助某种方式（比如便利的资本利得规定）使我能够留下 3/4 的钱，而不是支付 80% 或更高的所得税……但我还有另一个目的，那就是获得商业经验……真正的原因，或者说主要的原因，则是一种生活在一个商业时代（也就是说，一个由商业所主导的时代）的感觉，除非我在商业领域很活跃，否则我的生活将不完整。我想要成为一个观察者，仔细观察这一让人着迷、丰富和影响着世界生活的活动，不是……一个外部观察者（作为作家、老师），而是一位场内人士。我仍然有着这种感觉，当我情绪低落并想要彻底放弃时（这种想法不时会出现），支撑我的是，挫折和痛苦也是经历，商业世界中的真实经历……

然后，（我希望能够）将企业的管理者，其精神、张力、动

---

① 指美国 1933 年《证券法》。——译者注

机等，与政府管理者（我一直在做的事情）进行比较，这需要切实地了解政府或企业。这需要我在企业界也拥有与我长期从事的政府事务相当的实际经验。

我不会自欺欺人地说，我会作为一个企业家被接受，在我做"长角的魔鬼"那么多年之后，至少田纳西河流域管理局以外的人不会这么看待我了。对这一点，我感觉不再像以前那样充满防御性（通常表现为好战），那时我只是偶尔会碰见一位商业大亨或华尔街人士，而现在我将与他们为伍……

1953 年 1 月 18 日：我现在毫无疑问将至少三年投身于（矿产化工公司）……并且承担着全力以赴完成使命的道义责任。虽然我无法想象，这项事业作为目标本身足以让我感到满意，但它所带来的忙碌、活动、危机、冒险、不得不面对的管理问题、对人的判断，等等，所有这些加在一起，让生活变得远离枯燥。再加上赚大钱的好机会……我试水企业界的决定，虽然在很多人看来纯属浪漫的空想，但现在看起来似乎比一年前更加靠谱。

不过，好像还缺了些什么……

1953 年 12 月 2 日：克劳福德·格林沃尔特（Crawford Greenewalt）（杜邦公司总裁）……在（费城的）一次演讲中提到了我……他说，鉴于我已经进入了化工行业，考虑到我之前曾领导过美国最大的公司，比任何私人公司都大，他自然因为看到我成为一个潜在的竞争对手而感到有点紧张。这是在开玩笑，但是是一个很好的玩笑。这当然替小奥特堡做了一个很好的宣传。

1954 年 6 月 30 日：我在商业生涯中找到了一种新的满足感，

从某种意义上说，这是一种充实感。我真的从来没有觉得"顾问"是生意人，或者是进入了真实的企业世界。顾问距离企业实际的思考过程和判断决策太过遥远了……在这家公司里，随着我们的发展，有很多有趣的元素……几乎从零开始……公司仅仅依赖专利……收购、合并、股票发行、委托书、内部融资和银行贷款的方法……还有制定股票价格的方式，成年人基于愚蠢和近乎孩子气的理由做出购买股票、以什么价格购买股票的决定……与埃德加的合并，及（随后）其股票价格的大幅上涨……对价格结构的审查。成本开始好转，催化剂想法，动力、能量和想象力，日日夜夜（在实验室里夜夜工作到凌晨2点），一项新业务终于起步……真是一言难尽。

- 高利润体验 -

后来，我与被他称为"商业忏悔神父"的内森·格林进行过一场交谈，这让我从一个截然不同的角度审视了利连索尔对于从政府到商界转型的反应。"一个人离开政府高层的工作，然后以顾问身份来到华尔街，会发生什么？"格林反问我，"通常，他会感受到很大的落差。在政府中，戴维已经习惯于巨大的权威感和权力感，也就是巨大的国家和国际责任感。人们希望和他一起露面。外国政要会寻找他。他有各种各样的资源，他的桌子上有一排排按钮，他按下按钮，律师、技术人员、会计师就会出现并听从他的吩咐。好吧，现在他来到华尔街。人们为他举办了一场盛大的欢迎招待会，他会见了他新公司的所有合伙人和他们的妻子，得到了一间铺着地毯的漂亮办公室。但他的桌子上什么都没有——除了一个按钮，按下它只能唤来一位秘书。他不享受专车这样的特权。而且，他真的不再担负责任。他对自己说，'我是一个有想法的人，我必须有一些想法'。他确实有一些想法，但他的合伙人并没有给予这些想法太多关注。所以他的新工作从外表看令人失望，其内涵也同样如此。在华盛顿，他的工作是开发自然资源、原子能等，都是些惊天动地的大事。现在，他只是做一些小生意来赚钱。这一切似乎非常琐碎。

"然后就是钱本身的问题。在政府部门工作的人一般不那么需要钱。他享受的服务和基本物质条件不需要个人支付任何费用，此外，他还享有强烈的道德优越感。他能够嘲笑那些在外面赚钱的人。他可以想到自己法学院的某位同班同学在华尔街大赚了一笔，然后说，'他出卖了自己'。之后，他离开政府，只身来到了灯红酒绿的华尔街，并对自己说，'伙计，我要让这些人为我的服务买单！'，这些人确实买单了。他获得了高额咨询费用。然后他发现自己要支付巨额所得税，他现在必须将大部分收入交给政府，而不是从政府支薪。形势完全不同了。他可能像任何一位华尔街老鸟一样，开始大声叫喊'抢劫啊！'他有时候确实会这么做。

"戴维是如何应对这些问题的？嗯，他的确遇到了麻烦，毕竟他算是开启了事业的第二春，但他的应对几乎堪称完美。他从来没有感到无聊，也从来没有大叫大喊过'抢劫啊！'，他有很强的能力沉浸于一件事中，而那件事到底是什么对他来说并不那么重要。几乎可以说，他能够认定自己所做之事很重要，只是因为他正在做那件事，而不管那是不是真的重要。他的能力对于矿产化工公司来说是无价之宝，而不仅仅是作为一名管理者。戴维毕竟是一个律师，他对公司财务的了解比他愿意承认的要多。他喜欢扮演赤脚男孩[1]，但他很难做到。戴维是一个几乎完美的例子，在华尔街发财的同时还能保住自己的独立性。"

通过不同的方式（先是阅读日记中那些矛盾的断言，后又听到格林的评论），我似乎在热情和专注之下，察觉到一种挥之不去的不满，乃至无奈妥协的感觉。我感到，对利连索尔来说，拥有一种全新的，并且是附带着几乎难以置信的高利润的体验，固然让他真心激动不已，但这就像是一朵上面爬着一条虫子的玫瑰。我上楼回到起居室，发现利连索尔平躺在波斯地毯上，身上是一堆学龄前的幼童。至少，一眼看上去像是一堆孩子，但仔细观察后，我发现只有两个男孩。利连索尔夫人这时已经从花园回来，她向我介绍说，这两个孩子是艾伦和丹尼尔·布龙贝热，利连索尔的女儿南希和女婿西尔万·布龙贝热的儿子，并补充说，由于西尔万在大学教哲学，布龙贝热夫妇就住在附近。（几个星期后，布龙贝热夫妇搬到了芝加哥大学。）利连索尔的另一个孩子，小戴维，住在马萨诸塞州的埃德加敦，他定居在那里，希望以写作为生，后来也确实成了一名作家。在利连索尔夫妇的催促下，两个小外孙从外祖父身上爬下来，离开了房间。

当一切恢复正常时，我告诉利连索尔读过他的日记后我的反应，他犹豫了一会儿才开口说话。"是的，"他最后说道，"我想说明一点，

---

[1] 赤脚男孩（the barefoot boy）出自美国贵格会诗人约翰·格林利夫·惠蒂埃（John Greenleaf Whittier）的诗歌，通常指自然和天真无知的小人物。——译者注

让我担心的并不是我赚到了那么多钱。这件事本身并没有让我感觉良好或糟糕。在政府工作期间，我们也一直付得起账单，通过节俭，我们存够了钱送孩子们上大学。我们从来没有过多考虑过钱。然后，赚很多钱，赚了 100 万，当然让我很惊讶。我从来没有特别以此为目标，也没有想过这真的会发生在我身上。这就像当你还是个孩子的时候，你想跳到 6 英尺高。但当你发现自己可以跳 6 英尺高了，然后你会说，'好吧，那又怎么样？'，这已经不再重要。在过去的几年里，很多人都问过我，'有钱的感觉如何？'，起初，我有点感到被冒犯，因为这个问题里似乎带有含蓄的批评，但现在我已经过了那个阶段。我告诉他们，并没有什么特别的感觉。我的感觉是——不过这听起来非常老套。"

"不，我不认为这老套。"利连索尔夫人说，她显然预料到接下来他会说出什么。

"不，它确实很老套，但我还是要说出来，"利连索尔说，"如果有足够的钱的话，我不认为钱能带来多大不同。"

"我不太同意，"利连索尔夫人说，"当你年轻的时候，这没有多大区别。那时只要你能过得下去，就不会太在意。但随着年龄的增长，钱会非常有用。"

对此，利连索尔点头表示尊重。然后他说，他认为我在日记中注意到的隐约的不满情绪，至少部分是因为，他在私营企业界职业生涯虽然吸引人，但并没有带来服务公众的满足感。诚然，他并没有完全被剥夺这些权利，因为 1954 年，在他的矿产化工公司业务达到顶峰时，他应哥伦比亚政府的要求首次前往哥伦比亚，作为一位"年薪一比索"的顾问，启动了考卡山谷项目，该项目后来由开发与资源公司继续推进。但在很大程度上，身为矿产化工公司高管让他受到了相当大的束缚，他不得不将哥伦比亚的工作视为副业，甚至可能仅仅是一种爱好。我发现自己无法不从下面的事实中看到某种重要的象征意义，那就是，商人利连索尔从事的行业主要涉及黏土这种材料。

我还想到利连索尔转型后发生的另一些事情，可能会让他在成为一名成功商人的路上不那么舒服。就在他的矿产化工事业开展得如火如荼之时，他出版了《大企业：新时代》一书。我想知道，鉴于这本书被视作对自由企业制度的一首不加批判的赞歌，是否有人将其理解为他对自己新职业所做出的合理化阐述。于是我问出了这个问题。

"嗯，好吧，书中的想法让我丈夫的一些新政时期的朋友很震惊。"利连索尔夫人稍显冷淡地说。

"他们需要震惊，该死！"利连索尔突然爆发了。他的语气有些激动，我想到了他日记中的一句话，就是那句关于因为防御性而表现得好战（虽然那句话用在完全不同的语境中，但仍然是在说他自己）。停了一会儿，他用正常的语调继续说道："我的妻子和女儿认为我没有花足够的时间写这本书，他们是对的。我写得太匆忙了。我的结论没有得到足够论据的支持。首先，我应该更详细地阐述我在反垄断法实施方面的不同意见。不过，反垄断部分并不是真正的麻烦。真正震撼了我一些老朋友的是我关于个人主义和大企业之间关系的论述，以及关于美学和机器之间关系的论述。曾任农村电气化管理局局长的莫里斯·库克（Morris Cooke），就极度震惊。他因这本书几乎想把我撕成碎片，而我也没有客气。"反大企业"教条主义者与我划清了界限。

我并不觉得受到了伤害或感到失望。那些人过着怀旧的生活，他们只会向后看，而我试着向前看。当然，还有一些反垄断人士，他们对我展开了猛烈攻击。但是，从拆分大公司的意义上来说，之所以反垄断，不就是因为它们很大，几乎是过去的时代的遗物吗？是的，我仍然认为我所说的主要内容是正确的，也许相对于我的时代有些超前，但它们是正确的。"

"问题出在时机上，"利连索尔夫人说，"这本书的出版与我丈夫离开公共服务部门，进入私人企业的时间相当吻合。一些人认为它代表了作为权宜之计而改变观点。但事实并非如此！"

"这不是事实，"利连索尔说，"这本书的主要部分是 1952 年写成的，但其中所有的想法都是在我还在公共服务部门任职期间酝酿的。例如，我认为规模对国家安全至关重要的想法很大程度上源于我在原子能委员会的经历。一家公司拥有研发和制造设施，能够让原子弹成为一种作战武器，同时其设计足够简单，在战场上使用时不需要博士们亲自上阵操作，那家公司正是一家大公司，具体地说，那是贝尔电话公司。就因为它太大了，司法部反垄断部门试图将贝尔系统拆分成几个部分（但最终没有成功），而在那个时候，我们原子能委员会正要求它完成一项重要的国防计划，而该计划需要通力合作。这似乎很不对劲。更笼统地说，我在书中表达的整个观点可以追溯到我在 30 年代初与田纳西河流域管理局首任主席亚瑟·摩根（Arthur Morgan）的分歧。他对手工业经济充满信心，而我则支持大规模工业。毕竟，田纳西河流域管理局过去是，现在也仍然是自由世界最大的电力系统。在田纳西河流域管理局，我一直相信"大"的力量，当然要适当分权。但是，你知道，我最希望引发讨论的是关于'大'可以促进'个人主义'的那一章。这确实引起了某种程度的讨论。我记得一些人，他们主要是学者，带着怀疑的表情走到我面前，开口便是'你真的相信……吗？'好吧，我的回答是这样开头的：'是的，我真的相信……。'"

- 商人应有的样子 -

在利连索尔通过华尔街发家致富的过程中，他可能会质疑自己的另一个敏感问题是，他在致富时其实根本无须大喊"抢劫啊！"，因为他的财富是通过税收法的漏洞，即股票期权得来的。可能有一些崇尚自由主义的改革派商人在原则上拒绝接受股票期权，尽管我从未听说过有人真的这样做过，而且我不相信这种放弃是明智或有用的抗议形式。无论如何，我没有向利连索尔问起这一点。鉴于没有任何公认的新闻准则，每个记者都遵循自己的准则写作，而在我看来，这样的问题几乎是侵犯道德隐私的。然而，现在回想起来，我真希望这一次我违反了自己的行为准则。以利连索尔的个性，他可能会激烈地反对这个问题，但我认为他同样会尽自己最大的努力回答这个问题，而不会回避。事实上，在谈论了他的书《大企业：新时代》面世后所遭到的批评之后，他站起来走到一扇窗户前，并对妻子说："我看多梅尼克修剪玫瑰时还是太保守了。也许我晚些时候会出去把它们再剪短一些。"他的下巴绷得紧紧的，让我很确定有关修剪玫瑰的争议最终会如何解决。

利连索尔的问题最终找到了一个成功的解决方案，即他终于找到了能做到"鱼与熊掌兼得"的方法，那就是开发与资源公司。这个公司源于利连索尔和梅耶在 1955 年春天进行的一系列谈话。在这些谈话中，利连索尔指出，他与曾参观过田纳西河流域管理局的几十位外国政要和技术人员建立了良好的关系，同时他表示，这些人对该项目的浓厚兴趣似乎表明，至少有一些国家会想要启动类似的项目。利连索尔告诉我："我们成立开发与资源公司的目的不是试图重塑世界或重塑世界的任何一个部分，而是希望努力帮助完成一些非常具体的事情，并顺便赚钱。安德烈对是否能挣钱不太确定，我们都知道，一开始肯定会亏钱，但他喜欢做建设性的事情，拉扎德·弗雷斯公司决定支持我们，以换取公司的一半股权。"当时担任纽约市副市长的克拉普（Clapp）加入进来，成为这个合资企业的共同创始人，随后任命的管理人员使开发与资源公司实际上成为田纳西河流域管理局的"校友会"：约翰·奥利弗（John Oliver）成为公司的执行副总裁（他在 1942—1954 年一直在田纳西河流域管理局工作，最后成为其总经理）；W. L. 沃杜因（W. L. Voorduin）成为公司工程总监（他在田纳西河流域管理局工作了 10 年，并规划了整个大坝系统）；沃尔顿·西摩（Walton Seymour）担任了公司的行业发展副总裁（他曾担任田纳西河流域管理局的电力营销技术顾问长达 13 年）；另外还有其他十几名前田纳西河流域管理局的员工在公司中担任不同职务。

1955 年 7 月，开发与资源公司在华尔街 44 号开门营业，并开始寻找客户。同年 9 月，世界银行在伊斯坦布尔召开会议，利连索尔携妻子出席。会议期间，一个客户浮出水面，并在后来成了公司最重要的客户之一。在那次会议上，利连索尔与当时伊朗七年发展规划的负责人阿布哈桑·埃贝塔赫（Abolhassan Ebtehaj）进行了接洽。事实上，伊朗可谓开发与资源公司的一个理想客户，一方面，伊朗国有化石油工业的特许权使用费为其提供了大量资金来支付资源开发费用，另一方面，伊朗迫切需要技术和专业指导。

与埃贝塔赫会面的结果是，利连索尔和克拉普获得邀请，作为伊朗国王的客人访问伊朗，看看他们对开发胡齐斯坦有什么想法。利连索尔与矿产化工公司的雇佣合同于 12 月到期，尽管他仍继续担任该公司董事，但现在他可以自由地将全部时间（或几乎全部时间）投入开发与资源公司。1956 年 2 月，他和克拉普前往伊朗。利连索尔告诉我："我很惭愧地说，在那之前我从来没有听说过胡齐斯坦。不过在那以后，我了解了很多有关它的信息。

"胡齐斯坦是《旧约》中的埃兰王国以及后来的波斯帝国的心脏。波斯波利斯遗址就在不远处，而大流士国王冬宫所在的苏萨遗址就在胡齐斯坦的正中心。在古代，该地区建有四通八达的水利系统，你现在仍然可以找到据称 2 500 年前大流士所建的运河的遗迹，但波斯帝国衰落后，水利系统因外敌入侵和疏于管理而遭到破坏。一个世纪前，寇松勋爵①曾这样描述了胡齐斯坦高地的样子——'一片广袤的沙漠，目之所及，可达数英里'。我们到那里的时候就是这幅景象。如今，胡齐斯坦已经成为世界上最富有的油田之一，著名的阿巴丹炼油厂位于其南端，但其 250 万居民却没有从中受益。河水未加利用地白白流

---

① 指乔治·寇松（George Nathaniel Curzon），英国政治家，1885 年入议会，曾任印度事务次官、外交事务次官，1898—1905 年任印度总督。——译者注

走，极其肥沃的土地被撂荒，除极少数人，其他人都依旧生活在极度贫困中。当克拉普和我第一次看到这个地方时，我们都极度震惊。尽管如此，对于我们这两个田纳西河流域治理的老手来说，这简直是梦想之地，它只是迫切需要开发。我们寻找建造大坝的地点，以及可能进行矿产勘探和土壤肥力研究的地点，如此这般。我们看到油田中燃烧天然气产生的火焰。这真是浪费，因为这表明可以建造石油化工厂，使用这些气体制造肥料和塑料。在 8 天内，我们草拟了一个规划，在大约两个星期之内，开发与资源公司与伊朗政府签署了一份为期 5 年的合同。

"这仅仅是一个开始。我们的总工程师比尔·沃杜因飞到了那里，在离苏萨遗址仅几英里远的地方发现了一个很棒的坝址。苏萨是一个狭窄的峡谷，其峡壁几乎垂直于德兹河的河床。我们发现，除了提供建议，我们还必须亲自管理该项目，因此我们的下一项任务就是组建管理团队。下面的数字可能有助于你了解该项目的规模：目前，项目团队大约有 700 名专业人员，其中包括 100 名美国人、300 名伊朗人和 300 名其他国家的人，大多数是欧洲人，他们为分包商工作。除此之外，还有大约 4 700 名伊朗工人。所有人员加起来，总数超过 5 000 人。整个计划包括在 5 条不同的河流上建造 14 座水坝，工程需要很多年才能完成。开发与资源公司刚刚完成了为期 5 年的第一份合同，就签署了一份为期一年半的新合同，外加续签 5 年的选择权。我们已经完成了相当多的工作。以第一座大坝——德兹大坝为例，它将高达 620 英尺，是埃及阿斯旺大坝的一半多，完全建成后将灌溉 36 万英亩土地，并可发电 52 万千瓦。这座大坝预计在 1963 年初完工。与此同时，25 个世纪以来胡齐斯坦首个甘蔗种植园已经开始运营，使用抽水灌溉。今年夏天，它应该会产出第一批作物，届时制糖厂也将准备就绪。另一件事是，该地区最终将通过大坝实现电力自给，但在过渡时期，已经建成了一条从阿巴丹到阿瓦士的 72 英里长的高压线，这是伊朗的第一条高压输电线。阿瓦士是一个拥有 12 万人口的城市，以前除了几乎无法工作的 6 台小型柴油发电机之外，没有任何电源。"

在伊朗项目推进的同时，开发与资源公司还忙于为意大利、哥伦比亚、加纳、科特迪瓦、波多黎各以及智利和菲律宾的民营企业设计并实施项目。开发与资源公司还承接了美国陆军工程兵团的一个项目，并令利连索尔兴奋不已，这项工作是调研一座拟建中的大坝发电对阿拉斯加育空河地区的经济影响，利连索尔将育空河描述为"北美大陆有待开发的水电潜力最大的河流"。与此同时，拉扎德·弗雷斯公司保留了在开发与资源公司的股权，并且愉快地收获了它那一份可观的年度利润，而利连索尔则愉快地开始嘲笑梅耶之前对开发与资源公司财务前景的怀疑。

利连索尔的新职业对他和利连索尔夫人来说都意味着一种四处奔忙的生活。他给我看了他 1960 年的国外旅行日志，他说这是一个相当典型的年份，其内容如下：

1 月 23 日—3 月 26 日：火奴鲁鲁、东京、马尼拉，棉兰老岛，马尼拉、曼谷、暹粒、曼谷，德黑兰、阿瓦士、安迪梅什克、阿瓦士、德黑兰，日内瓦、布鲁塞尔、马德里，家

10 月 11 日—10 月 17 日：布宜诺斯艾利斯，巴塔哥尼亚，家

然后，他去拿了与那些旅行有关的日记。翻开前一年春天早些时候他在伊朗逗留时的日记，其中的一些摘录尤其让我感到震惊：

阿瓦士，3月5日：当国王宽大的黑色克莱斯勒车从她们身边经过时，从机场沿途排成一排的阿拉伯妇女的呼喊声让我想起了"叛军呐喊"[①]，然后我想起来了，那是印第安人的尖叫，就像我们小时候经常用手捂住嘴发出的起伏的啸叫声。

阿瓦士，3月11日：我们星期三在村民小屋的经历将我抛入了深渊。我徘徊在绝望和愤怒之间，尽管我一直认为绝望是一种罪恶，而愤怒并没有什么用处。

安迪梅什克，3月9日：……我们已经行走了很长一段路，穿过尘土，越过泥坑（我们总是被困在那里），还有一些我所知道的最崎岖的"道路"，我们像是回到了9世纪，或是更早的时候，我们参观村庄，走进让人难以置信并永生难忘的泥砌的"家"。正如《圣经》誓言所云：若我忘记了一些最具魅力的人类同胞的生存环境，愿我的右手枯萎。他们今晚就生活在这样的环境中，距此只有几千米，那个我们今天下午访问过的地方……

然而，当我写下这些笔记时，我确信，被浩瀚的胡齐斯坦所吞没的，仅占地45 000英亩的盖布利地区，有一天将变得广为人知，就像图珀洛[②]的社区……或是变得像少数拥有奉献精神的人

[①] "叛军呐喊"（rebel yell）是美国南北战争时期，南方邦联军队发展出一种独特的恐怖战吼，一方面提升己方士气，另一方面威吓敌人。——译者注

[②] 图珀洛（Tupelo）是美国密西西比州的第八大城市，李县的首府。该城最为人所知的是其为歌手埃尔维斯·普雷斯利（猫王）的出生地。——译者注

在落基山脉山口建立的新哈莫尼或盐湖城一样。

夕阳在巴特尔路投下越来越长的斜影，到了我该离开的时候了。利连索尔陪我一起走到我的车旁，途中我问他是否怀念作为华盛顿最具争议的人物时的那些喧嚣、混乱和万众瞩目。他笑着说道："当然。"当我们到达车旁时，他继续说道："无论是在华盛顿，还是在田纳西河谷，我都从未有意表现得特别好斗。只不过人们一直不同意我的观点。但是，好吧，如果我无意如此的话，我也不会把自己置身于有争议的境地。我想我是好斗的。当我还是个孩子的时候，我对拳击感兴趣。在印第安纳密歇根市的高中，我经常和我的一个表兄练习拳击。当我在印第安纳中部的德保上大学时，夏天会和一个前职业轻重量级拳击手练习拳击。他被称为塔科马老虎（The Tacoma Tiger）。和他练拳是一种挑战。一旦犯错，我就会被击倒在地。我当时只想能漂亮地击倒他一次。这是我的理想。当然，我从来没有成功过，但我成了一名相当优秀的拳击手。当我还是大学生时，我在德保大学担任拳击教练。后来，在哈佛法学院，我没有时间坚持下去，于是再也没有认真地打过拳击。但我不认为拳击本身就是一种战斗性的表现。我认为，我将有能力保护自己视作保持个人独立性的一种手段。我是从我父亲那里学到这一点的。'做你自己。'他过去经常这样说。他是 19 世纪 80 年代从奥匈帝国来到美国的，那里现在属于捷克斯洛伐克东部，当时他大约 20 岁，他一生中主要是在中西部的多个城镇经营商店，包括伊利诺伊州的莫顿、我出生的地方、印第安纳州瓦尔帕莱索、密苏里州斯普林菲尔德、密歇根城，后来是印第安纳州的威纳马克。他有一双淡蓝色的眼睛，一眼便能看出他内心的想法。只要看他一眼，你就知道他不会牺牲独立来换取安全。他不知道如何掩饰，即便他知道，也不会愿意这么做。好吧，回到我在华盛顿时的争议性，或是好斗性，或者任何你想给它的称呼，是的，当你不再需要和某一个麦凯拉唇枪舌剑的时候，你确实感到缺了点什么。对我来说，在道德层面，现在可以做的是接受挑战并尽力应对，比如矿产化工公司或开发与资源公司，它们也许可算是另一种表现形式的麦凯拉和塔科马老虎。"

1968 年初夏，我再次拜访了利连索尔，这一次是在开发与资源公司在美国本土的第三个办事处，一个位于白厅街，可以看到壮丽海景的套房。在这段时期内，开发与资源公司和他本人都大步向前。胡齐斯坦的德兹大坝已如期完工，1962 年 11 月开始蓄水，1963 年 5 月首次发电，该地区现在不仅可为本区域供电，而且还有充足的剩余电力来吸引外国企业。与此同时，由于大坝使灌溉成为可能，这个一度贫瘠的地区的农业蓬勃发展。利连索尔那年已经 68 岁了，却一如既往地充满战斗精神，对此他说道："那些悲观的经济学家不得不找其他的不发达国家去发表悲观论调了。"后来开发与资源公司与伊朗签订了一份新的 5 年期合同，继续开展这项工作。除此之外，该公司的客户群体已经扩大到 14 个国家。其最具争议的项目是在越南，根据与美国政府签订的合同，它正在越南与类似的南越团体合作，制订湄公河流域战后开发计划。这项任务导致一些人批评利连索尔，认为他支持这场战争。事实上，他告诉我，他认为这场战争是一系列"可怕误判"导致的灾难性后果，而他认为战后资源开发规划是一个独立的议题。然而，很明显，这种批评带来了伤害。与此同时，开发与资源公司出乎意料地拓宽了视野，开始涉足国内城市发展领域。纽约州皇后县和密歇根州奥克兰县私人基金会赞助的团体聘请该公司参与这项工作，以了解田纳西河流域管理局的方法是否有助于应对贫民窟这一现代化的沙漠。这些组织对开发与资源公司说的原话是："就当这里是赞比亚，然后告诉我们你们会怎么做。"这是一个充满想象力的想法，当然，其是否可行尚有待证明。

至于开发与资源公司本身及其在美国商界的地位，利连索尔回忆说，自从我们上次见面以来，公司不断扩张，已经在西海岸开设了第二个常设办事处，其利润也大大增加，并基本上成为一家员工所有的企业，拉扎德公司只保留了一点象征性的股权。最令人鼓舞的是，当老字号企业因为对利润的痴迷引发高尚的年轻人心生厌恶，从而面临严重的招聘问题时，开发与资源公司发现，其理想主义目标使其成为吸引最有前途的大学毕业生的磁石。考虑到这些成绩，利连索尔终于能够说出他之前无法说出口的话，那就是：私营企业现在带给他的满足感比他在公共服务期间任何时候所获得的满足感都多。

那么，开发与资源公司是未来自由企业的雏形吗？一半对股东负责，一半对全人类负责？如果是这样的话，那么这个反讽就圆满了，在所有人中，偏偏是利连索尔最终活成了商人应有的样子。

10

股东大会季实录

- 公司的权力 -

几年前，《纽约时报》援引一位欧洲外交官的话说："美国的经济体量变得如此庞大，以至于已经超出了想象。但现在，除了规模之外，美国经济还实现了高速增长，其所带来的根本权力，在世界历史上是绝无仅有的。"大约在同一时间，A. A. 伯尔勒（A. A. Berle）在一份有关企业实力的研究中写道，主导美国经济的大约 500 家公司"代表着经济权力的集中，相比之下，中世纪的封建制度看起来像是主日学校的派对"。至于这些公司内部的权力，从任何实际角度看，显然属于其董事和职业经理人（通常不是主要的所有者），这些人，伯尔勒在同一篇文章中接着指出，有时会构成一种自我延续的寡头统治。

如今，大多数公正的观察家似乎都觉得，从社会角度来看，寡头管理并没有想象中的那么糟糕，在许多情况下它们甚至相当好，但不管怎么说，公司的最终权力从理论上讲并不属于他们。根据公司的组织形式，这一权力属于股东，而美国各种规模和类型的企业共拥有超过 2 000 万股东。尽管法院一再裁定，董事不必遵循股东的指示，就像国会议员无须遵循其选民的指示一样，但股东确实可依据符合逻辑（虽然未必完全民主）的一股一票原则来选举董事。股东们因为诸多因素而被剥夺实权，包括他们在利润和股息上涨的时候表现得漠不关心，他们对公司事务的无知，以及他们庞大的人数。不管怎样，他们都会投票支持管理层，而且大多数董事选举的结果都会是超过 99% 的人投赞成票。股东让管理层感受到其存在的主要场合（在许多情况下也是唯一的场合）是年度股东大会。

- 热闹的股东大会 -

公司的年度股东大会通常在春季举行，1966 年春天，我参加了其中的股东大会，以了解从理论上持有这些封建领主般权力的人如何评价自己，以及他们与他们选举出的董事的关系。对我而言，1966 年的股东大会季特别值得称道之处在于，它有望成为一个特别热闹的季节。媒体上开始出现公司管理层对股东采取新的"强硬路线"的各种报道。（想到一位竞选者在选举前夕宣布他会对选民采取更强硬的路线，这真是让我着迷。）据报道，之所以采取新路线，是由于前一年股东大会上发生的事件，当时股东们的无法无天达到了一个新的高度。在通信卫星公司在华盛顿举行的股东大会上，公司董事长被迫要求警卫驱逐两名纠缠不休的股东。当时担任联合爱迪生公司董事长的哈兰德·福布斯命令一名发出质疑的股东离开纽约的大会现场。在费城，美国电话电报公司董事长弗雷德里克·卡佩尔（Frederick R. Kappel）在被激怒之后断然宣布："主导这次会议的不是罗伯特（议事规则）[①]，而是我！"（美国公司秘书协会的执行董事后来解释说，准确地应用"罗伯特规则"不会导致股东拥有更多言论自由，而是会限制这种自由。这位董事暗示，卡佩尔先生只是在保护股东免受议事暴政。）在斯克内克塔迪，通用电气董事长杰拉尔德·菲利普在与股东们周旋了数小时之后，对其新的强硬路线做出了如下总结，他说："我希望明确一点，明年以及未来几年，主席将会采取更严厉的态度。"据《商业周刊》报道，通用电气管理层随后指派了一个特别工作组，负责研究如何通过改变年度股东大会的形式来打击挑衅者，1966 年初，管理领域的圣经《哈佛商业评论》也加入讨论，发表了由小格伦·萨克森（O. Glenn Saxon, Jr.）撰写的一篇文章。萨克森是一家专门为管理层提供投资者服务的公司的负责人，他在文章中明确建议，年度股东大会的主席"应认识到主席角色所固有的权威，并果断地适当使用这种权威"。显然，这些在理论上握有世界历史上绝无仅有的根本权力的人，很快就要受到提醒，并认清自己的位置了。

在翻阅那一年重头股东大会的日程时，我不禁注意到一件事，那就是出现了一种不再在纽约或周边地区举行大会的趋势。官方给出的理由始终是此举是为了照顾来自其他地区的股东，他们过去就算能出

---

① 《罗伯特议事规则》（Robert's Rules of Order）是一本由美国将领亨利·马丁·罗伯特于 1876 年出版的手册，收集并改编美国国会的议事程序，使之普及于美国民间组织，也是目前美国广为使用的议事规范。——译者注

席股东大会，人数也非常少。然而，大多数最吵闹的持不同意见的股东似乎都集中在纽约地区，而且更改大会举办地的行为全都发生在启用新强硬路线的这一年，所以我认为这两件事之间存在关联的可能性并不算小。例如，美国钢铁公司的股东大会将在克利夫兰举行，这是自公司1901年成立以来，第二次在其名义上的家乡新泽西州以外的地方举行会议。通用电气在那些年间第三次走出纽约州，并一路南行到佐治亚州，该公司管理层似乎突然发现这个州的5 600名股东（相当于公司总股东数的1%多一点）迫切需要参加年度股东大会。更改股东大会地点的公司中最大的一家是美国电话电报公司，它选择了底特律，这是其81年历史中第二次在纽约市以外召开股东大会，第一次是1965年，那一年其股东大会在费城举办。

为了开启我自己的参会季，我追着美国电话电报公司来到底特律。我在飞机上翻阅了一些文件，得知美国电话电报公司的股东数量已经达到了创纪录的近300万人。我不禁好奇，如果所有股东，或者只有一半出现在底特律并要求列席股东大会（这显然不太可能发生），会造成什么后果。无论如何，这些股东中的每个人都在几个星期前通过邮件收到了一份会议通知，以及一份正式的出席邀请。在我看来，几乎可以肯定的是，美国企业界又取得了另一个"第一"——即有史以来第一次将近300万份个人邀请函邮寄到任何地方任何形式的活动中。当我抵达会议举办地，一个巨大的河滨体育场，科博大会堂（Cobo Hall）时，我对"第一大"会议的恐惧立刻消失了。场内人数稀稀拉拉，远未坐满。洋基队在战绩比较好的时候，如果看到某个工作日下午的比赛是这样的上座率，肯定会非常不高兴。（第二天的报纸上说，出席股东大会的人数是 4 016 人。）环顾四周，我注意到人群中有几个带小孩的家庭、一个坐轮椅的女人、一个留着胡子的男人和仅有的两名黑人股东（这表明，所谓"人民资本主义"的鼓吹者可能还需要再和民权运动协同得更密切一些）。按照通知，股东大会将于 1 点 30 分开始，卡佩尔主席准时到场，走向台上的演讲席，其他 18 名美国电话电报公司董事坐在他身后的一排座位上，卡佩尔先生敲响木槌，宣布会议开始。

通过我读过的资料，加上过去几年参加年度股东大会的经验，我知道，大公司的股东大会往往会有所谓的"职业股东"在场，他们以购买公司股票或作为其他股东代理人为全职职业，然后或多或少自行地熟悉公司情况，并参加股东大会，提出问题或建议。这些人中最著名的一位是纽约的威尔玛·索斯夫人（Mrs. Wilma Soss），她领导着一个女性股东组织，作为其成员的代理人，代表她们以及她自己拥有的股票投票；另一个著名代表是来自纽约的刘易斯·吉尔伯特（Lewis D. Gilbert），他代表自己及家族拥有的股票投票（总数相当可观）。此外，通过参加美国电话电报公司的股东大会（以及随后参加的其他一些股东大会），我还了解到一些原本不知道的情况，那就是除了事先准备好的管理层演讲，很多大公司的股东大会实际上还包括大量对话，在某些情况下，这更像是董事长和少数职业股东之间的决斗。由于非职业股东很多时候只能问出无知或是无关痛痒的问题，或是流于对管理层的吹嘘，提出尖锐批评或令人尴尬问题的任务就落在了职业股东身上。尽管职业股东基本上是自封的，但在默认情况下，他们成为一个可能急需代表的庞大群体的代表。他们中的一些人不是好代表，甚至一些人非常糟糕，以至于他们的行为引起人们对美国人言行举止的质

疑，这些少数人在年度股东大会上言语粗鲁、愚蠢，满口侮辱性语言
或辱骂，虽然公司规则并不禁止这样的行为，但这显然不符合社交礼
仪，有时候成功地把大公司的年度股东大会变成了粗俗的乡野对骂。

　　索斯夫人原来从事的是公关行业，自 1947 年之后一直是一位不
知疲倦的职业股东，她的段位通常远高于此。诚然，她也难免通过穿
着怪异的服装出席股东大会来哗众取宠，并试图通过冷嘲热讽来激怒
顽固的大会主席，偶尔成功地让他们把她逐出会场，她经常发出指责，
有时还会辱骂对方，而且绝对没人能怪她过于简单粗暴。我承认，她
惯常的语气和态度总是让我紧咬牙关，但我不得不承认，因为事先做
了充分准备，所以她的话通常有一定的道理。吉尔伯特先生自 1933
年以来一直从事职业股东这份职业，堪称所有职业股东的领袖，他几
乎总是有鲜明的观点，而且与同行相比，他无疑是简洁、严谨、敬业
和勤奋的化身。尽管职业股东会遭到大多数公司管理层的鄙视，但索
斯夫人和吉尔伯特先生得到了广泛认可，甚至登上了《美国名人录》。
此外，无论这会给他们带来什么样的满足感，他们都仍然是无名的阿
伽门农和阿贾克斯①，在商业机构自己创作的那些史诗中，他们总是被
通称为"个人"。（以 1965 年美国电话电报公司的年度股东大会官方
报告的部分内容为例："讨论环节的大部分时间都被由少数个人就几
乎毫不相关的事项提出的问题和发言所占据……两个个人打断了主席
的开幕致词……主席建议那些个人在停止打断致辞和离开会场之间做
出选择……"）而尽管萨克森先生在《哈佛商业评论》上的文章内容

---

① 阿伽门农和阿贾克斯均为希腊神话中的人类英雄。——译者注

完全围绕着职业股东以及如何与他们打交道，但作者背后企业的尊严不允许他提及任何一位股东的名字。避免点名需要相当高的技巧，不过萨克森先生还是圆满地完成了这一任务。

索斯夫人和吉尔伯特先生都出现在科博大会堂。事实上，会议刚刚开始，吉尔伯特先生就站了起来，抱怨说他要求公司在委托书和会议议程中加入的几项决议都被遗漏了。卡佩尔先生（他是一位戴着金属框眼镜、神情严肃的人，显然更符合老派的冷漠公司高管形象，而不是更宽容和蔼的公司管理层新形象）简短地回答说，吉尔伯特提案所涉及的事项并不适合股东考虑，并且也提交得太晚了。卡佩尔先生随即宣布他即将报告公司运营情况。然后，其他 18 名董事纷纷离席。显然，他们坐到台上只是为了被介绍，而不是为了回答股东的问题。我不知道他们到底去了哪里，他们就这样从我的视野中消失了，而且我最终也不知道他们的去处。即使后来，另一位股东在会上直接问起他们的下落，卡佩尔先生也只是简洁地回答"他们就在现场"。只身留在台上的卡佩尔先生继续做报告，他表示："业务正在蓬勃发展，收益很好，而且未来的前景同样光明。"他宣称，美国电话电报公司乐于让联邦通信委员会继续调查电话费率问题，因为该公司"没有不可告人的秘密"，然后，他描绘了一幅光明的电话未来图景，其中包括"图像电话"将成为司空见惯的东西，光束将承载信息。

当卡佩尔先生的演讲结束，管理层支持的新一年的董事也已经正式提名后，索斯夫人起身，并提名了她自己的董事人选——精神分析学家弗朗西斯·阿金博士。索斯夫人解释说，她认为美国电话电报公司的董事会中应该有一位女性，此外，她有时觉得，公司的某些高管可以从偶尔的精神检查中受益。（这句话在我看来颇为无礼，但另一次股东大会上发生的事，至少在我看来，使公司高管和股东间在失礼方面不分胜负，在那次会议中，董事长建议他公司的一些股东去看一看心理医生。）吉尔伯特先生附议了对阿金博士的提名，但他是直到坐在离他几个座位远的索斯夫人伸手使劲戳了他几下后才发的声。随即，一位叫伊芙琳·戴维斯的职业股东对会议地点提出了抗议，她抱怨说自己被迫从纽约大老远坐公共汽车过来开会。戴维斯夫人是一位黑发女郎，是职业股东中最年轻的，也许是最好看的一位，但根据我在美国电话电报公司（以及其他公司）股东大会上看到的情况，她不是最有见地，也不是最温和、最严肃或最世故的一位。她的发言遭到了潮水般的嘘声。而卡佩尔先生的回答是："你太失礼了。你完全是在自说自话。"这个回答引来了一片欢呼。直到那时，我才明白公司将大会开会地址从纽约更换到其他地方的做法实质上可带来什么好处：这么做或许不会让公司成功地摆脱这些讨厌的牛虻，但可以成功地将他们置于一种不利的环境，使得他们被迫经受乡土自豪感这种伟大美国情感的严酷考验。一位头戴花帽的女士用自己的行动凸显了这一点，她声称自己来自伊利诺伊州的德斯普兰斯，并站起来说道："我希望这里的某些人能表现得像聪明的成年人，而不是两岁的孩子。"（长时间的掌声。）

即便如此，来自东部地区的狙击仍在继续。到了3点30分，大会已经开了两个小时，卡佩尔先生显然越来越暴躁，他开始不耐烦地在讲台上踱来踱去，他的回答也越来越短。"好的，好的。"是他对一个有关他独裁的抱怨的全部答复。高潮出现在他和索斯夫人的一场争吵之中。他们争执的内容是，尽管美国电话电报公司在股东大会上分发的小册子中列出了被提名董事所属的公司，但其未能在邮寄给股东的材料中列出这些，而绝大多数股东并未出席大会，只是通过其代理进行了投票，大多数其他大公司在他们邮寄的委托书中都做出了类似的披露，因此股东显然有权要求美国电话电报公司对为什么它没有这样做给出合理解释。但随着争论的进行，最初争论的原因反而没人在意了。在交流中，索斯夫人使用了责备的语气，而卡佩尔先生则回以冰冷的语气。至于观众，则享受着这场决斗，将嘘声送给（索斯夫人所代表的）基督徒，将欢呼送给（卡佩尔先生所代表的）狮子。"我听不见你在说什么，先生。"某个时刻索斯夫人这样说道。"事实上，如果你只是去听而不是去说……"卡佩尔先生回答道。然后，索斯夫人说了些什么，虽然我没有听清楚，但显然是在激怒主席，因为卡佩尔先生的态度完全变了，一下子从冰变成了火，他开始晃着手指说，他不会再忍受任何辱骂，而索斯夫人一直在使用的落地麦克风突然间被关掉了。在一名身穿制服的保安在10~15英尺之后的尾随下，伴随着震耳欲聋的嘘声和跺脚声，索斯夫人走上过道，站在了台前，面对着卡佩尔先生，而卡佩尔先生告诉她，自己知道她就是想被扔出去，但她是不会得逞的。

最终，索斯夫人回到了自己的座位上，大家都冷静了下来。会议的其余部分主要是由业余股东而不是职业股东提出问题和做出评论，显然没有以前那么热闹，并且知识含量也没有显著提高。来自大溪城、底特律和安娜堡的股东都表示，最好让董事来管理公司，尽管那位大溪城人对他的地区无法再在电视上收看《贝尔电话时间》(*Bell Telephone Hour*)温和地表示了不满。一位来自密歇根州普莱森特里奇的男子希望为美国电话电报公司的退休股东发声，呼吁该公司将收益少投一点到扩张中，以便支付更高的股息。来自路易斯安那州农村的一位股东说，他打电话时，等上 5~10 分钟接线员都不会接听。这位路易斯安那男子（带着口音）说，"'俺'就是想'情'您注意"，卡佩尔先生承诺会派人调查此事。戴维斯夫人针对美国电话电报公司的慈善捐赠提出了抱怨，这让卡佩尔先生有机会回答说，他很高兴世界上有人比她更具慈悲心。（免税掌声响起。）一位底特律男子说："我希望你不会因为某些心怀不满者对你的辱骂就不再将股东大会带回伟大的中西部。"董事会公布最终结果，阿金博士在董事会席位之争中被击败，因为她只获得了 19 106 股支持票，而管理层名单上的每位候选人都得到了大约 4 亿股选票（包括代理投票）。（通过批准管理层名单，代理股东实际上可以反对场内提名，即使他对此一无所知。）这就是世界上最大的公司 1966 年股东大会的情况实录——或者说截止到下午 5 点半的情况，到那时，除了几百名股东，其他人都已经离开，而我也必须前往机场赶飞机回纽约了。

美国电话电报公司的股东大会让我陷入沉思。我感到，对于代议制民主政府的崇拜者而言，年度股东大会可以成为考验其灵魂的时刻，尤其是当他发现自己忍不住充满内疚地同情那位被台下众人纠缠不休的主席时。发起飚来的职业股东是管理层的秘密武器，在最咄咄逼人的时候，一个索斯夫人或是一个戴维斯夫人能让范德比尔特海军准将和皮尔庞特·摩根 [1] 看起来像是和蔼可亲的老绅士，让像卡佩尔先生这样的当代大亨看起来像是一个惧内的丈夫，哪怕他们并不真的是股东权利的拥护者。在这样的时刻，从实际效果来看，职业股东站到了

---

[1]　范德比尔特和皮尔庞特·摩根均以举止强硬、性格暴躁而著称。——译者注

明智地提出异议的反面。另外，无论人们是否相信职业股东是占理的，我认为他们都值得同情，因为他们所代表的，是一个不想被代表的群体。很难想象有谁会比一个享受了丰厚红利的股东更不愿意主张自己的民主权利，或者更怀疑任何试图为他主张这些权利的人（显然，现在大多数股东都享受着丰厚的红利）。伯尔勒认为，持有股权从本质上是一种"被动接受"，而不是"管理和创造"；在我看来，大多数出现在底特律股东大会上的美国电话电报公司股东如此坚信公司就像派发礼物的圣诞老人，以至于他们已经超越了被动接受而变成了有所企图的主动热爱。我觉得，职业股东承担的任务几乎与在大通曼哈顿银行的初级管理人员中招募美国共产主义青年团成员一样，纯属吃力不讨好。

鉴于菲利普董事长在 1965 年的斯克内克塔迪股东大会上对通用电气股东所发出的警告，以及关于该公司后续组建强硬路线工作小组的报告，我怀着一种穷追不舍的态度登上了一列南行的普尔曼火车①，前去参加通用电气的年度股东大会。会议将在亚特兰大市政礼堂举行，这是一个时髦的大厅，后部有一个种植了树木和草坪的明亮的室内花园，尽管会议是在一个慵懒、多雨的南方春季的早晨举行的，但有超过 1 000 位通用电气股东出席。目之所及，有三位黑人，没过多久，我又看到另一个人，那就是索斯夫人。

不管在前一年的斯克内克塔迪会议上有多恼怒，菲利普先生仍然主持了 1966 年的大会，这次他完全控制住了自己的情绪，并牢牢掌控着局势。无论是阐述通用电气资产负债表的奇迹及其实验室的新发

---

① 普尔曼火车是美国发明家乔治·普尔曼发明的一种豪华卧铺火车，车厢宽敞舒适、陈设豪华，还自带厨房，能够为乘坐长途火车出行的人提供舒适的旅程。——译者注

现，还是与职业股东争吵，他都保持着同样单调平和的语气，巧妙地在耐心而仔细的阐述和讽刺之间保持平衡。萨克森先生在其《哈佛商业评论》文章中写道："企业高管发现，有必要学习如何消减少数颠覆者对大多数股东的不利影响，同时强化有益因素的积极影响，这种积极影响确实会在年度股东大会上出现。"由于我早些时候获悉，就是这位萨克森先生曾经受聘于通用电气担任股东关系顾问，我不禁怀疑菲利普先生的表现是萨克森理念在行动中的具体呈现。就职业股东而言，他们采取了完全相同的模棱两可的风格来回应，由此产生的对话在总体上便显得像是两个人在争吵过后半心半意地决定和好。（职业股东本可以要求知道通用电气为了控制他们花了多少钱，但他们错过了这个机会。）在这种状态下，有一段对话显得颇为风趣。索斯夫人，用她最甜美的语调，提醒大家注意这样一个事实，即董事候选人之一、普渡大学校长、陆军科学顾问小组前主席弗雷德里克·霍夫德（Frederick L. Hovde）仅持有 10 股通用电气股票，并说她认为董事会应该由更多大股东组成。对此，菲利普先生以同样甜美的语调指出，公司有成千上万名持有 10 股或更少股份的股东，其中就包括索斯夫人，因此他认为，也许这些小股东值得在董事会中有一位代表。索斯夫人不得不承认主席给出了完美的一击，只得认输。

另外，虽然双方都严格遵守礼仪，但外在结果并不圆满。包括索斯夫人在内的几位股东正式提议，公司在董事选举中采用所谓累积投票制，在这种制度下，股东可以将他有权获得的所有选票集中在一位候选人身上，而不是分散到全体候选人。这样就可为小股东提供更大的机会，使其可以选出一名代表进入董事会。累积投票虽然在大企业界引起争议，但出于显而易见的原因，它仍然是一个非常受人尊敬的想法。事实上，对于在 20 多个州注册成立的公司来说，这种制度是强制性的，在纽约证券交易所上市的公司中，大约 400 家公司采用了累积投票制。尽管如此，菲利普先生认为没有必要回应索斯夫人关于累积投票的论点。相反，他选择坚持公司就这一议题发布的简短声明所表述的观点，这份声明此前已经邮寄给股东，其主要观点是，如果累积投票制导致通用电气董事会中出现一位作为特殊利益集团代表的董事，则可能会产生"分裂和破坏性影响"。当然，菲利普先生并没有说明他知道，而且毫无疑问他肯定知道，公司手头有足够多的代理股票来否决该提议。

- 特有的牛虻 -

有些公司，就像有些动物一样，有其独有的、高度专业化的牛虻，只会骚扰它们而不会骚扰其他人，通用电气就是这样一家公司。这一次的牛虻是来自芝加哥的路易斯·布鲁萨蒂（Louis A. Brusati），他在该公司过去 13 年的股东大会上共提出了 31 项提案，这些提案都至少以 97%（反对）对 3%（支持）遭到否决。1966 年，头发花白，有着像橄榄球运动员一样身材的布鲁萨蒂先生又来到了亚特兰大——这次不是带着提案，而是带着问题。首先，他想知道为什么委托书中列出的菲利普先生对通用电气的个人持股数量比一年前减少了 423 股。菲利普先生回答说，这个差额是他向家庭信托基金捐赠的股份，并温和但加重语气补充说："我可以说这不关你的事。我相信我有权对个人事务保有隐私。"不过，他显然更有理由保持温和，而不是加重语气。因为布鲁萨蒂先生适时地，用一种不带感情色彩的平和语调指出，菲利普先生的许多股票是行使期权，以其他人无法获得的优惠价格购买的，同时，鉴于菲利普先生的确切持股数量已经列在了委托书中，这一事实清楚地表明，在美国证券交易委员会看来，他的持股量确实关布鲁萨蒂先生的事。接下来，他提出了向董事支付费用的问题，布鲁萨蒂先生从菲利普先生那里得到的回答是，在过去的 7 年里，这些费用已经从每年 2 500 美元提高到每年 5 000 美元，然后又提高到 7 500 美元。两人随后的对话如下：

> "那么，这些费用标准是谁定的？"
> "这些费用标准是由董事会制定的。"
> "董事会自己制定对自己付费的标准？"
> "是的。"
> "谢谢。"
> "谢谢你，布鲁萨蒂先生。"

那天上午晚些时候，股东们就通用电气公司和美国南方的美德发表了几篇冗长而雄辩的演说，但此前布鲁萨蒂先生和菲利普先生之间这种优雅而简练的交流深深地印在了我的脑海中，因为它似乎代表了本次大会的精髓。直到菲利普先生最终宣布，管理层提名的董事名单全部当选，累积投票候选人以 97.51% 对 2.49% 败北，股东大会休会（那时已经到了 12 点 30 分），我才意识到，这一次不仅没有像底特律那样的跺脚、嘘声或叫喊声，甚至不必借助地区自豪感来反对职业股东了。我觉得后者应该是通用电气的底牌，只不过通用电气已经在牌面上大获全胜，因而无须翻开底牌。

- 别把异议者角色留给小丑 -

我参加的每一次股东大会都有其个性鲜明的基调，而辉瑞这家多元化制药和化学公司的基调便是友善。辉瑞公司过去几年一直在其布鲁克林的总部举行年度股东大会，但该公司将 1966 年的股东大会移师其最激烈反对者的大本营——曼哈顿中城。我所看到和听到的一切都让我相信，此举的动机并不是该公司草率地决定要虎口拔牙，而是基于一种非常过时的愿望，即获得尽可能高的投票率。辉瑞似乎有足够的自信去开诚布公地面对其股东。例如，与我参加的其他会议相比，在辉瑞举办股东大会的科莫多尔酒店大宴会厅的入口处，没有人收集股东入场券或是检查证件，如果愿意，菲德尔·卡斯特罗本人（我有时候觉得职业股东们是在模仿他的演说风格）都可以大摇大摆地走进来畅所欲言。大约1 700人出席了大会，几乎填满了整个宴会厅，辉瑞董事会的所有成员从头到尾坐在讲台上，分别回答了股东们提出的所有问题。

辉瑞的董事会主席约翰·麦基恩（John E. McKeen）应景地带着一丝布鲁克林口音开始致辞，他首先欢迎"我亲爱的股东朋友们"（我试图想象卡佩尔先生和菲利普先生以这种方式对他们的股东讲话，但实在想象不出，当然，他们的公司也比辉瑞更大），随后表示，到场的每个人都将免费获得一个辉瑞消费者样品大礼包，如 Barbasol、

Desitin 和 Imprévu。① 因此，先是因受到礼遇并有礼物可拿而被取悦，后又因为小约翰·鲍尔斯（John J. Powers, Jr.）总裁对公司当前经营状况（业绩全面创纪录）和近期前景（预计会创造更多纪录）的报告而进一步软化，就连最顽固的职业股东在这场特别的股东大会上也很难发起反抗，而且碰巧的是，唯一的职业股东似乎是刘易斯·吉尔伯特的兄弟约翰·吉尔伯特。（我后来得知，刘易斯·吉尔伯特和戴维斯夫人那天在克利夫兰参加美国钢铁公司的股东大会。）辉瑞管理层值得拥有约翰·吉尔伯特这样的职业股东，至少他们会愿意这样认为。他的态度随和，习惯于在自己讲话时不时发出自嘲的轻笑，可想而知是那种最讨人喜欢的牛虻（或者他只是在这次大会上是如此表现的，我听说他并不总是这样）。当他接连抛出一系列问题（这些问题似乎是吉尔伯特家族的标准问题），包括公司审计师的可靠性、管理人员的薪水、董事的费用等等，他看上去几乎因为责任使然而不得不做出这种不礼貌提问的举动而道歉。至于在场的业余股东，他们的提问和评论和我参加的其他股东大会上的一样，但这次他们对待职业股东的态度明显不同。这一次会上没有出现压倒性的反对声，而是似乎分裂成两个阵营。从掌声和低低抱怨的声音来看，在场的人中大约有一半认为吉尔伯特招人厌烦，另一半则认为他是个帮手。鲍尔斯毫不含糊地表达了他的感受。在休会之前，他真诚地表示，他非常欢迎吉尔伯特提出的问题，并特意邀请他第二年再来。事实上，在辉瑞股东大会的后半程，当吉尔伯特以对话的方式赞扬公司的某些事情并批评公司的

---

① Barbasol、Desitin、Imprévu 依次是原辉瑞旗下的剃须用品品牌、护臀膏品牌和香水品牌。——译者注

其他事情时，董事会的各个成员都在非正式地回复他的评论，我第一次短暂地感受到了股东和经理人之间的真诚交流。

　　美国无线电公司之前两年的股东大会均是在远离纽约总部的地方召开的，其中 1964 年是在洛杉矶，1965 年在芝加哥，而 1966 年，该公司在纽约卡内基音乐厅召开了年度股东大会，与辉瑞公司相比更果断地保持了当时的趋势。大约 2 300 名股东出席了大会，坐满了整个乐池和两层包厢，其中男性的比例比我在其他任何一次大会上看到的都要大得多。不过，索斯夫人和戴维斯夫人出现在会场，还有刘易斯·吉尔伯特和一些我以前没见过的职业股东。与辉瑞公司的股东大会一样，公司整个董事会都坐在台上，不过对于美国无线电公司的股东而言，他们关注的重点是该公司 75 岁的董事长戴维·萨诺夫（David Sarnoff）和他 48 岁的儿子罗伯特·萨诺夫（Robert W. Sarnoff），后者自 1966 年年初起担任该公司的总裁。在我看来，美国无线电公司股东大会在下面两个方面颇为引人注目：其一是股东们对其著名的董事长明显表现出尊重、近乎崇拜的态度，其二是业余股东打破惯例，站出来为自己的利益发声。老萨诺夫先生主持了会议，他看上去精神矍铄，准备好笑对任何情况，他和美国无线电公司的其他几位高管报告了公司的经营状况和前景。在报告过程中，"创纪录"和"增长"这两个词单调地重复出现，以至于并非美国无线电公司股东的我有点昏昏欲睡。不过，我很快猛然惊醒，因为我听到美国无线电公司的子公司——国家广播公司的主席沃尔特·斯科特（Walter D. Scott）谈到他的网络电视节目时说道："创意资源总是供过于求。"

　　没有人对这个说法或是对这份热情洋溢的报告表示任何异议，但是当他们结束报告后，股东们开始就其他事项发表意见。吉尔伯特先生提出了一些他最喜欢提的有关会计程序的问题，美国无线电公司的会计师事务所，亚瑟·杨公司（Arthur Young & Co.）的代表一一作答，他的回答看上去让吉尔伯特先生满意。一位来自狄更斯县的老夫人自称是玛莎·布兰德夫人，并说她持有美国无线电公司"成千上万股"的股票，表示她认为公司的会计程序甚至不应该受到质疑。我后来发现，布兰德夫人也是一位职业股东，但她是这群人中的异类，因为她强烈地支持管理层的观点。吉尔伯特先生随后提出了一项采用累积投票制的提案，论据与索斯夫人在通用电气股东大会上使用的论据大致相同。萨诺夫先生不同意这项动议，布兰德夫人也表示了反对，她解释说，她确信现任董事会一直为公司的福祉而不懈努力，并且再次补充说，她持有"成千上万股"股票。其他两三个股东发言并支持累积投票制——这是我唯一一次在股东大会上看到不那么一眼望去便是职业股东的股东就某个实质性问题发表不同意见。（累积投票提案以 95.3%对 4.7% 被否决。）索斯夫人仍像在亚特兰大时那样温和地说道，她很高兴看到一位叫约瑟芬·杨·凯斯的女士作为美国无线电公司董事会成员坐在台上，但遗憾的是，凯斯夫人在委托书中列出的主要职业是"家庭主妇"。一位担任斯基德莫尔学院[①]董事会主席的女性难道不应至少被称为"家政高管"吗？另一位女性股东为主席萨诺夫献上了一首赞歌，称其为"20 世纪了不起的男版灰姑娘"，她的发言引起了全场掌声。

[①] 斯基德莫尔学院（Skidmore College）创办于 1903 年，位于美国纽约州萨拉托加温泉镇，建立之初被称为青年女子工业俱乐部，主要为青年女子提供职业培训。现已发展成一所优质的文理学院，被誉为"新常春藤"名校之一。——译者注

戴维斯夫人早些时候曾对大会举办地点表示反对，给出的理由让我瞠目结舌，即卡内基音乐厅对美国无线电公司来说"过于简陋"。后来她提出了一项动议，要求公司采取行动，"以确保以后没有人会在年满 72 岁之后仍担任董事"。尽管许多公司都有类似规定，同时这项提案不具追溯力，因此对萨诺夫先生的地位没有影响，但它似乎就是针对他的，因此戴维斯夫人再次展示了她不可思议的授管理层以柄的癖好。而且她在提案的时候还戴上了蝙蝠侠的面具（我没搞明白这么做的象征意义），这对她的提案显然没什么帮助。不管怎样，这项提案引起了好几通对萨诺夫先生慷慨激昂的辩护，其中一位发言者接下来痛斥戴维斯夫人侮辱了在场所有人的智慧。这时候，一本正经的吉尔伯特先生跳了起来说："我完全同意她的装扮非常傻，但她的提案包含了一个有效的原则。"吉尔伯特先生显得颇为激动，从他的状态看来，他肯定花费了极大的力气才使理性战胜了天性，做出了这种伏尔泰式的理性辨析。戴维斯夫人的提议遭到了压倒性地否决，反对票占据的巨大优势使得这场股东大会相当于以对"男版灰姑娘"令人振奋的信任投票宣告结束。

通信卫星公司股东大会的主氛围是带有粗俗滑稽剧元素的经典闹剧，我就在这种氛围中结束了我那一年的大会季。通信卫星公司无疑是一家魅力四射的太空时代通信公司，于 1963 年由政府成立，并于 1964 年通过一次著名的股票出售转为公开上市公司。在抵达大会会场——华盛顿的肖勒姆酒店时，我在到场的大约 1 000 名股东中看到了戴维斯夫人、索斯夫人和刘易斯·吉尔伯特的身影，这几乎没有让我感到吃惊。戴维斯夫人化着舞台妆，头戴橙色遮阳帽，身穿红色短裙、白色靴子和一件黑色毛衣，上面用白色大字写着"我天生就是捣蛋鬼",端正地站在一堆电视摄像机前面。索斯夫人坐在戴维斯夫人的对面(我现在已经知道,这是她的习惯),这意味着她现在坐在离电视摄像机最远的位置。考虑到索斯夫人通常似乎并不反对入镜,我只能认为她之所以选择这个位置,是像吉尔伯特先生在卡内基音乐厅那次一样,是挣扎过后的良心发现。至于吉尔伯特先生,他坐在离索斯夫人不远的地方,因此当然离戴维斯夫人也很远。

前一年股东大会以后,曾以铁腕风格主持了1965年通信卫星公司股东大会的利奥·韦尔奇(Leo D. Welch)已不再担任公司董事长,取而代之的是西点军校毕业生、前罗德奖学金获得者、退役空军将军詹姆斯·麦科马克(James McCormack),这位将军举止优雅,无可挑剔,风度近似于温莎公爵,1966年的股东大会正是由麦科马克先生主持的。他首先讲了一些话来暖场,在此过程中他平静但不无强调地指出,如果某位股东想选择某个议题发难,那么他"可选择的范围非常窄"。麦科马克先生完成暖场后,索斯夫人发表了一通简短的演讲,但不确定是不是在可选择的范围之内。由于提供给她的落地麦克风无法正常工作,我错过了她讲话的大部分。戴维斯夫人随后发言,她的麦克风工作得非常好。随着摄像机就位,她对公司及其董事发表了震耳欲聋的长篇批评,起因是会场有一扇特殊的门专供"贵宾"通过。戴维斯夫人花了很长的篇幅表示,她认为这个程序是不民主的。"我们道歉,当你出去的时候,你想走哪一扇门都行。"麦科马克先生说,但戴维斯夫人显然没有得到安抚,依旧滔滔不绝。这时候,闹剧气氛开始加重,因为索斯-吉尔伯特派显然决定放弃与戴维斯夫人的同盟关系。当戴维斯夫人的演讲达到高潮时,吉尔伯特先生看起来就像一个男孩因为比赛被一个不了解规则或不关心比赛结果的球员搞砸了一样，愤怒地站起来大喊："程序问题！程序问题！"但麦科马克先生拒绝了来自议事程序的援手。他裁定吉尔伯特先生对程序问题的异议无效，并命令戴维斯夫人继续发言。我不用多想就可以知道他为什么会这样做。很显然，与我在股东大会现场看到的其他任何公司的董事长都不同，麦科马克先生正在享受着当下的每一分钟。在股东大会的大部分时间里，尤其是当职业股东发言时，麦科马克先生的脸上都挂着梦幻般的微笑，好像是一个完全不明所以的旁观者。

最终，戴维斯夫人的演讲在音量和内容上都达到了顶峰，她开始对通信卫星公司个别董事提出具体指控，此时三名保安——两个强壮的男人和一个面容坚毅的女人，都穿着宛若《班战斯的海盗》（*The Pirates of Penzance*）①中戏服一样华丽的深绿色制服——出现在房间后方，迈着快速但威严的步伐走上中央过道，并在距戴维斯夫人不远处的过道中停下来站定，于是她突然结束了自己的演讲并坐了下来。"好吧，"麦科马克先生说，脸上依然挂着微笑，"现在大家都冷静下来了。"

于是保安退下，大会继续进行。麦科马克先生和通信卫星公司总裁约瑟夫·查里克（Joseph V. Charyk）就公司经营情况做出了我已经司空见惯的热情洋溢的报告。麦科马克先生甚至说，通信卫星公司可能会在次年首次实现盈利，而不是像最初预测的那样到 1969 年才能盈利。（事实也的确如此。）吉尔伯特先生问麦科马克先生，除了正常薪酬外，他因为参加董事会议还获得了多少费用。麦科马克先生回答说他没有收到任何费用，当吉尔伯特先生回答说"我很高兴你没拿钱，

---

① 一部描写海盗生活的滑稽音乐剧。——译者注

我对此深表赞同"时，所有人都笑了起来，而麦科马克先生的笑容比以往任何时候都更加灿烂。（吉尔伯特先生显然正在努力提出他认为很严肃的观点，但今天似乎不是谈严肃事情的日子。）索斯夫人直截了当地奚落戴维斯夫人说，任何反对麦科马克先生担任公司董事长的人都"缺乏洞察力"，不过她确实承认，她不能说服自己在董事选举中投票给前任董事长韦尔奇先生（他是那一年的董事候选人），因为对方前一年曾下令将她赶出会场。一位活力四射的老先生说，他认为公司做得很好，每个人都应该对它有信心。有一次，当吉尔伯特先生说了某些戴维斯夫人不爱听的话，而戴维斯夫人不等邀请就开始在房间对面大声反驳时，麦科马克先生忍不住笑了一声。被麦克风放大的那声假笑，完美地诠释了那年通信卫星公司股东大会的主题。

在从华盛顿返回的飞机上，我回顾起参加过的股东大会，我突然想到，如果没有职业股东的出席，我对公司事务的了解可能没什么不同，但我对这些公司最高管理层个性的了解无疑将逊色很多。毕竟，在某种意义上，正是职业股东的提问、打断和演讲，才促使这些董事长摘下巴克拉克① 官方肖像照的面具，参与正常人际交往，由此让一家公司也变得鲜活起来。很多时候，这种人际互动都是相互指责，谈不上令人满意，但任何人如果想要在重大公司事务中寻求人性，就不能挑挑拣拣。尽管如此，我仍然存在一些疑问。飞行在三万英尺的高空的确有利于开阔视野，在飞机掠过费城时，我得出结论，根据我的所见所闻，公司管理层和股东都可以考虑李尔王的教训：当异议者的角色留给小丑时，每个人都将遇到麻烦。

---

① 巴克拉克照相馆（Bachrach studio）是美国历史悠久，最负盛名的照相馆，曾为大量名人拍摄过肖像照片。——译者注

第一口免责

- 来自猎头的邀请 -

19 62 年秋天，在美国各公司的研发项目中活跃着数千名优秀的青年科学家，唐纳德·沃尔格穆斯（Donald W. Wohlgemuth）便是其中之一。沃尔格穆斯就职于俄亥俄州阿克伦市的 B. F. 古德里奇公司（B. F. Goodrich Company），他 1954 年毕业于密歇根大学，获得了化学工程理学学士学位，大学一毕业，便进入古德里奇的化学实验室工作，起薪为每月 365 美元。此后，除了在军队服役的两年，他一直在古德里奇从事各种工程和研究工作，在 6 年半的时间里总共获得了 15 次加薪。1962 年 11 月，马上要过 31 岁生日的他年薪已经达到 10 644 美元。祖辈来自德国的沃尔格穆斯个头高高、沉默寡言，戴着一副角质框的眼镜，看起来十分严肃，颇像一只猫头鹰。他与妻子和 15 个月大的女儿住在阿克伦郊区沃兹沃思的一座平房里。总而言之，他似乎就是一位普通的美国年轻人，事业成功，但乏善可陈。不过，他的工作性质显然并不普通。他是古德里奇宇航服工程部的经理，过去的几年里，在一步步升任现职位的过程中，他参与设计制造水星计划^①中宇航员在轨道和亚轨道飞行中所穿着的宇航服，并发挥了相当重要的作用。

那年 11 月的第一个星期，沃尔格穆斯接到纽约一位猎头打来的电话，对方告诉他，特拉华州多佛市一家大公司的高级管理层迫切地想和他谈谈，讨论他加入该公司的可能性。尽管来电者三缄其口（这是猎头首次接触潜在雇员时的普遍做法），但沃尔格穆斯立即猜到了这家大公司是谁。国际乳胶公司的总部就位于多佛，这家公司以生产束腹带和胸罩而闻名，但沃尔格穆斯知道，该公司同时也是古德里奇在宇航服领域的三大竞争对手之一。此外，他还知道，国际乳胶公司获得了一份价值约 75 万美元的分包合同，负责研发阿波罗登月计划所需的宇航服。事实上，国际乳胶公司是在多家公司参与的竞标中获胜而赢得了这份合同，并因此成为当时宇航服领域最炙手可热的公司，而古德里奇也是参与竞标的公司之一。最重要的是，沃尔格穆斯对自己在古德里奇的处境已经有所不满。一方面，他的薪水，虽然在许多同龄人眼中非常丰厚，却远低于古德里奇同级别员工的平均水平；另一方面，他不久前曾向公司管理层提出要求，建议安装空调或过滤装置，以减少宇航服部门工作区域的灰尘，但遭到了拒绝。因此，在与猎头提到的高管（他们确实是国际乳胶公司的人）通过电话做好安排

---

① 水星计划（Mercury）是美国第一个载人航天计划，始于 1959 年，终于 1963 年，旨在将人类送入地球轨道。——译者注

后，沃尔格穆斯在随后的星期日前往多佛。

他星期一向古德里奇请了年假，在多佛待了一天半的时间。他后来说，自己得到了"真正的红毯待遇"。国际乳胶公司工业产品部主管伦纳德·谢泼德带他参观了该公司的宇航服开发设施。公司副总裁马克斯·费勒亲自在家中款待了他。另一位公司高管向他展示了多佛的住房情况。最后，在星期一午餐前，他与国际乳胶公司的这三位高管进行了交谈，随后——沃尔格穆斯后来在法庭上表示——三人"去到另一个房间待了大约10分钟"。当他们再次出现时，其中一个人邀请沃尔格穆斯担任工业产品部门工程经理的职位，其职责中包括宇航服的开发，年薪为13 700美元，12月初上任。沃尔格穆斯和妻子通了电话，并获得后者的同意（这并不困难，因为他妻子来自巴尔的摩，她很高兴能回到自己的家乡），随后沃尔格穆斯接受了这个工作邀请。那天晚上，他飞回阿克伦。星期二早上，沃尔格穆斯做的第一件事就是通知自己在古德里奇的直属上司卡尔·埃夫勒，宣布他将在月底辞职，换一份工作。

"你在开玩笑吗？"埃夫勒问道。

"不，我没有。"沃尔格穆斯回答。

根据沃尔格穆斯后来在法庭上的陈述，在这一简短交流之后，埃夫勒像所有痛失得力干将的老板经常做的那样，抱怨在月底之前找到合适的接替者十分困难。随后沃尔格穆斯在当天整理了他部门的文件，并加紧完成手头上的待办事务。第二天早上，他去见了韦恩·加洛韦，古德里奇宇航服部门的一位高管，他曾与后者密切合作，并且一直保持着非常好的私人关系。他后来说，尽管当时他在公司汇报体系中并不受加洛韦的直接领导，但他觉得自己有义务向加洛韦"亲自解释我的情况"。

- 忠诚、道德、价格 -

沃尔格穆斯在谈话开始时相当煽情地将一枚"水星太空舱"形状的徽章还给了加洛韦，这枚徽章是他因参与水星计划宇航服研发工作而获得的，他说，现在他觉得自己无权再戴它了。加洛韦问他为什么要离开公司。沃尔格穆斯说，很简单，因为他认为国际乳胶公司能够提供给他更高的薪水和更大的责任。加洛韦回答说，沃尔格穆斯这么做会将某些不属于他的东西带到国际乳胶公司，特别是古德里奇在制造宇航服时使用的工艺知识。在谈话过程中，沃尔格穆斯问加洛韦，如果他收到类似的工作邀请会怎么做，加洛韦回答说他不知道。不过他补充说，就此而言，就好比如果一群制订了万无一失的抢劫银行计划的人来找他，他不知道会怎么做。加洛韦说，沃尔格穆斯的决定必须基于忠诚和道德——这句话在沃尔格穆斯听来像是指控他不够诚信，这让他没能控制住脾气，给了加洛韦一个轻率的回答，说道："忠诚和道德是有价的，而国际乳胶公司已经给出了足够高的价格。"

此后，形势不可避免地开始恶化。临近中午的时候，埃夫勒把沃尔格穆斯叫到他的办公室，告诉他，公司已经决定他应该尽快离开古德里奇的办公场所，只需要列出待处理的项目并办理其他一些必要的手续，然后就不用再待在公司了。中午时分，当沃尔格穆斯忙于做这些事时，加洛韦打电话给他，通知他古德里奇法务部想见他。在法务部，有人问他是否打算在国际乳胶公司使用属于古德里奇的机密信息。根据古德里奇律师随后提供的宣誓书，他再次轻率地回答："你将如何证明我这么做了？"随后他被告知，根据法律，他不能自由地跳槽到国际乳胶公司。虽然他不受美国企业界常见的竞业禁止合同（即某位员工同意在规定时间内不得为任何竞争公司做类似的工作的约束），但他在从军队退役后签署了一份例行文件，同意"对因工作而可能获知的公司所有信息、记录和文件保密"——在古德里奇的律师提醒他之前，沃尔格穆斯已经完全忘记了这份文件。律师还告诉他，即使他没有签署那份协议，根据商业秘密法的既定原则，他也将被禁止在国际乳胶公司从事宇航服相关的工作。而且，如果他坚持自己的跳槽计划，古德里奇可能会起诉他。

沃尔格穆斯回到自己的办公室，给他在多佛见过的国际乳胶公司副总裁费勒打了个电话。在等待电话接通时，他与来找他的埃夫勒进行了交谈，埃夫勒对他背叛行为的态度似乎明显变得强硬。沃尔格穆斯抱怨说，他感到完全受制于古德里奇，而后者在他看来不合理地阻碍了他的行动自由，埃夫勒的话进一步让他感到不安。埃夫勒表示，过去 48 小时内发生的事情不会被忘记，而且可能会极大地影响他在古德里奇的未来。对于沃尔格穆斯来说，如果离开，则可能会被起诉，如果不离开，可能会沦为笑柄。当多佛的电话终于接通后，沃尔格穆斯告诉费勒，鉴于新的情况，他将无法去国际乳胶公司工作。

然而，那天晚上，沃尔格穆斯的前途似乎又趋向光明。他在沃兹沃思的家中给家庭牙医打了一个电话，牙医推荐了一位当地律师。沃尔格穆斯将他的故事告诉了这位律师，后者随后通过电话咨询了另

商业冒险

一位律师。两位律师一致认为，古德里奇可能是在虚张声势，如果沃尔格穆斯跳槽到国际乳胶公司，公司不会真正起诉他。第二天（星期四）的早上，国际乳胶公司的管理层给沃尔格穆斯打电话，并向他保证，如果发生诉讼，他们公司将承担他的法律费用，并将赔偿他在工资方面遭受的任何损失。这让沃尔格穆斯勇气倍增，在接下来的几个小时内，他传递出两条信息——一条是面对面传递的，一条是通过电话发出的：他把两位律师的意见通知了埃夫勒，然后打电话给法务部，并通知他们自己改变了主意，决定去国际乳胶公司工作。当天晚些时候，在安排好工作上的未尽事宜后，他永远离开了古德里奇的办公室，没有带走任何文件。

次日（星期五），古德里奇的总法律顾问 R. G. 杰特打电话给国际乳胶公司的劳资关系总监艾默生·巴雷特，谈到古德里奇担心沃尔格穆斯去对方那里工作可能会泄露其商业秘密。巴雷特回答说，尽管"沃尔格穆斯将要接手的工作是设计和制造宇航服"，但国际乳胶公司对了解古德里奇的任何商业秘密都毫无兴趣，而"只是希望借助沃尔格穆斯先生的一般性专业能力"。这个答案并没有让杰特或古德里奇满意，这一点在接下来的星期一变得十分明显。那天晚上，当沃尔格穆斯在阿克伦一家名为布朗德比的餐厅参加由四五十位朋友为他举行的告别晚宴时，一位女服务员告诉他，外面有个男人想见他。那个人是阿克伦所在地萨米特县的副警长，当沃尔格穆斯出来时，那个人递给他两份文件。一份是一张传票，要求他在大约一个星期后出庭。另一份是古德里奇当天在同一法院提交的请愿书副本，请求永久禁止沃尔格穆斯向任何未经授权的人披露属于古德里奇的任何商业秘密，以及"在除原告以外的任何公司……从事与高空压力服、宇航服或类似防护服的设计、制造或销售有关的工作"。

- 成为风向标 -

保护商业秘密的必要性在中世纪得到了充分认可，当时的商业秘密受到手工艺协会的严密保护，协会会员被严格禁止换工作。到了自由放任的工业社会，因为强调个人有权抓住眼前出现的最佳机会出人头地的原则，对跳槽的态度也宽容了许多，但组织保护其商业秘密的权利仍然受到尊重。在美国法律中，奥利弗·温德尔·福尔摩斯法官（Justice Oliver Wendell Holmes）在 1905 年芝加哥案件中制定了关于这一主题的基本戒律。福尔摩斯写道："原告有权保留其已经完成或已支付费用的工作的成果。其他人如果愿意也可以做类似工作的事实并不使其拥有窃取原告工作成果的权利。"这段表述极其清楚（虽然不够面面俱到）的判决几乎在此后出现的所有涉及商业秘密的案件中都被引用，但多年来，随着科学研究和工业组织变得无限复杂，问题也随之而来，确切地说，问题在于到底什么构成了商业秘密，以及什么行为属于窃取商业秘密。美国法律协会 1939 年发布的权威文本《侵权法重述》（Restatement of the Law of Torts）雄辩地试图解决上述第一个问题，宣称（或是重申）"商业秘密可包括某个企业使用的任何配方、模型、装置或信息汇编，该企业相对于不知道或不使用这些信息的竞争对手而言有机会获得竞争优势"。但在 1952 年审理的一起案件中，俄亥俄州法院裁定，阿瑟·默里[①]教授跳舞的方法虽然很独特，而且可能有助于吸引顾客远离竞争对手，但它不属于商业秘密。"我们所有人在做 100 万件事时都有'我们自己的方法'，包括梳头、擦鞋、修剪草坪……"，法院判决声称，并因此得出结论，认为商业秘密不仅必须是独特和在商业上有用的，而且也必须有内在价值。

至于什么样的行为构成窃取商业秘密，1939 年在密歇根州审理的一场诉讼中，提起诉讼的荷兰饼干机器公司称，其一名前雇员威胁要使用其高度机密的方法自行制造饼干机，审判法院裁定制造荷兰饼干机的秘密过程不少于三个，并禁止前雇员以任何方式使用它们。然而，密歇根州最高法院在上诉中发现，被告虽然知道这三个秘密，但并不打算在自己的企业中使用它们，因此，它推翻了下级法院的裁定并撤销了禁令。

如是等等。愤怒的舞蹈老师、饼干机制造商和其他人都已经在美国法院打过了官司，关于保护商业秘密的法律原则也已经确立，现在的主要困难是如何将这些原则应用于个别案件中。那些年，此类案件的数量急剧上升，这主要是由于私营企业研究和开发工作规模不断扩大。以衡量这种扩张速度的一个很好的指标为例，1962 年，技术研发费用高达 115 亿美元，是 1953 年的 3 倍多。没有一家公司希望看到，其花费重金求得的研发成果被年轻科学家装入公文包中，甚至是装在头脑中，随同他们另谋高就，一去不返。在 19 世纪的美国，能够制造更好捕鼠器的人成为众人瞩目的焦点（当然，前提是其捕鼠器获得

---

① 阿瑟·默里（Arthur Murray）是美国舞厅舞蹈家和商人，因以他名字命名的连锁舞蹈工作室而闻名。——译者注

了适当的专利）。在技术相对简单的时代，专利涵盖了商业中的大部分专有权利，因此商业秘密案件很少见。然而，当今时代更好的捕鼠器，跟制造人类进入轨道或登月装备所涉及的过程一样，通常无法获得专利。

由于古德里奇诉沃尔格穆斯案的审判结果将影响到数千名科学家和数十亿美元的研发投资，它自然引起了非同寻常的公众关注。在阿克伦，这场法庭诉讼已经成为从本地报纸《灯塔报》（Beacon Journal）的官媒报道到坊间闲谈都在热议的话题。古德里奇是一家老牌公司，在员工关系中有着强烈的家长式作风，对它所认定的商业道德有着强烈的感情。"我们对沃尔格穆斯的所作所为感到非常不安，"一位长期担任古德里奇高管的人士表示，"在我看来，这一事件比多年来发生的任何事情都更让公司感到担忧。事实上，在古德里奇开展业务的93年中，我们以前从未通过提起诉讼来阻止前雇员披露商业秘密。当然，有很多敏感岗位的员工离开了我们。但在这些情况下，进行招聘的公司已经认识到他们的责任。有一次，古德里奇的一位化学专业员工跳槽去另一家公司工作，当时的情况令我们感觉他要使用我们的方法，于是我们和那个人进行了交谈，也和他的新雇主进行了交谈。结果是，竞争对手的公司再未推出它雇用我们的人来开发的产品。这位员工和公司都做出了负责任的行为。至于沃尔格穆斯案，当地社区和我们的员工起初对我们有些敌意，觉得我们是一家大公司起诉小人物，诸如此类。但他们逐渐接受了我们的观点。"

阿克伦以外的人也对此表现出浓厚的兴趣，证据之一是它引发了一波发给古德里奇法律部门的问询信件，这清楚地表明，古德里奇诉沃尔格穆斯案被视为某种风向标。一些询问来自面临类似问题的公司，或者预计会面临类似问题的公司。令人惊讶的是，还有大量问询来自年轻科学家的家人，他们问道："这是否意味着我家的小伙子的余生都将被困在现在的工作中？"事实上，本案涉及了一个极其重要的问题，而审理此案的法官无论做出何种判决，都可能会遇到一个陷阱：一方面，是企业研发成果可能面临无法得到保护的危险（这种情况最终将导致民营研发资金枯竭）；另一方面，是成千上万的科学家可能会因为他们的能力和独创性而发现自己永远被困在一种可悲，甚至可能违宪的知识奴役中——他们将被禁止换工作，因为他们知道的太多了。

- 质证的核心 -

庭审于 11 月 26 日开始，持续到 12 月 12 日，中间有一个星期的休会期，审判在阿克伦举行，主审法官是弗兰克·哈维（Frank H. Harvey），与所有同类诉讼一样，不设陪审团。沃尔格穆斯本应该在 12 月 3 日起开始在国际乳胶公司上班，但根据与法院的自愿协议留在了阿克伦，并接受法庭的广泛询问，为自己辩护。古德里奇寻求的救济形式是禁令（injunction），这是一种起源于罗马法的救济，也是商业秘密遭窃取方可以采用的主要救济形式。它在古代被称为"法庭禁令"（interdict），当时在苏格兰仍然如此称呼。实际上，古德里奇要求的是，法院向沃尔格穆斯发出直接命令，不仅禁止他透露古德里奇的秘密，而且禁止他在任何其他公司的宇航服相关部门工作。任何违反此类命令的行为都将构成蔑视法庭罪，可处以罚款或监禁，或两者兼施。古德里奇的律师团队由杰特本人亲自领导，足以证明公司对此案的重视程度，因为杰特作为副总裁兼董事会秘书，是公司在专利法、一般法、员工关系、工会关系和工人权益以及所有其他重大法律事务方面的最高权威，已经长达 10 年未能抽出时间亲自出庭了。被告方的首席辩护律师是理查德·查诺韦思，来自阿克伦本地的白金汉-杜利特尔-巴勒斯律师事务所，尽管国际乳胶公司不是诉讼中的被告，但为了履行其对沃尔格穆斯的承诺，它聘请了这家律师事务所处理此案。

从一开始，双方就认识到，古德里奇要想获胜，首先必须证明自己拥有商业秘密，其次证明沃尔格穆斯也拥有它们，而且它们存在很大的泄露风险，最后，还要证明如果不获得禁令救济，它将遭受无法弥补的损害。在第一点上，古德里奇的律师通过对埃夫勒、加洛韦和另一名公司员工的询问，着力证明古德里奇拥有许多不容置疑的宇航服设计制造秘密，包括宇航服头盔硬壳的制造方法、面罩的密封方法、袜尾的制作方法、手套内衬的制作方法、将头盔固定在宇航服上的方法，以及将一种被称为氯丁橡胶的耐磨材料涂到双向拉伸织物上的方法。沃尔格穆斯则通过他自己辩护律师的询问，试图证明这些过程都不是秘密。例如，针对埃夫勒口中古德里奇"一项极其关键的商业秘密"，即氯丁橡胶工艺，辩护律师提供的证据表明，国际乳胶公司有一个既不属于秘密，也不打算在外太空穿着的束腹带产品"Playtex Golden Girdle"，即是由涂有氯丁橡胶的双向弹力面料制成，为了强调这一点，查诺韦思拿出了一条束腹带样品展示给所有人。同时，双方都没有忘记将自己生产的宇航服带入法庭，两家的产品均是由模特穿着的。古德里奇的宇航服是 1961 年款，旨在展示该公司通过研发所取得的成果，表明其不希望看到因商业秘密遭到窃取而使研发工作受到损害。国际乳胶公司展示的也是 1961 年款的宇航服，旨在表明该公司在宇航服研发方面已经领先于古德里奇，因此对窃取古德里奇的秘密没有兴趣。国际乳胶公司的宇航服看起来尤其怪异，在法庭上穿着它的国际乳胶公司员工看起来极度不舒服，好像他不习惯地球或是阿克伦的空气。"他的空气管没有连接，而且他很热。"对此《灯塔报》第二天做出了解释。无论如何，当辩护律师就他穿着的服装进行询问时，他忍受了 10~15 分钟之后，突然痛苦地指着他的头，随后的法庭记录在法学史上可能是绝无仅有的，其内容如下：

> 穿宇航服的人：我可以把它取下来吗？（指头盔）……
>
> 法庭：好的。

古德里奇举证责任的第二个要点，即沃尔格穆斯掌握古德里奇的商业秘密，很快就得到了确认，因为沃尔格穆斯的律师承认，公司几乎没有对他隐瞒任何关于宇航服的信息。对此，沃尔格穆斯的律师们的辩护理由是，首先，他没有带走任何文件（这一事实毫无疑问），其次，即使愿意，他也不太可能记住复杂科学工艺的细节。关于第三个要点，即不可挽回的损害，杰特指出，正是古德里奇制造出史上第一套全压飞行服，供已故的威利·波斯特[①] 在 1934 年进行高空试验的，

[①] 威利·波斯特（Wiley Post）是美国飞行家，1933 年完成单机环球飞行，成为第一个单机绕地球飞行一周的人。——译者注

并且该公司从那时起一直向宇航服研发领域投入巨额资金，是毋庸置疑的先驱和这一领域公认的领导者。他试图将自 20 世纪 50 年代中期以来一直在生产全压飞行服的国际乳胶公司描绘成一个暴发户，其邪恶计划是通过聘请沃尔格穆斯从古德里奇多年的研究工作中获利。杰特认为，即使国际乳胶公司和沃尔格穆斯秉持最大的善意，沃尔格穆斯在国际乳胶公司宇航服部门工作的过程中，也不可避免地会泄露古德里奇的商业秘密。而且无论如何，杰特都不愿意以善意揣度他们。他们心怀恶意的证据包括，国际乳胶公司故意招募沃尔格穆斯的事实，以及沃尔格穆斯向加洛韦发表的关于忠诚和道德有价的声明。辩方驳斥了商业秘密泄露不可避免的论点，当然，也否认了任何人怀有恶意。它以沃尔格穆斯在法庭宣誓后发表的声明结束了其陈述："我不会向国际乳胶公司透露任何在我看来是 B. F. 古德里奇公司商业秘密的内容。"当然，这对于古德里奇来说只是一种无用的安慰。

在听取了双方提交的证据和律师的总结陈词后，哈维法官决定过几天再做出判决，并发布命令，暂时禁止沃尔格穆斯透露所谓的秘密或是为国际乳胶公司宇航服计划工作，他可以继续领取国际乳胶公司的工资，但在法庭做出裁决之前，他必须远离宇航服的相关工作。12 月中旬，沃尔格穆斯离开家人前往多佛，开始为国际乳胶公司工作，开发其他产品。1 月初，他已经成功地卖掉了他在沃兹沃思的房子并在多佛买了一套新房子，他的家人也搬到了新工作所在地。

与此同时，在阿克伦，双方律师均提交了辩护状，在其中互相攻击，意在影响哈维法官。双方对法律的各种细微之处进行了辩论，博学但没有定论。然而，随着辩护状内容的深入，越来越清晰的一点是，这个案件本质上非常简单。双方在所有相关的事实方面不存在争议，存在争议之处是下面两个问题的答案：第一个问题是，当一个人尚未做出任何此类行为，且不清楚他是否打算这样做时，是否应该正式限制他披露商业秘密？第二个问题是，是否应该仅仅因为某项工作给他带来了独特的违法诱惑，就要阻止他从事这项工作？在查阅了法律书籍后，辩护律师准确地找到了他们想要的引文，以支持上述两个问题都应该得到否定回答的论点。（与其他法院裁决不同，法律教科书作者的一般性陈述在任何法院都不具有正式地位，但通过明智地引用它们，辩护方可以借用别人之口表达自己的观点，并用参考书目来支持它们。）

　　引文来自一部名为《商业秘密》(*Trade Secrets*)的著作，是由一位叫里德斯代尔·埃利斯（Ridsdale Ellis）的律师撰写并于 1953 年出版的，其中部分内容如下："通常，直到有证据表明该（已换工作的）雇员没有履行他的保密合同，无论是明示还是暗示，前雇主方可采取行动。侵权法中有一个准则：每条狗都有权白咬一口。也就是说，一条狗在通过咬人证明其具有危害性之前，不能被认定为有危害。与狗一样，前雇主可能必须等待前雇员做出一些公然侵权的行为后方能采取行动。"为了反驳这一理论（除了语言生动之外，它似乎也对本案有着极其准确的适用性），古德里奇的律师从同一本书中找出了一段对他们有利的引言。（这本被双方律师在辩护状中称为"埃利斯谈商业秘密"的书作为双方相互抨击的资料被反复使用，很可能是因为它是萨米特县法律图书馆中唯一适用于本案主题的文本，双方都对其进行了仔细研究。）为了支持己方的论点，古德里奇的律师发现，关于商业秘密的案件（如果一家公司被控引诱另一家公司掌握商业秘密的员工加入它），埃利斯表示："若涉密员工离开原公司去被告公司上班，则能够以推论来补充其他间接证据，证明被告雇用该员工的意图就是掌握原告的秘密。"

换句话说，埃利斯显然认为，在看上去可疑的情况下，是不应该允许白咬一口的。他是自相矛盾还是单纯改进了自己的立场？这是一个很好的问题。可惜埃利斯本人早在几年前就已经去世，因此答案也不得而知。

1963 年 2 月 20 日，哈维法官在研究并审议了这些辩护状后，以一篇充满悬念的 9 页长文的形式做出了他的裁决。首先，法官写道，他确信古德里奇确实拥有与宇航服相关的商业秘密，并且沃尔格穆斯可能能够记住并因此能够向国际乳胶公司披露其中的某些秘密，从而对古德里奇造成无法弥补的损害。他进一步宣称："毫无疑问，国际乳胶公司正试图在这一特定专业领域获得（古德里奇的）宝贵经验，因为他们与政府签订了'阿波罗'合同，并且毫无疑问，如果沃尔格穆斯被允许在国际乳胶公司的宇航服部门工作……他将有机会披露古德里奇公司的商业秘密。"此外，哈维法官坚信，国际乳胶公司代表在法庭上的行为已经清楚地表明了其态度，即该公司打算让沃尔格穆斯提供"他所拥有的各类信息从而获益"。到这里，形势看上去对被告方非常不利。然而——法官在谈到"然而"之前已经洋洋洒洒地写到了第 6 页——在研究了双方律师就"白咬一口"的辩论后，他得出的结论是，在商业秘密遭到泄露之前，不能发布禁止披露的禁令，除非有明确和实质性证据表明被告怀有恶意。法官指出，本案的被告是沃尔格穆斯，如果涉及任何邪恶的意图，似乎都应归因于国际乳胶公司而不是他。出于这个原因，连同一些技术性的原因，他最后说："本法院的观点和裁定是，拒绝对被告执行禁令。"

针对这一裁决古德里奇立即提出了上诉，萨米特县上诉法院在对案件做出自己的裁决之前，发布了另一份限制令。与哈维法官发布的限制令的不同之处在于，这份限制令允许沃尔格穆斯在国际乳胶公司从事宇航服相关工作，但仍然禁止他披露古德里奇宣称的商业秘密。在这种情况下，沃尔格穆斯虽然取得初步胜利，但头上仍悬着有关未来命运的新一轮法律斗争，他开始在国际乳胶公司的宇航服部门工作。

杰特和他的同事在向上诉法院提交的辩护状中明确指出，哈维法官的裁决的不当之处在于不仅在某些技术方面存在错误，而且还认为，必须有证据证明被告怀有恶意，才可以授予禁令。"要裁定的问题不是善意或恶意，而是商业秘密是否面临威胁或存在这样的可能性。"古德里奇的辩护状笼统地宣称。考虑到该公司花费了如此多的时间和精力试图证明国际乳胶公司和沃尔格穆斯怀有恶意，这显然有点自相矛盾。沃尔格穆斯的律师当然也指出了这种不一致之处。他们在辩护状中评论道："古德里奇竟然对哈维法官的这一发现提出异议，这确实很奇怪。"很明显，他们对哈维法官的好感如此强烈，以至于回护之意溢于言表。

上诉法院的裁决于 5 月 22 日宣布。该裁决由阿瑟·多伊尔（Arthur W. Doyle）法官撰写，并得到两位同审法官的认可。该裁决部分推翻了哈维法官的裁决，认定"即使没有实际发生泄密行为，当前也确实存在真实的泄露威胁"，并且"一份禁令可能……可以防止未来出现错误行为"，因此，法院下达了一项禁令，限制沃尔格穆斯向国际乳胶公司披露古德里奇宣称是其商业秘密的任何工艺和信息。另外，多伊尔法官写道："我们毫不怀疑沃尔格穆斯有权加入竞争对手企业工作，并利用他掌握的知识（商业秘密除外）和经验为他的新雇主谋取利益。"简而言之，沃尔格穆斯终于可以自由地接受一份为国际乳胶公司生产宇航服的长期工作了，前提是他在工作过程中要避免泄露古德里奇的商业秘密。

对此，双方都没有提出进一步上诉，即不必再将案件提交萨米特县上诉法院的上级法院，俄亥俄州最高法院，以及再上一级的美国最高法院。因此，上诉法院的裁决下达后，沃尔格穆斯案即告结案。审判结束后，公众对它的兴趣很快就消退了，但专业人士的兴趣仍在继续增加，当然，在上诉法院5月的裁决之后更是大量增加。早在3月时，纽约市律师协会与美国律师协会合作，举办了一次有关商业秘密的研讨会，其中沃尔格穆斯案正是讨论的重点。在那一年的最后几个月，担心泄露商业秘密的雇主对前雇员提起了许多起诉讼，预计这些诉讼均是以沃尔格穆斯案的判决为先例。一年之后，法院审理了20多起商业秘密案件，其中最广为人知的是杜邦公司试图阻止一名前研究工程师参与美国钾肥化工公司某些稀有颜料的生产。

- 禁令与责任 -

可以合理地假设，杰特可能会担心上诉法院的禁令的执行情况，即他也许会担心，沃尔格穆斯（也许心里带着对古德里奇的怨恨，躲在国际乳胶公司紧锁的实验室大门后工作）尽管禁令在身，仍然会白咬他那一口，并假定自己不会被抓住。然而，杰特并不是这样看待这件事的。杰特在案件结束后表示："除非我们另有了解，否则我们假设沃尔格穆斯和国际乳胶公司都充分了解法院的命令，并将遵守法律。古德里奇没有采取，也不考虑采取具体措施来监督该命令的执行。但是，如果禁令被违反了，我们也有多种方式可以知道这一点。毕竟，沃尔格穆斯现在的工作需要与其他人合作，这些人也可能会换工作。在与他保持经常性工作联系的大概 25 名国际乳胶公司员工中，很可能会有一两个人在几年内离开公司。此外，你也可以从同时服务国际乳胶公司和古德里奇的供应商，以及双方共同的客户那里了解到很多东西。但是，我觉得法院的禁令不会被违反。沃尔格穆斯已经经历了诉讼。这对他来说一定是一次难忘的经历。他现在知道了他承担着什么样的法律责任，而他以前可能并不知道这些。"

　　沃尔格穆斯本人在 1963 年末表示，自从案件结束以来，他收到了许多其他在企业界工作的科学家的询问，他们问题的要点是："你的案件是否意味着我已经被终生捆绑在我的工作上了？"他告诉他们，他们必须自己找到答案。沃尔格穆斯还表示，法院的命令对他在国际乳胶公司宇航服部门的工作没有影响。"禁令中没有说明古德里奇的商业秘密是什么，因此我在行事中假定他们声称的所有秘密都真的是商业秘密，"他说道，"尽管如此，我避免披露这些东西并没有损害我的工作效率。以使用聚氨酯作为内衬材料为例（古德里奇声称该工艺是商业秘密），其实，国际乳胶公司之前也做过类似尝试，只不过效果并不令人满意，所以它原本就没有打算沿着这个方向进一步研发，现在仍然没有这一打算，因此无论存不存在禁令，我对国际乳胶公司的贡献都没什么两样。不过，我想说的是，如果我现在从其他公司得到了更好的工作机会，我相信我会非常仔细地评估这个机会，而这是我在上一次没有做的。"沃尔格穆斯——经历了法庭审判后全新的沃尔格穆斯——在说这些话时语速明显放缓，十分谨慎，说话之前会长时间地停顿思考，似乎说错一句话就可能遭受灭顶之灾。他曾经是一个对未来有强烈归属感的年轻人，他期待着尽其所能为将人类送上月球做出实质性的贡献。同时，杰特所说的也可能没错。他前不久还在法律的折磨下苦苦挣扎了将近 6 个月，无论在现在还是未来的工作中，他都清楚地知道，一旦管不住自己的嘴，就可能意味着罚款、监禁和职业生涯的毁灭。

12

英镑保卫战

- 世界货币的堡垒 -

纽约联邦储备银行所在的街区，四面分别是自由街、拿骚街、威廉街和梅登巷。银行大楼建在一个小丘的斜坡之上，在早已被推土机夷平并建起林立摩天大楼的曼哈顿中心地区，这是硕果仅存的几块高地之一。大楼的入口正对自由街，外观威严冷峻。一层的拱形窗户仿照佛罗伦萨皮蒂宫和里卡迪宫设计，并安装了像男孩手腕一样粗的防护铁栅栏，其上方则是一排排长方形的小窗户，足有 14 层高，整齐地排列在峭壁般的砂岩和石灰岩外墙上。这些外墙砖本来是斑驳的棕色、灰色和蓝色，但现在已经全都被烟尘染成了灰蒙蒙的一片。简约的外墙到了 12 层时发生了变化，出现了一个佛罗伦萨式的凉廊。凉廊主入口两侧立着两个巨大的铁灯笼，完全仿照佛罗伦萨斯特罗齐宫的锻铁灯笼而造，但它们似乎不是为了美观或是为进入者提供照明，而是为了威吓他们。大楼内部也丝毫未令人感到更加愉悦或是友好。一层大堂上方是一个巨大的交叉拱顶，并装有高高的铁栅栏，上面雕刻着错综复杂的几何、花卉和动物图案，大堂中遍布银行保安，身穿深蓝色制服，看起来很像警察。

巨大而冷峻的联邦储备银行大楼在观者中可能引发千差万别的感受。那些欣赏自由街对面大通曼哈顿银行新大楼的人（这座大楼光鲜亮丽，最突出的特点是巨大的窗户、鲜艳的瓷砖墙和时尚的抽象主义绘画），会觉得联邦储备银行大楼是 19 世纪笨拙银行建筑的缩影，尽管后者实际上建成于 1924 年。而在 1927 年《建筑》杂志中一篇文章的作者口中，它令人折服，似乎"像直布罗陀的岩石一样神圣不可侵犯，并能同样引发人们的敬畏之情"，同时它还"拥有一种特质，由于找不到更好的词，我只能姑且称其为'史诗般的'"。对于在银行中担任秘书或助理的年轻女孩们的母亲来说，它看起来像是一个特别险恶的监狱。银行劫匪显然同样敬畏它的不可侵犯性，因为从未有人敢于尝试过抢劫它。对于纽约市艺术协会来说，尽管这座建筑已经被评为特色地标，但直到 1967 年，它仍然只是一个二级地标，即"应予以保留的具有重大地方或区域重要性的建筑"，而不是第一类——"应不惜一切代价维护的具有国家重要性的建筑"。另外，与皮蒂宫、里卡迪宫和斯特罗齐宫相比，这座大楼拥有一个无可争辩的优势：它比它们中的任何一个都大。事实上，这是一座比佛罗伦萨城内任何宫殿都要大的佛罗伦萨式宫殿。

除了外观，纽约联邦储备银行在职能上也与华尔街的其他银行不同。它是现有的 12 家地区联邦储备银行中最大和最重要的一家，是美国央行体系的主要运营分支机构。这 12 家地区联储银行与华盛顿的联邦储备委员会以及 6 200 家成员商业银行一道，共同组成了联邦储备系统。大多数其他国家的央行并不是这样的银行网络，而是单一的中央银行，如英格兰银行、法兰西银行等，但所有国家的央行都肩负着相同的双重职责，即保持本国货币的健康（这一目标通过调节货币供给，并部分通过调节借贷的难易程度来实现），以及在必要时保护本国货币相对于其他国家货币的价值。为了实现第一个目标，纽约联邦储备银行与其上级美联储和 11 家兄弟储备银行合作，定期调整一些货币阀门，其中最引人注目的（尽管不一定是最重要的）一项，是它借钱给其他银行的利率。至于第二个目标，出于传统和其身处美国和全球最大金融中心的事实，纽约联邦储备银行是联邦储备系统和美国财政部与其他国家打交道时的唯一代表。因此，它肩负着保卫美元的主要责任。在 1968 年的货币大危机期间，这成为一份沉甸甸的责任，同时因为捍卫美元有时也涉及捍卫其他货币，在那之前的 3 年半中，它事实上同样也背负着这份责任。

纽约联邦储备银行承担着为国家利益行事的职责（这实际上是其唯一的职责），因此它与其他储备银行一样，显然是政府的一部分。然而，它同样在自由企业阵营中拥有一席之地，遵循一些人口中典型的美国时尚，直接跨越了政府和企业的界限。虽然就职责而言它是一个政府机构，但它的股票由全国各地的成员银行私家拥有，并根据法律每年向这些银行支付年息不超过 6% 的股息。尽管其高级官员须进行联邦宣誓，但他们不是由美国总统任命，甚至不是由美国联邦储备委员会任命，而是由银行自己的董事会选举产生，他们的薪水也不是由联邦政府支付，而是来自银行本身的收入。然而，联邦储备银行的收入完全不在其经营目标之列（尽管它们总是令人欣慰地如期而至），如果收入超过了支出和股息，那么多余的部分会自动转移给美国财政部。将利润视为附带收获的银行在华尔街绝对属于另类，这种超然的态度使得联邦储备银行的人享有一种独一无二的优越社会地位。一方面，因为他们的银行归根结底是一家银行，而且是一家私有的、可产生盈利的银行，所以不能将他们视为纯粹的政府官僚机构；另一方面，鉴于他们将目光坚定地落在了比贪婪逐利的泥潭更高远之处，他们有资格被称为华尔街银行业的知识分子，甚至是真正的贵族。

他们的脚下是黄金——迄今为止仍然是所有货币名义上赖以存在的基石，尽管在各种货币地震的力量下，这块基石一直在不祥地松动。截至 1968 年 3 月，1.3 万多吨黄金（价值超过 130 亿美元，占自由世界总货币性黄金的 1/4 以上）存放于自由街地下的金库中，这座金库建在地底 76 英尺以下、海平面 50 英尺以下的基岩之上，如果污水泵系统没有将原本流经这里的溪流分流到梅登巷，这个金库将会被水淹没。

19 世纪英国著名经济学家沃尔特·白芝浩①曾对一位朋友说，当他情绪低落时，去他的银行并"把手伸进一堆金镑②中"往往能让他

---

① 沃尔特·白芝浩（Walter Bagehot, 1826—1877 年），出身于银行世家，长期担任《经济学家》杂志主编。白芝浩博学多才，在诸多领域都有建树，是影响至今的法学家、金融学家、道德哲学家和政治专栏作家。在英国享有"维多利亚时代最伟大的人"的荣誉。——译者注

② 金镑（Sovereigns）是英国曾发行和使用过的一种面值为 1 英镑的金铸币。——译者注

振作起来。虽然一睹联邦储备银行金库中的黄金无疑是一种刺激的体验（这些黄金没有做成金锭的形状，而是做成了大小和形状像砖块一样、闪着暗光的金砖），但即使是最尊贵的访客也不允许把手伸到这些金砖中，一方面，这是因为每块金砖重达 28 磅，手根本伸不进去，另一方面，这些黄金既不属于联邦储备银行，也不属于美国。所有美国的黄金都存放在诺克斯堡、纽约化验办事处或是各家铸币厂中，而存放在联邦储备银行的黄金则属于其他大约 70 个国家（最大的储户是欧洲国家），这些国家发现将大部分黄金储备存放在那里很方便。最初，大多数国家在第二次世界大战期间是为了保险而将黄金存放在美国的，战后，除法国之外的其他欧洲国家不但将其黄金留在了纽约，而且随着经济复苏，存放数量还大大增加。

这些黄金也不代表自由街的全部外国存款。到 1968 年 3 月，各种类型的外国投资总额超过了 280 亿美元。作为服务于世界大多数央行，以及基本代表了世界最主要货币的央行，纽约联邦储备银行毫无争议地成为世界货币的主要堡垒。凭借这一地位，它得以拥有得天独厚的视角，可以洞悉国际金融内情，及时发现某种货币出现不健康苗头，或是某个国家的经济摇摇欲坠。例如，如果英国在对外贸易中出现逆差，这会立即以英格兰银行余额下降的形式体现在美联储的账簿上。1964 年秋天出现的正是这种现象，而以此为标志，多个国家及其央行在美国和美联储的领导下，开始了一场漫长、勇敢、间或惊心动魄的斗争，力图通过保卫英镑的稳定来维护既有的世界金融秩序，但是，这场斗争最终还是失败了。

宏大的建筑会带来一个问题，它们往往会让身在其中的人和活动显得渺小。将联邦储备银行想象成与其他银行无异的一家机构，里面的工作人员热情寥寥地处理着案头堆积的日常文件，这在很多时候基本没错。但 1964 年以来，那里发生的一些事件，哪怕难以激起人们虔诚的顶礼膜拜，也确实具有某种史诗般的特质。

- 正在酝酿的大危机 -

1964 年初，英国的国际收支明显出现了巨额赤字。在之前的几年，英国的国际收支一直保持着大体平衡，也就是说，其每年向境外支付的金额大约等于其收到的金额。巨额赤字并不是由于英国国内经济出现了衰退，而是其国内经济过度膨胀的结果。企业界欣欣向荣，新富裕起来的英国人从国外订购了大量昂贵的商品，而英国商品的出口量却没有以同样的规模增加。简而言之，英国作为一个国家出现了入不敷出的现象。即使对于像美国这样相对自给自足的国家来说，巨大的国际收支逆差也是令人担忧的（事实上，美国当时正为此忧心忡忡，而且后来一直担心了好几年），而对于像英国这样的贸易型国家来说，由于其整体经济的大约 1/4 依赖对外贸易，国际收支逆差意味着巨大的风险。

这种情况日益引起纽约联邦储备银行的关注，而给予关注的核心部门是查尔斯·库姆斯（Charles A. Coombs）位于银行大楼 10 层的办公室，他是纽约联邦储备银行副行长，主管外汇业务。那一年的整个夏天，英镑一直呈现出一种不健康的状态，并且还在不断恶化。每天，库姆斯都会从外汇部的研究部门收到有关大量资本正在逃离英国的报告。地下金库传来的消息则表明，英国存放在那里的金砖堆正在明显萎缩——不是因为金库出现了任何违规行为，而是因为有太多金砖被转移到其他储物柜，以偿还英国的国际债务。在位于大楼7层的外汇交易柜台，几乎每天下午都会报告，当天英镑兑美元的公开市场报价又出现了下跌。到了七八月份，随着英镑的报价从2.79美元跌至2.789 0美元，再跌至2.787 5美元，自由街发生的一切已经被视为严重情况，以至于通常自行处理外汇事务，仅向高层进行例行报告的库姆斯开始不断与他的老板交换意见，他的老板联邦储备银行行长阿尔弗雷德·海耶斯，是一个高大、冷静、说话轻声细语的人。

　　尽管看起来极其复杂，但实际上，国际金融交易行为在本质上与国内私人交易没什么不同。一个国家遇到钱荒，就像一个家庭缺钱一样，是由于花的钱太多，而进账不够。向英国销售商品的外国卖家不能在本国花他们收到的英镑，因此需要将其转换成本国货币，对此，他们要在外汇市场上出售英镑，就像他们在证券交易所出售证券一样。英镑的市场价格随着供求关系的变化而波动，其他货币的价格也是如此——当然美元除外，美元是全球货币体系中的太阳，因为美国自1934年以来便承诺以每盎司35美元的固定价格提供黄金和美元的兑换，任何国家只要愿意，就可以随时进行任何数量的兑换。

　　在抛售压力下，英镑价格不断下跌。不过，英镑的波动受到了严格限制，限定在英镑平价上下几美分的范围之内，不允许市场供求过度压低或抬高其价格——如果英镑价格不受控制地出现剧烈波动，世界各地与英国进行贸易的银行家和商人将发现自己身不由己地陷入了某种轮盘赌游戏，并因此被迫停止与英国的贸易往来。相应地，根据

1944 年在新罕布什尔州布雷顿森林达成的国际货币规则，以及后来在其他地方做出的详细阐述，1964 年 1 英镑名义价值为 2.80 美元，仅被允许在 2.78 美元到 2.82 美元之间波动，由英格兰银行负责维持英镑供求关系的稳定。在一切顺利时，英镑某一天在外汇交易市场的报价可能是 2.799 0 美元，比前一天的收盘价上涨 0.001 5 美元。（1 美分的 15% 听起来并不是一个大数字，但鉴于每一笔国际货币交易的基本单位通常是 100 万美元，这个波动值意味着 1 500 美元。）在这种情况下，英格兰银行不需要采取什么行动。然而，如果英镑在市场上强力上涨，升至 2.82 美元（它在 1964 年显然完全没有表现出这样的走势），英格兰银行（会非常乐意地）承诺按照这个价格卖出英镑，以换取黄金或美元，从而阻止英镑价格进一步上涨，这样做可使英格兰银行的黄金和美元储备增加，以作为英镑的后盾。另外（这是一个更现实的假设），如果英镑疲软并跌至 2.78 美元，那么英格兰银行承诺的职责是干预市场，并用手中的黄金或美元，按照该价格购买当时出售的所有英镑，无论这样做是否会严重地削减其储备量。因此，一个挥霍无度的国家的中央银行，就像一个挥霍无度的家庭的当家人一样，最终将被迫使用老本儿来支付账单。但在货币严重疲软的时期，由于市场心理的变幻莫测，央行损失的储备比上面所说的还要多。谨慎的进口商和出口商为了保护其资本和利润，会将他们持有英镑的数额和时间降到最低。货币投机者灵敏的鼻子也可以嗅出疲软的味道，并蜂拥而至，大量卖空英镑，以期在英镑进一步下跌时获利，而英格兰银行必须在吸纳直接抛售的同时吸纳这些投机性抛售。

货币疲软状况失控所导致的后果可能比家庭破产更具灾难性，那就是货币贬值，而像英镑这样的世界主要货币贬值，是所有央行行长挥之不去的噩梦，无论他们人在伦敦、纽约、法兰克福、苏黎世还是东京。一旦英国的黄金和美元储备消耗过大，以至于英格兰银行无法或不愿履行将英镑汇率维持在 2.78 美元的义务，那么必然的结果就是贬值。这意味着，2.78 美元到 2.82 美元的价格波动限制将突然取消，政府将直接下令，将英镑汇率降到某个较低的水平，并围绕这一新的平价限定一个新的波动范围。这种危险的核心在于，随之而来的混乱可能并不会局限于英国。

　　贬值作为对不健康的货币最英勇和最危险的补救措施，理所当然地为人所惧。通过货币贬值，某个国家的商品将变得比其他国家的商品更便宜，从而会促进出口，并减少或消除该国的国际账户逆差，但同时，它也将使得进口商品和国内商品在国内变得更加昂贵，从而降低该国百姓的生活水平。这是一种彻底的手术，以牺牲患者的部分力量和健康为代价来治愈疾病。在许多情况下，这样做还将牺牲一定的国家自豪感和声望。最糟糕的是，如果贬值的货币像英镑一样在国际贸易中被广泛使用，那么这种疾病（或者更准确地说，这种治疗方法）很可能会被证明具有传染性。对于在其储备金库中持有大量该特定货币的国家而言，这种贬值的影响堪比金库失窃。这些国家，以及其他一些发现自己因该货币贬值而处于不可接受的贸易劣势的国家，可能不得不诉诸将本国货币进行竞争性贬值，从而形成一种恶性循环，即各国货币相继贬值的谣言不断传出，然后是由于对别人的钱失去信心而不愿跨越国界做生意，最终使世界各地数亿人赖以生存的国际贸易走向衰退。历史上曾发生过一次类似的灾难，那就是 1931 年英镑脱离旧的金本位制，该事件被奉为经典的货币贬值事件，迄今为止仍被普遍认为是 20 世纪 30 年代全球大萧条的主要诱因。

- 整个世界都在参与的复杂游戏 -

对于国际货币基金组织（一个起源于布雷顿森林会议的组织）100 多个成员国的货币而言，币值波动的规律都是一样的。任何国家的国际收支顺差均意味着直接或间接为该国央行积累了可自由兑换成黄金的美元。如果对其货币的需求足够大，这个国家可能会像德国和荷兰在 1961 年所做的那样，将其货币升值。反之，国际收支逆差会诱发一系列事件，其最终结果可能是货币的被迫贬值。货币贬值对全球贸易造成的破坏程度取决于该货币在国际上的重要性。（1966 年 6 月，印度卢比大幅贬值，尽管这对印度来说是一件严重的事情，但几乎没有在国际市场上掀起波澜。）

对于这个全世界每个人都会不经意参与的复杂游戏，在简要说明其规则时还要最后强调一点，那就是，即使高贵如美元，也无法免于受到国际收支逆差或是投机的冲击。由于美元与黄金挂钩，它成为其他货币的本位，所以它的市场价格不会波动。然而，美元同样也会疲软，而这种疲软虽然不像其他货币那么明显，但危险程度一点都不低。当美国花出的钱（无论是用于进口、外援、对外投资、贷款、旅游费用还是军事费用）远远超过它的国际收入时，收款方可以用新获得的美元自由购买本国货币，从而推高本币的美元价格，价格上涨使得他们的央行能够吸纳更多的美元，而他们可以将这些美元卖回给美国以换取黄金。因此，当美元疲软时，美国的黄金就会流失。截至 1966 年秋，仅法国一个国家（法国的货币十分坚挺，并且其官方并不是特别喜欢美元）就已连续几年每个月都从美国购买 3 000 万美元以上的黄金。在 1958 年（美国的国际收支账户开始出现严重赤字）到 1968 年 3 月中旬期间，美国的黄金储备减少了一半，即美国拥有黄金的价值从 228 亿美元降至 114 亿美元。如果储备下降到无法接受的低水平，美国将被迫食言，降低美元与黄金的比价，甚至彻底停止出售黄金。这两种行为实际上都是贬值，而由于美元的核心地位，与英镑贬值相比，美元贬值对世界货币秩序的破坏性更大。

海耶斯和库姆斯都不够年长，未曾作为银行家亲身经历过 1931 年的危机，但鉴于他们二人一直勤奋而敏锐地学习国际银行事务，想必他们对危机的感悟与亲历其中并无两样。随着 1964 年炎热的日子逐渐远去，他们几乎每天都通过越洋电话与英格兰银行的同行，时任英格兰银行行长的克罗默伯爵（Earl of Cromer）以及行长外汇顾问罗伊·布里奇（Roy A. O. Bridge）进行联系。通过这些对话，加之来自其他方面的消息，他们清楚地看到，英国的问题远非只是国际账户失衡那么简单。市场对英镑保持稳健的信任危机正在逐步形成，其主要原因似乎是英国当时执政的保守党政府在 10 月 15 日面临大选。国际金融市场最讨厌和害怕的一点就是不确定性。任何选举都意味着不确定性，因此在英国人开始投票选举之前，英镑总是会出现波动，但考虑到人们普遍预测工党可能在大选中胜出，对于从事货币交易的人来说，这次选举看起来尤其具有威胁性。伦敦的保守金融家（更不用说欧洲大陆的金融家）对工党的首相人选哈罗德·威尔逊（Harold

Wilson）抱有近乎非理性的疑虑。除此之外，威尔逊先生的一些经济顾问在其早期理论著作中明确赞扬了英镑贬值的好处，最后，还有一个无法不让人产生联想的事实，那就是在其上一次执掌政权时（1949 年），英国工党的一个重大举措就是将英镑从 4.03 美元贬值到 2.80 美元。

在这种情况下，世界货币市场上几乎所有的交易商，无论是普通的国际贸易商还是彻头彻尾的货币投机者，都急于摆脱英镑——至少在大选之前先这样做。像所有投机性攻击一样，这一次的情况也是自我加剧的恶性循环。英镑价格的每次小幅下跌都会导致市场信心进一步崩塌，从而导致国际市场上的英镑继续下跌。这是一种奇怪的分散式交易，不是在任何中央大楼内进行，而是通过电话和连接世界主要城市银行交易柜台的电缆进行。与此同时，随着英格兰银行持续勉力支撑英镑，英国的储备也不断下降。9 月初，海耶斯前往东京参加国际货币基金组织成员年会。在基金组织成员代表开会的大楼走廊里，他听到一位又一位欧洲央行行长不断表达出对英国经济状况和英镑前景的担忧。英国政府为什么不在国内采取措施，削减支出并改善收支平衡呢？代表们互相询问。为什么不将英格兰银行的贷款利率（即所谓的银行利率）在 5% 的水平上提高一些呢？此举将产生全面提高英国利率水平的效果，从而实现抑制国内通胀和吸引投资从其他金融中心流向伦敦的双重目的，并帮助英镑站稳脚跟。

毫无疑问，欧洲大陆的银行家也曾向东京的英格兰银行代表提出过同样的问题。而且不管怎样，英格兰银行的官员及其在英国财政部的同行肯定也曾问过自己这个问题。但提议的措施肯定不会受到英国选民的欢迎，因为它显然是紧缩政策的先兆，而保守党政府正如之前的许多届政府一样，似乎因担心即将到来的大选而彻底失去行动能力。所以它什么也没做。然而，英国在9月确实严格借助货币措施进行了防御。此前几年，英格兰银行一直与美联储维持着一项长期协议，任何一方都可以在短期内随时从另一方借入5亿美元，几乎不需要任何手续。现在，英格兰银行动用了这笔备用贷款，同时还从欧洲各央行以及加拿大银行另外贷入5亿美元的短期信贷作为补充。这10亿美元加上英国手头的黄金和美元储备，总计约26亿美元，构成了相当强大的弹药库。如果对英镑的投机性攻击持续或加剧，英格兰银行将通过以美元购买英镑的形式在自由市场上做出回应，并预计可以击溃攻击者。

正如人们所预料的那样，工党在10月大选中胜出后，对英镑的攻击确实加剧了。英国新一届政府从一开始就意识到，它正面临着一场严重的危机，应该立即采取严厉的措施。据说，新当选的首相及其财政顾问、经济事务大臣乔治·布朗（George Brown）和财政大臣詹姆斯·卡拉汉（James Callaghan）认真考虑了立即贬值英镑的选择，但他们否决了这个想法，他们在10月和11月初实际采取的措施是对英国进口商品征收15%的紧急附加费（实际上是全面提高关税）、增加燃油税，以及征收新的资本税和公司税。诚然，这些都是通货紧缩和强化货币的措施，但世界市场并未感到安心。政府选择加税的具体对象似乎让英国国内外的许多金融界人士感到不安，甚至愤怒，尤其是根据其新的预算方案，英国政府在社会福利方面的支出实际上有所增加，而不是在执行通货紧缩政策时通常要求的削减。于是，在大选后的几个星期里，卖家（或市场行话中所谓的空头）持续在英镑市场发起猛烈的攻击，而英格兰银行则忙于用军火库中的珍贵弹药，即借来的 10 亿美元予以应对。到 10 月底，将近一半资金已经耗尽，而空头们仍在以每次 1% 美分的幅度无情地压低英镑价格。

海耶斯、库姆斯以及他们在自由街外汇部门的同事正以越来越焦虑的心情注视着局势发展，同时他们和英国人一样备感困扰，因为一家央行在捍卫遭受攻击的本国货币时，其实并不清楚攻击者来自何方。投机是外贸交易中固有的现象，就其本质而言，几乎不可能被分离和识别，更无法做出定义。投机的程度有所不同，而这个词本身，就像"自私"或"贪婪"一样，代表着一种判断，每一笔货币汇兑都可以被称为一种看好所购货币和看衰卖出货币的投机行为。在天平的一端，是完全合法的商业贸易，虽然其具有特定的投机效应。订购美国商品的英国进口商可以合法地在交货前支付英镑，如果他这样做了，那么他实际上是在投机英镑下跌。一个美国进口商，如果合同规定需要支付货款的英国商品以英镑计价，那么他也可以合法地坚持推迟偿付货款，并延迟一段时间再购买他需要的英镑，他的这种做法也是在投机英镑下跌。（这些分别被称为"提前付款"和"延后付款"的常规商业操作手段对英国而言重要性惊人，事实上，在正常情况下，只要全世界购买英国商品的买家都延后付款，即便是短短两个半月，英国央行的黄金和美元储备也将消耗殆尽。）在天平的另一端，则是外汇交易商，他们贷入英镑，然后将贷款转换成美元。这样的交易者不是单纯出于保护自己商业利益的目的，而是在进行彻头彻尾的投机，叫作"卖空"，他们的希望是未来能以更便宜的价格买回所欠的英镑，并从其预期的英镑价格下跌中获利。鉴于国际货币市场的交易佣金普遍偏低，这种策略成为世界上最具吸引力的高风险高收益的赌博形式之一。

1964 年 10 月和 11 月英镑的所有麻烦被普遍地归咎于此类赌博行为，虽然实际上其对英镑危机的影响可能远远不如心情紧张的进出口商所采取的自救措施。英国议会的反应尤其激烈，议员们愤怒地指责"苏黎世的地精们"①开展的投机活动——苏黎世之所以被单独点名，是由于瑞士银行法严格保护存款人的匿名性，因而成为国际银行业的地下黑市，其后果便是发源于世界各地的众多货币投机活动最终都通过苏黎世进行。除了低佣金和匿名性之外，货币投机还有另一个吸引力。得益于时差和良好的电话服务，与证券交易所、赛马场和赌场不同，全球货币市场几乎从不关闭。欧洲大陆开盘 1 个小时后，伦敦市场开盘（1968 年 2 月后，英国开始采用欧洲大陆的交易时间），5 个小时后，纽约市场开盘，旧金山在纽约之后 3 个小时开盘，然后，东京市场会在旧金山收盘时开始交易。无论身处世界何地，一个真正无药可救的货币交易瘾君子可以做到只有在需要睡觉或是缺乏所需资金时才停止操作。

"打压英镑的不是苏黎世的地精。"一位著名的苏黎世银行家随后坚称，差一点就脱口而出苏黎世没有地精。无论如何，肯定存在有组织的卖空行为（交易员称之为空头突袭），而伦敦的英镑捍卫者和他们在纽约的支持者，应该愿意付出高昂的代价，以求得一瞥这些看不

---

① 地精（gnome），也被译作诺姆，是一种在欧洲的传说中出现的妖怪，身材矮小，头戴红色帽子，身穿伐木衣，经常在地下活动，成群结队出没。常指极度贪财的人。——译者注

见的敌人。

正是在这种气氛下，在 11 月 7 日开始的那个周末，世界主要央行的行长们在瑞士巴塞尔举行了他们的每月例行会议。该会议是国际清算银行的月度董事会议，自 20 世纪 30 年代以来（除了第二次世界大战期间），这个会议一直定期举行。国际清算银行于 1930 年在巴塞尔成立，主要目的是作为清算机构，处理第一次世界大战中产生的战争赔款，但它现在已成为一个国际货币合作机构，在某种意义上也成了央行银行家的俱乐部。因此，与国际货币基金组织相比，它的资源更为受限，成员也更少，但与其他专属俱乐部一样，它往往正是做出重大决策的场所。其董事会成员包括英国、法国、西德、意大利、比利时、荷兰、瑞典和瑞士——简而言之，即西欧的经济强国——而美国则是每月必到的常客，其出席已经成为一种惯例，加拿大和日本也会偶尔参加。美联储的代表几乎总是库姆斯，偶尔会由海耶斯或纽约的其他官员代表。

从本质上讲，不同央行的利益是相互冲突的，他们几乎像扑克牌游戏中的玩家一样需要面对面地一较输赢。即便如此，鉴于国与国之间金钱问题导致纷争的历史如此之长，几乎不亚于个人之间因钱财生隙的历史，有关国际货币合作问题最令人惊讶的一点是，这种合作居然很晚才出现。在第一次世界大战之前，国际货币合作基本上并不存在。到了 20 世纪 20 年代，它的主要形式是个别央行银行家之间密切的个人联系，尽管其各自的政府往往对他们保持这种联系并不在意。尽管在官方层面上建立了国际联盟金融委员会，旨在推动采取联合行动防止货币灾难，但其出师不利。1931 年的英镑崩盘及其严峻的后续发展充分证明了该委员会的失败。不过，随后的局面有所改善。1944年在布雷顿森林举行的国际金融会议成为各国之间经济合作的一个里程碑。该会议不仅催生了国际货币基金组织，还确立了有助于建立和维持固定汇率制度的战后整体货币规则体系，以及旨在方便资金从富国向贫穷或饱受战争蹂躏的国家流动的世界银行，其意义可与联合国的成立对于国际政治事务的重要意义相媲美。仅举会议成果之一为例，国际货币基金组织在1956年苏伊士运河事件期间向英国提供了超过10亿美元的信贷，成功地防止了一场可能发生的重大国际金融危机。

在随后的几年里，像其他方面一样，经济形势也瞬息万变。1958年之后，货币危机几乎在一夜之间开始出现，而国际货币基金组织受累于缓慢运转的机制，有时显然不足以单独应对此类危机。新的合作精神再次出现，这次是由最富有的国家——美国牵头。从1961年开始，经美国联邦储备委员会和美国财政部批准，联邦储备银行与其他各主要国家的央行共同建立了一个随时可用的循环信贷系统，该系统很快被称为"互换网络"（swap network）。互换网络的目的是补充国际货币基金组织的长期信贷融资，使央行能够即时获得短期内所需资金，以便快速有力地保护本国货币。它的有效性很快就受到了考验。从1961年启动到1964年秋天，互换网络至少在帮助三种货币成功抵御突发性暴力投机攻击方面发挥了重要作用，即英镑（1961年底）、加拿大元（1961年6月），以及意大利里拉（1964年3月）。到1964年秋天，互换协议（在法国被称为"L'accord de swap"，在德国被称为"die Swap-Verpflichtungen"）已经成为国际货币合作的基础。事实上，英格兰银行高级官员在11月的那个周末前往巴塞尔时已经决定提取的 5 亿美元，正是来自国际货币互换网络（该网络虽然在建立之初规模较小，但此时已经大幅扩展）。

至于国际清算银行，作为一家银行机构，它在这些货币合作机制中只是一个相对较小的齿轮，但作为一个俱乐部，它多年来发挥的作用非常重要。它的月度董事会会议为央行行长们提供了一个在非正式氛围中交谈的机会——交流八卦、观点和预感，这是通过邮件或国际电话都无法便捷实现的。巴塞尔是一座位于莱茵河畔的中世纪古城，城中遍布 12 世纪哥特式大教堂的尖顶，长期以来一直是繁荣的化学工业之都。它最初被选为国际清算银行的所在地，是因为它是欧洲铁路枢纽之一。现在，这项优势已经变成了一种劣势，因为多数国际银行家已经习惯于乘坐飞机旅行，而巴塞尔并没有长途航空服务，代表们必须在苏黎世下飞机，然后乘火车或汽车继续前往巴塞尔。不过，巴塞尔有几家一流的餐厅，在各国央行代表看来，这一优势可能足以抵消旅行的不便，因为央行的银行家们（或者至少是欧洲的央行银行家们）对锦衣玉食的讲究已深入骨髓。比利时国家银行的一位行长曾经一本正经地对一位来访者说，他认为自己的职责之一是在自己离开时，该机构的酒窖比他到任的时候更好。参加法兰西银行午宴的客人通常会被抱歉地告知，"按照银行的传统，我们只提供简单的食物"，但接下来是一顿大餐。在此期间，对葡萄酒年份的热烈讨论使任何关于银行业务的讨论就算勉强提出，也会显得不合时宜。显然，这里所说的"简单"传统，是指在奉上干邑白兰地之前只供应一种葡萄酒。意大利银行的餐桌同样优雅（有人说那里有着罗马最好的美味佳肴），同时，餐厅墙上悬挂着无价的文艺复兴时期画作（这些画作是多年以来银行收获的不良贷款违约担保品），更是彰显了优雅的氛围。至于纽约联邦储备银行，则几乎不提供任何形式的酒水，并且与会者们在吃饭时习惯性地讨论银行业务，如果某位官员对于菜肴发表了任何评论，哪怕是一句批评，餐厅服务员也会感激涕零。不过，自由街并不是欧洲。

在这个民主的时代，欧洲的央行被认为是贵族银行传统的最后堡垒，在这一传统中，智慧、优雅和文化很容易与商业上的机敏甚至冷酷共存。自由街保安的职责到了欧洲的央行中很可能是由穿着晨礼服的服务员来完成的。直到大约 10 年前，央行行长之间要以正式称呼相称还是一个规矩。一些人认为首先打破这个规矩的是英国人。据称，在第二次世界大战期间，曾颁布了一项秘密命令，要求英国政府和军事当局直呼其美国同行的名字。无论如何，现在欧洲和美国的央行行长之间经常以名字互称，其中一个原因无疑是战后美元的影响力不断上升。（另一个原因是，在新兴的合作时代，央行行长们相较于以往能够更多地见面，不仅在巴塞尔，而且还在华盛顿、巴黎和布鲁塞尔，共同出席六七个特别银行委员会的定期会议。鉴于这十几位顶级银行家经常性地出没于这些城市的酒店大堂，他们中有一人曾戏称，他们肯定让外人以为他们足足有上百人，就好像歌剧《阿依达》中凯旋的那一幕，几位长矛手一次又一次在舞台上穿行而过，营造出大军归来的景象。）语言及其使用习惯往往由经济实力所决定。欧洲央行的行长们在相互交谈时曾经习惯于使用法语（有人称其为"蹩脚法语"）；随着英镑在很长一段时间内成为世界主要货币，英语逐渐成为央行的第一语言；在美元接手统治地位后，英语的地位得以保留。除法兰西银行外，其他各家央行的高级官员都流利并且心甘情愿地讲英语，考虑到大多数英国人和美国人似乎完全没有能力（或不愿意）讲母语之外的任何语言，就连法兰西银行的官员也被迫安排译员随行左右。（克罗默勋爵则蔑视这一传统，全然自信地讲法语。）

在巴塞尔，对美食和便利性的追求压倒了对气派的追求。许多代表喜欢去主火车站一家外表简陋的餐厅，而国际清算银行的大楼本身就位于一家茶叶店和一家美发店之间。1964 年 11 月的那个周末，纽约联邦储备银行副行长库姆斯是美联储系统的唯一代表，事实上，他将成为美国在这场正在酝酿中的危机早期和中期阶段的主要银行代表。库姆斯心不在焉地和其他代表一起享用着美食（他完全符合美联储的传统，对美食兴趣寥寥），他真正的兴趣是了解会议的目的和参与者的真实个人想法。他是完成这项任务的完美人选，因为他受到所有外国同事的绝对信任和尊重。其他主要央行行长习惯性地用名字称呼他，这与其说是出于对新习惯的尊重，不如说是出于对他这个人深深的喜爱和钦佩。他们在相互之间谈论他时也直呼其名，"查理库姆斯"（人们已经长期习惯于连名带姓地称呼他）已经成为央行圈子的固定名词。人们会告诉你，查理库姆斯是典型的新英格兰人（他来自马萨诸塞州的牛顿市），虽然他的寡言少语和冷冰冰的态度让他看起来有点冷淡和不合群，但他实际上热情而真诚。查理库姆斯虽然毕业于哈佛大学（1940 届），但他看上去朴实无华，他顶着一头花白头发、戴着半框眼镜，举止拘谨，很容易被误认作一个标准的美国小镇银行行长，而不是掌握了世界上最复杂技能之一的大师。人们普遍承认，如果有人可被称作互换网络背后的天才，那么这个人就是新英格兰的货币互换大师查理库姆斯。

- 信心正在恶化 -

此次的巴塞尔会议像往常一样，也有一系列正式会议，每个会议都有自己的议程，但也像往常一样，在酒店房间和办公室举行的非正式会谈，以及星期日晚的正式晚宴上，也有很多非正式的闲聊，没有议程，可自由讨论库姆斯所说的"当下最热门话题"。而当下最热门话题是什么毫无悬念，自然就是英镑的状况——事实上，库姆斯在整个周末几乎没有听到任何有关其他事情的讨论。"从我听到的消息中，我清楚地看出，人们对英镑的信心正在恶化。"他说。大多数银行家都想到了两个问题。一个是英格兰银行是否会建议提高贷款利率，以减轻英镑的压力。英格兰银行的代表也在场，但并不是简单地询问他们就可以得到答案，即使他们愿意说，他们也做不到，因为英格兰银行无权在未经英国政府批准（实际上通常更接近于指示）的情况下改变利率，并且民选政府天生不喜欢紧缩银根的措施。另一个是，如果投机性攻击继续下去，英国是否有足够的黄金和美元来阻止英镑的崩溃。除了从规模扩大的互换网络中提取剩余的 10 亿美元以及使用其在国际货币基金组织的提款权，英国只有自己的官方储备可以依靠，而这一储备在前一个星期已降至 25 亿美元以下，达到几年来的最低点。比这更糟糕的，是惊人的储备下降速度。根据专家的猜测，此前的一个星期，在某一个糟糕的交易日内，储备就下降了 8 700 万美元。按照这个速度，英国的官方储备只需短短一个月就会耗尽。

即便如此，库姆斯表示，那个周末在巴塞尔，并没有人会想到英镑承受的压力会变得像那个月晚些时候实际发生的那样沉重。他带着忧虑但坚定的心情回到纽约。然而，在巴塞尔会议之后，英镑争夺战的主战场并没有转移到纽约，而是转移到了伦敦。那一个星期迫在眉睫的大问题是，英国是否会在那一个星期提高银行利率，答案将在11月12日星期四揭晓。像在许多其他事情上一样，英国人在银行利率问题上也习惯于遵循特定的仪式。如果要调整利率，则在星期四中午（且只在这个时间），英格兰银行的一楼大厅会挂出通知，公布新的利率。与此同时，一个被称为"政府经纪人"的工作人员会身穿粉色外套，头戴大礼帽，沿着盔街（Throgmorton Street）①匆匆前往伦敦证券交易所，并在主席台上正式宣布新的利率。12日星期四的中午悄悄过去，没有任何事情发生。显然，工党政府在选举后决定提高银行利率时遇到了与以前保守党同样的困难。而投机者，无论他们身在哪里，面对这种优柔寡断的应对做出了一致的反应。13日星期五，因投机者预期加息而在整个星期都比较坚挺的英镑遭受了沉重的打击，至收盘时跌至2.782 9美元，仅比官方的价格下限高0.29美分，英格兰银行在当日为了将汇率保持在该水平频频出手干预，使其储备损失了2 800万美元。第二天，伦敦《泰晤士报》署名为"我们的金融城编辑"的财经评论员在一篇文章中丝毫没有客气。"英镑，"他写道，"看起来并不像人们希望的那样坚挺。"

接下来的一个星期，这种模式反复出现，而且越来越夸张。星

---

① 伦敦商业中心，伦敦股票交易所所在地。——译者注

期一，威尔逊首相从温斯顿·丘吉尔的书中吸取了教训，尝试以措辞严厉的讲话作为武器。威尔逊在伦敦市市政厅举行的盛大宴会上致辞，其听众包括坎特伯雷大主教、大法官、议会主席、枢密院勋爵、市长等众多伦敦政要和他们的妻子，他响亮地宣布，"我们不仅有信念，还有决心使英镑保持坚挺并一路走高"，他还断言政府将毫不犹豫地采取任何必要的措施来实现这一目标。正如所有其他英国官员整个夏天都在避免使用"贬值"这个可怕的词一样，威尔逊也竭力避免使用"贬值"一词，试图传递明确无误的信号，即政府现在认为这样的举措不在考虑范围之内。为了强调这一点，他向投机者发出警告："如果国内外有人怀疑（我们）的决心是否坚定，那么让他们准备好为对英国缺乏信心而付出代价吧。"或许投机者被这种口头上的连击吓怕，又或许他们再次因星期四银行利率上调的前景而放缓了对英镑的攻击，无论如何，在星期二和星期三，虽然市场上英镑价格几乎没有上涨，但仍然设法收于比上星期五的低价略高的位置，而且是在英格兰银行没有干预的情况下。

根据随后的报道，到了星期四，英格兰银行和英国政府就银行利率问题私下发生了激烈的争执——克罗默勋爵代表英格兰银行辩称，至少加息1%，甚至2%是绝对必要的，而威尔逊、布朗和卡拉汉仍然表示反对。结果是到了星期四，银行利率仍然没有上调，而不作为的结果是危机迅速加剧。20日星期五对于伦敦金融城而言是一个黑色的日子。由于投资者受到英镑疲软的影响，伦敦证券交易所的交投情况非常糟糕。英格兰银行已经划定了2.782 5美元的最新英镑底线，高于波动下限0.25美分。英镑在星期五开盘时正好在这个水平上，并且整天都保持那个价格一动不动，被投机者的抛盘牢牢压住。与此同时，英格兰银行以 2.782 5 美元的价格购买了所有抛盘，并为此消耗了英国更多的储备。卖盘报价汹涌而至，以至于几乎没有人试图掩饰它们的来源。很明显，这些卖盘来自世界各地——主要是欧洲的金融中心，但也有来自纽约，甚至来自伦敦本地的。英镑即将贬值的传言席卷了整个欧洲大陆。而在伦敦，士气低落的不祥迹象出现了，那里甚至都已经公开提及贬值。瑞典经济学家和社会学家贡纳·米达尔（Gunnar Myrdal）星期四在伦敦的一次午宴演讲中表示，小幅贬值现在可能已经成为解决英镑问题的唯一可行方案。一旦外来的评论带头，英国人也开始使用这个可怕的词，而在第二天早上的《泰晤士报》上，"我们的金融城编辑"自己也不得不说，"不加判断地传播英镑贬值的谣言固然会造成伤害，但将使用这个词视为禁忌则更糟糕"，那口气仿佛是一名准备下令让要塞投降的指挥官。

夜幕降临后，英镑及其捍卫者终于在周末得以喘息，英格兰银行也终于有机会对情况加以评估。它的所有发现都丝毫没有令人安心。它在 9 月份根据扩大的互换协议安排借入的 10 亿美元，除了一小部分，其他都已经投入战斗。留给它使用的国际货币基金组织提款权几乎毫无价值，因为交易需要几个星期才能完成，而他们需要在几天甚至几个小时之内做出应对。银行仍然拥有的英国官方储备（这已经是它拥有的全部）在当天减少了 5 600 万美元，现在大约有 20 亿美元。此后，不止一位评论员表示，这笔钱在某种程度上堪比 24 年前，这个顽强的国家在不列颠之战至暗时刻仅余的几个战斗机中队。

尽管这个类比有些夸张，但鉴于英镑对英国人的重要意义，它并不算牵强。在物质主义时代，英镑几乎拥有曾经赋予王室的象征意义。英镑的状态几乎就代表着英国的状态。英镑是最古老的现代货币。"英镑"（pound sterling）一词据信起源于诺曼征服之前，当时的撒克逊国王发行了银便士，被称为"sterlings"或"starlings"①，因为这些硬币上有时会刻有星星，240 枚这样的硬币相当于 1 磅纯银。（先令直到诺曼征服之后才出现，1 先令等于 12 个银便士或是 1/20 磅纯银。）因此，从一开始，英国的大额付款就以英镑计价。不过在最初的几个世纪里，英镑绝不是一种无懈可击的稳健货币，这主要是因为早期的国王们有一个坏习惯，那就是通过贬值货币来缓解他们长期的财务困境。通过熔化一定数量的银便士，在铸液中加入一些贱金属而不是更多白银，然后铸造新硬币，一个不负责任的国王可以神奇地将 100 英镑变成 110 英镑，就这么简单。1561 年，女王伊丽莎白一世借助精心策划且出人意料的行动废止了这种做法，她从流通中召回了前任国王发行的所有贬值硬币。这一行动，再加上英国贸易的增长，使得英镑的威望惊人地迅速上升，在伊丽莎白的突袭行动之后不到一个世纪的时间内，"英镑"一词就赢得了"品质上乘，能够经受住每一次考验"的美名，并且在之后相当长的时间内维持着这一名望。

到 17 世纪末，当英格兰银行成立并负责处理政府财政事务时，纸币开始获得信任并被普遍使用，同时得到了黄金以及白银的支持。随着时间的推移，黄金货币的威望相对于白银稳步上升，但直到 1816 年，英国才采用金本位制，即承诺随时用金币或金条兑换纸币。1817

---

① 即 star（星星）加上代表"小"的后缀 -ling。——译者注

年，价值 1 英镑的金镑面世，它成为许多维多利亚时代的人（远不是只有白芝浩一个）心目中稳定、富裕，乃至幸福的象征。

繁荣源于竞争。看到了英国的繁荣，并认为金本位制至少在一定程度上发挥了作用，其他国家也开始效仿，相继采用金本位制度：德国是在 1871 年，瑞典、挪威和丹麦是在 1873 年，法国、比利时、瑞士、意大利和希腊是在 1874 年，荷兰是在 1875 年，美国是在 1879 年。但这样做的结果令人失望，几乎没有一个新加入者发现自己能够立即致富，英国仍然是世界贸易无可争议的王者。而回想起来，与其说英国由于采用了金本位制而繁荣，莫如说是因为繁荣而采用了金本位制。

第一次世界大战前的半个世纪，伦敦是国际金融的中间商，英镑是其准官方媒介。正如戴维·劳合·乔治（David Lloyd George）后来充满怀旧地写的那样，在 1914 年之前，"一张咔咔作响的伦敦钞票"，即带有伦敦银行印鉴的英镑纸币，"在整个文明世界的任何港口就像金戒指一样好用"。不过，战争终结了英镑的好日子，它打破了令英镑傲视群雄的微妙平衡，并催生了冲击其霸主地位的挑战者——美元横空出世。1914 年，英国面对为其战斗部队提供资金的压力，采取了抑制黄金需求的措施，从而在实质上放弃了金本位制。与此同时，1 英镑兑美元的价格从 4.86 美元跌至 1920 年 3.20 美元的低点。为了重拾失去的辉煌，英国在 1925 年再次采用完全的金本位制，将英镑与黄金的汇率挂钩，并恢复了原来 1 英镑兑换 4.86 美元的汇率。然而，这种英勇的币值高估的代价是，英国国内经济长期不振，并使得下令这样做的财政大臣温斯顿·丘吉尔在随后长达 15 年的时间内在政坛黯然失色。

　　20世纪30年代全球货币的全面崩溃实际上不是始于伦敦，而是始于欧洲大陆。1931年夏天，奥地利主要的银行奥地利银行突然发生挤兑，并致使其倒闭。这引发了银行倒闭的多米诺骨牌效应（如果这种效应确实存在的话）。这场规模相对较小的灾难给德国造成的损失导致了德国的银行危机，然后，由于大量英国资金现在被冻结在欧洲大陆的破产银行机构中，恐慌越过英吉利海峡，侵入了英镑的大本营。用英镑换取黄金的需求很快就大到英格兰银行无法满足的水平，即使获得了法国和美国的贷款帮助也无济于事。英国面临着一种两难的惨淡选择，要么将银行利率提升到近乎高利贷的水平（8%~10%），要么放弃金本位制。第一个选择会进一步抑制国内经济，鉴于当时已经有超过250万名失业者，这种选择被认为是不合情理的，因此，英格兰银行于1931年9月21日宣布暂停以黄金兑换英镑。

　　此举犹如晴天霹雳，震动了金融界。1931年，英镑的威望如此之高，以至于当时成名已久的英国经济学家约翰·梅纳德·凯恩斯并非完全是反讽地说，不是英镑脱离了黄金，而是黄金脱离了英镑。无论是哪种情况，原有货币体系的锚点消失不见，其结果就是混乱。几个星期之内，当时在英国政治或经济统治下的全球广大地区的所有国家都退出了金本位制，大多数其他主要货币要么与黄金脱钩，要么相对于黄金大幅贬值。在自由市场上，英镑兑换美元的价格从4.86美元跌至3.50美元左右。然后，美元本身这一潜在的新货币体系锚点也发生了松动。1933年，美国迫于历史上最严重的经济萧条而放弃了金本位制。一年后，它又以一种被称为金汇兑本位制的新形式恢复了。根据这种体制，金币形式被终止，美联储承诺以金条形式向其他央行出售黄金（但不向除央行外的其他机构出售），但其出售的价格与旧价格相比下跌了41%。美元的贬值使英镑恢复到原来的美元平价，但英国发现将其牢固地系在一个现在已经摇摇欲坠的锚点上并不能带来多大安慰。即便如此，在接下来的5年里，虽然以邻为壑成为国际金融业的通行规则，但英镑相对于其他货币并没有丧失太多的优势，而在第二次世界大战爆发时，英国政府大胆地钉住美元，将英镑价格固定为4.03美元，并无视自由市场规律，实施管制以确保汇率维持不变。此后10年，这个汇率一直保持着，但只限于官方层面。在中立的瑞士自由市场上，英镑汇率在整个战争期间一直上下波动，反映了英国在军事上的命运，甚至在最黑暗的时刻，英镑曾跌至2美元的低点。

战后，英镑几乎一直处于困境之中。布雷顿森林会议商定的国际金融游戏新规则承认，旧的金本位制度过于僵化，而20世纪30年代的虚拟纸币本位又过于不稳定，因此出现了一种妥协。在这种妥协下，美元这一新的货币之王在金汇兑本位制下仍然与黄金挂钩，英镑以及其他主要货币不再与黄金挂钩，而是与美元挂钩，汇率固定在规定的范围内。事实上，战后时期正是始于英镑的贬值，且幅度与1931年的贬值幅度相当，尽管其后果远没有那么严重。

与大多数欧洲货币一样，布雷顿森林体系中的英镑相对于它所代表的支离破碎的经济而言，其价值被公然高估，并且这种高估值完全通过政府实施的控制才得以保持。因此，在1949年秋，经历了长达一年半的贬值谣言、英镑黑市蓬勃发展，以及使英国储备降至危险低位的黄金流失之后，英镑兑美元的价格从4.03美元降至2.80美元。除了美元和瑞士法郎，所有主要国家的货币几乎都立即效仿英镑贬值，但这一次并没有出现贸易枯竭或其他混乱，因为 1949 年的贬值与 1931 年及随后几年出现的贬值不同，并不是饱受萧条之苦的国家不惜一切代价地试图获得竞争优势，而只是代表了饱受战争蹂躏的国家确认，其经济已经恢复到一定程度，无须人为支撑就可以在相对自由的国际竞争中生存下来。事实上，世界贸易并没有枯竭，反而急剧回升。但即使采用了新的、更理性的估值，英镑仍然未曾改变其惊险逃生的命运。英镑分别在 1952 年、1955 年、1957 年和 1961 年经历了不同程度的危机。正如英镑以往的波动准确反映了英国作为世界上最强盛国家的兴衰那样，现在，通过这种难以摆脱的疲软状态，英镑似乎以一种不加掩饰的方式暗示，英国人在 1949 年采取的将英镑大幅贬值的措施仍然不能恰当地反映其日益衰落的囧状。

时至 1964 年 11 月，英国人民并未忘记这些暗示及其羞辱性的含义。他们中的许多人在想到英镑时充满了感情，这一点在危机最严重时通过《泰晤士报》著名的读者来信专栏一次针锋相对的交流得到了淋漓尽致的反映。一位叫利特尔的读者来信谴责那些围绕英镑出现的过度情绪化的评论，尤其是关于贬值的不安低语，他宣称这是一个经济问题，而非道德问题。这封信闪电般地招来了哈德菲尔德等读者的回复。哈德菲尔德诘问：还有什么能比利特尔的信更清楚地表明，这是一个灵魂缺失的时代，贬值不是道德问题？"拒绝履约——贬值就是不折不扣的拒绝履约——居然变得可敬了！"哈德菲尔德发出不容置疑的爱国者的怒吼，其痛惜的语气宛若英国和英镑一样古老。

商业冒险

- 我们正在面临一场飓风 -

　　在巴塞尔会议之后的 10 天里，纽约联邦储备银行的官员首先关心的不是英镑，而是美元。美国的国际收支逆差现在已经攀升到每年将近 60 亿美元的惊人水平，而且很明显，假如英国提升银行利率，而美国不采取相应的行动，那么可能将使一些投机性攻击从英镑转向美元。海耶斯和库姆斯以及华盛顿的货币政策班子，包括联邦储备委员会主席威廉·麦克切斯尼·马丁（William McChesney Martin）、财政部长道格拉斯·狄龙（Douglas Dillon）和财政部副部长罗伯特·鲁萨（Robert Roosa）一致同意，如果英国提高利率，美联储出于自卫，将被迫竞争性地提高利率，使其高于当前 3.5% 的水平。海耶斯就这个微妙的问题与他的伦敦同行克罗默勋爵进行了多次电话交谈。克罗默勋爵出身于贵族世家，是国王乔治五世的教子、伊夫林·巴林爵士（Sir Evelyn Baring）的孙子，巴林爵士后来成为首任克罗默伯爵。同时克罗默勋爵也是一位举世公认、才华横溢的银行家，时年 43 岁的他是人们印象中有史以来英格兰银行最年轻的掌门人。他和海耶斯因为在巴塞尔和其他地方经常会面而成为好朋友。

　　无论如何，在 20 日星期五的下午，美联储有机会通过亲自上阵参与英镑保卫战来表达善意。事实证明，伦敦市场收盘提供的喘息机会只是一场空欢喜。伦敦的下午 5 点是纽约的中午，贪得无厌的投机者还有好几个小时的时间在纽约市场继续抛售英镑，其结果是美联储的交易室暂时取代英格兰银行成为防御的指挥所。美联储的交易员使用英国人的美元——或者更准确地说，根据互换协议借给英国的美元——作为他们的弹药，坚定地将英镑价格保持在 2.782 5 美元以上，当然，英国储备的损失也越来越大。幸运的是，在纽约收市后，这场战斗并没有跟随太阳来到旧金山或是远渡重洋前往东京。显然，攻击者已经吃进足够多的美元，至少暂时满足了。

接下来的周末，就像现代社会习以为常的许多奇幻周末一样，人们表面上在世界各地放松休假，实际上却忙于讨论重要的事情，并做出重要的决定。威尔逊、布朗和卡拉汉在契克斯庄园（首相的乡间别墅）参加了一场会议，原计划在会上讨论国防政策；克罗默勋爵在他位于肯特郡韦斯特勒姆的乡间别墅度假；马丁、狄龙和鲁萨分别待在他们在华盛顿或是附近的办公室或家中；库姆斯待在他新泽西州格林村的家中，海耶斯则是在新泽西州的某地拜访他的朋友。在契克斯，威尔逊和他的两位财政大臣留下军方高层共同商讨国防政策，其他人则离开会议，来到楼上的走廊商讨如何解决英镑危机。为了让克罗默勋爵参与他们的讨论，他们在肯特为他开通了一条电话线路，并在通话时使用扰频器系统，以避免他们的隐形敌人，即投机者截获他们的通话。

在星期六的某个时候，英国人做出了决定。他们不仅会提高银行利率——在当前水平之上再提高 2%，使其达到 7%——而且，他们将打破惯例，在接下来的星期一一大早就采取行动，而不是等到星期四。一方面，他们认为，将行动推迟到星期四意味着多等三个半工作日，在此期间英国储备的致命消耗肯定会继续，而且很可能会加速。另一方面，有意打破惯例所带来的巨大冲击会凸显政府的决心。这一决定一经做出，便由英国在华盛顿的中间人传达给那里的美国货币官员，并随即转达给了身在新泽西州的海耶斯和库姆斯。这两个人知道，此前商定好的计划，即同步上调纽约的银行利率，必须尽快实施，于是他们开始通过电话安排星期一下午的联邦储备银行董事会会议，因为没有董事会提议就无法改变利率。海耶斯是一个非常重视礼仪的人，他后来极度懊恼地表示，他担心自己在那个周末让女主人感到失望，因为他不仅大部分时间都在打电话，而且由于事关重大，他甚至不能对自己的无礼行为做出丝毫解释。

英国已经采取的行动——或者更确切地说，即将采取的行动——足以打破国际金融界的平静。自第一次世界大战以来，英国的银行利率从未超过 7%，只是偶尔会达到这么高的水平。至于在星期四以外的日子改变银行利率，最后一次还是（非常不祥地）发生在 1931 年。由于预计伦敦开盘时（纽约时间凌晨 5 点左右）会出现剧烈动荡，库姆斯星期日下午就去了自由街，准备在银行过夜，以在跨大西洋行动开始时随时待命。他在那里发现了一个共同在办公室过夜的伙伴，托马斯·罗奇（Thomas J. Roche），后者当时是一名高级外汇官员，由于经常需要在银行过夜，他已经习惯性地把一个打包好的手提箱放在他的办公室里。罗奇欢迎他的老板来到卧室区域——位于大楼 11 层，一排像汽车旅馆一样的小房间，每个房间都配有枫木家具、老式纽约版画、一部电话、一个收音机闹钟、一件浴袍和一些剃须用品。两人在睡前聊了一会周末的事态，第二天凌晨 5 点左右，收音机闹钟把他们叫醒，吃过夜班人员提供的早餐后，他们来到了 7 层的外汇交易室，开始通过屏幕监控局势发展。

5 点 10 分，他们和英格兰银行方面通电话了解情况。伦敦市场刚刚开市，就宣布了银行利率上调的消息，并引发市场的高度兴奋。库姆斯后来得知，政府经纪人进入证券交易所时通常会引起全场一片静默，但这一次迎接他的是如此大声的喧嚣，以至于他几乎没办法宣布自己的消息。至于英镑的第一个市场反应，借用一位评论员后来的说法，就像是赛马服用了兴奋剂。在银行宣布利率后的 10 分钟内，英镑价格飙升至 2.786 9 美元，远高于星期五收盘价。几分钟后，两位起了个大早的纽约人又打电话给西德的两家央行，位于法兰克福的德意志联邦银行以及位于苏黎世的瑞士国家银行，以了解欧洲大陆的反应。那边的反应同样很好。然后他们又与英格兰银行取得了联系，那里的情况看起来越来越好。看空英镑的投机者正在逃亡，现在急于弥补他们的卖空，当自由街的窗户开始透入第一缕晨光时，库姆斯听到的消息是，英镑在伦敦市场的报价已经达到 2.79 美元，这是自 7 月份危机开始以来的最高价。

这种态势维持了一整天。一位瑞士银行家评论道："7% 的利率能把钱从月球上吸走。"这仿照的是伟大的白芝浩的说法，后者曾以维多利亚时代的朴实方式说过："7% 的利率将会把金子从地底下吸出来。"在伦敦，人们认为英镑已经安全，以至于政治争吵像往常一样重现。在议会中，离任的保守党首席经济事务负责人雷金纳德·麦德宁（Reginald Maudling）趁机声称，如果不是工党政府行动失误，一开始就不会有危机。对此，财政大臣卡拉汉非常礼貌地回答说："我必须提醒这位尊敬的先生，正是他告诉我们，我们继承了他的问题。"显然，每个人都松了一口气。英格兰银行，看到市场对英镑如此追捧，认为这是一个补充其几乎耗尽的美元供给的机会，于是在当天下午的一段时间里积累了足够的信心，在市场上切换立场，并以略低于 2.79 美元的价格用英镑购买美元。在纽约，对于英镑的乐观情绪在伦敦收盘后继续保持。当天下午，纽约联邦储备银行的董事们毫不愧疚地将贷款利率从 3.5% 提高到 4%。库姆斯后来表示，"星期一下午我们的感觉是：他们已经成功了，他们又一次渡过了难关。人们普遍松了一口气。英镑危机似乎已经结束"。

但事实并非如此。海耶斯后来说："我记得 24 日星期二，形势迅速地逆转。"当天开盘时，英镑看起来还坚挺在 2.787 5 美元的水平。当时德国出现了大量英镑买盘，当天的走势看起来令人满意。这种情况一直持续到纽约时间早上 6 点（即欧洲大陆的中午）。大约在那个时候，欧洲的各个交易所——包括巴黎和法兰克福的最主要交易所——举行会议，为每种货币设定当日汇率，以结算涉及外币的股票和债券交易，而这些价格定盘会议必然会影响货币市场，因为它们表明了对每种货币最有影响力的大陆市场的情绪。然而，当天为英镑设定的交易所汇率显示，市场再度呈现出对英镑明显缺乏信心的迹象。与此同时，随后的情况表明，世界各地，尤其是欧洲的货币交易商，都正在重新考虑前一天英国提升银行利率的做法。起初，他们由于这种做法出乎意料而反应热烈，但现在，他们似乎姗姗来迟地决定，星期一宣布的这个消息表明英国正在失去控制。"如果英国人决定在星期日举办足球杯总决赛意味着什么？"据说，一位欧洲银行家曾这样问一位同事。唯一可能的答案是，这意味着阿尔比恩 ① 已经慌了。

---

① 阿尔比恩（Albion）为大不列颠岛的古称，是英格兰或不列颠的雅称。——译者注

　　反复思量的结果便是，市场走势发生了惊人的逆转。纽约时间上午八九点钟，库姆斯带着越来越沉重的心情在交易室里看着原本平静的英镑市场走向崩溃。空前数量的卖单从四面八方涌来。英格兰银行带着绝望的勇气，将其最后一道防线从 2.782 5 美元推高至 2.786 0 美元，并通过不断的干预将英镑价格守在了这一水平。但很明显，干预成本很快就变得很高。纽约时间上午 9 点过后几分钟，库姆斯通过计算得出，英国正以每分钟 100 万美元的空前速度损失储备，而这是其无法承受的。

　　海耶斯 9 点刚过就到了银行，刚在办公桌前坐下，这个令人不安的消息就从 7 楼传到了他的耳中。"我们正面临一场飓风，"库姆斯告诉他，并接着说，"英镑的压力现在增长得如此之快，以至于英国很有可能在这个星期结束前被迫贬值英镑或实施全面外汇管制，而这出于许多原因是无法接受的。"海耶斯立即打电话给欧洲主要央行的行长们，并恳求他们不要通过提高自己的银行利率来增加英镑和美元承受的压力。并非所有国家的市场都已经完全感受到了危机的压力，其中一些央行行长在听到局势已经如此严峻时大为震惊。（海耶斯不得不承认，自己的银行刚刚提升利率这一事实并没有让他的说服工作变得更轻松。）然后，他请库姆斯到他的办公室来。两人的一致意见是，英镑现在已经陷入绝境。英格兰银行的加息行动显然没有达到目的，而如果以每分钟 100 万美元的速度损耗，英国的储备金将在不到 5 个工作日内枯竭。现在唯一的希望在于，在几个小时内，或者最多在一天左右的时间内，英国能够从境外获得大量信贷，以使英格兰银行得以在袭击中幸存并击退袭击者。这样的救援包在以前只动用过几次——1962 年为加拿大、1964 年初为意大利和 1961 年为英国——但很明显,这一次需要的救援包比以往任何一次都要大得多。各国央行与其说是需要决定是否抓住机会,在国际货币合作的短暂历史上建立起一个里程碑,不如说是被迫面对这样做的必要性。

还有两件事非常清楚,其一是鉴于美元的困境,美国无法独自拯救英镑,其二是尽管美元面临困境,美国也必须在经济上投入全力,与英格兰银行一道发起救援行动。关于第一个行动,库姆斯建议美联储对英格兰银行的备用信贷立即从 5 亿美元追加到 7.5 亿美元。不幸的是,这一提议难以快速实施,因为根据《联邦储备法》,任何此类行动都只能由联邦储备系统的委员会做出决议方可实施,而该委员会的成员分散在全国各地。海耶斯通过长途电话与身在华盛顿的货币政策班子,即马丁、狄龙和鲁萨进行了协商(那个时候,世界各地的电话中都已经在讨论英镑陷入绝境的消息),他们全都同意库姆斯的行动建议,由此,马丁的办公室向关键的美联储委员会(公开市场委员会)的成员打电话,要求在当天下午 3 点举行电话会议。财政部的鲁萨建议,美国还可以安排华盛顿的进出口银行(一家由美国财政部所有和资助的机构)提供 2.5 亿美元的贷款,从而进一步增加援助金额。海耶斯和库姆斯自然赞成这样做,于是鲁萨启动了官僚机构的审批流程,以打开这个金库,他警告说,审批流程肯定要到晚上才能完成。

随着纽约的午后时间悄悄流逝,数以百万计的美元也在不断从英国的储备中流失,而海耶斯和库姆斯以及他们在华盛顿的同事则忙于计划下一步的行动。如果互换额度增加且进出口银行贷款获得批准,美国提供的信贷总额将达到 10 亿美元。现在,在与陷入困境的英格兰银行守军协商之后，联邦储备银行的人相信，为了使行动发挥效力，其他主要的中央银行（在央行系统中被称为"大陆央行"，尽管它们也包括加拿大和日本的央行）也必须提供大约 15 亿美元甚至更多的补充信贷。这样的数额将使得欧洲大陆国家从总金额上看比美国对这项事业的贡献更大，而海耶斯和库姆斯意识到，这个事实可能不会受到大陆央行银行家及其政府的欢迎。

下午 3 点，公开市场委员会召开电话会议，其 12 位成员分别坐在纽约、旧金山等 6 个不同城市的办公桌前。成员们听取了库姆斯平淡冷静的情况描述以及他的建议。他们很快就被说服了。在不到 15 分钟的时间内，他们一致投票决定将互换信贷额增加到 7.5 亿美元，前提是其他央行也提供相应的信贷。

到下午晚些时候，华盛顿方面传来初步消息，进出口银行的贷款有望获得批准，预计午夜前会有更明确的消息。因此，10 亿美元的美国信贷似乎已经是囊中之物。但说服"大陆央行"加入仍然是一个问题。欧洲那时已经入夜，所以没什么可做的，因此，欧洲大陆第二天的开盘时间将成为决战时刻，那之后的几个小时将是决定英镑命运的关键时段。海耶斯指示一辆银行专车在次日凌晨 4 点到他在康涅狄格州新迦南的家中接他，随后在下午 5 点多在中央车站搭乘日常的通勤火车回家。他后来对自己在如此戏剧性的时刻仍然遵循多年习惯准时下班表示相当遗憾。"我离开银行时很不情愿，"他表示，"现在回想起来，我希望当时没有离开。这并不是说我留下来有什么实际作用，我在家里能发挥同样的作用，事实上，我当天晚上大部分时间都在和留在银行的查理库姆斯通电话，只不过在银行家的生活中，这样的事情并非每天都会发生。我想，我是习惯性动物。此外，坚持在私人生活和职业生活之间保持适当的平衡是我的信条。"尽管海耶斯没有说出来，但他可能还想到了别的事情。完全可以这么认为，央行行长不在他们的办公室过夜在某种程度上也是一种信条。因此他可能会觉得，如果消息传出，表明一贯以沉着冷静著称的海耶斯在这种时候居然彻夜加班，那么可能像英国在星期一提升银行利率一样，会被视为恐慌的迹象。

与此同时，库姆斯又在自由街度过了一个夜晚。他前一天晚上已经正常回家了，因为那时似乎最糟糕的情况已经暂时过去了，但现在，他在下班后继续和罗奇待在一起，后者从上个周末开始就没有回家。午夜时分，库姆斯收到了进出口银行如约于当晚自华盛顿发出的2.5亿美元贷款确认函。现在，一切就绪，静候早上的决战。库姆斯还是去 11 层给自己找了一个简陋的小隔间安顿下来，在最后整理好用来说服欧洲大陆银行家所需的事实后，将收音机闹钟调到 3 点 30 分，然后上床睡觉。一位热爱文学和富有浪漫气质的美联储官员后来激动地将美联储当晚的情况与莎士比亚戏剧中阿金库尔战役 ① 前夕的英国军营相提并论，剧中的亨利五世国王雄辩地思考，即使是军中最卑劣的人，也会因参加即将到来的战役而变得高贵，而现在安然躺在家中床上的英格兰绅士日后将埋怨自己的命运，悔恨怎么轮不到他上这儿来。不过，库姆斯是一个务实的人，因此他对自己的处境并没有那么高尚的看法。即便如此，他在时断时续的浅眠中等待欧洲天亮的时候，

---

① 阿金库尔战役是英法百年战争的标志性战役，莎士比亚名剧《亨利五世》即以此为背景。——译者注

很清楚自己所参与的一切在银行业是前所未有的壮举。

- 箭在弦上的共同行动 -

　　如前所述，在 1964 年 11 月 24 日星期二的傍晚，和往常一模一样，海耶斯毅然决然地坐上了他一贯搭乘的 5 点 09 分从中央车站发出的列车，并在大约 6 点 30 分回到了康涅狄格州新迦南的家中。海耶斯时年 54 岁，身材高大、瘦削，说话轻声细语，双目炯炯，戴着一副猫头鹰式的圆框眼镜，颇具校长气质，并且一向以沉着冷静而著称。他不禁想，在这种时候还能如此处变不惊地照章行事，他在同事眼中一定相当出色地维护了自己一贯的形象。海耶斯的家是 19 世纪 40 年代供看门人居住的一个小屋，海耶斯夫妇在 12 年前买下了这所房子并进行了改建。海耶斯的妻子像往常一样迎接他回家，她是一位活泼漂亮的盎格鲁意大利血统女人，叫威尔玛，但一般被称作贝巴。贝巴是已故大都会歌剧院男中音托马斯·查默斯（Thomas Chalmers）的女儿，热爱旅行，对银行业毫无兴趣。到了 11 月，海耶斯到家时天已经全黑，因此他决定放弃自己最喜欢的傍晚放松活动，即漫步到屋旁长满青草的斜坡顶上，欣赏海湾对岸长岛的美景。当然，那天他的心情本来也不轻松。相反，他感到很紧张。于是他决定就待在家中度过夜晚，因为银行的车预计在第二天一大早就到他家门口接他上班。

　　晚餐时，海耶斯和他的妻子聊了一些日常话题，比如他们的儿子汤姆——他正在哈佛读大四，第二天要回家过感恩节。之后，海耶斯坐在扶手椅上读了一会儿书。在银行界，他是公认的博学之士，事实上，与大多数银行家相比，他的确知识渊博。即便如此，他在非银行专业内容的阅读上远不像妻子那样持之以恒、包罗万象，而是零星随意，在某段时间密集阅读一个主题，例如可能在一段时间内疯狂阅读关于拿破仑的一切，然后是一段空窗期，然后又会狂热地阅读有关内战的内容。在那段时间，他正专注于科孚岛，他和妻子计划去那里度假。但他还没读几页手上有关科孚岛的新书，电话就打了进来。这个电话来自银行。形势有了最新进展，库姆斯认为应该向海耶斯行长汇报。

最新形势概括起来是：非社会主义阵营的主要国家银行（或其更常见的称呼央行）将采取拯救英镑的激进行动，美联储不仅将密切参与行动，而且实际上将共同发起这一行动，行动将在纽约时间次日凌晨4点到5点之间，即伦敦和欧洲大陆金融市场开市后尽快启动。英国正面临国家破产的境况，原因是此前几个月英国国际收支账户出现巨大赤字，导致了英格兰银行持有的黄金和美元储备的大量损失。这种情况造成了全球性恐慌，担心新当选的工党政府会决定或是被迫通过将英镑从2.80美元的平价贬值到某个低得多的水平来缓解局势，因此国际货币市场上的套期保值者和投机者大量抛售英镑，英格兰银行履行了将英镑维持在不低于2.78美元自由市场价格的国际义务，代价是每天损失数百万美元的储备金，而其储备金当时仅有大约20亿美元，达到历史最低点。

仅存的希望在于，全球富裕国家的央行在几个小时内向英国提供一笔前所未有数额的短期美元信贷，以免一切为时已晚。利用这些信贷，英格兰银行预计可以大举买入英镑，从而吸收、遏制并最终击退投机性攻击，使得英国有时间理顺其经济事务。救援行动所需的具体金额尚未确定，但当天早些时候，美国和英国的货币当局已经得出结论，这一金额必须至少达到 20 亿美元，也可能需要更多。美国通过纽约联邦储备银行和华盛顿财政部拥有的进出口银行，在那一天承诺提供 10 亿美元。剩下的任务是说服其他主要央行（大陆央行）再提供超过 10 亿美元的贷款。

以前从未有人向大陆央行提出过类似要求，无论是通过互换网络还是任何其他方式。1964 年 9 月，欧洲大陆刚刚完成了有史以来最大规模的一笔集体紧急信贷——向英格兰银行提供 5 亿美元贷款，用于保卫当时已经陷入困境的英镑。现在，这笔 5 亿美元的贷款仍未偿还，而英镑形势进一步恶化，这时候再要求大陆央行提供 2 倍以上的金额（甚至也许是 5 倍的金额），显然，各国央行的合作精神，乃至它们的慈悲之心，都将经受极大的考验。这很可能就是海耶斯那天晚上一直沉思的内容。

脑海中盘旋着这些不祥的念头，海耶斯发现自己很难集中注意力阅读科孚岛的介绍，加之银行的专车凌晨 4 点就会到达，所以他决定早点休息。当他准备睡觉时，妻子对他说，鉴于他必须在凌晨就爬起来，她认为自己应该同情他，不过他显然对在那个时候叫他起床的事情充满了期待，因此她反而感到非常嫉妒他。

在自由街，库姆斯睡得很香，直到纽约时间大约凌晨 3 点 30 分（即伦敦时间 8 点 30 分、欧洲东部时间 9 点 30 分），他被房间里的收音机闹钟叫醒。由于一系列涉及欧洲的外汇危机已经让他适应了时差，所以他习惯于用欧洲时间来进行思考，并经常性地称纽约时间早上 8

点为"午餐时间",上午9点为"午后"。因此用他的话说,他起床的时候已经是"早上",尽管自由街的上空仍然星光闪耀。库姆斯穿好衣服,来到自己位于10层的办公室,并在那里吃了一些由夜班人员提供的早餐,然后开始给非社会主义阵营的各个主要央行打电话。这些电话都是由非工作时间在联邦储备银行总机值班的专人电话接线员负责接通的,都有资格享受特殊的政府紧急事务优先权(联邦储备银行的官员享有这一权利),但实际上,这一次不必使用这种权利,因为在凌晨4点15分,库姆斯开始打电话时,跨大西洋的线路几乎完全畅通。

这些电话的目的主要是为即将开展的行动奠定基础。自由街打出的头几个电话中有一个是打给英格兰银行的,从那个电话中获得的早盘消息显示,情况与前一天相比没有变化:对英镑的投机性攻击有增无减,英格兰银行正在通过向市场投放更多的储备来维持英镑2.786 0美元的价格。库姆斯有理由相信,当纽约外汇市场在大约5个小时后开市时,大西洋这一边的市场上将会有大量额外英镑卖盘涌入市场,并将迫使英格兰银行消耗更多的美元和黄金储备。他向其他央行的同行传达了这一令人震惊的信息,包括法兰克福的德意志联邦银行、巴黎的法兰西银行、罗马的意大利银行和东京的日本银行等。(日本银行的官员那时已在家中,因为14个小时的时差意味着东半球在那时已经过了下午6点。)然后到了关键问题,库姆斯通知各方代表,他们很快将被要求向英格兰银行提供金额远超以往任何时候的贷款。库姆斯说:"在未提及具体数字的情况下,我努力表明,这是一场规模空前的危机,但他们中的许多人仍然没有意识到这一点。"德意志联邦银行一位官员的态度非常典型，表明除了伦敦、华盛顿和纽约，其他央行对危机的严重程度并不十分了解。这位官员说，他们在法兰克福已经"做好了心理准备"（或者更准确地说，已经"打起精神"），准备迎接即将面对的巨大冲击，但直到库姆斯打电话时，甚至在接过电话之后，他们都一直希望对英镑的投机性攻击会自行消退，同时他们也不清楚自己可能会被要求提供多少贷款。和库姆斯通过电话后，德国的央行行长立即召开了一次管理委员会会议，而这次会议延续了一整天。

然而，这一切还都只是准备工作。具体金额的正式请求必须由一家央行的行长向另一家央行的行长提出。在库姆斯打出提前知会电话的时候，纽约联邦储备银行的行长正乘坐银行专车行驶在新迦南和自由街之间的某个地方，而这辆银行专车比不上詹姆斯·邦德电影中的高级别国际交易人员的用车，因此没有配备电话。

即将亲自上阵的海耶斯已经担任纽约联邦储备银行行长8年多，他被选中担任这一职位出乎包括他自己在内的几乎所有人的意料，因为他此前既未担任过显赫的职务，也不是美联储系统的老人。他只是纽约众多商业银行副总裁中的一位。尽管当时对他的任命似乎有违传统，但回想起来，这似乎是冥冥天意。纵观海耶斯早年生活和职业生涯，给人留下的印象是，那一切都是为了让他为应对当前的国际货币危机做好准备，就像有时候某位作家或画家早期的一切似乎都是为完成某件艺术品而做准备那样。如果面对迫在眉睫的巨大英镑危机，老天爷（或是其财务部）需要评估海耶斯承担这项任务的资质，于是聘请了仙界的高管招聘人员对他做评估，那么档案中可能会有如下评语：

　　"1910 年 7 月 4 日出生于纽约州伊萨卡，主要在纽约市长大。父亲先是康奈尔大学宪法学教授，后来成为曼哈顿的一位投资顾问；母亲是一名前教师、热情的妇女参政者、社会服务所工作人员和政治自由主义者。父母双方都是观鸟爱好者。拥有知性、思想自由、热心公益的家庭氛围。就读于纽约市和马萨诸塞州的私立学校，一直是所在学校的优等生。后求学于哈佛大学（大一）和耶鲁大学（三年，数学专业；大三加入全美大学优等生荣誉协会，能力平平的班级赛艇队桨手；1930 年以全班第一的成绩毕业并获学士学位）。1931—1933 年作为罗德学者在牛津大学新学院学习，在那里成为坚定的亲英派，并撰写了名为《1923—1930 年间美联储政策和金本位制的运作》的论文，尽管那时他还从未想过加入美联储。现在他希望自己手头有那篇论文，因为他想其中或许包含某些年轻人的启发性思想，但不论是他还是新学院都已经找不到这篇文章了。1933 年进入纽约的商业银行圈，缓慢而稳定地一路晋升（1938 年年薪 2 700 美元）；1942 年获得纽约信托公司助理部长的头衔（不是什么大头衔）；在海军服役后，于 1947 年成为纽约信托公司助理副总裁，两年后成为外汇部门负责人，尽管他此前完全缺乏外国银行业务经验。他显然学得很快，在贬值实际发生的几个星期前准确预测了 1949 年的英镑贬值（从 4.03 美元贬至 2.80 美元），震惊了自己的同事和上级，并在他们中赢得了外汇奇才的美名。

　　"1956 年被任命为纽约联邦储备银行行长，他自己和纽约银行业对此都大吃一惊，银行业大多数人从未听说过这个相当害羞的人。本人对这一任命安然处之，带着家人在欧洲度了两个月的假。现在业内的共识是，值此美元走软、国际货币合作日益重要之时，美联储的董事们在挑选外汇专家时拥有几乎难以置信的先见之明或是运气。他在欧洲的央行行长中很受欢迎，他们称其为阿尔（Al）〔听上去往往像是在喊'全部'（All）〕。年薪 7.5 万美元，使他成为仅次于美国总统的第二高薪联邦官员，这得益于联邦储备银行的薪水旨在或多或少在银行业具有一定竞争力，而不是向政府雇员的薪水看齐。他人既高且瘦，将尽量遵守正常上下班时间和保持私人生活神圣不可侵犯作为自己的原则，认为经常性地在办公室加班的行为'令人发指'，经常抱怨他的儿子轻视商业，将此归因于'逆向势利'，即便如此，仍然能够冷静处之。

"结论：此人正是在英镑危机中代表美国央行的最佳人选。"

诚然，海耶斯确实很像是一件精心规划和打造出的工具，完美地契合于用来实施特定复杂任务的一台机器，但他也具有多面性，并且他的性格与所有人一样，也包含许多自相矛盾之处。尽管银行业中几乎所有人在提到海耶斯时都逃不掉使用"学者型"和"知识分子"这两个词，海耶斯则更倾向于认为自己只是一个平平庸庸的学者和知识分子，但同时是一个有效的行动者，而 1964 年 11 月 25 日的事件恰恰需要后一种特性来应对。

时势造英雄。尽管从某些方面看，他是彻头彻尾的银行家，完全符合威尔斯[①]对银行家的定义，他似乎"将金钱视作囊中之物，就像

[①] 指赫伯特·乔治·威尔斯（Herbert George Wells，1866—1946 年），英国著名小说家、新闻记者、政治家、社会学家和历史学家。他创作的科幻小说，如《时间旅行》《外星人入侵》《反乌托邦》等，都是 20 世纪科幻小说中的主流话题，对该领域影响深远。——译者注

小猎犬看待老鼠一样"，也没兴趣思考金钱的哲学意义，但他对几乎所有其他事物都有着浓厚的兴趣，完全不像一位银行家。尽管不熟悉他的人有时候会声称他很沉闷，但他的密友却说，他拥有一种难得的能力去享受当下并获得内心平静，这似乎使他完全不会像许多同时代的人一样，由于紧张和焦虑而使自己的生活支离破碎。毫无疑问的是，当海耶斯乘车前往自由街时，他内心的平静遭受到了严峻的考验。

清晨 5 点 30 分左右到达办公室后，他的第一个动作是按下库姆斯办公室的电话按钮，以了解自己的外汇部门负责人对形势的最新评估。他得知，正像他所预料的那样，英格兰银行令人心惊肉跳的美元流失丝毫没有减少，甚至情况还要更糟。库姆斯说，他联系了同样在清晨紧急加班以监控局势的本地银行家（大通曼哈顿银行和第一花旗银行等大型商业银行外汇交易部门的人），得知在一夜之间，他们那里已经积累了大量要求在纽约市场一开盘就卖出英镑的订单。这表明，已经几乎遭受灭顶之灾的英格兰银行可能会在 4 个小时内迎来从纽约袭来的新一波巨浪。因此，对迅速行动的需要变得更加迫切。海耶斯和库姆斯一致认为，应该在纽约开市后尽快宣布向英国提供国际信贷的一揽子计划——也许在 10 点钟就宣布。为了使银行有一个统一的对外沟通中心，海耶斯决定放弃他的办公室（一间墙上镶有木饰，围绕壁炉摆放着舒适座椅的宽敞办公室），使用大厅另一侧的库姆斯办公室作为指挥部，后者虽然更小，也更简朴，但布局更方便。到了那里后，他拿起三部电话中的一部，要求接线员给他接通英格兰银行克罗默勋爵的电话。接通之后，这两位拟议中的救援行动的核心人物最后一次审视了他们的计划，核实了他们初步决定向每家央行要求的金额，并就谁先打电话给谁达成了一致。

在有些人眼中，海耶斯和克罗默勋爵是一对奇怪的组合。乔治·罗兰·斯坦利·巴林（George Rowland Stanley Baring），第三代克罗默伯爵，除了出身世家贵族，还是一位家学渊源的银行家。他的先祖创办了伦敦著名的商业银行巴林兄弟，而这位第三代伯爵、国王的教子，曾就读于伊顿公学和剑桥大学三一学院，并在家族银行中担任了 12 年董事总经理，之后两年（从 1959 年到 1961 年），出任英国经济大臣和英国财政部驻华盛顿首席代表。如果说海耶斯是通过刻苦学习掌握国际银行业奥秘的，那么克罗默勋爵则并非学者，他的知识来自家学积淀、本能或潜移默化。海耶斯尽管身材高大，但在人群中并不起眼，而中等身材、温文尔雅、风度翩翩的克罗默勋爵在任何地方都会成为众人瞩目的焦点。海耶斯对不太熟悉的人不愿意表现得过分亲热，而克罗默勋爵则以其热情洋溢的举止而闻名，并且——显然是在无意中——让许多对其头衔深感敬畏的美国银行家既受宠若惊，又暗自失望，刚认识不久他就会让他们用"罗利"来称呼自己。"罗利非常自信和果断，"一位美国银行家说道，"他从不害怕打断他人，因为他坚信自己的立场十分合理。不过，他实际上是一个通情达理的人。他是那种面对危机能够拿起电话并采取行动的人。"这位银行家承认，直到 1964 年 11 月 25 日，他才觉得海耶斯也是同一种人。

那天早上大约 6 点，海耶斯确实和克罗默勋爵一道开始打电话。一位又一位世界主要央行的行长接听了他们的电话，其中包括德意志联邦银行行长卡尔·布莱辛、意大利银行行长吉多·卡利博士、法兰西银行行长雅克·布鲁内特、瑞士国家银行行长沃尔特·施韦格勒博士和瑞典中央银行行长佩尔·奥斯布林克。他们中的一些人相当惊讶地发现，在过去一天中，英镑危机已经发展到了极其严重的程度，美国已承诺采取行动，提供 10 亿美元的短期贷款，并要求他们动用其各自国家的大笔储备，以帮助英镑渡过难关。有些行长是首先从海耶斯那里听说这一切的，有些则是从克罗默勋爵那里得到的消息，无论哪种情况，对方都不是以私交友人或是官方关系熟人的身份，而是以兄弟会般神秘的巴塞尔俱乐部成员的身份提出的正式通知。

海耶斯作为已经承诺提供巨额资金的国家的代表，几乎自动成了行动的领导者，他在每次通话中都谨慎地明确表示，他在整个行动中的作用是通过美联储的支持为来自英格兰银行的正式请求增加分量。"英镑的情况非常紧急，据我所知，英格兰银行要求贵行提供 2.5 亿美元的信贷额度，"他会平静地告诉某一位大陆央行行长，"我相信你明白，在这种情况下，我们所有人必须站在一起。"（当然，他和库姆斯在打电话时总是会说英语。尽管他正在重修法语，并且在耶鲁时也以记忆力超群而闻名，但海耶斯顽强地保持着自己不擅外语的特色，对于用英语以外的任何语言进行重要公务交流仍然极度不自信。）对于那些与他关系特别密切的大陆央行同行，他说话更随意，直接使用央行界的数额术语（传统的数额单位是 100 万美元）。在这种情况下，海耶斯会很流畅地说："你认为你能参与行动，并且拿出 150 个吗？"海耶斯表示，无论他在沟通中使用的方式是正式的还是非正式的，对方的第一反应通常是谨慎，而不是震惊。"情况真的那么糟糕吗，阿尔？我们仍然希望英镑能够自行恢复"，他回忆起曾多次听到这样的回复。当海耶斯向他们确认，情况确实如此糟糕，而且英镑肯定不会自行恢复时，通常得到的回答是"我们必须看看我们能做些什么，然后再给你回电话"。一些大陆央行行长表示，海耶斯的第一通电话最让他们印象深刻的，与其说是他说了些什么，不如说是他打电话的时间。他们意识到那时纽约天还没亮，也知道海耶斯严格遵循所谓正常的银行家工作时间，因此，这些欧洲同行在听到他声音的那一刻，就意识到事情一定很严重。在海耶斯正式知会了某一家大陆央行之后，库姆斯就会接手，与他在那里的对接人员认真讨论细节问题。

第一轮电话结束后，海耶斯、克罗默勋爵和他们在自由街和针线街（Threadneedle Streets）①的同事较为乐观。没有一家银行明确拒绝他们，甚至连法兰西银行都没有这样做，这令他们备感高兴，因为法国在政策上已经开始大幅偏离与英国和美国在货币问题等方面开展合作的轨道。此外，让他们感到惊讶的是，几位行长表示他们的国家实际可以提供的贷款金额可能比要求的金额还要多。由于受到鼓励，海耶斯和克罗默勋爵决定提高目标。他们最初的目标是获得 25 亿美元的贷款；现在，经过重新考虑，他们觉得有希望获得 30 亿美元。"我们决定提高一些国家的可贷款额，"海耶斯说，"没人有办法准确知道需要多少钱才能扭转局势。我们知道，这将在很大程度上依赖于我们公告产生的心理影响——如果我们确实能够发布公告的话。在我们看来，30 是一个很吉利的整数。"

前方仍困难重重。随着各家银行的回电接踵而至，最大的困难显然是要尽快完成行动。海耶斯和库姆斯发现，最难传达的一点

①　英格兰银行所在地。——译者注

是，时间每过去一分钟，就意味着英国的储备将多损失 100 万美元或更多，如果遵循正常渠道，那么贷款无疑将无法及时获批，因而不足以使英镑摆脱贬值的命运。一些国家的法律要求其央行在做出类似承诺之前先咨询其政府的意见，而另一些国家，虽然法律没有这种要求，但出于礼节也需要这样做。这需要时间，尤其是不止一个国家的财政部长暂时无法联系上（其中一位碰巧正在他所在国家的议会进行辩论），他们并不知道有人正要求他立即批准一笔巨额贷款，而且除了克罗默勋爵和海耶斯的力促之外，几乎没有任何证据表明有必要提供这笔贷款。

即使联系上了财政部长，他有时候也不愿意以这种没有针对性地广撒网的方式行事。政府在货币问题上采取行动时比央行更谨慎。一些财政部长实际上表示，在以适当方式提交英格兰银行的资产负债表以及紧急信贷的正式书面申请后，他们将很乐意考虑此事。此外，一些央行本身也表现出一种令人发狂的形式主义倾向。据说一家银行的外汇负责人回答说："好吧，这不复杂！我们碰巧在明天安排了一个董事会会议。到时候我们会讨论此事，然后会与您取得联系。"电话另一端是纽约的库姆斯，他的具体回复没有记录，但据说他的态度异常激烈。当时在场的人还表示，连一贯以沉着冷静著称的海耶斯也有一两次情绪失控，虽然他的语气还是一如既往的平和，但音量比往常高了很多。

大陆央行中最富有和最强大的一家——德意志联邦银行的情况很好地体现了这些央行在应对挑战时面临的问题。由于库姆斯提前打了通气电话，在另一个来自纽约的电话（即海耶斯打给布莱辛行长的电话）接通，并首次告知德国央行需要提供的金额时，德意志联邦银行的管理委员会的紧急会议已经开始了。当天早上各家央行被要求提供的贷款金额并未公开，但根据已知情况，可以合理地假设德国央行被要求提供 5 亿美元，是同批贷款中最高的配额，当然也是所有央行（除美联储外）中被要求在数小时通知期内向另一家央行提供的最大金额贷款。在海耶斯通过电话传达了这一令人震惊的消息后，布莱辛又接到了克罗默勋爵从伦敦打来的电话，后者证实了海耶斯所说的关于危机严重性的所有内容，并重复了这一请求。尽管德国央行的管理者们可能会忍不住紧皱眉头，但他们原则上认同必须采取行动。但此后，麻烦开始出现。布莱辛和他的助手们决定，必须遵守适当的程序。在采取任何行动之前，他们必须咨询欧洲共同市场和国际清算银行的经济伙伴，而他们要咨询的关键人物是荷兰中央银行行长马里乌斯·霍尔特罗普博士，因为他当时担任着国际清算银行行长一职。当然，荷兰中央银行也被要求提供贷款。于是，布莱辛行长亲自从法兰克福给阿姆斯特丹打了电话，但德国央行的管理者获悉，霍尔特罗普博士人不在阿姆斯特丹，他碰巧在当天早上乘火车去海牙与荷兰的财政部长开会，就其他事宜进行磋商。荷兰央行不可能在其行长不知情的情况下做出任何如此重要的承诺，同样，在阿姆斯特丹表示支持之前，货币政策与荷兰密不可分的比利时央行也不愿采取行动。因此，由于无法找到霍尔特罗普博士，不知他是正乘坐火车穿越荷兰低地，还是已经抵达海牙深陷在拥堵的交通中，在一个多小时的时间里，整个救援行动被迫暂时中止，而与此同时，数百万美元源源不断地从英格兰银行流出，世界货币秩序处于危险之中。

　　这一切，对纽约而言当然都意味着令人痛苦的挫折。随着纽约终于进入上午，海耶斯和库姆斯的努力得到了来自华盛顿的推动。美国政府货币政策的主要负责人，包括联邦储备委员会主席马丁以及财政部的狄龙和鲁萨，都密切参与了此前一天针对救援行动的计划。当然，计划的一部分是决定将纽约联邦储备银行（该行本来就是美联储系统和财政部在国际货币交易中的常规运作机构）作为行动的总部。因此，在前一天晚上，华盛顿行动小组的成员正常回家休息，并在正常上班时间回到各自的办公室。现在，马丁、狄龙和鲁萨从海耶斯那里了解到他们面临的困难，于是分头打出越洋电话，以强调美国对此事的关注程度。但是，无论电话从哪里打出，都无法阻止时间流逝——或者，就当时的情况而言，无助于找到霍尔特罗普博士——而海耶斯和库姆斯最终不得不放弃原来的构想，即及时准备好一揽子信贷协议，以便在纽约时间上午 10 点左右发布公告。

　　最初的希望之所以破灭还有其他原因。随着纽约市场开盘，前一天夜里传遍全球金融界的警报所造成的恐慌清楚地显现出来。位于银行 7 层的外汇交易柜台报告，在纽约开盘时英镑承受的卖盘攻击完全像他们预料的那样可怕，本地外汇市场的气氛已经到了接近恐慌的地步。纽约联邦储备银行证券部门发布了一份令人震惊的报告，称美国政府债券市场正承受着多年以来最沉重的压力，这是债券交易员对美元缺乏信心的不祥预兆。这一情报向海耶斯和库姆斯发出了警示，提醒他们注意一个已知的严峻事实，那就是英镑相对于美元的贬值很可能会引发连锁反应，导致美元被迫对黄金贬值，进而引发全球范围的货币混乱。倘若海耶斯和库姆斯曾有片刻空闲时间遐想，并将自己单纯地想象为乐善好施的热心之士，那么这则消息则让他们回到现实。随后传来的消息显示，华尔街流传的各种版本的故事正在逐步汇聚成一个说法，并且这种说法如此具体，令人沮丧地让人感到其可信度颇高，那就是，英国政府将在纽约时间当天中午左右宣布英镑贬值。当然，对这一说法可以权威地加以驳斥，至少在现阶段是这样的，因为在信贷谈判进行期间，英镑显然不会贬值。海耶斯左右为难，不知是应该立即平息这一破坏性的谣言，还是在谈判结束之前对此保密。最终，他采取了折中的做法。他让一位同事打电话给华尔街的几位主要银行家和交易员，尽可能强调，据他所知，最新的贬值谣言是无稽之谈。当对方询问这位同事："你能说得更详细点吗？"因为没有别的可说，所以他只能回答说："不，我不能。"

这些语焉不详的话起到了一些作用，但还远远不够，外汇和债券市场只是暂时得到了安抚。海耶斯和库姆斯现在承认，那天早上有几次，当他们放下电话，隔着库姆斯办公室的桌子对视时，他们默默地交换了一个想法，那就是，已经来不及了。但是，遵循情节剧的一贯传统（尽管这一传统在艺术中已经死去，但在生活中它似乎还顽固地存在），就在一切看起来已经山穷水尽时，好消息开始陆续传来。人们终于在海牙的一家餐厅找到了霍尔特罗普博士，他当时正在与荷兰财政部长维特文博士共进午餐，并且在了解救援行动后对此表示支持，至于需要咨询其政府的意见也不是什么难事，因为政府相关负责人就坐在餐桌的另一端。在找到霍尔特罗普博士之后，主要的障碍就这样被排除了，困难开始局限在一些烦人的细节，比如在联系日本央行代表时已经过了东京的午夜时分，所以不得不因为将他从床上叫起来而不停地道歉。潮流已经转向。到纽约时间中午之前，海耶斯和库姆斯，以及克罗默勋爵和他在伦敦的副手，都知道他们原则上已经与 10 家大陆央行（即西德、意大利、法国、荷兰、比利时、瑞士、加拿大、瑞典、奥地利和日本的央行）达成了协议，同时他们还与国际清算银行达成了协议。

当然，还需要经历痛苦而漫长的等待，以便每家央行完成使其行动合法和适当所需的各种手续。例如，作为秩序缩影的德国央行，在获得董事会成员的批准之前无法采取行动，而多数董事会成员分散在德国的各个省份。德国央行两位负责的副行长分头联系缺席的董事并说服他们支持行动，由于要求缺席董事批准的，实际上是银行总部已经着手采取的行动，这项工作变得更加微妙。欧洲大陆时间下午三四点的时候，两位副行长还在忙于含糊其词地和董事们沟通，法兰克福又接到了来自伦敦的最新电话。电话是克罗默勋爵打来的，他听起来有一些气急败坏，毫无疑问反映出他面临的严峻形势，他不得不向法兰克福坦言，英国储备损失的速度已经变得如此之快，以至于英镑已经没有办法再扛一天了。不管是不是需要手续，现在的情况是，要么立刻行动，要么就没有机会了。（英格兰银行并未公布其当天的储备损失。《经济学人》后来猜测，损失金额可能已经达到 5 亿美元，大概相当于英国剩余储备金的 1/4。）在克罗默勋爵的电话之后，德国央行的代表们不再拘泥于正式流程，而是一切从简。他们迅速获得董事会的一致同意，到法兰克福时间 5 点多一点，他们终于通知克罗默勋爵和海耶斯，德国央行已经接受 5 亿美元贷款的要求。

其他中央银行也开始加入，或者已经加入。加拿大和意大利各自提供了 2 亿美元，而且无疑很乐意这样做，因为它们自己的货币分别在 1962 年和 1964 年上半年受益于类似的国际救助行动，虽然规模小很多，但性质基本相同。法国、比利时和荷兰没有公布其出资金额，但如果《泰晤士报》后来的报道属实，这几个国家也各出资 2 亿美元。据悉瑞士提供了 1.6 亿美元，瑞典提供了 1 亿美元，而奥地利、日本和国际清算银行也加入了这个一揽子交易，具体金额未知。到了纽约的午餐时间，一切均已完成，只待公开宣布了，而最后的任务是让宣布尽可能有效，以最快、最有力的方式影响市场。

这项任务将联邦储备银行的另一位官员，负责公共信息的副总裁托马斯·奥拉夫·瓦格（Thomas Olaf Waage）推到了前台。瓦格［他的姓氏读起来与"传奇"（saga）非常押韵］几乎整个上午都在库姆斯的办公室里忙碌，作为与华盛顿方面的联络人一直在打电话。他是土生土长的纽约人，他的父亲则出生在挪威，后来移民美国并成为纽约当地的拖船领航员和渔船船长。瓦格兴趣广泛，对外部世界充满了真诚的好奇，他喜欢歌剧、莎士比亚、特罗洛普[①]，当然还有作为家族传统的航海。他还具有一种强烈的激情，面对心存怀疑并且常常漠不关心的公众，不仅努力传达有关央行业务的事实，还努力传达其中蕴含的戏剧性、悬念和刺激之处。简而言之，他是一位拥有无可救药的浪漫主义气质的银行家。因此，当海耶斯分配任务，让他准备一份新闻稿并尽可能强有力地向全世界宣告救援行动时，他欣喜若狂。

在海耶斯和库姆斯努力完善他们的一揽子救援方案时，瓦格忙于

---

① 安东尼·特罗洛普（Anthony Trollope, 1815—1882 年），英国作家，代表作品有《巴彻斯特养老院》和《巴彻斯特大教堂》等。——译者注

与他在华盛顿的联邦储备委员会和财政部的对接人协调时间（他们将联合发布美国的公告），同时他还要和英格兰银行的对接人协调，因为海耶斯和克罗默勋爵已经达成一致，英格兰银行将同时发布自己的公告。"纽约时间下午 2 点是我们商定好的公告时间，因为看起来到那时我们好像需要宣布点什么了，"瓦格回忆道，"当然，那个时间已经赶不上当天欧洲大陆和伦敦的市场，但对下午 5 点左右收盘的纽约市场而言，还有整整一个下午，如果英镑的走势在纽约市场收盘前可以大幅逆转，那么这种反弹很可能将持续到次日的欧洲大陆和伦敦市场，届时美国市场则将因感恩节休市。我们计划宣布的信贷金额加起来仍是 30 亿美元。但我记得在最后一刻出现了一个特别令人尴尬的阻碍。在最后阶段，我们认为一揽子协议都已经完成后，查理库姆斯和我完全出于确认目的，又计算了一遍各方承诺的金额，但我们将所有贷款额相加后发现只得到了 28.5 亿美元。显然，我们算丢了 1.5 亿美元。事实也确实如此——我们出了计算错误。不过也没关系。"

一揽子救援计划最终按照新的时间表及时完成。美联储和财政部的声明与英格兰银行的声明在纽约时间下午 2 点（即伦敦时间晚上 7 点）同步向新闻媒体正式发布。受瓦格的影响，美国版的声明虽然谈不上具有惊心动魄的效果，比如像歌剧《纽伦堡的名歌手》最后一幕所营造的氛围，但读起来仍然异常激动人心，以某种低调的华丽谈到了一揽子计划前所未有的金额以及各家央行如何"迅速采取行动，动员起来以对英镑的投机性抛售发动大规模反击"。伦敦版本则有着明显的区别，体现了似乎专为高度危急的时刻保留的典型英国气质，其内容简单明了，"英格兰银行已经做出相关安排，可调用 30 亿美元以支持英镑"。

　　显然，这次行动保密工作非常成功，声明令纽约外汇市场猝不及防，市场像所有人希望的那样做出迅速而热烈的反应。英镑投机者立即意识到，他们已经输掉了比赛。消息发布后，美联储立即以 2.786 8 美元的价格买入英镑，这个价格略高于英格兰银行全天勉力维持的水平。由于投机者蜂拥而至，大量购买英镑以填补投机性头寸，以至于联邦储备银行发现以该价格挂牌出售的英镑很少。大约 2 点 15 分左右，在奇怪而令人振奋的几分钟内，纽约市场上已经找不到以任何价格出售的英镑。随后，以更高的价格出售的英镑再次出现，并立即被吞噬，因此整个下午价格持续攀升，到收盘时价格已经升至略高于 2.79 美元。

　　胜利了！英镑已摆脱危险，救援行动奏效了。对行动成功的赞誉开始从四面八方涌来。甚至权威经济学家也很快宣布："无论其他网络如何崩溃，央行的银行家们（拥有）立竿见影达成目标的惊人能力。你可以说，他们的机制总是倾向于对现状提供短期支持，因此并不是最理想的机制，但这恰好是唯一有效的机制。"

　　于是，随着英镑反弹至合理的高位，联邦储备银行因感恩节而闭市，银行家们也回到各自家中。库姆斯回忆说，他飞快地喝下了一杯马提尼酒。住在新迦南的海耶斯发现他的儿子汤姆已经从哈佛回家。他的妻子和儿子都注意到他似乎处于一种不同寻常的兴奋状态，当他们问起时，海耶斯回答说，他刚刚度过了整个职业生涯中最令人满意的一天。他们向他追问细节，于是他简单介绍了救援行动，在讲述过程中时刻牢记他的听众包括一位对银行业不感兴趣的妻子和一个对商业界评价不高的儿子。在他结束独白后，他得到的反应可能会温暖瓦格的心，也会让每一位认真向并不热切的外行解释银行业英勇行为的人都感到温暖。"一开始有点乱，"海耶斯夫人说，"但到了最后，我们都让你说得坐不住了。"

住在道格拉斯顿的瓦格以他特有的方式向妻子讲述了当天发生的事情。他一头冲进家门并大喊："今天是圣克里斯宾节①，而我和哈利②在一起！"

- 央行工作仍然悬念丛生 -

我最初对英镑及其险境产生兴趣，是在 1964 年的英镑危机期间，然后我发现自己完全被这个话题迷住了。在随后三年半的时间里，我通过美国和英国的媒体关注着英镑的起起落落，并会不时前去拜访联邦储备银行的官员，看看能获得什么新的启示。最终我的整个经历有力地证明了瓦格的观点，即央行的工作可能会悬念丛生。

英镑并未获得彻底的拯救。就在 1964 年大危机过后一个月，投机者再次开始进攻，到那一年年底，英格兰银行已经用掉了其新增的 30 亿美元信贷中的 5 亿多。攻击并没有随着新一年的到来而停止。1965 年，在经历了走势相对强劲的 1 月之后，英镑在 2 月再次面临压力。上一年 11 月的贷款期限是三个月，现在，随着贷款到期，提

---

① 圣克里斯宾节（St. Crispin's Day）是宗教节日，为纪念基督教圣徒克里斯宾兄弟殉道而设，历史上，圣克里斯宾节这天爆发过多次重大战役，包括莎士比亚名剧《亨利五世》中描写的著名的阿金库尔战役。——译者注

② 亨利五世在继位前名为哈利王子。——译者注

供贷款的国家决定再延期三个月，以便使英国有更多时间来整顿经济。但到 3 月下旬，英国经济仍然不稳定，英镑又跌至 2.79 美元以下，英格兰银行也再次入场干预。4 月，英国宣布更严格的预算计划，英镑随后出现反弹，但事实证明，反弹只是昙花一现。到了初夏，英格兰银行已经提取了 30 亿美元贷款总额中的 1/3 以上与投机者进行斗争。受到鼓舞的投机者加紧了进攻。

6 月下旬，英国高级官员表示，他们现在认为英镑危机已经结束，但他们只是自己给自己壮胆。尽管英国国内进一步紧缩开支，但 7 月，英镑再次下跌。到 7 月底，世界外汇市场确信一场新的危机正在形成。到 8 月下旬，危机已经来临，在某些方面，它比前一年 11 月的危机更凶险。更麻烦的是，市场似乎认为央行已经厌倦了将资金投入战斗，现在将不顾后果地让英镑贬值。大约在那个时候，我打电话给我认识的一位当地主要外汇交易员，问他对这种情况的看法，他回答说：“据我所知，纽约市场 100% 相信英镑即将在今年秋天贬值——我不是说 95%，而是说 100%。”然后，在 9 月 11 日，我在报纸上读到，同一批央行（但这一次没有法国）已经通过了另一个紧急救援计划，当时没有公布具体的数额，但根据随后的报道，总金额大约为 10 亿美元。在接下来的几天里，我看到英镑的市场价格一点一点上涨，直到月底，它在 16 个月内首次涨到了 2.80 美元以上。

各国央行再次取得了成功。过了一段时间，我到联邦储备银行了解具体情况。我见到的是库姆斯，我发现他情绪乐观，非常健谈。“今年的操作与去年完全不同，”他告诉我，“这对我们来说是一个进攻之举，而不是最后的防守。你看，今年 9 月初，我们得出的结论是英镑严重超卖——也就是说，针对它的投机性卖出远远超出了经济事实证明的合理程度。实际上，今年前 8 个月，英国的出口与 1964 年同期相比增长了 5% 以上，而英国在 1965 年的国际收支逆差有可能只有 1964 年的一半。这是非常乐观的经济发展形势，但看跌英镑的投机者似乎没有考虑到这一点。从技术层面的市场因素考虑，他们卖空英镑是一种正确的选择。现在，他们是处于暴露位置的一方。我们认为正式发起反击的时机已经成熟。"

库姆斯接着解释说，这次反击的策划相当从容，不是通过电话，而是通过 9 月 5 日那个周末在巴塞尔举行的会议上进行的面对面的讨论。像往常一样，纽约联邦储备银行由库姆斯代表，同时还有海耶斯，后者为此缩短了计划已久的科孚岛度假。反击行动像军事计划一样精确。为了进一步迷惑敌人，即投机者，他们决定这次不公布一揽子信贷的具体金额。发动进攻的地点选在纽约联邦储备银行的交易室，时间是纽约时间 9 月 10 日上午 9 点——选择这个时间点将确保伦敦和欧洲大陆届时仍处于交易时间。在行动开始时，英格兰银行率先开炮，宣布新的央行协议安排将很快使得央行能够在外汇市场上采取"适当的行动"。在等待了 15 分钟以便市场充分消化这个庄严的威胁后，联邦储备银行出击了。在英国的授权下，它使用新的一揽子国际信贷作为弹药，以当时普遍的汇率，即 2.791 8 美元，同时向在纽约外汇市场经营的所有主要银行下达了总额近 3 000 万美元的英镑买单。在这种买压下，市场价格立即上行，美联储紧随其后，逐步提高买入价格。在价格上涨至 2.793 4 美元时，联邦储备银行暂时停止操作——部分是为了看看市场的反应，部分是为了混淆视听。

市场保持了稳定，表明在那个价格水平上，现在独立的英镑买家和卖家一样多，而空头（投机者）正在失去勇气。但联邦储备银行并不满足于这一成果，它强势回归市场，将当天的买入价推高到 2.794 5 美元。然后雪球开始自行滚动，并最终带来了我在报纸上读到的结果。库姆斯告诉我，"这确实是一次成功的逼空"，他的口吻中流露出某种冷酷的快感，但其实也可以体谅。我不禁深思，对于一位银行家来说，击败他的对手，将他们打得体无完肤、落荒而逃（并且这不是为了个人或机构的利益，而是为了公共利益），一定会带来罕见而纯粹的满足感。

后来，我从另一位银行家那里了解到空头被打压得有多么痛苦。货币投机的信用保证金运作机制基本如下：例如，一位投机者要卖空 100 万美元的英镑，可能只需要投入 3 万~4 万美元的现金，而大多数交易商的承诺金额都高达数千万。如果交易商承诺卖空 1 000 万英镑（价值 2 800 万美元），那么英镑价格每变化 1% 美分，就意味着他的账户价值变化 1 000 美元。在 9 月 10 日至 9 月 29 日期间，英镑的价格从 2.791 8 美元一路升至 2.801 0 美元，意味着这位做空 1 000 万英镑的交易商将损失 92 000 美元——人们无疑会相信，这足以让他在打算再次卖空英镑时三思而后行。

随后，是长时间的平静。在前一年大部分时间里笼罩在交易所上方的危机迫在眉睫的气氛消失不见，在过去的 6 个多月里，全球英镑市场比那些年任何时候都更加阳光明媚。在 11 月，1964 年救援行动一周年之际，英国的高官们宣布（非常明智地没有披露姓名）："英镑之战现已结束。"后来，官员们表示，"我们正在为经济而战。"显然，他们同样赢得了这场战斗，因为根据最终计算得出的英国 1965 年国际收支数字，英国当年的赤字比预期减少了一半以上。与此同时，英镑的强势使得英格兰银行不仅能够偿还其对其他央行的所有短期债务，而且还在公开市场上使用当时颇受追捧的英镑，在其宝贵的外汇储备中又增加了超过 10 亿美元。换句话说，从 1965 年 9 月到 1966 年 3 月，英国的外汇储备从 26 亿美元增加到 36 亿美元——一个相当安全的数字。随后，英镑在大选期间仍表现出色，尽管英镑作为货币传统上总是会在大选期间剧烈波动。当我在 1966 年春天见到库姆斯时，他似乎对英镑既感到骄傲又稍带厌倦，那份感情就好像一个纽约洋基队的老球迷对他的球队一样。

我本来已经几乎得出结论，认为追踪英镑的命运不再有趣，但一场新的危机突然爆发。一场海员大罢工导致英国再次出现贸易赤字。1966 年 6 月初，英镑的报价回到了 2.79 美元以下，据报道，英格兰银行重返市场，使用外汇储备进行防御。6 月 13 日，像老消防员以满不在乎的态度回应例行求救电话那样，各国央行又提供了一批新的短期信贷。但这些只是暂时救急，在 7 月底，为了一劳永逸地消除赤字，从根源上解决英镑问题，威尔逊首相对英国人民实施了英国有史以来在和平时期采用的最严厉的经济限制措施，包括高税收、无情地紧缩信贷、冻结工资和物价、削减政府福利支出，并针对每个英国人每年出国旅行花费设定了 140 美元的限额。库姆斯后来告诉我，美联储在英国宣布紧缩计划后立即进入英镑市场，而英镑对此的反应令人满意。9 月，美联储将其与英格兰银行的互换额度从 7.5 亿美元增加到 13.5 亿美元。我在 9 月见到了瓦格，他热情洋溢地谈到，英格兰银行再次积累大量美元。大约在同一时间，《经济学人》发表评论称，"英镑危机已经让人厌烦"，带着一种高枕无忧的英国腔调。

局势又一次平静了下来，但这种平静又一次只维持了 6 个月多一点。1967 年 4 月，英国没有短期债务且储备充足。但在随后一个月左右的时间里，一系列令人心碎的挫折接踵而至。短暂的阿以战争带来了两个后果，即大量阿拉伯资金从英镑流向其他货币，以及英国的主要贸易动脉之一苏伊士运河关闭，而这几乎在一夜之间引发了新的危机。6 月，英格兰银行［现在已经有了一位新领导，莱斯利·奥布莱恩爵士（Leslie O'Brien）于 1966 年接替克罗默勋爵担任行长一职］不得不大量动用其与美联储的互换额度，而在 7 月，英国政府发现，它被迫重新启动前一年痛苦的经济限制措施。尽管如此，英镑到 9 月仍然跌至 2.783 0 美元，为 1964 年危机以来的最低点。我打电话给我的外汇专家，询问为什么英格兰银行在 1964 年 11 月将其最后一道防线设定在 2.786 0 美元，而这一次，尽管根据其最新声明，该银行拥有的储备金超过了 25 亿美元，却任由英镑价格如此危险地下滑至 2.78 美元的绝对底部附近（在不贬值的情况下）。"嗯，情况并不像数字暗示的那么绝望，"他回答道，"到目前为止，投机压力并不像 1964 年那么大。而且今年的基本经济状况（至少到目前为止）要好得多。尽管发生了中东战争，但紧缩计划已经实施。1967 年前 8 个月，英国的国际收支几乎保持平衡。英格兰银行显然希望英镑能够在没有其干预的情况下挺过这段疲软时期。"

而就在那个时候，我开始意识到一个令人不安的预兆隐隐浮现——英国人显然已经放弃了他们长期以来对使用"贬值"一词的禁忌。与其他禁忌一样，这个禁忌似乎是基于实用考虑（谈论贬值很容易引发投机性卖盘蜂拥而至，从而引发恐慌），当然也是出于迷信。但现在我发现，英国媒体经常自由地讨论贬值，而且在几家受人尊敬的期刊上甚至还提倡贬值。事实还不止这些。诚然，威尔逊首相继续谨慎地闭口不提这个词，甚至在一再承诺他的政府绝不会采取这种行为时也没有提到"贬值"一词。有一次，他委婉地说，关于"海外货币事务"的"现有政策不会改变"。然而，7月24日，财政大臣詹姆斯·卡拉汉在下议院公开谈论了贬值问题，抱怨将其作为一项国家政策进行宣传已经成为一种时尚，宣称这样的政策代表着对其他国家及其人民的背信弃义，并保证他的政府永远不会诉诸此种行为。他的论调让人感到非常熟悉、安心，但他这种直截了当的表达方式却陌生且令人担心。即使在1964最黑暗的日子里，也没有人在议会中说过"贬值"一词。

整个秋天，我都有一种感觉，英国正遭受着一连串不幸事件的残酷打击，其中一些对英镑造成的伤害尤其大，而另一些则只是打击了英国的士气。前一年的春天，一艘油轮失事，泄漏的石油污染了康沃尔的海滩，当时，一场流行病正在摧毁数万头，最终是数十万头牛。英国已经穿了一年多的经济紧身衣使失业率飙升至多年来的最高水平，也使工党政府成为战后最不得人心的政府。（6个月后，在《星期日泰晤士报》发起的一项民意调查中，英国人将威尔逊评为20世纪第四大恶人，仅次于希特勒、戴高乐和斯大林。）

9月中旬开始，持续了两个多月的伦敦和利物浦码头罢工使得本已步履蹒跚的出口贸易进一步下降，并彻底打破了英国在当年年底实现国际收支平衡的希望。1967 年 11 月初，英镑汇率跌至 2.782 2 美元，为 10 年来的最低点，然后形势迅速恶化。13 日星期一晚上，威尔逊利用他一年一度出席伦敦市长宴会的机会（3 年前他曾利用这个平台在危机中坚定地捍卫英镑）恳求全球各国不要过度解读他的国家将于次日发布的最新外贸统计数据，因为暂时性的因素造成了数据的扭曲。14 日星期二，正式公布的英国外贸数据显示，10 月份的贸易逆差超过 1 亿英镑——这是有史以来最糟糕的报告。内阁在 16 日星期四召开午餐会议，当天下午，在下议院，财政大臣卡拉汉被要求确认或否认有关传言：央行借入大量新信贷，而这笔信贷的条件是进一步采取导致高失业的紧缩措施。他语气激动地回答（后来被指缺乏冷静）："政府将根据我们对英国经济需求的理解，而不是其他人的理解，做出适当的决定。而在现阶段，这并不包括使更多人失业。"

外汇交易市场一致认为，贬值决定已经做出，而卡拉汉无意中泄露了秘密。17 日星期五是外汇市场历史上最疯狂的一天，也是英镑千年历史上最黑暗的一天。为了将英镑价格维持在 2.782 5 美元（这一次确定的最后一道防线），英格兰银行耗费了大量美元储备，其数额大到可能永远都不会被透露。但可以通过其他途径了解情况的华尔街商业银行家估计，这个金额大约为 10 亿美元，这意味着整整一天，英国的储备金都在以每分钟超过 200 万美元的速度流失。毫无疑问，英国的储备已跌至 20 亿美元以下，甚至可能已经远远低于这个水平。11 月 18 日星期六的晚些时候，英国宣布投降。我是从瓦格那里听说这个消息的，他在纽约时间下午 5 点 30 分给我打了一个电话。他略带颤抖地对我说："一个小时前，英镑贬值到 2 美元 40 美分，英国银行利率升至 8%。"

星期六晚上，考虑到除了重大战争，几乎没有什么比主要货币贬值更能扰乱世界金融秩序的，我前往世界金融之都华尔街，想看看那里的情况。一股邪风卷起片片废纸，刮过空荡荡的街道，这片街区尽管在工作时间里繁华热闹，但现在笼罩在下班后固有的令人生畏的寂静中。不过，还是有一些不寻常的地方：黑黢黢的建筑物中镶嵌着一排排亮着灯的窗户（在大多数情况下，每栋楼都有一排亮着灯的窗户）。我可以确定有些亮灯的楼层是大银行的外汇部门。银行沉重的大门都锁得严严实实。显然，外汇部门的人员是按照周末加班程序按铃进入，或者通过隐在楼侧或楼后的小门进入的。我翻起衣领，沿着拿骚街向自由街走去，想看一眼纽约联邦储备银行。我发现它的灯光不是单行的，而是在其整个佛罗伦萨式前脸以不规则的图案星星点点地亮起，看上去莫名地更显亲切，不过它面向街道的前门同样紧紧关闭。当我看着这座大楼时，大风吹来一阵违和的管风琴音乐，也许是从几个街区外的三一教堂传来的，而十多分钟过去了，我也没有看到一个人。我感觉，眼前的场景恰似一个缩影，代表了美国央行两副面孔中冷酷而充满敌意的那一副，傲慢的上位者正在秘密做出将影响所有人的决定，而我们对此既无能为力，也无法理解，至于其另一副和蔼可亲的面孔，优雅的博学之士齐聚巴塞尔，一边享用着松露和美酒，一边慷慨地拯救摇摇欲坠的各国货币，显然并不适合这样的夜晚。

星期日下午，瓦格在银行 10 层的一个房间内举行了新闻发布会，我参加了这场发布会，同时参加的还有其他十几名记者，他们大多是联邦储备银行的常客。瓦格泛泛地谈论了英镑贬值事宜，并回避了他不想回答的问题，有时会像他曾经的老师一样，通过提出自己的问题来回答这些问题。他说，当时还为时过早，不能判断贬值将导致"另一个1931年"的风险到底有多大。他还说，几乎任何预测都无异于试图猜出全球数百万人和数千家银行的想法。在接下来的几天里，形势会更明朗。瓦格看上去相当兴奋而不是沮丧，他的态度显然体现了某种忧虑，但同时也带着一种决心。在出去的路上，我问他是否整夜未眠。"不，昨晚我去看了《生日晚会》①，我必须承认，品特②的世界比我的世界更正常，至少在这些天里是这样的。"他回答道。

在接下来的几天里，上个星期四和星期五到底发生了什么开始逐渐浮出水面。大多数广为流传的谣言都是真实的。英国一直在就另一笔巨额信贷进行谈判，以避免英镑贬值，这笔信贷与1964年30亿美元一揽子计划的量级相当，美国再次计划提供最大的份额。至于英国贬值货币到底是主动选择还是不得已而为之，这一点仍然值得商榷。威尔逊在一次电视讲话中向他的人民解释贬值行动时表示，"政府本来可以通过向外国央行和政府贷款来渡过这一次外部对英镑的投机浪潮"，但此时这么做是"不负责任的"，因为"我们的国外债权人很可能坚持以我们国家政策的这个方面或那个方面作为担保"。其间他并没有说明他们是否已经做过这样的尝试。不管怎么说，英国内阁早在上上个周

---

① 《生日晚会》（*The Birthday Party*）是英国荒诞派剧作家品特的代表作，于1958年在伦敦上演，1968年被拍成电影。——译者注

② 哈罗德·品特（Harold Pinter，1930—2008年），英国荒诞派戏剧的代表人物，他的作品包括舞台剧、广播、电视及电影。他于2005年获得诺贝尔文学奖。——译者注

末就已经原则上决定贬值，随后在上个星期四中午的会议上确定了贬值的确切数额——可以想象，他们在这样做时极其不情愿。当时，内阁还决定通过对国家实施新的紧缩政策来确保贬值有效，其中包括提高公司税、削减国防开支和将银行利率提高到50年来的最高水平。至于为什么要延迟两天实施贬值，并使英国的储备付出了如此巨大的代价，官员们的解释是，这是因为有必要与其他主要货币大国举行会议。国际货币规则要求一国货币贬值之前召开此类会议，此外，英国迫切需要其在世界贸易中的主要竞争对手保证，他们不打算同样贬值货币，从而削弱英国贬值的效力。

现在，关于上个星期五英镑恐慌性抛售的源头也有了一些线索，这绝不只是源于著名的苏黎世地精（他们到底是谁并不清楚，也有可能他们根本就不存在）的猜测。相反，这些卖盘中的大部分是大型国际公司（其中许多是美国公司）的一种自我保护，叫作对冲，它们卖空的英镑数额等于数个星期或数月后他们应支付的英镑数额。这种推测的证据是由这些公司自己提供的，其中一些公司迅速向股东保证，由于他们有先见之明的迅速行动，他们在贬值时损失很少或没有损失。例如，国际电话电报公司星期日宣布，贬值不会影响其1967年的收益，因为"在很早之前管理层已经预测到英镑将会贬值"，国际收割机公司和德州仪器公司（Texas Instruments）报告说，它们通过做空英镑来保护自己。胜家公司（Singer Company）则表示，它甚至可能无意中从对冲交易中获了利。其他美国公司也昭告天下它们都平安无事，但拒绝给出详细说明，理由是如果它们透露了自己使用的方法，则可能会被指责借英国的困境谋利。"我们最多只能说我们很聪明。"一家公司的发言人如是说。也许，尽管不够体面和优雅，这个解释一语中的。

在国际商业的丛林中，对冲疲软外币被视作完全合法的自卫利器，而出于投机目的卖空并不那么受人尊敬。有趣的是，星期五做空英镑并在事后谈论此事的人中，有一些距苏黎世相当遥远。一群俄亥俄州扬斯敦的专业投资人士（他们是经验丰富的股票市场参与者，但此前从未做空过国际货币）在星期五得出英镑即将贬值的结论，并卖空7万英镑，从而在一个周末就净赚了将近2.5万美元。当然，卖出的这些英镑最终被英格兰银行用美元购入，从而为英国的外汇储备流失做出了一点贡献。这群投资者的经纪人（很可能非常自豪地）向《华尔街日报》爆料了这场小型狙击行动，当我在报纸上读到这件事时，我希望扬斯敦的这群见习地精至少真正明白他们的所作所为意味着什么。

有关到星期日为止发生的一切及道德上的思考到此为止。星期一，全球金融市场（或其中绝大部分）恢复运转，贬值开始经受考验。这一考验涵盖了两个问题。第一个问题是，贬值是否会帮助英国实现目标，即充分刺激出口和减少进口以降低国际贸易赤字并终结对英镑的投机？第二个问题是，贬值会不会像1931年那样，引发其他货币相继做出竞争性贬值，并导致美元相对于黄金的贬值和全球货币体系的混乱，甚至可能导致全球经济萧条？就在我的密切关注下，这两个问题的答案逐渐浮出水面。

星期一，伦敦的银行和交易所依据政府命令紧闭大门，在其他市场，除了个别人，其他交易员也都避免在英格兰银行缺席的情况下建立英镑头寸，因此对于英镑在其新汇率水平上会坚挺还是疲软这个问题的答案一时不得而知。在针线街和盎街，经纪商、批发商和办公室职员三三两两，边四处闲逛边兴奋地交谈，但没有进行任何交易，而金融城的所有旗杆上都飘扬着英国国旗，因为当天恰好是女王的结婚纪念日。纽约股市以大跌开盘，但盘中回升。（并没有真正合理的理由能解释市场最初的下跌，不过证券人士指出，贬值听起来通常令人沮丧。）到星期一夜幕降临时，已经有 11 个国家和地区宣布货币贬值，即西班牙、丹麦、以色列、中国香港、马耳他、圭亚那、马拉维、牙买加、斐济、百慕大和爱尔兰。此时，情况并不算太糟糕，因为货币贬值的破坏性影响与该种货币在世界贸易中的重要性成正比，而上述货币都不是很重要的货币。其中最具威胁性的是丹麦的行动，因为丹麦货币贬值很有可能会被其亲密的经济盟友挪威、瑞典和荷兰效仿，从而造成相当严重的后果。埃及的外汇储备中包括大量英镑，因而英镑的贬值立即使其损失了相当于 3 800 万美元的储备，但它坚守住了阵地，损失了 1 800 万美元储备的科威特也坚持没有贬值。

星期二，世界各地的市场全面恢复。英格兰银行重新开始营业，并为英镑的新交易价格设定了 2.38 美元的下限和 2.42 美元的上限。英镑一路上扬，直奔天花板而去，并一整天都停留在那里，事实上，有点无法解释的是，它在一天中的大部分时间都停在了略微高于天花板的水平。现在，英格兰银行不是用美元买入英镑，而是用英镑买入美元，从而开始了重建其储备的过程。我打电话给瓦格，本来以为我将分享他的喜悦，但我发现他平静地接受了这一切。他说，英镑的走强是"技术性"的，换言之，是由于前一个星期的空头回购英镑以套现利润造成的，新英镑的第一个客观测试要到星期五才会到来。当天，又有 7 个国家的政府宣布货币贬值。马来西亚贬值了与英镑挂钩的旧货币，以与英镑贬值同步，但没有贬值其与黄金挂钩的新货币，并继续同时流通新旧两种货币。这种不公平的做法导致了骚乱，在接下来的两个星期里，超过 27 人在骚乱中丧生，他们成为贬值的第一批受害者。这个不幸的事件提醒人们，引人入胜的国际金融游戏需要以人们的生计，乃至生命为代价，不过除此之外，当时一切都好。

然而，22 日星期三，一个并非针对特定国家的麻烦征兆开始浮现。正如所有人担心的那样，长期以来攻击英镑并最终压垮它的投机性攻击，现在开始转向美元。由于承诺以每盎司 35 美元的固定价格向其他任何国家的中央银行出售任何数量的黄金，美国成为世界货币体系的基石，而其基础，即美国财政部持有的黄金，在星期三时的价值只有不到 130 亿美元。联邦储备委员会主席马丁曾多次表示，美国在任何情况下都会继续根据要求出售黄金，在必要的情况下直至最后一根金条。尽管做出了这一承诺，同时约翰逊总统在英国货币贬值后立即重申了这一承诺，但投机者对官方的承诺持怀疑态度，并开始大量使用美元购买黄金，正如纽约人在差不多同样的时间开始囤积地铁代币一样。在巴黎、苏黎世和其他金融中心，黄金的需求突然异常旺盛，而在世界最大的黄金市场伦敦更是如此，人们已经开始谈论伦敦淘金热。一些当局估计，当天的黄金订单总价值超过 5 000 万美元，似乎来自世界各地，大概只是不包括美国或英国公民，因为法律禁止他们购买或拥有货币黄金。

那么，是谁把黄金出售给这群面目不清、突然间臣服于对黄金的古老欲望的人？当然不是美国财政部，美国财政部只通过美联储向其他央行出售黄金，同时也不是其他央行，它们根本没有承诺出售黄金。为了填补这一空白，另一个国际合作组织于 1961 年成立，这就是伦敦金池（gold pool），其成员国包括美国、英国、意大利、荷兰、瑞士、西德、比利时，最初还包括法国，这些成员国提供了足以令克里萨斯王①眼花缭乱的金锭数量（总数量的 59% 来自美国），金池旨在通过向非政府买家供应不限数量的黄金来平息货币恐慌，其黄金价格实际上与美联储的价格相同，以保护美元和货币体系的稳定。

伦敦金池星期三正是这样做的。不过，星期四的情况显著恶化，巴黎和伦敦的淘金热打破了 1962 年古巴导弹危机期间创下的纪录。许多人，包括英国和美国的高级官员，从一开始就怀疑淘金热是戴高乐将军和法国政府阴谋的一部分——首先压低英镑，然后再压低美元。当然，所有证据都是间接的，但很有说服力。戴高乐和他的部长们长期以来一直希望将英镑和美元贬至远低于其当时所承担的国际角色的水平。即使在伦敦，可疑的黄金购买行为也可以追溯到法国。星期一晚上，在淘金热开始前 36 个小时，法国政府通过一次新闻通气会泄露了其打算退出伦敦金池的消息（根据随后的信息，自前一年 6 月之后，法国再没有向金池提供过任何黄金），还被指控参与了散布比利时和意大利也即将退出金池的谣言的行动。现在，逐步披露的消息表

---

① 克里萨斯王（Croesus）是吕底亚国最后一位国王，以拥有惊人的财富而著称。吕底亚是位于小亚细亚半岛中西部的古国（公元前 1200—公元前 546 年），濒临爱琴海，位于当代土耳其的西北部，其居民的语言为印欧语系——安那托利亚语，以其富庶及宏伟的首都萨迪斯（Sardis）著称，它大约在公元前 660 年开始铸币，可能是最早使用铸币的国家。——译者注

明，在英镑贬值之前的几天里，法国是已知最不愿意加入另一项拯救英镑的信贷计划的国家，而且，法国一直到最后一刻才做出保证。如果英镑贬值，它将保持汇率不变。总之，有充分的理由指控，戴高乐集团在此期间一直扮演着不光彩的角色，而且无论是真还是假，我不禁感到，对他们的指控都使这场贬值危机平添精彩，几个月后，当法郎也陷入困境，而美国因情势所迫不得不施以援手时，整件事的精彩程度更甚。

星期五，在伦敦，英镑一整天都维持在价格上限的水平，因此，它经受住了第一次真正意义上的重大贬值后的测试。自星期一以来，只有少数几个小国政府宣布货币贬值，同时很清楚，挪威、瑞典和荷兰将保持汇率不变。但反观美元，形势看起来比以往任何时候都糟糕。星期五的伦敦和巴黎市场黄金购买量远远超过了前一天的纪录，据估计，前三天所有市场的黄金销售总额已经接近 10 亿美元。约翰内斯堡几乎全天都处于一片混乱的状态，投机客们争相购买金矿公司的股票。在整个欧洲，人们不仅用美元交易黄金，也用美元交易其他货币。如果说美元还没有像一个星期前的英镑那样深陷困境，那么至少两者的情况存在令人不安的相似之处。根据随后的报道，在英镑贬值后的头几天，习惯于向其他货币提供支持的美联储被迫从外国央行借入了价值近 20 亿美元的外债，以捍卫自己的货币。

星期五下午，我参加了一个会议，瓦格也在会上，他表现出一种不寻常的神经质的幽默感，让我也变得神经兮兮起来。我离开联邦储备银行时，隐隐约约地感觉，美元可能将在周末宣布贬值。实际上这种情况并没有发生，相反，最糟糕的时刻暂时过去了。星期日，包括海耶斯和库姆斯在内的金池国家央行代表宣布在法兰克福举行会议，并正式同意继续维持当时的美元和黄金比价。这似乎消除了所有疑虑，确认美元不仅有美国 130 亿美元黄金储备的支持，而且还得到了比利时、英国、意大利、荷兰、瑞士和西德国库中储备的 140 亿美元黄金的支持。投机者显然被深深震撼。星期一，伦敦和苏黎世的黄金购买量大幅降低，仅在巴黎仍维持着创纪录的购买量。尽管戴高乐本人当天在媒体上发表了尖酸刻薄的言论，除了就其他诸多问题发表了一通云山雾罩的看法，还鲁莽地抛出一个观点，即近期的一系列事件的走势是美元的国际重要性不断下降。星期二，世界各地的黄金销售均大幅下降，甚至连巴黎也不例外。"今天的情况不错，"瓦格当天下午在电话中告诉我，"我们希望明天会更好。"星期三，黄金市场恢复正常，但由于那个星期的行动，美国财政部因为履行对金池的义务和满足外国央行的要求而损失了大约 450 吨黄金，价值将近 5 亿美元。

英镑贬值 10 天后，一切归于平静。但这只是两次冲击波之间的短暂平静。从 12 月 8 日到 18 日，针对美元新一轮的投机性攻击再次展开，金池又流失了大约 400 吨黄金，像在前一波攻击浪潮中一样，美国及其金池伙伴重申了维持现状的决心，并最终平息了这一轮攻击。截至年底，美国财政部自英国货币贬值以来，损失了价值近 10 亿美元的黄金，自 1937 年以来首次将其黄金库存降至 120 亿美元以下。

1968 年 1 月 1 日，约翰逊总统宣布了一项国际收支计划，主要内容是对美国银行的海外贷款和实业的海外投资加以限制，又帮助将投机活动压制了两个月。但淘金热并不是那么简单就能平息的。尽管政府做出种种承诺，但这种投机的背后有着强大的经济和心理动力。从更大的意义上讲，这代表了一种由来已久的倾向，即在危机时期对所有纸币均持不信任的态度，从更具体的角度分析，这是长期以来令人担忧的英镑贬值的后果，也许从最具体的方面说，这是对美国保持其经济事务秩序的决心投下的不信任票，具体而言，是因为人们看到，在高达数十亿美元（并且数额仍在日益增加）的资金被送到国外以支持一场看不到尽头的战争之时，美国国内的公众消费也达到了超乎想象的水平。在黄金投机者看来，本该获得全世界信任的美元，现在却遭到了极度鲁莽、鼠目寸光之辈的无度挥霍。

投机者在 2 月 29 日开启新一轮攻击——选择这一天没有任何特定的理由，只是因为一位叫雅各布·贾维茨的美国参议员最新发表的评论（他可能非常严肃，也可能只是随口一提），称他认为他的国家完全可以暂时停止对外国的所有黄金支付。这一次的攻击如此凶猛，以至于局势很快失控。3 月 1 日，金池在伦敦售出了 40~50 吨黄金（正常情况下应该是 3~4 吨）；3 月 5 日和 6 日，每天售出的黄金数量为 40 吨；3 月 8 日，超过 75 吨；3 月 13 日，总量无法准确估计，但超过了 100 吨。与此同时，由于如果美元相对于黄金贬值，英镑就将不可避免地进一步贬值，英镑价格首次跌破 2.40 美元。3 月 10 日的巴塞尔央行银行家俱乐部重申了老调重弹的承诺，但似乎完全没有效果。市场处于典型的混乱状态，对任何公开承诺都不再信任，而是甘受任何谣言摆布。一位著名瑞士银行家严肃地表示，当时的情况是"自 1931 年以来最危险的形势"。巴塞尔俱乐部的一名成员试图通过善意的解读来缓和绝望的情绪，表示黄金投机者显然没有意识到，他们的行为正在危及全世界的货币体系。《纽约时报》在一篇社论中说："很明显，国际支付系统……正在崩塌。"

3月14日星期四，混乱之中又加上了恐慌。伦敦黄金交易商在描述当天的情况时使用了"踩踏""灾难""噩梦"等英式英语并不常用的词汇。和往常一样，那一天售出黄金的确切数量没有公布（也可能根本就无法精确计算），但每个人都认为这创下了一个历史纪录。大多数估计认为售出的黄金总量约为200吨，即价值2.2亿美元，《华尔街日报》估计的数字更是其两倍。如果前一个估计是正确的，那么在交易日期间，美国财政部每3分42秒即通过其在金池中的份额支付了价值100万美元的黄金；如果《华尔街日报》的数字是正确的（随后财政部的公告似乎表明这个数字确实正确），则意味着每1分51秒就会流失100万美元的黄金。显然，这种情况无法持续。就像1964年的英国一样，按照这个速度，美国的金库在几天之内就会空空如也。那天下午，联邦储备系统将贴现率从4%上调至5%，这一防御性措施如此谨小慎微却杯水车薪，以至于一位纽约银行家将其比作玩具枪，而纽约联邦储备银行作为美联储系统的外汇部门甚至拒绝接受这一象征性加息以示抗议。纽约时间当天晚些时候，即伦敦时间接近午夜时分，美国要求英国在第二天，即星期五关闭黄金市场，以防止进一步的灾难发生，并为将于周末举行的面对面国际磋商扫清道路。困惑的美国公众（他们中的绝大多数根本不知道金池的存在）可能直至星期五早上得知英国女王伊丽莎白二世在午夜至凌晨1点之间就危机会见了她的部长时，才首次意识到了形势的严峻性。

星期五是焦急等待的一天，伦敦市场关闭，几乎所有其他地方的外汇交易平台也都关闭了，而黄金溢价在巴黎市场大幅上涨（从美国的立场来看，巴黎市场是一种黑市）。同时在纽约，英镑由于缺乏大门紧锁的英格兰银行的支持，一度跌破了 2.38 美元的官方价格下限，但随后有所反弹。周末，金池国家的央行行长在华盛顿举行了会议（包括美国、英国、西德、瑞士、意大利、荷兰和比利时，法国仍然显眼地缺席，事实上，这一次法国根本未受到邀请），库姆斯和马丁主席一起代表美联储参加了会议。在整个货币世界都屏息以待的情况下，经过整整两天严格保密的讨论，他们在星期日傍晚宣布了自己的决定：黄金的官方货币价格保持每盎司 35 美元不变，仅用于央行之间的所有交易；金池将被解散，各国央行将不再向伦敦市场供应黄金，在那里私人交易的黄金将可以通过市场机制确定价格；将对任何试图从央行价格与自由市场价格之间的差价中获利的央行采取制裁措施；在尘埃落定之前，伦敦黄金市场将继续关闭几个星期。在新安排下的最初几个交易日，英镑强势反弹，而自由市场黄金的结算价格比央行价格高出了 2~5 美元，这一差额远小于许多人的预期。

　　危机已经过去，或者说这一次的危机过去了。美元躲过了贬值，国际货币机制完好无损。这个解决方案也不算特别激进，毕竟，在1960 年建立金池之前，黄金一直以双轨制价格交易。但这一解决办法只是权宜之计，而且这场大戏的帷幕尚未落下。就像哈姆雷特的鬼魂一样，引发这一系列事件的英镑现在已经下台。夏季即将到来，舞台上的主要参与者是美联储和美国财政部，它们以技术方式尽可能保持货币市场平稳；国会对繁荣沾沾自喜，加之心系即将到来的选举，因此抵制提高税收和其他令人不安的紧缩措施（就在伦敦恐慌的那天下午，参议院财务委员会投票否决了所得税附加费提案）；最后，总统一方面呼吁制订一项"国家紧缩计划"来捍卫美元，另一方面又不断加大投入，继续进行越南战争，而这场战争不仅威胁美国货币的健康，在许多人眼中，还威胁到美国的灵魂。最终，美国似乎只有三条可以选择的经济路线：第一条是，以某种方式结束越南战争，这场战争是支付问题的根源，也是问题的核心；第二条是，全面实施战时经济政策，实行天价税收、工资和价格管制，或许还有配给制；第三条是，直面美元的被迫贬值和随之而来的世界货币体系混乱，及其可能引发的经济萧条。

　　无惧眼前的越南战争及其对全球货币体系极度广泛的影响，央行的银行家们坚持不懈地继续努力维护货币制度稳定。在推出美元危机权宜性解决方案两个星期后，10个最强大的工业国家在斯德哥尔摩举行会议，同意逐步建立一个新的国际货币单位（只有法国对此持反对意见），以为黄金这个所有货币的基础做补充。这些国家中，这个新的国际货币单位（如果根据决议采取了行动）就是国际货币基金组织的特别提款权，各国可以根据其现有储备持有量按比例享有。用银行家的行话，这些权利被称为 SDR，在普通人口中，它们被称为纸黄金。该计划的目的是，避免美元贬值并克服世界货币性黄金短缺问题，从而无限期推迟可能出现的混乱局面，能否成功实现，取决于各国及其人民能否最终以某种方式遵从理性，以实现他们在纸币出现近4个世纪以来一直未能实现的目标，克服人性中最古老和最不理性的一面，即对黄金及其带来的感受的渴求，并真正赋予一个写在纸面上的承诺等同于黄金的价值。这个问题的答案将在最后一幕中揭晓，但最终大团圆结局的前景并不光明。

就在终场的大幕即将缓缓落下之时（即英镑已经贬值但尚未出现黄金恐慌的时候），我曾来到自由街会见了库姆斯和海耶斯。我发现库姆斯看起来筋疲力尽，不过他听起来并没有因为将三年的时间主要投入了一项失败的事业而感到沮丧。"我不认为保卫英镑的战斗全是徒劳的，"他说，"我们赢了那三年，在那段时间里，英国人采取了很多内部措施来增强自己的实力。如果 1964 年货币被迫贬值，通货膨胀很可能会吞噬他们获得的任何利益，并让他们重新受制于同样的困境。此外，在这三年中，国际货币合作取得了进一步的发展。如果在 1964 年发生贬值，天知道整个体系会发生什么。如果没有那三年的国际努力，你可以称之为最后的努力，英镑可能会在更大的混乱中彻底崩溃，造成甚至比我们现在所看到的更具破坏性的影响。请记住，我们和其他央行的努力毕竟不是只为了支撑英镑本身，而是通过支撑英镑而维护全球货币体系的稳定。而这个体系确实幸存下来了。"

海耶斯，看起来和我一年半前最后一次见到他时没有任何变化，依然平静而淡定，就好像这段时间他一直在研究科孚岛。我问他是否仍然坚守着银行家工作时间的原则，他淡淡一笑回答说，这个原则早已让位于工作需要，因为从耗时耗力的角度来看，1964 年的危机与 1967 年的英镑危机相比堪称儿戏，而与随后的美元危机相比则是真正的难题。他说，整个三年半所发生的一系列事件有一个附带好处，那就是其间发生的令人备受折磨的跌宕起伏，在某种程度上让海耶斯夫人对银行业产生了一些兴趣，也使商业在海耶斯的儿子汤姆的价值标准中的地位有所改观，虽然只是少许改观。

然而，当海耶斯谈到贬值时，我看出他的平静只是一种掩饰。"哦，好吧，我确实很失望，"他平静地说，"毕竟，我们竭尽全力希望避免它的发生。我们几乎就要成功了。在我看来，英国本可以从国外获得足够的援助来维持汇率。就算没有法国，这也是可以做到的。而英国选择了贬值。我认为贬值行动最终获得成功的可能性也很大。国际合作将会获益这一点是毋庸置疑的。查理库姆斯和我在 11 月的法兰克福金池会议上都能感受到这一点——当时在场的每个人都有一种感觉，现在是携手战斗的时候了。可惜……"海耶斯说到这里顿住了，当他再次开口时，他的声音充满了平静的力量，我从他的眼中看到，贬值不仅仅是他职业生涯中的一次重挫，还是他理想的迷失和偶像的陨落。他说："11 月的那一天，就在银行这里，当一名快递员送来那份英国的绝密文件，告知我们他们的贬值决定时，我切实感到了浑身不舒服。英镑再不会是原来的样子。它再也不会在全世界赢得同样的信任。"